一九四九以後民國文學
在東南亞的流動

黃 月 銀 著

民國文學與文化系列論叢
文史哲出版社印行

國家圖書館出版品預行編目資料

一九四九以後民國文學在東南亞的流動 /
黃月銀著. -- 初版 -- 臺北市：文史哲
出版社,民 110.12
　　頁；　公分（民國文學與文化系列論叢；12）
ISBN 978-986-314-578-3（平裝）

1.中國文學史　2.現代文學　3.文學評論
4.東南亞

820.908　　　　　　　　　110020454

民國文學與文化系列論叢　12

一九四九以後民國文學
在東南亞的流動

著　　者：黃　　月　　銀
出版者：文史哲出版社
　　　　http://www.lapen.com.tw
　　　　e-mail：lapen@ms74.hinet.net
登記證字號：行政院新聞局版臺業字五三三七號
發行人：彭　　正　　雄
發行所：文史哲出版社
印刷者：文史哲出版社
　　　　臺北市羅斯福路一段七十二巷四號
　　　　郵政劃撥帳號：一六一八○一七五
　　　　電話886-2-23511028 · 傳真886-2-23965656

定價新臺幣五六○元

2021 年（民一一○）十二月初版
2022 年（民一一一）七月初版二刷

ISBN 978-986-314-578-3　　　78362

張 序

　　在政大中文系任教了二十多年，指導過的碩博士研究生近50 位，在幾位博士生中，月銀於 2020 年畢業，是我第一位指導畢業的博士，不論是課業學習、待人處事、論文寫作，或是教書工作、社會服務，她的表現都十分亮眼突出，而她的成就也讓我感到欣慰驕傲。「得天下英才而教育之，一樂也」，我在她那裡真實地感受到了這一點。

　　月銀長年在台北市立中山女高教書，兼顧家庭與工作，本已分身乏術，卻能在堅持下，讀完碩博士，其中的艱辛與疲累可以想見，但她卻能按部就班、不疾不徐地以自己的步調逐項完成既定的計畫，而且還完成得非常出色，由此也可見她過人的意志力和聰明才情。月銀的優秀表現，使她在國教院推動 108 國文課綱的研修制定時被邀請擔任委員，以中學現場教師的身份參與討論和提供意見，當時我擔任副召集人，負責高中國文課綱的具體研修工作，我因此而認識了她。能被邀請加入此一團隊的中學教師都是表現優異且受到各方肯定推薦者，幾年的相處下來，證實了她在國文教學領域的專精學養與豐富經驗。

　　我後來陸續知道，她曾經參加 103 指考入闈、台北市數位學習教育中心數位課程及教材製作、數度榮獲台北市教育局教育專業創新與行動研究獎項、績優導師、特殊優良教師，以及中等教育階段國語文領域教學研究中心研發委員等。她的教學口碑與出色文筆，使她被數家民間高中國文教科書的編寫團隊爭相延攬，包括康熹版、翰林版等。不僅如此，取得博士學位後，她很快就先後到臺灣科技大學、台灣師範大學兼課，足見其專業學識與教學能力已有一定的好評。

　　月銀在教學現場的表現有目共睹，學術上的成就一樣深獲肯定。當她決定來找我指導論文後，開始認真地研究與「民國文學」相關的材料，思考相關的議題，修讀我開設的「民國文學專題：觀念與方法」、「民國文學專題：作家與文本」課程，不論是課堂討論或書面報告，都有令人耳目一新的見解，輔以流暢精準的文筆，使我對她的論文寫作進度完全無須擔心，她總能按時且完整地將論文章節給我過目，諸多細節的準確掌握讓我無須耗費太多心神修改，反而在閱讀過程中有所收穫和啟發。其實就學期間，她曾以〈青少年的身體與狂歡：楊德昌的《恐怖分子》與蔡明亮的《青少年哪吒》〉一文，榮獲政大文學院主辦第 26 屆陳百年先生學術論文獎第三名，足見其基本功和同儕相比顯然紮實許多。

　　她的論文《1949 以後民國文學在東南亞的流動》探討 1949 年以後民國文學如何在東南亞華人之間流動，進而形成民國性，以及民國文學如何在東南亞華人之間促成離散意識與強化或改變國族認同。這是台灣第一篇以新的「民國文學」概念進行研究的博士論文，其完成對現代文學的研究具有深化與推進的學術貢獻。

　　在論文中，她鉤稽 1949 年後民國文學之流動樣態，對南洋華文之認同與再現有具體的剖析，整體結構嚴謹、寫作細膩有層次，論文創見與學術對話具原創性。關懷面向跨越地理、歷史、語言、文化層面，探討 1949 年流動到東南亞各地的文學作品，對海外華人社會的影響，皆有明確的敘述。全篇從民國文學、大文學的視角切入，深具創意，內容及分析有深度及洞見。末章論述 1961 年經僑委會居中協助、由台灣赴菲律賓講學的作家群辦理一系列文藝講習會，對菲華作家產生了深遠影響。藉由以上的梳理，觀照 1949 年以後民國文學如何在星、馬、菲等東南亞華人之間流動，而民國文學在東南亞華人之間的流播，則促成了離散意識，強化或改變了國族認同。

　　文中不但針對特定對象的文學作品進行文本分析，並在分析過程中，呈現出當時東南亞的政治與社會背景，以及中國和東南亞的關係。台灣作家於東南亞流動時產生的影響力，結合僑教、政治與社群的勢力，成功以文學文藝輸出外交軟實力。此設題頗具企圖心，嘗試綰集后希鎧、林語堂、徐訏、孟瑤、蘇雪林等多位作家，展開具有嶄新學術視野的民國文學域外流動研究，以文人為主，輔以文學作品析論，已能找到一些深入民國文學研究的學術生長點，是一本兼具廣度和深度的優秀論文。完成之後，受到了學界高度的肯定與讚揚，不僅獲得「臺灣東南亞學會 2020 年東南亞區域研究優秀博士論文獎」第一名，「僑務委員會 109 年僑務研究博士論文獎助甄選獲獎」，也在激烈競爭中榮獲「110 年國立政治大學優秀博碩士學位論文獎」之肯定。政大的優秀論文獎，不僅獎勵學生，也獎勵指導教授，當我知道有獎金可拿時，「得天下英才而教育之，一樂也」又浮現我腦海，精神與物質之樂都能滿足，這在最初答應指導月銀時完全沒有料到。

　　當然，這部論文也還有可臻完善之處，例如由於論文聚焦於「1949」這一關鍵時間點，探討與台灣密切相關，且在東南亞從事文教事業有成的作家，以其往東南亞之流動先後為序，主要集中在馬華地區，雖能以國別設計，尚略有非現階段所能駕馭的研究面向，無法達成取精用宏之缺漏，對民國性的挖掘和議題的緊密連結也還待考掘。若是將來能把泰國、印尼納入討論，加入郁達夫、魯迅、艾蕪等更具鮮明色彩的作家，則1949 年之前所展現之民國文學色彩必能更加濃厚。還有「流動」與「遺民／夷民」書寫之間的關係，作家「流動」的主、被動心態應該更仔細辨析等，都是未來可以持續深入探討的議題。

　　從 2013 年起，我在政大文學院成立了「民國歷史文化與文學研究中心」，開始有計畫地推動「民國文學」的概念宣揚與學術研究，陸續舉辦了幾場學術研討會，每半年發行一期電子

版《民國歷史文化與文學研究中心通訊》，出版一冊《民國文學與文化研究集刊》，同時在政大研究所開設相關課程，指導研究生撰寫民國文學方面的學位論文，為了讓學術成果有較集中的呈現，也和李怡教授主編「民國文學與文化系列論叢」，由文史哲出版社編印發行。透過以上的學術活動，「民國文學」一詞在台灣學界已廣為人知，認同或支持這個理念的學者也越來越多，可以說，這是一個新的學術生長點，其學術活力和思維也正被激發、討論和成熟。

在這些年推動的過程中，月銀幫了我很多忙，課餘擔任《民國歷史文化與文學研究中心通訊》責任編輯、《民國文學與文化研究集刊》編輯助理，協助刊物校對、學術研討會與學術講座之辦理事宜，遇事負責認真，主動完成各項事務，讓我放心且讚賞其處理的態度與方式。事無大小，她總能穩妥辦好，也算是推動「民國文學」的幕後功臣之一。如今，她將博士論文改寫成專書，納入「民國文學與文化系列論叢」書系出版，相信對月銀未來的學術發展將有很大的激勵作用，在其研究生涯中，這部走上學術道路的叩門磚，對她個人和對我來說都將饒富意義。

學術研究是很寂寞的道路，月銀不悔地選擇，讓我看到了她的決心、毅力與性情。在書的〈後記〉中，她敘述一個人埋首圖書館研究小間細究深思，內在思緒翻騰湧動與窗外颱風驟雨交加相映對照的情景，不禁讓我想起曾經有過類似心領神會的美妙時刻，寂寞中的甜美，孤獨裡的熱鬧，看來月銀已經領略了學術研究的樂趣與艱辛。書籍出版之際，很高興能寫幾句話介紹她和她的學術成果，也藉此表達我誠摯的謝意和祝福，未來不論學術、家庭或工作都能圓滿、順心、自在。

張堂錡 2022 年 6 月

（政治大學中文系教授兼系主任）

一九四九以後民國文學在東南亞的流動

目　　次

總序 一

民國文學史觀的建構

—— 現代文學研究的新思維與新視野

張堂錡

一

　　「民國文學」是有關中國現代文學學科研究歷史進程中，繼「中國新文學」、「中國現代文學」、「20 世紀中國文學」、「百年中國文學」之後，近期出現並開始受到重視與討論的一種新的學科命名與思維方式。它的名稱、內涵與意義都還在形成、發展的初始階段。類似的思維與說法還有「民國史視角」、「民國視野」、「民國機制」等。這些不同的名稱，大抵都不脫一個共同的「史觀」，那就是回歸到最基本也最明確的時間框架上來進行闡釋。陳國恩〈關於民國文學與現代文學〉即明確指出：「作為斷代文學史，民國文學中的『民國』可以是一個時間框架。就像先秦文學、兩漢文學、魏晉南北朝文學、隋唐文學和宋元

明清文學中的各個朝代是一個時間概念一樣，民國文學中的民
國，是指從辛亥革命到 1949 年中華人民共和國成立這一時段。
凡在這一時段裡的文學，就是民國文學。」這應該是大陸學界
對「民國文學」一詞較為簡單卻完整的解釋。

　　北京師範大學的李怡則提出「民國機制」的說法，他在〈民
國機制：中國現代文學的一種闡釋框架〉中也認為：「民國機制
就是從清王朝覆滅開始，在新的社會體制下逐步形成的推動社
會文化與文學發展的諸種社會力量的綜合」，然而，「隨著 1949
年政權更迭，一系列新的政治制度、經濟方式及社會文化氛
圍、精神導向的重大改變，民國機制自然也就不復存在了。中
國文學在新的機制中發展，需要我們另外的解釋。」當然，他
們也都注意到了「民國」從清王朝－中華民國－中華人民共和
國的線性時間概念之外的更豐富意義，例如陳國恩提到了民國
的價值取向；李怡也強調必須「從學術的維度上看『政權』的
文化意義，而不是從政治正義的角度批判現代中國的政治優
劣」，他認為這樣的「民國文學」研究是「對一個時代的文學潛
能的考察，是對文學生長機制的剖析，是在不迴避政治型態的
前提下尋找現代中國文學的內在脈絡。」

　　面對大陸學界出現的這些不同聲音，在台灣的現代文學研
究者已經不能再視而不見，如何在一種學術交流、理性互動、
嚴謹對話、多元尊重的立場上進行對相關議題的深入討論，應
該說，對兩岸學者都是一次難得的「歷史機遇」。台灣高喊「建
國百年」，大陸記念「辛亥百年」，一個「民國」，各自表述。
但不管怎麼說，「民國」開始能夠被大陸學界接受並引起討論
熱潮，這本身就是一種試圖突破既有現代文學研究框架的努
力，也是大陸學界在意識型態方面對「民國」不再刻意迴避或

淡化的一種轉變。正是在這種轉變中，我們看到了中國現代文學研究的新契機。

二

　　民國文學不是單一的學術命題，不論從研究方法或視野上來看，它都必須涉及到民國的歷史、政治、經濟、教育、法律、文化、社會與思想等諸多領域，它必然是一個跨學科、跨地域、跨國別的學術視角，彼此之間的複雜關係說明了此一命題的豐富性與延展性。

　　必須正視的是，台灣對「民國」的理解是以「建國百年」為前提，而大陸學界則是以「辛亥百年」為前提，如此一來，大陸對「民國」的解釋是一個至 1949 年為止的政權，但台灣則是主張在 1949 年之後「民國」依然存在且持續發展的事實。拋開歷史或政治的解釋權、主導權不論，「民國」並未在「共和國」之後消失，這是不爭的事實。因此，在討論民國文學與文化之際，就會出現 38 年與 100 年的不同史觀。箇中複雜牽扯的種種原因或現實，正是過去對「民國文學」研究難以開展的限制所在。而恰恰是這樣的分歧，李怡所提出的「民國機制」也就更顯得有其必要性與可操作性。他說 1949 年政權更迭之後，民國機制不復存在，指的是「中華民國在大陸」階段，共和國機制在 1949 年之後取代了民國機制，但是「中華民國在台灣」階段，要如何來解決、解釋，「民國機制」其實可以更靈活地扮演這樣的闡釋功能。

　　「民國文學」的提出，並不是要取代「現代文學」，事實上也難以取代，因為二者的側重點不同，前者關注現代文學中

的「民國性」，後者關注民國文學的「現代性」，這是一種在相互參照中豐富彼此的平等關係。現代性的探討，由於其文學規律與標準難以固定化，使得現代文學的起點與終點至今仍是一種遊移的狀態，從晚清到辛亥，從五四到 1949，再由 20 世紀到 21 世紀，所謂文學的「現代化」與「現代性」都仍在發展之中。「民國性」亦然。從時間跨度上，現代文學涵蓋了民國文學，但在民國性的發展上，它仍在台灣有機地延續著，二者處於平行發展的狀態，不存在誰取代誰的問題。

在大陸階段的民國性，是當前大陸「民國文學」研究的重心，它有明確的歷史範疇與時間框架，但是在台灣階段的民國性，保留了什麼？改變了什麼？在與台灣在地的本土性結合之後，型塑出何種不同面貌的民國性呢？這是兩岸學者都可以認真思考的問題。

民國文史的參照研究，其重要性無庸置疑，而其限度與難度也在預料之中。「民國文學」作為一個學術的生長點，其意義與價值已經初步得到學界的肯定。現代文學的研究，在經過早期對「現代性」的思索與追求之後，發展到對「民國性」的探討與深究，應該說也是符合現代文學史發展規律的一次深化與超越。在理解與尊重的基礎上，兩岸學界確實可以在這方面開展更多的合作機會與對話空間。

三

為了呼應並引領這一充滿學術生機與活力的學術命題，政大文學院與北京師範大學於 2014 年幾乎同時成立了「民國歷史文化與文學研究中心」，四川大學、四川民族大學也相繼

成立了類似的研究中心；政大中文研究所於 2015 年正式開「民國文學專題」課程；以堅持學術立場、文學本位、開放思想為宗旨的學術半年刊《民國文學與文化研究》，在李怡、張堂錡兩位主編的策劃下，已於 2015 年 12 月在台灣出版創刊號；由李怡、張中良主編的《民國文學史論》、《民國歷史文化與中國現代文學研究》兩套叢書則分別由花城出版社、山東文藝出版社出版，在學界產生廣泛的迴響。規模更大、影響更深遠的是由李怡擔任主編、台灣花木蘭出版社印行的《民國文化與文學研究文叢》，自 2012 年起陸續出版了五編七十餘冊，計畫推出百餘冊，這套書的出版，對現代中國文學研究打開了新的學術思路，其影響力正逐漸擴大中。

對「民國文學」研究的鼓吹提倡，台灣的花木蘭出版社可以說扮演了積極推動的重要角色。自 2016 年 4 月起，由劉福春、李怡兩人主編的《民國文學珍稀文獻集成》叢書第一輯 50 冊正式發行，並計畫在數年內連續出版這套叢書上千種，這真是令人振奮也令人嘆為觀止的大型學術出版計畫！

從 2016 年 8 月起，文史哲出版社也成為民國文學研究的又一個重要學術平台，除了山東文藝出版社授權將其出版的《民國歷史文化與中國現代文學研究》叢書 6 本交由文史哲出版社出版之外，其他有關民國文學研究的學術專著也將列入新規劃的《民國文學與文化系列論叢》中陸續出版，如此一來，民國文學研究將有了一個集中展現成果、開拓學術對話的重要陣地，這對兩岸的民國文學研究而言都是一個正面而積極的發展。文史哲出版社是台灣學術界具有代表性的老字號出版社，經營四十多年來，出版過的學術書籍超過三千種以上，對兩岸學術交流更是不遺餘力，彭正雄社長的學術用心與使命感實在

讓人欽佩！這次願意促成這套叢書的出版，可說是再一次印證了彭社長的文化熱忱與學術理念。

　　我們相信，只要不斷的耕耘，這套書的文學史意義將會日益彰顯，對民國文學的研究也將會在這個基礎上讓更多人看見，並在現代文學領域產生不容忽視的影響力。對於「民國文學」的提倡與落實，我們認為是一段仍需持續努力、不斷對話的過程，但願這套叢書的問世，對兩岸學界的看見「民國文學」是一個嶄新而美好的開始。

2016 年 7 月，台北

總序 二

民國歷史文化與中國現代
文學研究的新可能

李　怡

　　中國現代文學發生發展的社會歷史背景是「民國」，從民國歷史文化的角度考察中國現代文學，既是這一歷史階段文化自身的要求，也是中國現代文學研究新的動向。

　　中國現代史上的「中華民國」是現代中國歷史進程的重要環節，無論是作為「亞洲第一個共和國」的歷史標誌，還是包括中國共產黨人在內的全體中國人都曾為「民國」的民主自由理想而奮鬥犧牲的重要事實，「民國」之於現代中國的意義都是值得我們加以深究的。與此同時，中國現代文學的「敘史」也一直都在不斷修正自己的框架結構，從一開始的「新文學」、「現代文學」到1980年代中期的「二十世紀中國文學」，每一種命名的背後都有顯而易見的歷史合理性，但同時又都不可避免地產生難以完全解決的問題。「新文學」在特定的歷史年代拉開了與傳統文學樣式的距離，但「新」的命名畢竟如此感性，終究缺乏更理性的論證；「現代文學」確立了「現代」

的價值指向，問題是「現代」已經成了多種文化爭相解釋、共同分享的概念，中國之「現代」究竟為何物，實在不容易說清楚；「二十世紀中國文學」確立的是百年來中國文學的自主性，但是這樣以「世紀」紀年為基礎的時間概念能否清晰呈現這一文學自主的含義呢？人們依然不無疑問。正是在這樣一種背景上，關於中國現代文學「敘史」的「民國」定位被提了出來，形成了越來越多的「民國文學史」命名的呼籲。

　　「民國文學」的設想最早是從事現代史料工作的陳福康教授在 1997 年提出來的[1]，但是似乎沒有引起太多的注意；2003 年，張福貴先生再次提出以「民國文學」取代「現代文學」的設想，希望文學史敘述能夠「從意義概念返回到時間概念」[2]，不過響應者依然寥寥。沉寂數年之後，在新世紀第一個十年即將結束的時候，終於有更多的學者注意到了這個問題，特別是最近兩三年，主動進入這一領域的學者大量增加。國內期刊包括《中國社會科學》、《文學評論》、《中國現代文學研究叢刊》、《文藝爭鳴》、《海南師範大學學報》、《鄭州大學學報》、《現代中國文化與文學》都先後發表了大量論文，《文藝爭鳴》與《海南師範大學學報》等還定期推出了專欄討論。張中良先生進一步提出了中國現代文學研究的「民國史視角」問題，我本人也在宣導「文學的民國機制」研究。在我看來，「民國文學」研究的興起十分正常，它們都顯示了中國現代文學研究在經歷了半個多世紀的探索之後一次重要的學術自覺和學術深化，並且與

---

1 陳福康：《應該「退休」的學科名稱》，原載 1997 年 11 月 20 日《文學報》，後收入《民國文壇探隱》，上海書店出版社 1999 年。
2 張福貴：《從意義概念返回到時間概念 —— 關於中國現代文學的命名問題》，香港《文學世紀》2003 年 4 期。

在此之前的幾次發展不同，這一次的理論開拓和質疑並不是外來學術思潮衝擊和感應的結果，從總體上看屬於中國學術在自我反思中的一種成熟。

當前學界的民國文學論述正沿著三個方向展開：一是試圖重新確立學科的名稱，進而完成一部全新的現代文學史；二是為舊體文學、通俗文學等「新文學」之外的文學現象回歸統一的文學史框架尋找新的命名；三是努力返回到歷史的現場，對民國社會歷史中影響文學的因素展開詳盡的梳理和分析，結合民國文學歷史的一些基本環節對當時的文學現象進行新的闡述和研究。在我看來，前兩個方向的問題還需要一定時間的學術積累，並非當即可以完成的工作，否則，倉促上陣的文學史寫作，很可能就是各種舊說的彙集或者簡單拼貼，而第三個方面的工作恰恰是文學史認識的最堅實的基礎，需要我們付出扎實的努力。

從民國歷史文化的角度研究中國現代文學，可以為我們拓展一系列新的學術空間。

例如民國經濟形態所造就的文學機制，民國法制形態影響下的文學發展，民國教育制度的存在為文學新生力量的成長創造怎樣的文化條件、為廣大知識分子的生存提供怎樣的物質與精神的基礎等等。還有，仔細梳理中國現代作家的「民國體驗」，就能夠更加有效地進入他們固有的精神世界與情感世界，為我們的中國現代文學提出更實事求是的解釋。

當然，討論中國現代文學的「民國」意義，挖掘其中的創造「機制」絕不是為了美化那一段歷史。在現代中國文化建設的漫長里程中，在我們的現代文化建設目標遠遠沒有完成的時候，沒有任何一段歷史值得我們如此「理想化處理」，嚴肅的學

術研究絕不能混同於大眾流行的「民國熱」。今天我們對歷史的梳理和總結是為了呈現 20 世紀上半葉中國文學發展的一些可資借鑒的機制，以為未來中國文學的生長探尋可能 —— 在過去相當長的歷史中，我們習慣於在外國文學發展的歷史中尋找我們模仿的對象，通過介紹和引入西方文學的各種模式展開自己。殊不知，其中的文化與民族的間隔也可能造成我們難以逾越的障礙。如今，重新返回我們自己的歷史，在現代中國人自己有過的歷史經驗和智慧成果中反思和批判，也許就不失為一條新路。

　　呈現在讀者諸君面前的這一套「民國文學與文化系列論叢」，試圖從不同的方向挖掘「以歷史透視文學」的可能。這裡既有新的方法論的宣導 —— 諸如「民國」作為「方法」或者作為「空間」的含義，也有不同歷史階段的文學新論，有「民國」下能夠容納的特殊的文學現象梳理 —— 如民國時期的佛教文學，也有民國文學品種的嶄新闡述。它們都能夠帶給我們對於歷史和文學的一系列新的感受，雖然尚不能說架構起了民國歷史文化現象的完整的知識結構，卻可以說是開闢了文學研究的新的可能。但願我們業已成熟的中國現代文學研究，能夠因此而思想激蕩、生機勃發。

　　　　　　　　　　　　　　　　　　2014 年 6 月，北京

第一章　追尋民國文學的軌跡

　　進入全球化時代，隨著移民／殖民而產生的遺民／夷民現象愈漸普遍，文人跨國移動帶來的文學影響值得關注。這些書寫是否能夠以寬容平等的思維，擺脫久居者與「華僑」的賓／主視角，移除流寓與祖國的主／從配屬，除卻創作者國籍與身分的主流／分支框架，不再以「僑」的視野，[3]而能純粹由作家主體、創作發生、文學傳播等跨國流動現象，歸納其中的殊異與共相，旁及社會與環境因素的考索，是全書所欲探討民國文學的審美樣態與終極關懷。

　　1949 年之後政治情勢的演變帶來一波遷徙，文人南行成為一種普遍現象，與當地產生的互動，不但豐富創作者的交遊、社群的開拓與地景遊觀的考察，在精神文化方面，對於奇觀異視的宗教習俗或民族儀節的體悟，也留下許多精彩書寫。為能安定求生，創作者或許無法僅仰賴寫作維生，而必須從事報刊編輯、深耕教育或商業經營等工作，但這並不影響其創作職志，

---

3 例如 70 年代官方文藝獨列〈菲律賓的華僑文藝〉於「海外華僑文藝與國際文藝交流」一節中，本節撰稿人為邢光祖、蘇子、亞薇、黃思騁。尹雪曼等：《中華民國文藝史》（台北：正中書局，1975 年），頁 873-888。研究者認為，「《中華民國文藝史》呈現了國民黨官方從 60 年代末期到 70 年代初期，爭奪文學史詮釋權的一個極致表現。用實際的文學史撰寫，呈現國民黨官方與相關作家的共同史觀。」黃怡菁：〈文學史的書寫形態與權力政治：以《中華民國文藝史》為觀察對象〉，《台灣學誌》創刊號（2010 年 4 月），頁 92。

反而在艱困的時空條件與有限的環境支持下，積極發揮他們在文藝領域的影響力，貢獻卓著。

本書梳理中國文學史、新華文學史、馬華文學史、菲華文學史與台灣文學史之間的交集，旁及香港文學史與澳門文學史，試圖鉤稽過去著重於作家論、作品論、地域論的研究取徑中難以定位或歸屬的作家，有別以往依循作家國籍、著作刊行地，或者文學產生影響的地區進行研究時，所難以分類，或仍無法全面性地觀視其文學成就的作家與作品。在前行研究後殖民／後移民／後夷民論述的離散、混雜、流動、跨國、散居、流散、飛散、漂泊性、移民族群等特質的歸納中，以及離散書寫、空間錯位、散居經驗、離散敘事等研究方向的基礎上，進一步深入探討民國文學在東南亞的流動所獨具之價值。

一、民國文學的靈根南移與審美譜系

中國現代知識分子親歷南洋學習、旅居、考察期間的見聞感想，著眼遊記圖像所反映的客觀真相與主觀想像，其遊記文體涵蓋日記體遊記、書信體遊記、遊記性序跋、遊記性小說、筆記體遊記、傳記式遊記與遊記性的詩歌等。以敘事學與文化理論勾稽自晚清到 40 年代（1900-1949）中國知識分子在域外文學中所表達的現代性——慾望與思考，[4]即可發現：縱然現代化社會充滿了不確定性，導致社會上瀰漫著一股不可能知道將

---

4 夏菁：《慾望與思考之旅：中國現代作家的南洋與英美遊記研究》（台北：文史哲出版社，2010 年）。以南洋遊記與英美遊記之間的差異呈現作家對現實欲求表現出的理性與出於本能或真實情感而表現出的感性，對於文人精神世界的兩面性多所分析。

要發生什麼事的無知感，以及不可能阻止它發生的無力感，始終有一種難以定、失去靠山，卻在絕望中依然不放棄找尋的擔憂，一如魅影揮之不去。

民國文學向東南亞跨國流動發軔於 19 世紀中葉以後，像是馬來亞（含新加坡）隨著移民人數增加，出現離散華人社會的現象，建制了商會、報館、宗鄉會館、宗教組織、華文學校、方言及文藝社團等基層結構，並因應社會功能與需求形成一具備生產者（作者）、消費者（讀者）、產品、市場、建制、文庫等基本元素的華文文學系統。[5]以菲律賓地區為例，胡適的《嘗試集》、魯迅的《阿 Q 正傳》、徐志摩《志摩的詩》、老舍《貓城記》大量庋藏於菲國各地中學圖書館，在 20 年代末 30 年代初影響菲華社會甚鉅，[6]這些作者本身曾有跨國經驗，筆下的作品也提及個人域外觀察所得。從五四走來的作家，作品寫於中國，流播到東南亞，不論生平事蹟、視野所及或作品移地傳播，文學的流動處處可見。而東南亞是世界四大文化體系匯聚交流的舞台，以豐富多元的特色進入全球當代意識的詮釋中，作為一種開放的、相互參照的文學座標系，[7]於今探索全球化議題，深究文學流動在東南亞地區所帶來的價值與文化，饒具意義。

這一批文人學者為了經濟考量、工作需要、人生規劃或者文學願景導致必然的移動，造成知識分子精神史的具體書寫與

---

5 張錦忠：《馬華文學》（高雄：中山大學文學院出版，2009 年），頁 15。作者以易文・左哈爾（Itamar Even-Zohar，1939-）根據俄羅斯語言學家雅克慎（Jakobson，1896-1982）所提語言與溝通元素再加以修訂，謂之「文學複系統」。

6 尹湘玲主編：《東南亞文學史概論》（廣州：世界圖書公司，2011 年），頁 413。

7 尹湘玲主編：《東南亞文學史概論》，頁 7。

文學史觀察視角的板塊遷移現象，知識生產的傳播與互動帶來了文學史流動，文人的軌跡早已不是狹義意涵的移民，也不再固滯於國族疆界與身分認同，而是在全球化視野中解構、再重構出移動與流動的跨國事實。移動之民延異、衍義甚或演繹的現象，不斷顯現在後現代情境中，在地理移動、時間遞嬗，延續至抽象的文化交融、權力消長之間，透過不斷的調整、混融、去舊增新、交互影響或抗拒的變動，賡續穿梭、跨越不同性質的疆界。[8]從冷戰時代延續至今，這些現象未曾斷絕，日後勢必持續且更盛。

　　更晚近的 90 年代，差異、斷裂等美學觀念與文學樣式不斷革新，透過批評的命名效應準確表述，重新激盪陳舊的中國傳統美學概念，鬆動評論者所言「鐵板一塊的馬華文學」，[9]這些新的觀念帶動文學史書寫更為廣泛、多元的思考。重層鏡像的文學折射，在多地點／多視野／多族群／多語言的相融與相攝中越顯豐富，構築全球化境遇裡璀璨的文學軌跡。不斷出土的研究在在說明：憑藉後殖民、文化生產、媒體／中介、典律生成等角度，重新檢視現代文學、現代性、現代化在中國、東南亞與台灣這幾個地區的引介、傳播、發展與爭議，實為必要。並且，必須以平等、寬容的視野看待不同區域之間的對話關係。

　　台灣、香港、新加坡、馬來西亞、緬甸與越南等幾個鄰近區域，華文文學隨著當地的多元種族與多元文化，產生內部歧異。文學跨國流動現象中，作者身分難以歸類因而被文學史忽

8　張瓊惠、梁一萍：《移動之民：海外華人研究的新視野》（台北：台灣師範大學出版中心，2016 年），頁 10。

9　王列耀等：《20 世紀 90 年代馬來西亞華文報紙副刊與「新生代文學」》（北京：中國社會科學出版社，2015 年），頁 125。

略，作家創作的地位與成就是否能夠被客觀解讀，本已問題重重；再加上文學本身的盤根錯節，更為紛繁蕪葛。以逐漸邁向成熟的民國文學研究中所提出的「民國機制」，檢視由邊緣回歸中心，由中心而邊緣的流動，或可宏觀地體察異文化視野所面臨的問題。因此，以跨文化進行觀察，產生問題意識，打破中心主義，理解自我與他者互動如何在關鍵時期促成自我的創造與轉化，[10]看待文學跨國越界流動於異地之間的移民／遺民／夷民社會，建立一種作為相互比較的對照譜系，以「反向格義」或者「兩義互格」，[11]來看待民國文學多向交融的狀態，[12]憑藉著現代文學的「現代性」，格義於民國文學之「民國性」，[13]是本書嘗試建構民國文學靈根南移的審美譜系動機之一。

　　1949 之後跨國性與流動性成為華文文學的特色，民國文學如何回應後殖民／後移民論述的離散、混雜、流動、跨國等特

10 彭小妍：《唯情與理性的辯證：五四的反啟蒙》（台北：聯經出版公司，2019 年），頁 361。

11 「格義」一詞有狹義與廣義之分，有正向、反向的詮釋，最早見於《高僧傳四・晉高邑竺法雅傳》：「以經中事數，擬配外書。為生解之例，謂之格義」，以佛經的觀念和教義，與佛教以「外」的中國傳統「書」籍的辭語和思想比「配」，將中國固有的想法、概念，引用於佛經之解讀；廣義而言，運用本身舊有的觀念、想法，套用在新事物上，亦可稱為「格義」，此處採後者廣義之解。呂澂：《中國佛學源流略講》（北京：中華書局，1979 年），頁 44；廖明活：《中國佛教思想述要》（台北：台灣商務印書館，2006 年），頁 42；林游銘：《《楊仁山全集》反向格義佛學思想之研究》（宜蘭：佛光大學生命與宗教所碩論，2011 年），頁 1-2。

12 楊儒賓：《1949 禮讚》（台北：聯經出版公司，2015 年），頁 182、194。古典漢語與現代文明交涉時由於原初的語義內涵不斷被扭曲挖空以代填補的歷程，陷入被重新定義的窘境，產生「失語症」與「反向格義」的現象，導致交流史即受辱史。

13 特別是在「三民主義」方面的研究，詳見黃月銀：〈論略王集叢文學史觀中的「民國性」〉，《東吳中文線上學術論文》第 47 期（2019 年 9 月），頁 65。

質？是否對於馬華文學而言，國家文學只是一個用處不大，排他性強，且具有區分你我與宰制作用的概念？[14]讓國家文學定義與疆界之外的文學事實脫離政治干預，從狹隘的民族主義管轄中獲得解放，使馬華文學自成體系，以一代又一代豐饒的理論與創作，綻放文學的繁花盛景，成為維繫華族文化命脈的重要文學實踐。以此推論，難以歸屬的歐華、美華、澳華文學，其共同經驗是離散，[15]若以此為主軸開拓出一個富創造性的對話空間，除了與移居國的現實對話，更可以坦誠面對自身族群或家國的文化現實。當後殖民解構中心，離散將能作為網絡，連結各地華文文學的經驗，[16]民國文學的討論，也藉此嘗試各種深入探討的可能性。

　　離散是跨越地理、歷史、語言、文化與國家疆界的流動，是跨國主義的象徵。跨國主義的廣義界定，除人員之外，還包括資本、金融、貿易、文化、物資等的跨國流動，這樣的流動迫使國族與國家產生新的意義，主權國家的基礎也隨之多少鬆動。[17]後起的超全球主義，更認定國族、國家全然失效退位，族群景象、媒體景象、技術景象、金融景象及意識景象呈現全球文化流動、不規律的狀態，[18]這些現象都引起研究者進一步

---

14 李有成、張錦忠主編：《離散與家國想像：文學與文化研究集稿》（台北：允晨文化公司，2010 年），頁 11。

15 亦有譯為「流散」，如歐陽婷：《跨文化語境下美國華人流散文學研究》（長沙：中南大學出版社，2019 年），頁 3-7。對於離散批評理論加以歸納整理。

16 李有成、張錦忠主編：《離散與家國想像：文學與文化研究集稿》，頁 12。

17 李有成：〈離散與家國〉，李有成、馮品佳編：《管見之外：影像文化與文學研究：周英雄教授七秩壽慶論文集》（台北：書林出版公司，2010 年），頁 166-167。

18 李有成、張錦忠主編：《離散與家國想像：文學與文化研究集稿》，頁 28。

關切。離散一度對於各種民族主義、帝國主義以及全球資本主義的「主導」敘事，如何書寫反全球化的敘事省思頗深。李有成指出這是離散富於批判意識的生產性，總是在根與路之間迷離徘徊：他指出「根」所存在的家園、部族、國家或國族國家等過去，記憶屬於有朝一日可望回歸的地方，而「路」乃是居留地，屬於未來，導向未知，亦即離散社群所賴以依附並形成網絡的地方；離散之所以成為離散，也出於始源與他方兩個中心不時提出對話，披露文學跨境的眾聲喧嘩現象。[19]這樣的擺盪，促使作家產生創作動能，在原鄉意識與寫實關懷之間，在文化母題與在地特色之間，在回望神州與新創大陸之間不斷對話，提出反思。

　　離散作為一種研究方法，可能的研究視角除上文的討論外，大陸方面有《跨文化語境下美國華人流散文學研究》，從文化差異和邊緣文化身分建構的角度，探討美國華人流散文學的價值。文中涉及文化焦慮、文化身分建構、主體價值導向，以及如何藉由族裔審美的藝術表徵，實踐跨文化語境的文化尋根等問題。[20]在方法學上，結合傳統的離散研究，加入了跨文化語境，旁及形象學、後殖民批評、身分理論，女性主義，知識權力理論、新歷史主義理論、空間地理學等方法，在經濟全球化語境下，研究離散族裔群體中的社會、經濟和文化現象，值得作為域外民國文學研究參考範式。而本書研究的作家群體在東南亞流動，移動範疇大多仍在華人社會，亦有少數與當地文化碰觸、適應或融合的問題，但不涉及文化尋根，是與其研究相異之處。

---

19 李有成、張錦忠主編：《離散與家國想像：文學與文化研究集稿》，頁 31。
20 歐陽婷：《跨文化語境下美國華人流散文學研究》，頁 13-15。

　　在移民／遺民／夷民等華夷視野的文學考古學中,「華語語系」的論述,放棄了時空上的切割,而提出以「華夷風」(Sinophone)考察在華夷之間來回擺盪的聲音、風向、風潮、風物,風勢,勇於批判傳統殖民研究中所強調「根」(root)與「徑」(route)的公式,省思理論資源,在歷史情境內探討其作用的能量,而以馬華文學作為論證的座標。[21]此研究取徑觸動本書對於民國文學往東南亞流動的「在地」思考。據此,研究動機之二是:1949 之後的跨國流動,不受限於國家疆域或公民身分的研究,究竟該如何述說?

　　溯自 1997 年陳福康教授提出「民國時期文學史」的構想起算,[22]「民國文學」的學科概念已發展二十多年,在現當代文學的研究領地不斷嘗試與「漢語新文學」、「華語語系文學」,或者更早提出的「新文學」、「新世紀文學」、「現當代文學」等名詞框架對話,試圖建構、拓展出更寬闊的學術空間。若就地域範疇而論,「民國文學」在台灣文學、大陸／中國文學、世界華文文學、漢語新文學、華夷風等卓然有成的研究成果之外,倡議「作為方法的民國」,[23]致力提昇文學研究的思維和視野,諸多論述詳見張師堂錡一系列持續不斷的研究成果與刊物出

21　王德威:《華夷風起:華語語系文學三論》(高雄:中山大學文學院,2015年);王德威:〈文學行旅與世界想像〉,《懸崖邊的樹》(南京:譯林出版社,2019 年),頁 153-160。「華語語系文學」並有文本詳證之,王德威、胡金倫、高嘉謙主編:《華夷風:華語語系文學讀本》(台北:聯經出版公司,2016 年)。

22　陳福康:〈應該「退休」的學科名稱〉,《民國文學與文化研究》第一輯(台北:秀威資訊科技公司,2015 年 12 月),頁 14-17。

23　李怡:《作為方法的民國》(山東:山東文藝出版社,2015 年)。作者主張以國家歷史情態考察文學的「民國機制」,在民國歷史視野中重新看待現代中國文學,注意民國歷史情境與知識社會學方法,方能解決「本土化」的「主體性」問題。

版，[74]斐然大觀的兩岸對話，則見於《民國文學討論集》一書，[25]以及兩次大型研討會的詰辯交鋒，[26]足證民國文學的學術發展不斷拓展出更多生長點。本書試圖考掘民國文學的南向視野，梳理東南亞流動與台灣文壇的互攝交融現象，讓研究場域外延，透過作家跨域展現的影響力，以更廣闊的學術視野看待民國文學，此為動機之三。

動機之四是對於浮動文學史書寫的思索。[27]1949 年之後隨著政權更易，選擇往台灣自由領土的作家有之，南下香港、馬華地區的作家有之，由緬甸西南方再輾轉流離舟車遷徙散往南方，爾後回到台灣落地深耕的作家亦有之，更有隨後再赴歐美等多地遷移的狀況。其生平因不斷流動，成為以地域思考為主的文學史難以收編的作家群體，也是民國文學討論中略而不見的一頁風景。尤其往東南亞的流動，因該地多島嶼、多種族、多語言的情境空間，曾為殖民地的特殊地理與歷史環境，本身

---

24 張師堂錡 2013 年於政大文學院成立「民國歷史文化與文學研究中心」，自此每半年出版學術性刊物《民國文學與文化研究集刊》，迄今出版 11 期；每半年發行電子版《中心通訊》，至今已有 16 期；與文史哲出版社合作出版《民國文學與文化系列論叢》，至今已出版十數本；每三年舉辦一場學術研討會。透過以上的努力，「民國文學」的觀念已經逐漸為學界所知，也受到現代文學研究的同行所重視，可預見的將來，這個觀念在兩岸都將成為一個重要的學術生長點和突破口，見黃月銀：〈政大學人與民國【圓桌座談】紀錄〉，《民國文學與文化研究集刊》第 4 期（2018 年 12 月），頁 256。

25 2016 年舉辦了第一場「觀念・方法・史料 —— 第 1 屆現代文學／民國文學圓桌論壇」，2019 年 4 月以「作家・文本・詮釋」為主題舉辦第 2 屆研討會。

26 李怡・羅維斯、李俊杰編：《民國文學討論集》（北京：中國社會科學出版社，2014 年）。

27 李瑞騰：〈世界華文文學的「區域」思考〉，「世界華文文學發展的方向與大學教育的革新」座談講義（2015 年 3 月 23 日），網址：https://sili.ndhu.edu.tw › bin › downloadfile，擷取日期 2019 年 10 月 3 日。

即具有流動與跨界特色，其經歷和作品傳播生成之軌跡，早已呈現出超越國家疆域的圖像，[28]形構獨到的文學景致。根據國家屬地或區域文學的研究視角，常把此類文學現象和文人群體收攏在馬華文學、新華文學、菲華文學等「海外」華文文學，而後陷入「中國文學支流論」與「（所在）國家文學的定位」兩難處境裡，難以超昇；[29]也可能在文藝美學的主體性、文學表達的獨特性、在地視野的本土性等重層脈絡，折衝樽俎，而難以深入探究文學的義蘊，提出更多值得關注的美學奧義。

　　是以，本書試著尋索不斷移動、跨界越國往東南亞地區的作家，找到文學史中的遺珠之憾，或重新以「民國性」作為方法，檢視其異地／移地創作所顯現的意義與文學成就，試圖在以往「離散」、「流寓」、「南來文人」、「僑民文學」的話語詮釋之外，回到民國的歷史文化現場，從文學的民國性視角審視這些具有代表性的文學個案，梳理他們流動在不同國家民族之間的生活樣態，所激盪出的文學價值與意義生成。為使討論聚焦，諸多跨國南向的民國文學作家中，本書以因 1949 國共分裂背離原鄉，往緬甸、馬來西亞、新加坡、菲律賓等地流動，與台灣密切相關，並對東南亞文教事業卓有貢獻的作家為範疇，以移動的先後為序，來梳理這一部域外的民國文學流動史；範疇以東南亞區域為主，旁及作家流動途經的香港、澳門等地。本書

28　熊賢關：《性別與疆界》（新加坡：南洋理工大學中華語言文化中心，2006年），頁 52。

29　鍾怡雯：《馬華文學史與浪漫傳統》（台北：萬卷樓圖書公司，2009 年），頁 272。其他相關論述尚有林建國〈為什麼馬華文學〉（1991 年）發難後，黃錦樹和張錦忠闡釋出大規模的論述成果。詳見張錦忠：《南洋論述——馬華文學與文化屬性》（台北：麥田出版社，2003 年）；黃錦樹：《馬華文學與中國性》（台北：麥田出版社，2012 年）；林建國：《馬華文學批評大系：林建國》（桃園：元智大學中國語文學系，2019 年），頁 1-46。

鉤沉自五四建構新文學以來，文學突破固有疆域與國家意識形態的藩籬跨國往東南亞的流動，考掘一批崇尚自由主義的文人，在時局世變家國離散之際，流動所呈顯的文學風景。雲南籍小說家后希鎧創作豐碩，迄今尚無學位論文加以研究，其出版地多在馬來西亞與台灣，身世流動從雲南、緬甸、馬來西亞、香港到台灣，因而特闢專章加以探討。林語堂較早離開中國赴美，遠赴東南亞是為了辦學之志，史上對此事評價不一，從中可知南洋社群獨有的特質，並以林語堂幾部冷戰小說為範疇，分析此時期的歷史文化氛圍對東南亞環境與文學思潮的影響。徐訏受林語堂之邀到南大，雖歷時不久，但他在香港獨特的心境，在流向東南亞時仍有長篇小說與新詩之作出版，徐訏與台灣文壇互動密切，左右對壘冷戰封鎖等民國歷史文化情境，在轉口港、中介點的獨到位置，在台灣對他研究者不多的情況下，以南向流動考掘其書寫有其必要性。五四盛名的作家蘇雪林以學者身分在台貢獻甚多，一般研究視域聚焦在她早期之作與學術作為；小說家孟瑤專事通俗風格的長篇，僅有其學生吉廣輿加以深入研究，第五章以南向流動的跨國創作，再旁及同時期來到東南亞的謝冰瑩、鍾梅音，視為南大女作家群體加以研究，由不同於以往的文類和身世流動觀點加以討論。菲華作家透過僑委會居中聯繫，與台灣互動頻繁，辦理講習會培育大量優秀作家。民國作家流動茲列表如下：

表 1-1　民國作家流動一覽表

作家	流動原因	流動軌跡	著作類型	價值／意義
后希鎧 (1917-2001)	1949 年大陸易幟，1950 年移居緬甸	緬甸、新加坡、馬來西亞	長篇小說	少數族裔、報刊編輯
林語堂 (1895-1976)	1954 年赴新加坡創設南洋大學	由美國赴新加坡	史傳類著作《武則天傳》，和平主義思潮小說《遠景》（又名《奇島》）、政論宣傳《匿名》、自傳體小說《賴柏英》以及《逃向自由城》	高教
徐　訏 (1908-1980)	1949 年大陸易幟，1960 年赴南大任教	由香港赴新加坡	新詩、長篇小說	高教
孟　瑤 (1919-2000)	1962 年赴南大任教	由台灣赴新加坡、馬來西亞	長篇小說《太陽下》、《卻情記》、《孟瑤自選集》、《遲暮》、《紅燈，停！》、《孿生的故事》、《退潮的海灘》	女性／高教
蘇雪林 (1897-1999)	1964 年赴南大任教	由台灣赴新加坡、馬來西亞	舊體詩、日記、散文／雜文創作、回憶錄、自傳、短篇小說〈觀音禪院〉	女性／高教
文藝講習會作家群菲華作家	1961 年赴菲律賓講學	由台灣赴菲律賓	文藝講習會作家群的作品	僑務工作

　　為能看出台灣、中國、香港與東南亞地區冷戰格局下作家人生抉擇與文學傳播之緊密連結，依據遷移軌跡與移動時間之先後為序；個別作家在前，作家群體的討論在後，討論人數越多者置於較後面之章節。因此，從中國往緬甸、新馬地區以后希鎧為例，從中國到美國轉赴新加坡以林語堂為例，從香港赴

新加坡南大任教的則以徐訏為宗，從台灣到新馬地區的女性群體選擇了孟瑤、蘇雪林，旁及謝冰瑩等人；菲律賓則廣泛論述作家群體的交流與影響。文類方面，不限新詩、散文、小說、古體詩，只要是作者遷移到東南亞地區時期的創作，以及對東南亞生活體驗的書寫，均涵蓋於討論範圍之中。

二、民國文學的南渡與難度

為進一步釐清研究對象的選取標準，本書研究的文學個案在時間上以 1949 以後為限，空間上以東南亞區域為範疇，並嘗試定義民國文學和民國性，便於展開後續的討論進路，回應本書之研究目的。

（一）一九四九年

由於這一批文人因 1949 開啟了流動，針對其人其作以區域文學史角度從點到點的觀察，到面與面交會的知識生成，再到線與線的錯位交鋒，本書將研析其流動之際的書寫與影響。當「1949」作為歷史事件逐漸遠逝，近來學界重啟對「1949」的討論，試圖建構作為現代人文典範關鍵的意義，[30]歷史逐漸跨步邁出沉重的記憶包袱，不再總是與傷痛、屈辱、壓迫如影隨形，[31]這個關鍵的時刻在如今更為自由、多元、開放的社會氛

---

30 楊儒賓：〈1949：民國文學、歷史、思想的交會與分流〉，《民國文學與文化研究》第三輯（2016 年 12 月），頁 298。楊儒賓認為經過台灣創造性轉換過的文化意義，不但在中國近代史有意義，甚至可置於世界史來看其獨特性。亦見於楊儒賓：《1949 禮讚》（台北：聯經出版公司，2015 年）一書之詳盡闡釋。

31 傷痛和屈辱的經驗例如龍應台於書扉謂之：「向所有被時代踐踏、污辱、傷害的人致敬」，詳述父親龍槐生的流離；王鼎鈞認為抗戰八年，每一個

圍中允許被討論。

　　對照東南亞特有的區域形勢與多元文化史，1950-1975 年間，東南亞各國克服來自國內外的障礙完成獨立事業。除了泰國，各國皆照樣沿用殖民地時期的建設，朝向脫殖民地化及建設民族國家為目標，期能將經濟體從脫殖民地化經濟轉向國民經濟發展。[32]而在文學方面，由脫到跨的思考，是王德威提煉自中國與華語語系人文領域的嶄新路徑，關建從過去「意外呈現」未來的三種方式──界限，律法，幽靈，據此提出三種相互關聯的修辭方式：跨越，逾越，與穿越。[33]王德威以三種修辭定義此一時間點，探討在這樣劇烈的「去畛域化」、「再畛域化」的過程中，獻身和陷身其中的文化人、知識分子如何因應形勢，開展摧毀與形塑自我主體的經驗。在文人群體的經驗中，這三種修辭值得藉以考察流動的動態歷程。而楊儒賓依循錢穆、內藤湖南（1866-1934）與馮友蘭以「南渡」重塑中華文明的論述，分析「1949」大分裂如何再編成新漢華人文知識，他指出「1949」賦予台灣貞下起元的機會重生，認為「1949」是文化中心南移運動最近、也最典型的一個案例，使得台灣文化由地區性提升至足以和東亞對話的地位，首次得以實質性的參與文化大傳統的論述，藉此奠定「後 1949」的豐饒圖像，在完整而清晰的台灣主體性格中，顯現比傳統還傳統、比現代還現

相信國家許諾的人都受了傷，短期的流亡變成長期的飄泊。龍應台：《大江大海一九四九》（台北：天下雜誌出版社，2009 年），頁 40。王鼎鈞：《關山奪路》（台北：爾雅出版社，2005 年），頁 17、24。

32 石澤良昭著，林佩欣譯：《亦近亦遠的東南亞：夾在中印之間，非線性發展的多文明世界》（台北：八旗文化出版社，2018 年），頁 358。

33 王德威：〈一九四九與歷史修辭：跨越，逾越，穿越〉，《聯合報》D3 版「聯合副刊」，2017 年 1 月 3 日。

代的新漢華文化。[34]這樣的理解顛覆過去蔣氏政權失敗撤退來台的屈辱感，奠定台灣作為中華文化新生再造的意義與價值，而 70 年來的發展也確實累積諸多例證可為明鑑。

　　1949 年前後，因國共內戰導致的文學邊境流動，先是國家界線的逾越，隨著作家遷徙，其人生軌跡沿著平行、流線的層次行進，不同於家破人亡的朝代更迭，依舊是在民國時期，依然是同文同種的民族和語言，以文學想像力的部署在創作過程中將權力視覺化、際遇抒情化、世界觀多元化。[35]流動中文人從未忘情於創作，在流離中以文寫史；隨著時間的流逝，於今將不同的流動合而觀之，更能呈現出場域變遷時創作的獨特性。馬華文學方面，郭惠芬則總結楊松年、馬崙的研究成果，將 1919-1949 中國南來新馬地區作者分為五個時期，然未涉及 1949 以後的討論。[36]20 世紀香港文學史曾有過三代大陸南來作家的說法：第一代是中國文壇的南下作家，在 30-40 年代為戰亂避禍，或堅持抗日，開闢新文化戰線的作家群，到香港僅是作短期逗留的過客心態；第二代是 50 年代初南遷的作家，已真正投入香港在地生活與書寫；第三代是 70-80 年代來到香港的作家群，大多到港後才開始文學創作，多半是東南亞或其他地區的歸僑子弟，或者出生於香港、長成於中國，再返港定居者，

---

34 楊儒賓：《1949 禮讚》，頁 77、80、93、131。

35 彼得・艾迪（Peter Adey）著，徐苔玲、王志弘譯：《移動》（台北：群學出版公司，2013 年），頁 80。

36 郭惠芬《中國南來作家與新馬華文文學》（廈門：廈門大學出版社，1999 年），頁 4-5。五個時期別是 1919 年至 1924 年——僑民意識濃厚的時期；1925 年至 1933 年——南洋色彩萌芽與提倡時期；1934 年至 1936 年—馬來地方性文學提倡時期；1937 年至 1942 年——本地意識挫折時期；1945 年至 1949 年——本地意識與僑民意識角鬥時期：馬華文藝獨特性主張時期。

其教育人文背景有大陸幾十年社會文化的近距離觀察，也有在
港台地區和東南亞國家意識形態的觀察體驗，[37]初步總結了南
來文人現象及其貢獻。

　　更晚近者，不論史書美的「後殖民抵抗論」[38]抑或王德威
的「後遺民傳承論」[39]都不能忽略華語語系文學是多地共構的
文學生產。[40]當馬華文學被寫進台灣文學時，南洋進入台灣文
學的研究視野勢所難免，像是吳明益《單車失竊記》、顏忠賢《三
寶西洋鑑》已是華語語系跨越南洋書寫邊界的一種「來臨的現
象」。[41]破除中心的後現代視角，有助於立足邊緣，放眼全局，
將流動視為常態，讓軌跡證成意義；尤其是近來重寫文學史、
重視文化流動與知識傳播生產的潮浪，恰是時候予以重新客觀

---

37 曹惠民主編：《台港澳文學教程新編》（上海：復旦大學出版社，2017 年），
　　頁 198。關於香港地區南來文人詳見盧瑋鑾：《香港文縱》（香港：華漢
　　文化事業公司，1987 年）。書中爬梳 1937 年 7 月中日戰爭開始之後，端
　　木蕻良、夏衍、郭沫若、胡風、葉靈鳳、歐陽予倩、司馬文森、馬國亮、
　　林煥平、黃藥眠等留下諸多優秀作品，寫作水準之高，以「君臨」姿態
　　來港，使本地作家失色，因此本來流行的茶話會匿跡，1938 年「中華全
　　國文藝界協會香港分會」及「中國文化協進會」均不見香港作者參加。（頁
　　15-16）

38 史書美認為在馬來西亞，語言認同與國族認同之間，是一條佈滿殖民遺
　　緒與後殖民民族主義弔詭的道路。史書美：《反離散：華語語系研究論》
　　（台北：聯經出版公司，2017 年），頁 181-182。

39 王德威思索考察後遺民們的歸宿，探討如何把失去、匱乏、死亡無限上
　　綱為形上命題，防止政治的眾聲喧嘩簡化歷史，運用語言與權力交相為
　　用，化簡為繁，他成功建構有關時間、記憶的政治學，引人思辨在國家
　　與國際化的潮流中，原鄉如何異化為異鄉，文學的書寫如何呈現「情」
　　歸何處。王德威：《後遺民寫作》（台北：麥田出版社，2007 年），頁 12-13。

40 詹閔旭：〈多地共構的華語語系文學：以馬華文學的台灣境遇為例〉，《台灣
　　文學學報》30 期（2017 年 6 月），頁 81-110。

41 張錦忠：〈導論：從南洋書寫到華語語系〉，張曉威、張錦忠編：《華語語
　　系與南洋書寫：台灣與星馬華文文學及文化論集》（台北：國家圖書館漢
　　學研究中心，2018 年），頁 XV。

定位。

（二）民國文學

　　書中所探討的「民國文學」是指於「中華民國在大陸」階段形成，於「中華民國在台灣」階段延續，基於兩岸政治環境的殊異與文學表現自有其歷史語境，文學創作隨文人的遷移軌跡，與流動地點產生激盪、碰撞的火花，所產生的文學作品。2002 年台灣研究世界華文的學者龔鵬程關注到文學研究的流動與多元現象，因此倡議以「世界華文」的概念，解決作家國籍和身分難以認定的問題：

> 　　新時代，乃是個流動性、多元性與混雜性日益加大的社會，所謂中國作家，也越來越不能以國籍來界定。故二十一世紀的中國文學史需要重新用世界華文的概念來架構。[42]

　　除了「世界華文」，「民國文學」在台灣的存在與延續，不但能與「華文文學」、「華語語系文學」、「漢語新文學」、「華夷風」等研究架構產生更多現當代文學研究的多元對話空間，也是一新興學科。近年來，隨著各地對於重寫文學史的熱烈討論，「民國文學」的研究也積極投入，並進一步發展對於「民國性」的討論。民國文學的價值與意義除了地域的涵括，尚必須考慮文體的範疇，不論舊體詩、現代詩、散文、小說等現當代文學的討論都在書中定義的範圍之內，是不斷進行著的現狀，在

---

42 龔鵬程等編：《二十一世紀台灣‧東南亞的文化與文學》（宜蘭：佛光人文社會學院，2002 年），頁 35。

1949 以後產生跨國流動或越界傳播。

　　統計與本書研究相關，迄今出現的名詞，最早有「難民」，「移民」、「殖民」、「遺民」之外的「夷民」[43]、「南來文人」、「歸僑作家」等強調作家主體性的移動經驗；在文學屬性區辨上則有「台港澳東南亞文學」、「華文文學」、[44]「世界華文文學」、「海外華文文學」、「馬華文學」、「華馬文學」、「華語語系文學」等以學科話語建構文學的主張與想像，嘗試破除族群疆界，泯滅國家邊界，抵抗以政治思維染指文學研究的可能性，還給文學主體更多話語詮釋權。釐定本書研究範疇，茲以下表分析相關名詞定義，作為前理解框架：

表 1-2　「民國文學」相關詞彙一覽表

名　詞	提倡者／形式	出　處
亞華作協	協會、期刊發行人陳紀瀅	「亞洲華文作家協會」(「世界華文作家協會」前身)於 1984 年 3 月創辦《亞洲華文作家雜誌》
海外華文文學	學術研討會、論文集	1982 年廣州暨南大學召開第一屆台灣香港文學學術討論會，1985 年 4 月秦牧和陳賢茂創刊《華文文學》
世界華文文學[45]	學術研討會、論文集	1986 年深圳大學舉辦第三屆台灣香港文學學術討論會

43 詳王德威在馬來西亞華人研究中心主辦的「2014 年第 2 屆馬來西亞華人研究國際雙年會」(2014 年 6 月 20-21 日)以「『馬來西亞』與華語語系文學」為題的專題演講。

44 甚至也有華人文學的提法，見胡賢林：〈華文文學與華人文學之辨 —— 關於華文文學研究轉向華人文學的反思〉，收於朱文斌編：《世界華文文學》第三輯(合肥：安徽大學出版社，2006 年)，頁 23-32。

45 周煌華：〈華與文的宏觀敘事〉，《視野的互涉 —— 世界華文文學論文集》(台北：唐山出版社，2007 年)，頁 V；周煌華：〈「世界華文文學」語詞的商榷：以台灣為觀察場域兼論一個學術詮釋社群的形成〉，《華人文化研究》2 卷 2 期(2014 年 12 月)，頁 169-180。台灣方面稍晚於大陸，

東南亞華文文學	學術研討會、論文集	1987 年 3 月 5 日至 8 日廈門大學海外函授學院主辦，以「東南亞華文文學與中國現代文學的關係」為主題，由菲律賓僑領莊鼎水資助。[46]
華文文學	吳奕錡、彭志恆、趙順宏、劉俊峰	1996 年江西盧山第六屆學術研討會《文藝報》2002 年 2 月 26 日 1989 年新加坡舉行「華文文學大同世界國際會議」
華文文學區域華語圈	張　錯	2004 年 9 月中國山東省威海市山東大學第 13 屆世界華文文學國際學術研討會以〈離散與重合：華文文學內涵探索〉為題發表演講[47]
華語語系文學 1.0	陳慧樺(本名陳鵬翔)	海外會議提出，於王德威文章、[48]許維賢專書所記[49]
華語語系文學 2.0	史書美	〈全球的文學‧認可的機制〉，《美國現代語言學會學刊》（PMLA）英文發表，紀大偉翻譯刊於《清華學報》第 34 卷第 1 期（2004 年 6 月）頁 1-29。
華夷風	王德威	〈華夷風起：馬來西亞與華語語系文學〉

2000 年世新大學設有「世界華文文學資料典藏中心」並在網路上設置「世界華文文學資料庫」（http://ocl.shu.edu.tw）；2003 年楊松年於台灣佛光人文社會學院文學所下成立「世界華文文學研究中心」，並設置「世界華文文學研究網站〈http://www.fgu.edu.tw/~literary/wc-literature/〉，見詹宇霈：〈世界華文文學研究視野之一隅 —— 《亞洲華文作家雜誌》、世新「世界華文文學資料典藏中心」、佛光「世界華文文學研究網站」〉，刊載於：http://www.fgu.edu.tw/~wclrc/drafts/Taiwan/zhan- yu -pei/zhan-yu-pei_01.htm，擷取日期 2019 年 11 月 8 日。

46 王丹紅：〈東南亞華文新文學研究系列課題（1987-2015）‧廈門 —— 反法西斯文學等〉，收於莊鐘慶、鄭楚主編：《東南亞反法西斯華文文學書卷》第 3 卷‧解讀編，頁 243。

47 黃萬華主編：《多元文化語境中的華文文學 第十三屆世界華文文學國際學術研討會論文集》（濟南：山東文藝出版社，2004 年）。

48 王德威：〈重構南洋圖像：理論與故事的交鋒〉，《漢學研究通訊》第 37 卷第 1 期，頁 1-7。收於張曉威、張錦忠主編：《華語語系與南洋書寫 台灣與星馬華文文學及文化論集》，頁 249-262。

49 許維賢：《華語電影在後馬來西亞：土腔風格、華夷風與作者論》（台北：聯經出版公司，2018 年）。

華語語系 文學 3.0		《華夷風起：華語語系文學三論》（高雄： 中山大學出版社，2015 年）。
漢語新 文學	朱壽桐	《漢語新文學通史》（廣州：廣東人民出 版社，2010 年）。

筆者參照許俊雅、杜國清、張錦忠資料自行整理[50]

　　上述名詞的最大公約數是「離散」，「離散」是文人群體出於生活、身分的選擇，或單純作為一種抵抗的姿態，表達對當下政治與切身境遇的不滿。[51]除了語意學的名詞考述，方法學的指涉，根據霍米・巴巴（Homi Bhabha, 1949-）的後殖民論述，許文榮提出馬華文學機制的特殊美學意義在於中國性、本土性與現代性三者或其中兩者之間交感混合，並將此文體模式名之為文學混血。[52]離散華人的書寫與二戰前的中國場域，由於文學中國、文化中國和政治中國多元匯流，賦予新華文學華僑的性格，將場域勾連。二戰後 30 年間國際冷戰格局使得新華作家偏向台灣和香港，逐漸形塑具有獨特性的多邊主義，[53]一度停留在東南亞的作家創作成就與文學影響，在此圖景中具有重要

---

50 許俊雅：《低眉集：台灣文學、翻譯、遊記與書評》（台北：新銳文創出版公司，2012 年），頁 72-81；杜國清：《台灣文學與世華文學》（台北：台灣大學出版中心，2015 年），頁 335；張錦忠：〈華語語系文學：一個學科話語的播散與接受〉，張瓊惠、梁一萍等著：移動之民：海外華人研究的新視野》，頁 453-474。杜國清書中歸納「華文文學」的概念起於七〇年代末，自中國大陸當代文學之外的「邊緣地區」崛起，以社會背景和地理政治迥異的「臺港澳文學」研究為濫觴，所展現的軌跡是：「台灣香港文學」→「台港澳文學」→「海外華文文學」→「世界華文文學」，最終朝向「世華文學」或「世界文學」進展（頁 376）。
51 許文榮：《馬華文學類型研究》（台北：里仁書局，2014 年），頁 XIII。
52 許文榮：《馬華文學類型研究》，頁 1。
53 游俊豪：《移民軌跡與離散論述：新馬華人族群的重層脈絡》（上海：上海三聯書店，2014 年），頁 97-112。

價值，其中承衍與「中國性」論述具有裙帶關係，[54]於是，也從冷戰格局出發，莊華興對文學史的思考，勘定 1950 至 1969 年為馬華（民國）文學遺址：

> 民國文學在海外的傳承與延續，在 1950 年代中期至 1960 年代末期的馬華文學發展過程中，構築了一道奇特的文學風景——馬華（民國）文學，其中馬華為表象，實質是民國文學，以及民國文人或民國遺民的參與與主導。[55]

　　從這段話不難得知後國共內戰時期、區域冷戰與馬來西亞獨立建國運動三股扭攪的勢力作用之下，非左翼南來文人以其漂泊離散情懷護持文化道統與中華民族族性傳承，民國文學遺風自此吹進了新馬文壇，賡繼自民國的自由思想、審美旨趣和價值觀催生出 1960 年代的馬華現代主義。柏京斯（David Perkins，1942- ） 指出文學史寫作的兩種脈絡和面向：

---

54 游俊豪：〈馬華文學的族群性：研究領域的建構與誤區〉，《外國文學研究》，2010 年第 2 期，頁 58-70。作者認為馬華文學近 20 年以來的討論忽略了「Chineseness」的豐富性和多重性其實包含了「中國性」與「華人性」，而「華人性」的語境與內容往往被誤解。台灣文學史的解讀則在深具包容力的寬厚視野中逐步台灣化，陳芳明：〈馬華文學的中國性與台灣性〉，《台灣新文學史》（台北：聯經出版公司，2011 年），頁 708-720。

55 莊華興：〈戰後馬華（民國）文學遺址：文學史再勘查〉，《台灣東南亞學刊》11 卷 1 期（2016 年 4 月），頁 7-30。不只是馬華，香港的現代主義破舊立新也如此想，參見陳智德：〈冷戰局勢下的臺、港現代詩運動：以商禽、洛夫、瘂弦、白萩與戴天、馬覺、崑南、蔡炎培為例〉，陳建忠主編：《跨國的殖民記憶與冷戰經驗：台灣文學的比較文學研究國際學術研討會論文集》（新竹：清華大學台文所，2011 年），頁 417。

> 我已經主張文學史有兩大形式：百科全書性
> （encyclopedic）的和敘事性（narrative）的。我也曾經
> 呼籲大家去注意作為敘事其中一支的概念性
> （conceptual）文學史。在這類別當中，歷史場域是在概
> 念（或許多概念合成的系統）的基礎上被整合進來的，
> 而在這基礎上作品是被認為可以說明概念的。許多這類
> 的文學史追蹤概念的命運、其性質的變異、其在不同時
> 代上的被接受。[56]

　　因此場域是必須審慎思考的文學史取徑。文化的融合恆常
是文學的豐沛泉源與文明創造的動力所在，考察現當代文學版
圖的整體態勢，因著文學群體的多向遷移，群體將自身原先所
擁有的文化資源遷移於現實文化空間所產生的種種交融情況，
將會清晰呈現出文學與文化屬性的開放性、變動性，[57]過去視
為邊緣的東南亞文學，在文人移動下所形構的文學景觀，亦可
能涓滴匯聚成河海一般有源有脈、廣闊深厚的主體性，繼而以
全球化語境的文學與文化研究視野，深掘以流動為觀察視角的
文本與史料，即可挽其瀕臨邊緣化之危，重新確立價值。

（三）民國性

　　民國依然持續，歷史尚未改朝換代，生活永無休止的綿延

---

56 游俊豪：《移民軌跡與離散論述：新馬華人族群的重層脈絡》》，頁 97-112。
　　原著《文學史可能嗎？》（Is Literary History Possible?）為英文，引文為
　　作者自譯。詳見 Perkins, David, "The Functions of Literary history", Is
　　Literary History Possible (Baltimore: The Johns Hopkins UP, 1992), p. 180.
57 黃萬華：《文化轉換中的世界華文文學》（北京：中國社會科學出版社，
　　1999 年），頁 32-33。

前進,不斷在改進之中,也無終極狀態,因著 1949 國共內戰隨國民黨撤離大陸的一批作家,發展出民國文學向現代性的流動階段,在社會錯位、動盪和不滿中呈現暫時性的生活、轉瞬即逝的、未竟的、不完整的、不一致的過渡性安排,永遠處於變化之中,避免完成,保持未定狀態,這也是文學「民國性」的一種特質。2012 年張師堂錡從現代文學史思考架構,提出與「現代性」相對的「民國性」研究民國文學,開理論之先。其具體內涵與產生背景乃是:

> (「民國性」是)文學的「民國機制」與「民國風範」交互運用、共同體現的一種獨特的民國文學精神內核、人文傳統與審美特徵,它既對民國文學產生直接間接的制約和影響,又同時在各種文學作品與藝術形式中被書寫,被彰顯,被證明。[58]

之後,韓偉進一步展延分析:

> 「民國性」是民國歷史文化與民國文學得以開展的基礎,研究民國文學離不開民國歷史文化,民國文學是在民國歷史文化的場域中顯現的。我們只有把握住了民國文學的「民國性」特質,才能扣啟民國文學研究的大門,才能解蔽民國文學的發生與發展、民國作家的生存狀態、作品內涵,以及民族主義文學思潮。[59]

---

[58] 張堂錡:〈從「民國文學的現代性」到「現代文學的民國性」〉,收於李怡、羅維斯、李俊杰編:《民國文學討論集》,頁 164-168。

[59] 韓偉:〈「民國性」民國文學研究的應有內涵〉,《西北師大學報(社會科

　　然而文中並未說明「民國性」的特質，是以張師堂錡具體以「現代的」、「民主的」、「平民的」與「中國的」四點，闡釋民國文學的現代性與現代文學的民國性。韓偉認為「民國性」的探討有助於向上兼容，總結、提煉和昇華現代文學研究，展現時代的涵容性，[60]此看法說明以「民國性」作為視域能不受到非文學因素干擾，可更為公正客觀看待文學思潮的演化與遞進，而這正是文人群體跨域流動現象，涉及民國文學在大陸時期與台灣時期所能涵容的共同特點。

　　民國性是作者們在場即臨，遭遇到一切能夠想像世界構成的基本要素，例如以現代化的觀點談移動性，常以建造公路等各種交通運輸的物質移動性說明命脈遷移及國族續存。戰爭、流離使穩定的民國機制變異，鬆動疆界固著的民國時空，在文化、語言、民族、性別、歷史、權力產生流動、差異與跨域現象。以文化語境思索疆界的概念，將會發現由於各方力量在文化的再現型態中承認、協商，在思考、質疑、辯論與挑戰的過程中，疆界的概念變得更為流動、不確定。[61]民國性的抵抗姿態，在科學、理性、現代性就是他方、全球性就是時間之流的當代意義中，呈現以文學權衡日常，以書寫抵禦非文學因素侵擾的純粹藝文美質。

學版）》第 51 卷第 2 期（2014 年 3 月），頁 15。

60　韓偉：〈民國文學：一種新的研究範式在崛起〉，《甘肅社會科學》（2014 年第 4 期），頁 63-64。

61　柯思仁、宋耕主編：《超越疆界：全球化・現代性・本土文化》（新加坡：南洋理工大學中華語言文化中心，2007 年），頁 1。本書著重文學現象探析，兼及文化現象與歷史背景，因此不擬就疆界多加著墨，僅由跨域的脈絡思索探討作家與文學離境流動的變異與內核。

　　觀察在民國特定的時間與空間之中，民國性的流動及其所具備的諸多美學特質。「作為方法的民國」乃是針對民國歷史文化與中國現代文學研究的新可能，以此概念照亮被遮蔽的部分，將可突出特定歷史情境下被遺忘或被扭曲的文學現象。[62]雖則「民國性」的概念與範疇仍待進一步取得共識，據此仍可探討兩岸共同認可的「民國性」想像共同體，[63]找尋民國文學研究之交集，也是本書梳理民國文學史料之重要依據。藉由「民國性」探討文學內蘊，再進一步以審美現代性與歷史民國性探討 1949 以後民國文學的東南亞流動現象。

　　上述作家的經歷和作品傳播生產的軌跡，已勾勒出一幅超越國家疆界的圖像，其離散非僅止於落籍台灣，抑或歸返馬華的情感歸依，[64]更事涉台、馬，甚至整個中文文學版圖鄉關何處的詰問與思索。[65]除了以「離散」為視角的觀察討論，流動帶來的文化播遷與文學地理，悄悄革變侷促的、固然的、僵化

62　李怡：《作為方法的「民國」》（山東：山東文藝出版社，2015 年），頁 65。

63　李怡：〈民國文學：命運共同體的文學表述〉，《中國現代文學》第 26 期（2014 年 12 月），頁 65-66。已有論者以「離散民國性」探討夏志清《現代中國小說史》，或以沙汀 1930 年代四川鄉土題材的小說創作，見白依璇：〈離散民國性的文學史範本：論夏志清《中國現代小說史》〉，《漢學研究通訊》第 34 卷第 4 期，頁 1-11；謝力哲：〈「現代」的文學與「民國」的四川──對沙汀 1930 年代小說的歷史化解讀〉，《西華師範大學學報（哲學社會科學版）》（2017 年第 6 期），頁 47-54。

64　離散與在地常形成兩地作者內在的緊張和張力，離散文學跨域國家疆界，在旅居地與家鄉之間形成雙邊的觀照眼光，使文學文本成為有意義的文化生產和批判空間，「在地」強調地方文化實踐、土地的連結和地方情感，文學和地方知識或地方話語構成緊密的內在關係。見鍾怡雯、陳大為主編：《屏鳥卷宗：砂拉越華文文學研究論集》（桃園：元智大學中文系，2016 年），頁 202-203；魏月萍：〈我不在家國──馬華文學公民身分建構的可能〉，思想編委會編：《思想》第 26 期「香港：本土與左右」（台北：聯經出版公司，2014 年），頁 55-73。

65　熊賢關：《性別與疆界》，頁 252-253。

的文學視域，展現境外空間與中原地域同時並存、熱烈發展的文學生產現象。對照當今全球變遷與民國時期文人流動的處境，移民、難民、流亡者、尋求避難者等無家可歸的人不斷攀升，齊格蒙特・鮑曼（Zygmunt Bauman，1925-2017）指出文化交融激盪著多元文化主義，文化靈感的相互融合與刺激將是豐富的文化泉源與文學創造的引擎，[66]穩固的生活型態自然產生對事物和狀態固定性的追求，現代性的衝擊導致這樣的固定性變為流動性，鮑曼稱為「液化的現代性」。

　　以鮑曼研究進一步深思：現代化意味著液化、溶解和熔煉，進入現代性的過程中，文學的自我平衡系統如何被建構起來？由此可探討民國文學「民國性」的積極意義。前行研究對於現代性的看法紛繁萬端，[67]大致符合人類對於即將來到的事物呈現一種暫時性的、轉瞬即逝的、未竟的、不完整的、不一致的過渡性安排。這些挑戰在現代生活中呈現脆弱性、易傷性、

---

66 齊格蒙特・鮑曼（Zygmunt Bauman）著，歐陽景根譯：《流動的現代性》，頁 12-13。

67 現代性的定義，尚有米歇爾・傅柯（Michel Foucault，1926-1984）認為現代性是一種態度，讓・弗朗索瓦・李歐塔（Jean-François Lyotard，1924-1998）認為現代性是一種公民啟蒙，尤爾根・哈伯瑪斯（Jürgen Habermas，1929-）認為現代是一種未完成的方案，安東尼・吉登斯（Anthony Giddens, Baron Giddens，1938-）認為現代性是一種社會生活或組織模式，查爾斯・馬格雷夫・泰勒（Charles Margrave Taylor，1931-）認為現代性是一種現代自我認同模式，基阿尼・瓦蒂莫（Gianni Vattimo，1936-）的提法是「現代性的終結」、烏爾里希・貝克（Ulrich Beck，1944-）則是「現代性的開始」、安德魯・芬伯格（Andrew Feenberg，1943-）為「可選擇的現代性」、詹明信（Frederic Jameson，1934-）是「單一的現代性」、查爾斯・馬格雷夫・泰勒（Charles Margrave Taylor，1931-）「多重的現代性」、斯科特・拉什（Scott Lash，1945-）「自反的現代性」，見胡鵬林：〈現代性的歧異〉，沈清松主編：《中華現代性的探索：檢討與展望》（台北：政大出版社，2013 年），頁 19。

持續變化的傾向，且正因永遠處於變化之中，避免完成、保持未定狀態，「流動現代性」較「後現代性」更宜於指稱面對變化，恆久而不確定性就是確定性的辯駁。如果「成為現代」意味著追求「最終的完美狀態」，則尚在進行中的「現在」，即是永無止境的改進、既沒有「終極狀態」，更別無所求。[68]1949 以後民國文學創作與時代內外呼應，即鮑曼所謂持久性的事物分裂，短暫填補真空的恐怖徵兆和前景觸發現代性，當改變被視為一個令人心煩的事物秩序，建構者面對突發事件的偶然性、熔爐、模糊性、模稜兩可、流動性以及其他禍根與夢魘，如何在傳統瓦解之後，重新建構一個穩定的、毫無異相的社會，於調適、同化、衝突與對抗之中，須臾之間如何洞察永恆，與差異共存？在帝國崩解與中國大分裂的時期，南渡文人的寫作，是討論華語語系文學的重要源頭，其地緣政治性、歷史性顯然不可忽略。[69]由於「民國」尚在進行中，與此美學特點十分吻合，故藉以分析作者及作品背後或隱或顯的目的變化，透過社群、物質與精神三個基本面向，分析往東南亞流動的文人及其民國文學。

　　民國性正如同現代性，伴隨著文學的流動而與歷史軌跡動盪共振。柄谷行人指出：當日本蛻變為帝國主義的時候，從失敗的自由民權派人士產生出現代文學，這一時期同時也是中國現代文學的起源，由留日學生構築了包括「言文一致」在內中國現代文學與思想的基礎，一種以魯迅為代表，指向了現實變

---

68 齊格蒙特・鮑曼（Zygmunt Bauman）著，歐陽景根譯：《流動的現代性》，頁 3-5。

69 莊華興〈帝國崩解、離散華人與家國想像：以《馬來妹》為例〉，游勝冠編：《媒介現代：冷戰中的台港文藝國際學術研討會論文集》（台北：里仁書局，2016 年），頁 368。

革的思想，[70]企欲鞏固政權，卻適得其反，成為創建現代國家運動或民族主義的核心。由此觀之，跨國移動產生的能量激盪對於民國性的豁顯，具有不容小覷的力量，藉由戰爭再次驅使的移動，將民國性隨著文學與華教移動力帶往東南亞，也藉由台灣到東南亞的文人形成回溯、相互交融的視域及影響力。因此本書嘗試透過文人跨國、離散、華教、文學傳播、跨文化研究等概念詞，或者次要的自由／反共、擁魯／反魯、寫實／現代等文藝思潮和立場的介入，在社群建構、物質體現與精神書寫方面，梳理這一批作家所體現出民國文學的民國性。

（四）東南亞

　　本書論題的區域範圍擬定為「東南亞」，乃因 20 世紀 40 年代初「東南亞」已逐漸取代「南洋」這個華人懷舊慣用語詞，[71]而成為各學門之間共同指稱的語彙。[72]地理空間涉及流動方向性的指涉，香港學者盧瑋鑾對中國內地作家南來追蹤躡跡，以中國史學傳統與日本資料學勾稽「南來作家」50 年代以前在香港文學活動的片段，[73]作家鄉關何處並非知人論世的唯一關

70　柄谷行人著，薛羽譯：《民族與美學》（西安：西北大學出版社，2016 年），頁 7。

71　黃錦樹：〈沒有查禁（我那既被禁又沒被禁的新小說集）〉，《注釋南方——馬華文學短論集》（馬來西亞：有人出版社，2015 年），頁 153-154；黃錦樹：〈跋〉，《猶見扶餘》（台北：麥田出版社，2014 年），頁 281-282。香港作家陳雲〈南洋〉：「這年頭的人已不知中文有南洋之名」，以 1956 年「南洋大學」為「南洋之名」的頂峰。黃錦樹提出「南洋」可以指稱、命名一種流亡的狀態，超出民族國家的視域，指涉憂鬱的南方。

72　王潤華曾言：「早已在世界地圖上消失了」南洋已是歷史學共識而非國家領地的實指。王潤華：《南洋鄉土集》（台北：時報文化出版公司，1981 年），頁 5。

73　盧瑋鑾：《香港文縱》，頁 15-16。

鍵，語文、文學及文化脫離母體環境即已裂變衍異，因此不可忽略文學自我發展的內在規律，否則文學事件將湮沒於歷史事件的汪洋浩翰。[74]值得關注的是空間畛域讓文學文化場域陷於尷尬與超越之間游走，產生疏離與變異。

　　目前「東協經濟共同體」在各國自身固有文化的前提之下，持續追求政治上的自立與經濟上的發展。[75]馬來亞獨立於1957年，到1963年擴大為馬來西亞，新加坡則獨立於1965年，獨立建國影響當地華人的身分認同，也漸使得「南洋」此一具有歷史意義的地理概念名稱，被「東南亞」這個享有獨立政治主權的新興民族國家，或多元民族國家的總稱取而代之。[76]李金生自前行研究論述、歷史發展趨勢、政治現實介入考察「南洋」一詞涵攝的地理概念、形成與發展過程。[77]二戰後東南亞各國民主主義興起，使中國移民在東南亞地區相對自由流動的局面不再，政治現實碎裂原先「完整一塊」的南洋；西方對東南亞區域研究方興未艾，華人學者隨之棄「南洋」取「東南亞」，也是大勢所趨；戰前漂泊異鄉為異客的華人已落地生根為公民，從事本土研究，因而不再以廣義泛指的「南洋」概念指稱，「南

---

74 朱崇科：《本土性的糾葛——邊緣放逐・「南洋」虛構・本土迷思》（台北：唐山，2004年），頁70。作者詳論東南亞指涉了政治內涵、歷史觀照的地理／地域或概念，在文學實踐上有其意義，甚至以專章討論文學的東南亞若由後殖民視角觀照，則其話語中存在著微妙的權力關係，頁386-392。

75 岩崎育夫著，廖怡錚譯：《從東南亞到東協：存異求同的五百年東亞史》（台北：商周出版社，2018年），頁37、70。

76 黃賢強：《跨域史學：近代中國與南洋華人研究的新視野》（台北：龍圖騰文化有限公司，2015年），前言頁6-7。關於「馬來亞」複雜定義與考察詳見頁95-96。

77 李金生：〈「一個南洋」各自界說：「南洋」概念的歷史演變〉，《亞洲文化》第30期（2006年6月），頁113-123。

洋」成為一枚懷舊的文化符碼，[78]在記憶與文學間伏竄。

　　1980 年代東南亞發展國家主義告終，穩固統治的體制在國際社會潮流主張民主主義與市場經濟，中產階級主導國內政治社會導向自由的局勢變化，國內企業可望自由經營的經濟新現象，[79]使民主化運動成為關鍵詞彙。綜觀東南亞的地域關係，自成立東協以來，儼然成為亞洲區域合作的領頭羊，朝向實踐亞洲共同體的構想邁進。二戰之後的冷戰局勢，使東南亞分裂成自由主義和社會主義國家，1967 年自由主義國家創立東協，開啟地域整合的先聲。[80]在認同多元性的原型下，[81]既維持各國固有性格，又調和區域內各國民族的多元性，東南亞的象徵是多元性，東協的象徵是統一性（協調）；東協是東南亞的手段，而東南亞是東協這個自我稱謂的主體。[82]是以基於民國文學學科屬性與其他領域能夠平行接軌，理當以「東南亞」指稱之。

　　2017 年王德威在「華語語系與南洋書寫：台灣、馬華、新華文學與文化國際研討會」專題演講以「重構南洋圖像」談華

---

78 歷史學家許雲樵《南洋史》對「南洋」的解釋如下：「南洋者，中國南方之海洋也，在地理學上，本為一曖昧名詞，範圍無嚴格之規定，現以華僑集中之東南亞各地為南洋。昔日本以受委任統治之渺小群島（Micronesia）為內南洋（或裡南洋），而以東南亞各地以及澳洲，甚至包括印度，為外南洋（或表南洋），或總稱南方。許雲樵：《南洋史》（新加坡：星洲世界書局，1961 年），頁 3；王麗敏：〈中國和西方對東南亞稱謂略考〉，《東南亞縱橫》（2014 年 1 期），頁 61-65。

79 岩崎育夫著，廖怡錚譯：《從東南亞到東協：存異求同的五百年東亞史》，頁 202。

80 王政毅：《邊緣地帶發展論：世界體系與東南亞的發展》（上海：上海人民出版社，2018 年），頁 27。

81 岩崎育夫著，廖怡錚譯：《從東南亞到東協：存異求同的五百年東亞史》，頁 288-289。

82 岩崎育夫著，廖怡錚譯：《從東南亞到東協：存異求同的五百年東亞史》，頁 301-302。

語語系理論與 14 個文學案例,採地理與歷史上約定俗成的廣義南洋以便於討論華語文化及傳統。[83]中國作家筆下的南洋還包括印支半島及印尼、菲律賓,馬華作家則多半以之指稱新馬。[84]南洋所指稱的對象與範圍太廣泛而無法對焦,可泛指文化形態歧異的東南亞諸國,或包括新加坡在內馬來亞的代稱。綜上所述,為能跨學科對話,以現代名詞準確說明作家流動的所在地,[85]因此本書設題以「東南亞」為範疇。

三、流動:作為方法的民國

「作為方法的民國」是民國文學研究的新觀點,為能扣合全書理路,以流動的模式,思辨文人跨境的主、被動因素,進而運用文學傳播學、離散論述等討論作家域外著作的成就。另以比較文學實踐語境中的「影響研究」和接受史觀點,分析這一批作家因理想生活的選擇而跨域流動,展現不同於傳統定義悲情離散的書寫成就。

(一)流動模式:殖民／移民／流亡／流動／離散

民國作家越界流動,跨國移居南洋,離散於家國之外,投身高教事業、文學運動,參與文藝副刊發表,展現文人群體的影響力,彰顯域外流動對於作家創作與文學、文化活動的意義。曾擔任國大代表的后希鎧由緬赴馬,期間擔任報刊編輯、教師,而後來台擔任大學教職、雜誌編輯等。林語堂離開大陸赴美,

---

83 張曉威、張錦忠主編:《華語語系與南洋書寫 台灣與星馬華文文學及文化論集》,頁 249-262

84 張錦忠:《南洋論述——馬華文學與文化屬性》,頁 107。

85 許雲樵:《南洋史》,頁 3。

曾到新加坡參與南洋大學籌設，再赴歐至美；時而香港、也曾
到菲律賓，最終落腳陽明山，長眠於台灣。徐訏成名於大陸時
期，與后希鎧同為因 1949 被迫展開流動，為了繼續享有創作的
自由，不得不辭別故國。[86]徐訏初到香港因生存環境險惡，曾
多次來台；由於作品缺乏反共的時代意識，被貶斥為黃色作家，
遭到卑視，[87]幸而不輕易認輸的性格與錯位的處境，反而激發
他產生更大的熱情從事文學創作，再鼓勇氣研究理論，
1950-1960 年代這一段被拒斥圍剿的經驗，使徐訏成為著名的
反共理論家。[88]徐訏以小說進行哲學思索，富於宗教情懷與浪
漫情調，固然叔本華（Arthur Schopenhauer，1788-1860）、尼采
（Friedrich Wilhelm Nietzsche，1844-1900）影響其感悟與體驗，
留學法國接受浪漫主義哲思與民主自由思想亦功不可沒，使他
深入人性、生命、愛情、苦難核心本質的，恐怕是他流落異域
小島的疏離和放逐感，一生漂泊終得由哲學宗教熨平內心的穩
定寧靜，而在民國文學的流動經驗中獨樹一格。[89]文學史一般
將其定位為香港作家，[90]而今埋骨台灣三峽，徐訏可謂屬於被

---

86 野火：〈徐訏和她的女兒〉，《亞洲華文作家》第 29 期（1991 年 6 月），
　　頁 150-151。香港作家野火肯定徐訏「堅守自由、民主的虔誠態度與固執」，
　　身在上海的女兒葛原因徐訏是資本主義反動作家而備嘗艱辛；徐訏逝世
　　時又被禁止參加喪禮，甚至不准向父親呈獻花圈，野火感到「人生到此，
　　天道寧淪」，因而感傷不已。
87 應鳳凰：《人性的悲劇──徐訏的腳印》（台北：爾雅出版社，1982 年），
　　頁 2-3。
88 吳義勤、王素霞：《我心彷徨：徐訏傳》（上海：上海三聯出版社，2008
　　年），頁 236。
89 曹惠民主編：《台港澳文學教程新編》，頁 200。
90 寒山碧：〈徐訏作品評論集‧序〉，收於寒山碧編：《徐訏作品評論集》（九
　　龍：香港文學研究出版社，2009 年），頁 Ⅲ，視徐訏為在港期間較為年
　　長的老一輩作家。

動產生移動軌跡之例。

　　蘇雪林、孟瑤曾赴南洋大學講學再回到台灣，深耕文學苗圃，孟瑤《卻情記》創下新加坡雜誌連載小說之始；謝冰瑩曾於 1957 至 1960 年應丁淼之邀赴馬來西亞太平華聯高中從事華文教學，寫下遊歷風光。鍾梅音的旅跡遍及泰國、馬來西亞與新加坡，隨丈夫工作外派，其心境的流轉、生活的愜意，文章中透顯作家個性的自在隨性。[91]第一代遷台女作家南下的流動現象，在仰望故國山河之餘，多了一分域外探索的勇氣與遊觀世界的視野。而菲華文學與台灣文學的交鋒在 1949 以後十分頻繁，也呈現極為獨特的面貌。以上歸屬在基於工作需求、傳播傳統文化的想望所產生的主動流動。在文化交流全球化的當下，「流動」成為值得關注的文學史現象，需以此重新關注作家的域外書寫。[92]

　　以流動視野與遷移事實而論，1949 之後在馬華／香港／台灣多地跨境移動而受到前行研究關注的作家，略以表列如下：[93]

91　陳昱蓉：《遷台女作家域外遊記研究（1949～1979）》（桃園：中央大學中文所碩論，2013 年），頁 62。

92　藤田梨那：《中國現當代文學中的跨文化書寫》（北京：中央編譯出版社，2013 年），頁 Ⅱ。

93　張錦忠：《南洋論述——馬華文學與文化屬性》，頁 45、47；郭惠芬《中國南來作者與新馬華文文學》（廈門：廈門大學出版社，1999 年），頁 3；林萬菁：《中國作家在新加坡及其影響（1927-1948）》（新加坡：萬里書局，1978 年），頁 9-10；王寶慶、駱明編：《南來作家資料研究》（新加坡：新加坡國家圖書館管理局、新加坡文藝協會，2003 年），頁 13。金進也曾就郭惠芬研究基礎再加以整理中國南來作家圖表（1920-1965），嚴格義界必須於此段期間創作者方能列入，略分 1920-1930 中國內戰時期、1930-1940 日本侵華時期與 1940-1965 經歷日軍侵入馬來亞、日本投降、新加坡 1965 年宣布獨立 3 個時期，共梳理出一百多位作家，見金進：〈馬華文學的發生與發展（1919-1965）——以南來作家的身分認同與轉變為討論對象〉，《東華漢學》第 18 期（2013 年 12 月），頁 381-382。此

表 1-3　現代作家跨域流動舉隅

流動地	作　　家
中國移居台灣[94]	林語堂、蘇雪林、臺靜農、梁實秋、謝冰瑩、琦君、徐鍾珮、張秀亞、思果、吳魯芹、鍾梅音、胡品清、王鼎鈞、陳之藩、朱西甯、余光中、張拓蕪、商禽、瘂弦、王文興、張曉風等
中國移居香港	徐訏、劉以鬯、西西、吳熙斌、也斯等
中國移居新加坡、馬來西亞	郁達夫、宋子衡、陳瑞獻、梅淑貞、沙禽、潘正鐳、陳強華等
中國移居歐美	高行健、阿城、北島、多多、嚴歌苓、虹影等
馬來西亞移居台灣	林綠、李永平、張貴興、張錦忠、林建國、黃錦樹、陳大為、鍾怡雯等
馬來西亞移居香港	林幸謙等
香港移居台灣	廖偉棠等
台灣移居美國[95]	王鼎鈞、於梨華、白先勇、叢甦、郭松棻、劉大任、歐陽子、李渝、張系國、李黎等

　　李永平、林綠等留台後赴美深造，之後又「回」了台灣；商晚筠留台後又去了新加坡，才返回原鄉華玲，是以，這一部域外文學史既在（星馬）境內，又在（台灣）境外，深具曖昧雙重性與流動性，與文學史書寫息息相關。[96]對馬華文學本土

處著重於 1949 以後的作家跨域現象梳理，兼及受上一代跨域現象影響的第二代作家。

94 樓肇明：〈台灣散文四十年發展的輪廓──《台灣八十年代散文選》〉，《臺港與海外華文文學評論和研究》，1991 年 2 期（1991 年 12 月），頁 58。

95 朱立立：〈台灣旅美群的認同問題探析〉，《華文文學》總 37 期（2006 年 2 月），頁 27-42。

96 張錦忠：〈繼續離散，還是流動：跨國、跨語與馬華（華馬）文學〉，收於馬來西亞留台校友聯合總會主編：《馬華文學與現代性》（台北：新銳文創出版公司，2012 年），頁 142。

現代性研究富於洞見的研究者張錦忠、林建國、黃錦樹等，不但有切身的馬華文學本土經驗，在台灣接受高等教育與學術訓練、定居台灣，因此更能客觀抽離本土，審視馬華文學，[97]證明移動帶來的創造力，樹立了文學的豐碑。

　　藉由履跡東南亞文人的步伐，昭示以地域進行觀照的民國文學現場脈絡，盱衡全球化視野的文學研究，可歸結幾項不容小覷的面向：跨國文化薰染帶來的多樣性、民族詞彙運用衍生出的民族性、作家離開所生長原鄉，越界與所在當地文化特點視域交融所產生的本土性，俱為時時刻刻「在」發生的文學流動所必須關注的軌跡。[98]還原到民國歷史與文化現場考量「民國機制」[99]、「民國文學風範」之外，[100]全球化與現代性的因素舉足輕重：

　　　　一個跨越國家與區域疆界的歷史過程，以全球為範圍來實現人的慾望、可普性與存在的相關性，在目前表現為全球的自由市場、超越民族國家的政治秩序，以及文化的全球在地化。[101]

---

97 劉碧娟：《新華當代文學中的現代主義》（新加坡：八方文化創作室，2018年），頁 11-12。

98 高嘉謙：《遺民、疆界與現代性：漢詩的南方離散與抒情（1895-1945）》（台北：聯經出版公司，2016 年），頁 491-492。

99 李怡、周維東：〈文學的「民國機制」答問〉，收於李怡、羅維斯、李俊杰編：《民國文學討論集》，頁 144-155。

100 丁帆：〈「民國文學風範」的再思考〉，收於李怡、羅維斯、李俊杰編：《民國文學討論集》，頁 33-42。

101 沈清松：〈書評：麥可・哈特、涅格利《全球統治》〉，《哲學與文化月刊》總 361（2004 年 6 月），頁 109-112。

　　若就族群、物質、精神等文化，以及人權、人文與和平等普世價值來看，置於民國文學的討論視野中，文人與文學傳播促成知識流動，從「文學的民國・民國的文學」的文學發生學視域加以考察，往東南亞的流動必然以「在」為核心——不斷流動中所顯現文學的「當下即是」，一種即臨感，參與「在」文學發生的現場，不因身分、種族、膚色、自絕於外，而能夠全面地、一視同仁地關注各階層的普遍殊相；再由一一堆疊、積累有成的殊相，歸結出文學流動的共相，探討其中的審美奧義。

（二）文學傳播學與離散論述

　　東南亞地區在廣義的文化大區域中，既有基於人類群體所處人文地理環境和歷史特殊性所導致的差異，亦有因跨域流動文人能與之溝通無礙的華語，與同文同種的類似環境和符號，使民國文人南下與當地產生跨文化的交流互動，在不同文化感知和符號系統中，以文學傳播學觀察作家與民族群體的文化交流，透過教育和辦報等文化事業媒介，如何在社群、學校環境中產生影響力。[102]作家跨國移動是一種有意為之的書寫與傳播策略，把移動到另一地所觀察到的、經驗到的不同民情風俗寫進作品之中，聯繫參與的社團、社群，成為文學活動的重要紐帶，建構互動和相互影響的過程。[103]在文化擴散中，群體體遷移或因戰爭，或出於行旅，移居期間的文化理解是否延續？經

---

102 拉里・A・薩默瓦（Samovar, Larry A.）、理查德・E・波特（Porter, Richard E.）著，閔惠泉、王緯、徐培喜譯：《跨文化傳播》（北京：中國人民大學出版社，2006 年），頁 47-49。

103 李詮林：《台港澳暨海外華文、華人文學散論》（北京：社會科學文獻出版社，2012 年），頁 226。作者以跨國主義稱之，穿越國界把不同民族互動及其互動的過程加以聯繫，其國家是以民族定義的國家，海外作家故意有家不回，是一種「不在地」的寫作策略。

驗的歷史記憶與國家疆域鬆動變異，是否造成文化影響或文化混雜？學者須文蔚提出作家與傳播、文學媒體與傳播、文學內容型態與傳播，文學讀者與傳播、文學評論者與傳播以及文學傳播與社會等數項指標，在接受美學與讀者反應理論的細微觀察中，檢視這六種面向對文學傳播可能造成的影響，[104]可謂面面俱到，本書多所參照。而學者林淇瀁提出「文學／文化傳模式」，強調「文學／文化傳播」與「社會變遷」之間的互動關係，不論外部的意識型態國家機器、內部的歷史脈絡都可能交併影響，因此研究文學／文化傳播必須宏觀考察歷史脈絡及意識型態國家機器之運作，交互求證。[105]此範式提示研究者須注意文學社會學與傳播變遷的互動關係，文化因素與國家意志也可能牽一髮而動全身，扣啟文學傳播。

李瑞騰教授釐析新加坡與吉隆坡不同文學場域的互動關係，勾勒新加坡華文文學鮮活、有機的書寫風貌。[106]前行研究者多半嘗試從「整個文化場域」剖析文學的區域變遷，[107]探討新加坡的文學事件。由南洋視角將流動的華文文學視為離散族裔文學曾蔚為風潮：[108]

> 在我們當中直接取之於後殖民論述討論馬華文學的
> 張錦忠在重新建構那些熟悉和陌生地帶之間喚做馬華文

104 須文蔚：《台灣文學傳播論》（台北：二魚文化出版社，2009 年），頁 46-58。
105 林淇瀁：《書寫與拼圖——台灣文學傳播現象》（台北：麥田出版社，2001年），頁 3。
106 李瑞騰：〈人文生態與東南亞華文文學〉，收於吳耀宗主編：《當代文學與人文生態：2003 年東南亞華文文學國際學術研討會論文集》（台北：萬卷樓圖書公司，2003 年），頁 5。
107 張誦聖：《文學場域的變遷》（台北：聯合文學出版社，2001 年），頁 202。
108 張錦忠：《南洋論述——馬華文學與文化屬性》，頁 143。

學的對象時，後殖民論述那種策略性、假定性的論述戰
略及一定程度的經驗主義是否能夠有效的質疑行動者
（代言人、再現者）在飄泊流浪中固著或移易的、帶著
創傷的本土知識——作為前理解的一部份——以重建大
馬本身謎樣的後殖民情境，乃有待討論。[109]

　　將「離境」視為馬華文學的象徵，非以靜止、固著，而是
不斷的流動。[110]離境之後所產生難以歸類的作品，應予以確認
定錨。

　　黃錦樹認為在海峽殖民地或馬來聯邦發生的華文文學事
實，過去以「南洋文藝」、「馬來亞文藝」統稱之，其疑義在於
殖民地時期馬華文學的作者身分歧異：落腳南洋多年的文人身
分已是海外僑民，過客式的中國作家僅居留星馬幾年數月即回
國，斯土斯民成長於此最後回歸中國，或者到中國求學再返回
南洋，準此，雙重意識乃南洋華人研究無可規避的現象。像是
許地山和艾蕪都曾以漂泊旅者的身分，[111]將南國異域的生活作
為小說創作的背景，既描寫他鄉生活，亦融入當地山野景色創
造異域情調，短暫過埠的南洋經歷成為文學情節想像的原鄉。[112]

---

109 黃錦樹：〈反思南洋論述〉，收於張錦忠：《南洋論述——馬華文學與文
　　化屬性》，頁 34。為該書序文。
110 張錦忠：《南洋論述——馬華文學與文化屬性》，頁 43。
111 周聿峨、余彬：〈東南亞華人身分流動性的全球化語境〉，《東南亞地區
　　研究學術研討會論文集》（廈門：廈門大學出版社，2011 年），頁 76-89。
　　身分的流動性是結合文學社會學必不可忽視的研究視域，共有七種研究
　　模式。
112 五四以來新文學作家中生活經驗遍歷中西，兼跨海峽兩岸者，首推許地
　　山，見余光中：〈從悲憫到博大〉，《粉絲與知音》（台北：九歌出版社，
　　2015 年），頁 254。1913 年 20 歲的許地山曾遠渡重洋到緬甸仰光華僑

許地山在緬甸中學的教書經驗，及其個人宗教意識所形構的題材取向，遂能寫出帶有宗教觀，反應南洋佛教情結的《命命鳥》、《商人婦》和《綴網勞蛛》。[113]而艾蕪刻畫苦行者的〈南行記〉都參悟「鍾靈毓秀」神秘人文地理的意義，激發作者才性，也凝聚沉積在作品的情趣之中。[114]地方的殊異風土透過作家的創作之眼，成為一種地方感性，而作家原鄉意識所宗從的故土又是另一種中華屬性，[115]兩者之間的激盪，交錯，在跨域流動後的創作格外凸顯；透過離境回望，有時確實比在地深耕更能尋獲意外的視野。

（三）影響論、接受史與跨文化研究

比較文學實踐語境中的「影響研究」，改善傳統「傳播學研究」專務研究終點端接受者的情況，將文學、流派、潮流、作家及其作品等在異域影響與接受的過程，茹納於「接受史」的考察角度，考量作家在域外人生機遇所產生的廣泛影響，[116]與

創辦的中華學校任教，為期兩年。

113 夏菁：《慾望與思考之旅：中國現代作家的南洋與英美遊記研究》，頁63。

114 李選樓：《戰前南來作家小說評論》（新加坡：新華文化事業公司，2008年），頁95。

115 黃錦樹：《馬華文學與中國性》（台北：麥田出版社，2012年），頁82、136-137、204-205。文中嚴格以學術意義審視神州詩社之創作，以及這一類創作對於（海外）華人的意義，星馬等地因移民／後移民社會早已游離於古老的傳統之外，時間的延續性受到空間轉換的挑戰，重新召喚／構造在中國境內不證自明的本質，馬華境內現代主義透過中國性而帶入文學的現代感性，對照台灣中國性也被徹底淨化為另一種現代文學，同樣具有結構性的矛盾。

116 譬如《中外文學交流史（中國 — 東南亞卷）》一書，分為中國傳統文學與東南亞文學（古代迄今）、中國現當代新文學與東南亞文學（1919年迄今）兩大部分，探討中國與東南亞的民族淵源及文學作品、中國傳統文學在東南亞的傳播與影響、五四新文化運動與東南亞華文新文學之

本書流動視野的考察近似。同以作家群體的角度看待中國現當代文學與東南亞的關係，梳理華文作家之間的互動交流，可看出中國文藝思潮及運動對於東南亞的深刻影響，[117]值得參照。挪借來自人類學分支的跨文化研究，探討文化之間的相互影響、交流與互動，研究冷戰後國家與種族群體作為一個政治文化實體，其邊界正在世界的範圍內與跨國性重構中後退，使被錯置的國家與地區得以整合，超越以民族國家的歷史為主線，解釋人類歷史的傳統範式，在跨文化生活經歷中展現人類群體與其他文化交流、交融的視域，[118]是本書據以觀察作家的基礎。

過去撰史者基於意識形態不同，或政治立場迥異，往往刻意模糊，或略而不提曾經有過一批被視為右派的南來文人，使人為之抱屈。[119]在多元現代性的範式下，受中心與邊緣之間競爭所支配的開放舞台，與不斷變化的集體認同衝擊之下，人的自主性相對於任何形式的權威，常因互相競爭的公共利益觀具

關聯性、中國無產階級革命文學運動與東南亞新興文學等關係。郭惠芬：《中外文學交流史（中國 —— 東南亞卷）》（濟南：山東教育出版社，2015年）；楊松年：〈郭惠芬《中外文學交流史（中國 —— 東南亞卷）》讀後〉，《華人文化研究》第 6 卷第 1 期（2018 年 6 月），頁 261-264。

117 李瑞騰：〈《中外文學交流史（中國 —— 東南亞卷）》讀後〉，收於樂黛雲、李比雄主編：《跨文化對話》（第 37 輯）（北京：商務印書館，2017 年 9 月），頁 203-207。書中史料彙編仍有若干缺漏，如對於砂拉越詩巫開埠先輩黃乃裳缺而未論，李蒼（李有成）資料誤謬，台灣與菲律賓文壇密切互動交流也略而未談，文中均加以增補說明。

118 何平：〈跨文化研究的理論和方法〉，《史學理論研究》2014 年第 4 期，頁 68-78。跨文化流動以後殖民理論反省自身位置，提出海洋台灣論述，凸顯台灣文學的多元流動。詳見詹閔旭：《認同與恥辱：華語語系脈絡下的當代台灣文學生產》（台南：成功大學中文所博論，2013 年）。

119 莊華興：〈語言、文體、精神基調：思考馬華文學〉，收於思想編委會編：《思想》第 28 期「大馬華人與族群政治」（台北：聯經出版公司，2015年），頁 209。

有多樣性的特徵，因此，去中心化的視野、現代性的開放結構及持續的對抗性，使任何形式都變成某種發展的動態體系，[120]總此，必須具備更寬容的視野看待此變革。特別是東南亞多元種族、多元文化的社會處境中，文學往往是現實與社會意識形態的結合，歷史事件被意識形態吸收理解之後，產生另一種既定的意識形態推動作家認識當地社群、物質、精神等文化，成為作家賴以想像和認識自己與自身存在之間關係的某種社會慣性，[121]深究作家的移動過程、動機，研討「非文學」的政令、報章、宗教儀禮、民俗活動等，觀察其文學美質與符號意義，考察作品與論述在塑造意識形態上的作用、作品與社會的關係，對過去固著、單一的理解角度提出質疑，將文學視為具有參與社會、相互推動，對社會進化、變化產生潛移默化影響力的功能，[122]將可跨越民族國家疆界，以跨越學科、文化、方法視野的邊界，超越文本進入社會和歷史現場，重返文化／文學誕生的場域；必要時也貫古通今，出入於現在與過往之間，[123]如此將更能掌握跨越「1949」時刻的文學轉型。在此跨國移動的

---

120 多明尼克・薩赫森邁爾（Dominic Sachsenmaier）、任斯・理德爾（Jens Riedel）、S.N.艾森斯塔德（Shmuel N. Eisenstadt）著，郭少棠、王為理譯：《多元現代性的反思：歐洲、中國及其他的闡釋》（北京：商務印書館，2009 年），頁 20。

121 盛寧：《新歷史主義》（台北：揚智文化出版公司，1995 年），頁 47。這是一種阿杜塞式（即路易・皮埃爾・阿圖塞，另譯阿圖色，法國馬克思主義哲學家，Louis Pierre Althusser，1918-1990）的理解，一種新歷史主義的觀點。

122 廖炳惠：〈新歷史主義與莎士比亞研究〉，收於張京媛：《新歷史主義批評》（北京：北京大學出版社，1993 年），頁 255-256。此處參考廖文以新歷史主義研究莎士比亞作品的研究方法，在流動的觀點下略作適合民國文學描述之轉譯。

123 黃萬華：《越界與整合：黃萬華選集》（廣州：花城出版社，2014 年），頁 2。

觀點下探討跨域的、流動情境所呈現的民國文學,將是饒具意義的課題。

四、冷戰時代的感覺結構與知識生產

　　試就「流動」作為核心檢視前行論述,以「南來文人」的研究進路最受關切。專著已有姚夢桐《郁達夫旅新生活與作品研究》[124]、林萬菁《中國作家在新加坡及其影響(1927-1948)》[125]、郭惠芬《中國南來作家與新馬華文文學》[126]、王寶慶、新加坡文藝協會、新加坡圖書館管理局主編:《南來作家資料研究》[127]、李選樓《戰前南來作家小說評論》[128]、王潤華《越界跨國》[129]等研究。這些著作蒐羅考證文學史料,從文學所在地出發,奠定了南來作家對於東南亞區域文學影響的論述範式,可謂民國文學南向研究第一階段的史料奠基期。

　　第二階段由中國文學的主體意識出發,專意於中國文學在東南亞傳播和接受的過程,研究範疇自中國傳統文學涵蓋到現當代文學,意在釐清文學交流中的國際精神與雙方關係,側重文學交流中所接受的歷史文化背景、文學作品內容、社會效果

---

124 姚夢桐:《郁達夫旅新生活與作品研究》(新加坡:新加坡出版社,1987年)。
125 林萬菁《中國作家在新加坡及其影響(1927-1948)》(新加坡:萬里書局,1978 年)。
126 郭惠芬《中國南來作家與新馬華文文學》。
127 王寶慶、駱明編:《南來作家資料研究》(新加坡:新加坡圖書館管理局、新加坡文藝協會、玲子傳媒聯合出版,2003 年)。
128 李選樓:《戰前南來作家小說評論》。
129 王潤華:《越界跨國》(廣州:廣東人民出版社,2017 年)。

等，如饒芃子的《中國文學在東南亞》。[130]而莊鐘慶在《東南亞文學與中國現代文學》[131]與《東南亞華文新文學史》[132]二書中，整理一批自 1960 年代起，每年暑假「文聯」舉辦「菲華青年文藝講習班」的作家群體，也注意到東南亞華文作家（本土或中國南下作家等）與華文文學的歷史現象。台灣方面，李瑞騰協助柏楊編選《新加坡共和國華文文學選集》，撰寫詩歌、散文、雜文、文學史料四冊導言，[133]2003 在中央大學中文所開設「東南亞華文文學」課程，[134]撰文探討文藝生態與東南亞華文文學的關聯性，[135]深耕有成。《文訊》雜誌也曾以「菲律賓華文文學」製作特輯（24 期，1986 年 6 月）、「東南亞華文文學」（38 期，1988 年 10 月）、「犀鳥之鄉：砂拉越華文文學」（234 期，2005

---

130 饒芃子：《中國文學在東南亞》（廣州：暨南大學出版社，1999 年）。

131 莊鐘慶等：《東南亞華文文學與中國現代文學》（廈門：廈門大學出版社，1991 年）。

132 莊鐘慶主編：《東南亞華文新文學史》（北京：人民文學出版社，2007 年），頁 517。1980 年代中期起依然持續有余光中、林煥彰、瘂弦、洛夫、蓉子等詩人、李瑞騰、孟樊等文學評論家到訪泰國，見犁青主編：《泰華文學》（香港：匯信出版社，1991 年），頁 76。

133 柏楊主編：《新加坡共和國華文文學選集》（台北：時報文化出版公司，1982 年）。除小說外，其他四類（詩歌、散文、雜文、文學史料）由李瑞騰負責，並撰寫「導言」；唯有詩歌一冊署名李瑞騰，其他三冊未署名。

134 陳大為：《思考的圓周率：馬華文學的板塊與空間書寫》（雪蘭莪：大將出版社，2006 年），頁 29；楊宗翰：《異語：現代詩與文學史論》（台北：秀威資訊科技公司，2017 年），頁 148。兩書均載此課程，足見其開創意義與重要性。

135 計有〈菲華新詩的考察〉、〈東南亞華文文學在台灣〉、〈新加坡五月詩社的發展歷程〉、〈菲華散文的文化屬性──以選集為考察對象〉、〈菲華新詩的海洋意象〉、〈詩巫當代華文新詩〉、〈進出森林：戰鬥？抑或疼惜自然？──砂拉越華文作家的森林書寫〉、〈砂拉華文文學環境的觀察──以詩巫為例〉等文。見朱嘉雯：〈瞭望文學的走向　專訪李瑞騰教授〉，《文訊》382 期（2017 年 8 月），頁 64-70。

年 4 月）與「椰子樹下的低語：菲華文學路」（284 期，2009
年 6 月）製作特輯，詳探東南亞地區的文學現況，著重介紹與
台灣文壇的互動交流。黃萬華則轉向世界華文文學的研究進
路，研究成果豐碩，專著計有《新馬百年華文小說史》、《文化
轉換中的世界華文文學》、《越界與整合：黃萬華選集》、《在「旅
行中」「拒絕旅行」——華人新生代和新華僑華人作家的比較研
究》、《中國和海外 20 世紀漢語文學史論》等，乃是繼王潤華越
界概念的再進化。[136]黃萬華以多重的、流動的文學史觀看待中
國的現當代文學；[137]徐學清分析華人作家的文化根源和在地國
文化現狀之間，呈現既對立又互相調和的關係；[138]施建偉承繼
周策縱對海外華文文學「雙重傳統」（Double Tradition）的提
法，進一步以文化的視野將包括海外華文文學在內的世界華文
文學這個大文學圈看作一個多元的、動態的、開放的文化系統，
讓全方位的國際文化交流在融入和認同當地社會的過程中，不
斷地汲取不同地區其他民族文化的成分，成為多元文化的載
體，[139]這些觀點本書多所參考。

　　上述史料與專著對拙著助益甚多。另，黃賢強以跨域史學
的觀點，在叢書和紀念特刊方面回顧、展望，企圖以更宏觀的

---

136 王潤華：《越界跨國文學解讀》（台北：萬卷樓圖書公司，2004 年），頁
　　1。
137 黃萬華：《越界與整合：黃萬華選集》，頁 23。
138 徐學清：〈瘂弦與世界華文文學〉，《中國現代文學》第 29 期（2016 年 6
　　月），頁 148。
139 這是周策縱在 1988 年 8 月新加坡作家協會與德國歌德學院主辦的東南
　　亞華文文學會議上所提出的，認為中國本土以外的華文文學的發展，必
　　然產生「雙重傳統」（Double Tradition）的特性，必須建立多元文學中
　　心（Multiple Literary Centers）。見施建偉：〈海外華文文學文化傳統的
　　多重性〉，《亞洲華文作家》第 42 期（1994 年 9 月），頁 81-82。

視角和方法討論近代中國與南洋華人的研究，[140]楊松年、[141]許
文榮、[142]金進等，[143]以域外研究角度切問近思，呈現在地關懷，
這些研究觀點讓本書思考民國文人流動事蹟獲得多角度的啟
發。

　　第三階段馬華在台作家隊伍登場，張錦忠、黃錦樹、林建
國強勁的論述力道，鍾怡雯、陳大為學者與創作雙棲，都使作
家流動現象獲得更多矚目。例如鍾怡雯以〈中國南遊（來）文
人與馬華散文史〉為南洋研究觀察視角，連續以吳進、杜運燮、
蕭遙天、許傑《南洋漫記：椰子與榴槤》、羅靖南《長夏的南洋》
等案例，提出跨國文學史書寫中對於馬華文學「史前史」的研
究，在地誌書寫、南來文人、馬華文藝的獨特性與雙重視野等
跨國文學史研究，[144]成果斐然。張錦忠在中山大學的「離散／
現代性研究室」迭有專著推動相關議題的論述，認為彼時的「此
時此地」在網羅文論、選集問世，往往已是「時延的產物」，在
「斷裂與傳承」的主題下，唯有論述馬華不絕如縷，才更能描
摹、脈絡化文學的流動。[145]比較缺乏關注的則由學院論文補強，

---

140 黃賢強：《跨域史學：近代中國與南洋華人研究的新視野》（台北：龍圖
　　騰文化有限公司，2015 年），頁 120-125。
141 楊松年：《戰前新馬文學本地意識的形成與發展》（新加坡：新加坡大學
　　中文系，2001 年）。
142 許文榮：《第三個文化空間馬來西亞華人文學》（馬來西亞：馬來亞大學
　　中協出版，2014 年）。
143 金進：《馬華文學論稿》（上海：復旦大學出版社，2013 年）。
144 鍾怡雯：〈從理論到實踐──論馬華文學的地誌書寫〉，《成大中文學報》
　　第 29 期（2010 年 7 月），頁 29；鍾怡雯：〈從吳進到杜運燮：一個跨國
　　文學史的案例〉，《國文學報》第 51 期（2012 年 6 月），頁 51；鍾怡雯：
　　〈斑駁的時代光影──論蕭遙天與馬華文學史〉，《中國現代文學》第 31
　　期（2017 年 6 月），頁 185-204。
145 張錦忠編：《離散、本土與馬華文學論述》（高雄：中山大學人文研究中

像是胡愛莉《華文禁令解除後印華文學的發展：以印華作協為例》探討 1966-1998 印尼華人黑暗期之後，印華寫作者協會如何於華校關閉、黑色五月暴動的重重憂患中，在雅加達成立辦公室展開文學討論、中文教育等活動，每三個月出版《印華文友》，維繫創作動能，試圖幫助華人社會保存文化遺產，提高印尼華文文學的能見度；[146]菲華文學則有許王馨《從戰後菲華文學看菲華社會》和趙萌釩《戰後在台菲華小說》加以探討。[147]上述諸家已成為學院中有力的論述隊伍，深入探討東南亞華文文學。

張錦忠引述馬華文學史家方修對於「僑民文學」的定義——身在南洋，手執報紙，眼望天外，虛構中國題材來寫作的作者及其作品，[148]1937-1942 年繁盛時期的戰前馬華文學作品，其虛構的原因在於南來文人對當地情況不熟悉而限縮於撰寫過去在中國的經歷。僑民的國家認同問題，過客的暫居心態在上述討論視野中多受非議譏評，過於偏執的屬地或種族、語言的討論，或恐偏離文學論議的航道。因此他改採複系統結構梳理馬來文學、馬英文學、馬淡文學的整體和個別關係，建立馬華文學中的舊文學傳統、峇峇文學傳統、現實主義傳統及現代主義傳統的系統化關係，以此追溯各自的影響根源，[149]也據此論

心、離散／現代性研究室，2019 年），頁 II。

146 胡愛莉：《華文禁令解除後印華文學的發展：以印華作協為例》（中壢：中央大學中文所碩論，2012 年）。

147 許王馨：《從戰後菲華文學看菲華社會》（南投：暨南國際大學歷史學研究所碩論，1999 年）；趙萌釩：《戰後在台菲華小說》（台北：台灣大學台文所碩論，2015 年）。

148 張錦忠：《南洋論述——馬華文學與文化屬性》，頁 100。

149 張錦忠：《南洋論述：馬華文學與文化屬性》，頁 44。其概念原生於易文—左哈爾的相關論述。

議重寫台灣文學史，反思、追述、再現，評斷多語環境數十年來的語言變遷與混雜現象。

　　注意各地殖民語境下的多元性、複雜性，獨特性，避免由意識形態所帶來的文學史事實蒙蔽，才能突破狹隘的文學範式，突出文學現象重要的學術史意義。[150]文學發展受到社會與政治生態變貌產生干預歷史／敘事在所難免，論述技巧上泰半以斷代、探討文學運動或思潮的案例、文學社群研究、個別作家專論、文體風格論，從而描繪整個文學複系統的文化符號現象與運作規律，探討其中的異質性和多元性，[151]然而，就馬華論馬華，其間的罅隙或恐仍有流動到該地，或長或短居留產生或大或小的影響，值得關切。[152]另一位研究者朱崇科指出中國性是一個自我組構的持續過程，根基於中國並非不變的同質統一體，他以黃錦樹為例，在台灣經驗與中國古典美學純粹意趣游移的詮釋框架中說明此事實。[153]90 年代兩岸三地針對「中國性」動態發展活力與話語權力爭奪眾彩紛呈，朱耀偉歸納出中國大陸的「中國性」是闡釋「中國」的焦慮；台灣則陷於本土的迷思，而香港處在混雜的邊緣，[154]這些觀點都受到學界的關注。

　　台灣文學研究近來也關注到南來文人的現象，以「流亡文學」定義其書寫隱含某種本土內涵，雖則便於討論冷戰時期東

150　胡希東：《文學觀念的歷史轉型與現代文學史書寫模式的變遷》（北京：中國社會科學出版社，2016 年），頁 176-177。

151　張錦忠：《重寫台灣文學史》（台北：麥田出版社，2007 年），頁 70-71。

152　張錦忠：《馬華文學》，頁 12-13。

153　朱崇科：《本土性的糾葛──邊緣放逐‧「南洋」虛構‧本土迷思》，頁 220。

154　朱耀偉：〈誰的「中國性？」〉，《香港社會科學學報》第 19 期，2001 年春／夏季，頁 135-158。

亞文學場域的互動狀況，以與台港兩地多舛的殖民地命運接
合，[155]本書則傾向以「流動」來加以說明文人移動的姿態與文
學互動，流動意指不靜止、不固定的狀態，符合文學史作家與
作品跨國越界移動的鮮活面貌，之所以不以「移動」稱之，乃
因「移動」即預設了變更、改變原來的位置或方向的預設立場，
與本書以開放的角度探討民國文學不符。舉凡作家何時移動？
移動到哪裡？移動所呈顯的「民國性」特質，在方法上挪借地
理學的「移動」概念來探討文學上的流動性、一種空間移置，[156]
不論是社群、物質、空間、地景或精神世界潛在的移置，都在
研究觀察與探討範圍之內，因此本書擬以流動的、多重的、跨
國的史觀探討「民國性」。

　　不論異域過客、新舊之念、吾鄉主義，各種不同的創作觀，
各自在文學的版圖上出現，標舉出「流動性」對中國近代知識
分子的文化意義，[157]繪製出軌跡與命運必然的交會，也交織出
了歡喜與哀愁。分析東亞冷戰時期流亡作家司馬桑敦時，藤
田梨那關懷流亡海外知識分子的異域體驗與書寫，身在異國他
鄉隔海呼渡回望祖國，在經歷與反思中產生離散文學，可能是
自我放逐的體驗，亦或許是親身經歷的異國文化，這一批書寫

155　陳建忠：〈1950 年代台港南來作家的流亡書寫：以柏楊與趙滋蕃為例〉，
　　收於陳建忠主編：《跨國的殖民記憶與冷戰經驗：台灣文學的比較文學
　　研究國際學術研討會論文集》，頁 455-483；陳建忠：〈美新處（USIS）
　　與台灣文學史重寫——以美援文藝體制下的台港雜誌出版為考察中心〉，
　　《國文學報》第 52 期（2012 年 12 月），頁 217-242；吳兆剛：《五十年
　　代《中國學生周報》文藝版研究》（香港：嶺南大學哲學所碩論，2007
　　年）等以上相關研究。

156　彼得・艾迪（Peter Adey）著，徐苔玲、王志弘譯：《移動》（台北：群
　　學出版公司，2013 年），頁 18。

157　杜南發：〈南洋掇英挹清芬〉，衣若芬：《南洋風華　藝文・廣告・跨界新加
　　坡》，頁 XIII。

成為文化交流全球化的先驅，值得以多元文化視角來審視作品，探索這一類文本作為後殖民書寫的意義。[158]此外，游俊豪注意到敘事性的新華文學史牽涉各種政治和文學概念的碰撞，展現出重層性的折疊、撕裂、重合，在多元主義的環境中不斷追求、重塑主體性，[159]況且台灣即使並未成為新華作家的創作基地，也參與了政治的、社會的、文學的多文化複系統，構築出繁複的新華文學譜系。

　　超越本書的東南亞流動視野，作為研究可能的再考掘，為避免國家意識形態糾葛，解決國家文學作為規範性概念侷限與不足之處，華語語系文學的討論方興未艾，也就凸顯民國文學的倡議深具意義與價值，然而目前台灣博碩論以民國文學為關鍵詞檢索僅有一筆。[160]而梳理與本研究相關的博碩士專論有劉立娟：《東南亞華文文學流脈的跨文化研究》，[161]是與本書最為近似的研究路徑。而本書基於民國性的探討將研究案例指向由中國大陸向東南亞流動，並具有若干台灣經驗的作家；劉文則著重在沿波討源東南亞華文文學發生、演化之譜系考察研究，分析華人社會形成的主因，溯及東南亞華人社會的起源，由漢代下展「五四」新文化運動，乃至於當今「文化中國」再復興之「內在中國」與東南亞各國的異質文化衝突、交流、融合、重構的源流、走向及發展脈絡，是以各有殊異。另一是陳秀鈴

---

158 藤田梨那：《中國現當代文學中的跨文化書寫》，頁 204-205。

159 游俊豪：《移民軌跡與離散論述　新馬華人的重層脈絡》，頁 175-192。

160 王喆：《依違於兩岸文學史的作家：錢歌川及其散文研究》（台北：台灣大學台文所碩論，2015 年），頁 1-135。

161 劉立娟：《東南亞華文文學流脈的跨文化研究》（長春：吉林大學文學院博論，2010 年）。

《中國現代作家筆下的「東南亞」書寫》,[162]著重考察中國現代作家與東南亞的關係、南下之緣由,於東南亞期間的生活經歷,及其創作以東南亞為題材之作品的動機;繼而細究東南亞的自然風景形象、多元民族文化的社會形象、殖民者統治下的社會形象,比對本土居民和華人形象,也與本書的研究取徑不同。

162　陳秀鈴:《中國現代作家筆下的「東南亞」書寫》(南京:南京師範大學碩論,2012 年)。

第二章　后希鎧跨域書寫的
認同與再現

　　后希鎧身為「星馬自由作家同盟」文人社群一員，半生離散到歸葬故土之間，不斷流寓緬甸、新加坡、馬來西亞、香港、台灣地區，因祖籍雲南西疇而擁有方便跨國往來遷移，用度靈活的身分。[1]他擅於長篇小說創作，且頗有積累，卻尚乏研究者關注，殊為可惜。后希鎧以馬來西亞在地生活經驗，書寫一則開國寓言《馬來妹》；也以《離散的花蕊》提示跨國越界之際人與人的群體、宗族血緣，以及宗教特色在國家疆界泯除後，人際網絡之互動關係如何開展；《混血女郎》則提出客觀的角度，表達對於新馬華人的文化認同、族群意識的形成與變遷之深刻體會，對比他來台後以大陸時空為背景的小說創作《龍天蛇草》，與台灣花蓮修築橫貫公路為題材的《楊柳青》，恰可形成比較視野，[2]是民國文學不容忽視的作家與作品。

　　民國文人后希鎧 1949 以後身世流動所帶來的書寫景觀，包

---

1 后希鎧:〈入緬甸記〉,《傳記文學》第 2 卷第 1 期(1963 年 1 月),頁 33-34。記載后希鎧因「窮」和「急」走到緬甸的經歷,雲南人的觀念並不覺得東南亞是外國,即使英法殖民勢力所據,在大陸政治權更異之前毋須護照可以自由進出東南亞。
2 李元瑾主編:《跨越疆界與文化調適》(新加坡:南洋理工大學中華語言文化中心,2008 年),頁 174。

括家國與政體：流動的社群景觀、地景／聲景／空間的物質景觀，以及文化流動與族群敵視的精神景觀。隨著國共分裂，身處雲南的后希鎧循地利之便取道緬甸進入越南、新馬等地，以其豐富的報刊編輯經驗與對少數民族的關懷，敏銳捕捉時局勢變下的生活樣態與民族心理，呈現地景與心緒的交融、物質景觀與現代性等特質。緬甸政權動盪不安、印度民族早婚與宗教異俗，具有宗教視野與民族性，神話與包容的救贖經由后希鎧《離心的花蕊》長篇小說的鋪衍，成為兼具寫實風格與寫意情境的作品。來到馬來西亞，時值左右政權角力，受到支持的馬共政權蠢蠢欲動，勢弱卑小的馬來民族無以為繼之餘，后希鎧開創一種異族通婚，灌注以傳統倫理視域的母性力量，形構由家族、民族到國族的穩定結構，在《馬來妹》中締造一則馬來亞民族的建國寓言，鼓舞自由的力量，也跨越種族鴻溝，因而寫下在當地《虎報》長期連載達近三個月的紀錄。

　　而旁及新加坡的流動，后希鎧接觸東南亞國家邁入現代化的進程，物質的豐饒改變了社群和精神景觀，《混血女郎》道盡為了求取餘生安定的利益而與西方人士婚戀，為了鞏固家族經濟命脈而選取勤苦勞動的華族婦女為妻，當經濟不虞匱乏之後，隨即產生情感危機與對人倫關係的再省思，同時也涉域台灣，使台灣成為能夠沉澱思慮，安身立命之所在。在把親人由香港接到台灣之後，后希鎧於高教與編輯事業上累積有成，延續在東南亞觀察到的民族心理與社會現象，華人社會宗法人倫的維繫、母性力量的護持成為家國到政體團結的基礎。進一步隨著台灣中部橫貫公路的開發，寫出《楊柳青》這樣既有原民特色，又具經濟發展視野的小說。著作豐富的后希鎧以其少數民族身分擔任國代，在東南亞流動培養了寬闊眼界，以平等寬

容看待各族之間的交流互動，以婚戀為基礎發展家族而後國族的命脈延續，為世界締構大同之思。

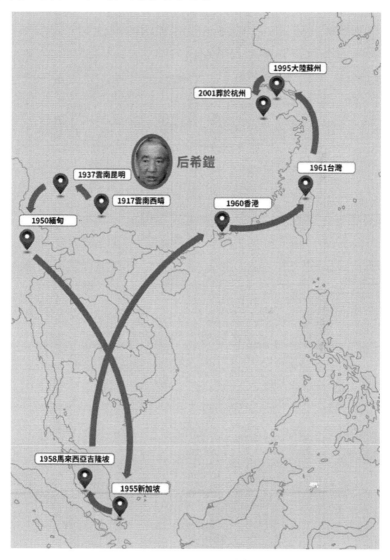

圖 2-1：后希鎧流動軌跡圖（吳國禎繪製）

一、后希鎧的跨域身世與文學事業

后希鎧 1917 年 3 月 13 日生於雲南西疇，畢業於北京中法大學文史系，1950 年自神州離境跨域，因雲南地接桂、越，也是對廣西用兵的韜略重鎮之一，使后希鎧便於入境緬甸。遷移至緬甸五年間執教於仰光崇德學校，創立華僑職業學校並擔任校長。1955 年遷居新加坡，任職華義中學下午班主任，也曾僑居越南、馬來西亞等地，因此他自言其作品特質在於深入研究、體驗東南亞地區人士適應現代化的心理狀態。至 1995 年后希鎧離台移居蘇州養病止，生平不斷因離散而呈現獨特的時空觀，能夠更為客觀、從容地根據南向經驗書寫小說；加以曾於昆明《中央日報》擔任採訪主任、副總編輯、吉隆坡《虎報》文藝副刊主編，這些駐外人員、中學教師、傳媒編輯等身分職務，使民國文學隨其步履得以在東南亞流播，開枝散葉。

1960 年后希鎧赴香港接妻子與二男二女來台，曾於中國文化大學、淡江大學、中國醫藥大學等校任職講師、副教授、教授，政治方面則曾以滇省背景擔任第一屆國民大會代表，因而在藝文界、新聞界及政治界占有一席之地。[3] 授課之餘，后希鎧勤勉掭管為文，於台灣報刊陸續發表作品或與創作理論相關文章，著有《奔流》、《落潮》、《葉落空門》、《從黑暗到天明》、《龍天蛇草》、《混血女郎》、《楊柳青》、《離心的花蕊》等多部長篇小說，至 1970 年代後期計有五十餘篇未集結文字。其小說關注人物境遇和時代的描寫，摹繪通透的人生全貌，記敘、抒情流

3　陳宛蓉：〈城市文化對談：九十年六月至七月〉「藝文史記・文學記事　作家后希鎧病逝」，《文訊》190 期（2001 年 8 月），頁 87。

轉無礙，不論表達複雜的情操，抑或描述變化的事態，皆能發揮整體的作用。[4]1959 年后希鎧在馬來西亞創作《馬來妹》，隔年由王藍經營的紅藍出版社在台出版。1961 年在台北發表《奔流》，[5]受到文壇熱烈討論，並翻拍為影劇作品。前者被定位為馬來西亞開國寓言，以域外作家碰觸當地馬共的禁忌題材；後者痛斥共產黨統治奸狡歹毒，在台被劃入反共僵化訓誡一類，於今或可由冷戰視野、跨文化研究、比較文學、影響研究等角度取徑，重新評價其作品。其筆下小說人物之間的種族隔閡，非但不構成婚戀羈絆或枷鎖，作品的主題意識顯見在多元文化主義尚未萌生之時，已具備促進族群和諧，開放的社群景觀風貌。

　　尤其值得注目的是后希鎧所參與的「星馬自由作家同盟」——這是一批由僑居新加坡、馬來西亞以「愛國家、愛自由」為訴求的華僑作家們所組成的社群，人數雖然不多，但因個別作品出色，深受當地青年僑胞敬重，更因勤於在當地報刊撰文筆耕，在東南亞地區發揮深遠閎博的影響力。[6]1978 年后希鎧應英國劍橋國際傳記中心邀請，以中華民國小說家身分出席該中心於舊金山舉辦的第五屆國際文藝交流會議，[7]多場域的

---

4 后希鎧：〈從「靈姑」談到文學的「整合」〉，收於程石泉：《論墨人及其作品》（台北：文史哲出版社，2012 年），頁 227。文中后氏暢言小說創作觀，既評人也自評。

5 李瑞騰：〈帝國崩解、離散華人與家國想像：以《馬來妹》為例讀後〉，「媒介現代：冷戰中的台港文藝」國際學術研討會，2013 年 5 月 24 日，莊華興論文講評文字。資料形式為簡報，由李瑞騰教授提供，特此誌謝。

6 王藍：〈讀馬來妹〉，《馬來妹》（新北：紅藍出版社，1960 年），頁 1。像是后希鎧第一部長篇小說《馬來妹》1959 年 10 月 2 日至 1960 年 2 月 18 日於吉隆坡《虎報•小說林》連載三個多月。

7 編輯訊：〈后希鎧赴英參加會議〉，《中國時報》第 7 版（1978 年 7 月 2 日）。

跨境流播，不斷越界，致使其身分歸屬與國籍定位都難在以地
區為範疇的文學史書寫中確立其地位與價值，因而遍尋馬華文
學、台灣文學、中國文學史俱乏其蹤。域外創作的經驗與流動
的身世，恰是后氏創作檢視民國性意義的證成範例，時代的顛
沛流離，並未使小說家謀生之餘忘卻創作之不朽盛事。在后希
鎧《馬來妹》書成之時，新馬華文文學百年歷史已累積極為豐
碩的創作數量，卻罕少書寫異族題材，更難見到華族和原住民
族、情愛、婚姻的主題，[8]而這些題材都已然出現在后希鎧筆下。

　　多數作家身在異域，恆常關注自我處境，而忽略所在國家
之政經社會文化，[9]后希鎧因擔任副刊編輯與教職，深刻觀察當
地人心理狀態，交索纏繞的種族與文化深思，形成其小說創作
主題，例如：印度人的早婚、文化移動、全球意識、多元文化
中心主義等。從事教育工作，后希鎧在文學創作的主張上受儒
家影響甚鉅，在文學批評方面也舉舉有積極用世之觀，不宜以
榮民作家等閒視之，[10]而應置於創作地的文學思潮與環境互動
情境中證其價值。東南亞作為動機與動力發生意義的現場，離
境與回歸的越界，使創作主體擁有更多與時代交錯的多元際
遇。[11]流動狀態中，一切未明與曖昧之處必須倚賴關係維持穩
定，比如締構婚姻能鞏固人倫親族之誼；家齊則國治，若是家
庭安穩，則強種報國在望；再加以物質與精神內、外的撐持，

8　黃萬華：《文化轉換中的世界華文文學》（北京：中國社會科學出版社，1999
　　年），頁 163。

9　龔鵬程等編：《二十一世紀台灣・東南亞的文化與文學》（宜蘭：佛光人文
　　社會學院，2002 年），頁 26。

10　榮民文化網，網址 http://lov.vac.gov.tw/culture/Content.aspx?i =48&c=1，
　　擷取日期 2019 年 1 月 27 日。

11　高嘉謙：《遺民、疆界與現代性：漢詩的南方離散與抒情（1895-1945）》
　　（台北：聯經出版公司，2016 年），頁 186。

知識分子能在歷史與未來之間迴旋，出走與落腳之際，擷取空間景觀，感知精神文明，更能以其敏銳的現代性體驗，創發源源不絕的思考與書寫。后希鎧小說中數座空間場域以及時間斷代的抉擇饒有深意：《馬來妹》描述英軍敗退日軍壓境而馬共崛起時的馬來西亞，《混血女郎》以英籍新加坡外交官的混血妻子因舊日戀情及逃避種族婚姻的壓力來台尋親為主軸，《離心的花蕊》以緬甸華僑教師何建生基於人道主義救援印度孀婦妮拉，展開存在主義、種族與宗教異視的對話。

　　綜上，本章擬以這三本跨及東南亞流動情境之長篇小說為主體，與 1945 光復後書寫台灣原民的《楊柳青》、呈現政治意識的《奔流》，以及其他以寫實筆法為主的社會關懷與人倫情意作品對讀，並旁及若干單篇，檢視后希鎧跨域轉換身分之際，對於文化認同、種族認同與國籍認同的思考，[12]分析其長篇小說中呈現的社群景觀、物質文化與精神觀念，形構出流動視野中的人生哲思。

二、家國與政體：流動的社群景觀

　　反共框架與冷戰時代背景的世局紛亂，后希鎧以傳統中國宗法人倫的維繫、母性力量的護持與從家國到政體的團結，呈現此一時期緬甸和新、馬地區流動的社群景觀。

---

12 陳志明：〈海峽殖民地的華人：答答華人的社會與文化〉，收於林水檺、駱靜山編：《馬來西亞華人史》（吉隆坡：馬來西亞留台總會，1984 年），頁 180。

（一）宗法人倫的維繫

人倫之始造端乎夫婦，后希鎧小說中的人物以婚姻關係締造社群景觀，移居新加坡生活中所遇見的活潑熱情、主動奔放、青春洋溢的「混血女郎」形象，寄寓著他對東南亞日常經驗的依戀，揉雜種族情懷與家國之思。《馬來妹》與《離心的花蕊》塑造由婚姻而宗法的人倫聯繫，跨越種族藩籬，形構四海一家的和諧景觀。由婚姻而家庭，既是擴大的個人，亦是縮小的社會／國家，一旦婚姻成為個人與國家的屏蔽和媒介，個人與國家都力圖在其中尋找自身定位與價值。[13]將國體置換為家庭，巧妙避開直接描寫政治的風險。家庭中的個人，出現觀念無法溝通的情況，則可施以親情關懷與推己及人的救世想望彌補一切罅隙，最終理想是家齊而後國治。流動狀態最終以政治權力的經營與所得收束，后希鎧的小說並不編織極權治理的方式，而是以無所不在人心慾望的浮動、合理的人情禮勤、終成眷屬式的圓滿與自由寬容的姿態，建構出后希鎧小說中多元的社群景觀，寓託流動政治權力如何介入社群，影響個體人生呈現昂揚或傾頹的姿態。由婚姻而家庭，由宗族而家國的政體，凸顯后希鎧對於華人在東南亞生活樣貌的深刻體悟。

長篇小說《混血女郎》女主角安娜的母親以婚姻為手段，換取國家身分的保障，33 歲時毅然決然拋棄年長自己 7 歲的丈夫，轉與幾近父祖輩的 67 歲英國人結縭。女兒安娜擔心母親的

---

13 朱曉東：〈通過婚姻的治理——1930-1950 年中國共產黨的婚姻和婦女解放法令中的策略與身體〉，收於汪民安主編：《身體的文化政治學》（開封：河南大學出版社，2004 年），頁 51；方孝謙：〈敘事身分與互信機制的分析：研究台籍與馬華女性的離散家族〉，《文化越界》1 卷 9 期（2013 年 3 月），頁 1-42。

婚姻觀念有所偏差，不贊同其作為，更憂心母親與繼父的年齡差距，但也深明「當父母有衝突的時候，做兒女的人，最好腳踏兩隻船。」[14]小說情節描述親情的倫常綱繫與宗族認同，羈絆混雜的關係中以子女不表態的自由寬闊作為明智的保身之道。出於神州淪陷，不由得轉徙寄身異域，對於始終以他者眼光冷靜觀察世道的后希鎧而言，保持客觀方確保寓居異鄉能安身立命。

女性藉由婚姻獲得永久正式身分，固已為法律所許可，然而下一代深受困擾的是種族問題。在種族的範疇裡，安娜是一個沒有歸宿的人，她擁有祖父四分之三英國血統，祖母四分之一的中國血統，小說刻意將血統和政治一概而論，在婚姻裡埋設引爆的衝突點。[15]安娜的父親認為她不應該親近中國人，既然身上的歐洲血統為多，即應懂得自尊，而後才能受人尊敬，強烈反對女兒下嫁中國人自我貶抑。母親有意安排她歸化為英國籍，英國人卻視她為有色人種，在白人世界裡遭到莫大歧視。嫁給英國人的安娜憶起夫妻抬槓的場面：

> 中國人天生的髒亂，交通秩序那麼壞，就沒有辦法弄好，這是天性，無法改善的。當然，這種話如果公開發表，中國人會恨死他。但是，我是他的妻子，他認為這樣的話對我說，總不會有問題。誰知我有四分之一的中國血統，我自然會愛中國。而且在事實上，髒亂並非中國人的天性，是教育不夠，是管理不認真，新加坡有

---

14 后希鎧：《混血女郎》（台北：驚聲文物供應公司，1972 年），頁 2。

15 馬峰：《馬來西亞、新加坡、印尼華文女作家小說比較研究》（馬來西亞：拉曼大學中華研究院中文系哲學博論，2016 年），頁 39。

> 百分之八十五以上的中國人，為什麼會井然有序？他說
> 那是白種人遺留下來的風氣。我說中國人建立大帝國的
> 時候，英國人還是野人。凱撒到英倫三島的時候，英國
> 人懂什麼衛生，根本是野人，可是中國的絲織品已經運
> 到羅馬銷售了。[16]

　　夫妻口角脫口而出的盡是以偏概全的歧視，丈夫約翰森雖
能平等相待，安娜以為是自己謊報英國人身分騙取得來的共尊
共榮。缺乏以種族為保護傘的愛情與婚姻，冒著蒙蔽丈夫的風
險，維持表面上的舉案齊眉，終使她陷於期待狂風暴雨式的愛
情，[17]鬆動原本穩固的婚姻狀態，勇於跨海來台重拾舊日戀情，
罔顧倫理與自身可能的危難。

　　后希鎧化身第一人稱敘述者賀先生，以誠、愛為基礎，改
善詐偽無恥和猜疑相賊的國民性毛病，[18]讓讀者的期待視野居
於閱讀小說的純粹樂趣與作者移動身世揣度的意識之中，跳開
描述或重組歷史的身分認同問題，[19]以流動為改造的救濟之
道。安娜與賀先生跨境流動的身世，帶來空間更為寬闊的慾
望生產：「同情，有時是一種恩典，有時卻是一種懲罰。對偷
戀他人丈夫的女人來說，同情是一種不可言傳的怪滋味，常常
能夠使自省的人受不了。」[20]作者時而出入女子內心，時而進

16　后希鎧：《混血女郎》，頁 88。
17　后希鎧：《混血女郎》，頁 94。
18　黃英哲：《「去日本化」「再中國化」：戰後臺灣文化重建（1945-1947）》（台北：麥田出版社，2017 年），頁 158。
19　鄭尊仁：《台灣當代傳記文學研究》（台北：秀威資訊科技公司，2006 年），頁 262-263。
20　后希鎧：《混血女郎》，頁 95。

入自我與小說人物疊合的意識流觀照，在世俗與理智限制下，以友情轉化這一段曖昧情愫：

> 我好像一名臨終的僵體，在活人一場悲啼之後，便要與世長辭似的。但是，在這悲傷之極的一剎那裡，我的心靈，卻有了轉機，大有死得其所的感覺。說起來我比那般孤魂野鬼要幸運得多。在我人生的旅程上，有了安娜的友情，我不是一個孤獨的人，至少我做人沒有失敗，我為什麼不心安理得地離開人間呢？[21]

　　這一部充滿異國情調的情愛小說，在烽火初停及種族偏見的背景下，跨越種族婚姻象徵天下一家、求仁成義的平等，透過「流動」泯滅種族邊界。血緣身世與負罪感促使安娜委身約翰森少校，[22]不論新加坡或台北，都市的物質文化產生精神的兩面性：凡人具有普遍人性崇尚自由平等的個體需求，但自由的個人之間彼此可以容許差異性，此差異性恰恰賦予個人追求與眾不同的榮光。[23]發達資本主義時代將愛情與青春商業化，因為青春擁有籌碼，應對婚姻忠誠卻恣意犯罪，做出自私嫉妒、貪得無厭、情慾氾濫，造成不擇手段的行為。海域成為至關重要的分界，自新加坡跨海來台，除了釐清舊日戀情，揭開安娜身世隱匿的親族裙帶，也一併解決安娜與賀先生長久的曖昧繫

21　后希鎧：《混血女郎》，頁 40。
22　理查德·喬伊斯（Richard Joyce）著，劉鵬博、黃素珍譯：《道德的演化》（南京：譯林出版社，2017 年），131-132。負罪感亦是情感的形式之一，出於一定的理由判斷哪些事情是違規的，便會抑制慾望以免違反規範。
23　汪民安：〈都市與現代性碎片〉，《空間的政治》（南京：江蘇人民出版社，2007 年），頁 117。

連，使複雜的情感糾葛不再混亂失序、藕斷絲連。[24]安娜在新加坡、台北兩地的雙重流放與身體漫遊，最後以不取不義之財，不做不義之事的傳統思維擺脫情感的動盪不安，賀妻多羅蒂和第三者安娜彼此都為對方考量，認為應將賀先生交還原主／對方。

因而當安娜的丈夫約翰森道破多羅蒂流利的英語帶有印度口音，多羅蒂盛怒白種男子以「殖民地英語」侮辱亞洲人，怎可貶抑中國人為亡國奴。約翰森的種族歧視，反倒使多羅蒂同情安娜，加速兩人和解，修復關係，解除危險三角關係的搖擺動盪。一度出軌的情欲，最後不但並未帶來毀滅性的衝突，反而使無序、混亂和不定的流動關係，重回循規蹈矩的日常。身為白種人且擅長於心理學的特種軍人約翰森，以為妻子是盎格魯薩克遜血統的高貴千金，認定妻子出於下嫁軍人又被迫遷居黃種人社會才會導致種種不如意，悉心安慰妻子將在兩年任期滿後，要求上級改派到白種人國家工作，以補償妻子相伴來台的精神損失。[25]之所以細心陳述種族和文化上的差異，乃是小說講述其他重要差異的編碼方式，表明種種絕對特權並未使約翰森自歷史形式的特殊性中擺脫，反而是情節發展中最固著、堅持，不願放下身段的一員，絲毫無法理解妻子安娜是出於種族暗流影響，導致心理上的孤寂無援。約翰森認定種族本就是固有的、不穩定的社會意義聯合體，因而劃清界線，泯滅溝通的多種途徑，[26]身為丈夫忽略相敬如賓的尊重必須在平等、和

24 宋曉萍：《女性書寫和慾望的場域》（北京：北京大學出版社，2011 年），頁 3。

25 后希鎧：《混血女郎》，頁 91。

26 凱瑟琳・A 魯茲、簡・L 柯林斯著，季念譯：〈性別的色彩：種族和性

諧的互動中進行。

（二）母性力量的護持

《混血女郎》描寫因血統帶來種族自卑的安娜，來台後得到寬慰，茫昧之間，她迷失於草山（陽明山），竟能偶遇祖母失散多年的手足，這個不合理的轉折或許能看出后希鎧用心之所在。由於安娜祖母自幼失怙失恃，從家鄉泉州與妹妹分別被帶往新加坡和台灣，自此兩地牽孿乖隔。安娜巧遇姨祖，起初雖是陌路人，卻有一種異常的親切，在確認關係後更感受到：

> 姨祖的愛心不是出自普通的惻隱之心，而是來自一種文明的感召，這種文明，就是中國文化的結晶。不是身歷其境的人，無法了解這種文明的偉大，願心於月圓人團圓，有朝一日尋回被帶到南洋成為牧師養女的姐姐。[27]

血緣關係加以傳統文化的薰陶，化小異為大同提高生活意趣，和樂而忽略現實，近乎浪漫主義。也正因文明與文化的動力，讓姨祖在丈夫不成材的困挫之餘，靠著勤儉持家獨力撫養兒女成人。當安娜看見姨祖山谷的梯田，除了欣賞其造形藝術的美妙，並肯定人事勝天的功蹟，進一步連結台灣與馬來西亞的地景空間，再由空間生產連結女性勞動群體的豐沛景觀。安娜的祖父憑藉種植橡膠在馬來亞起家，為穩固事業不無算計與

別的戰後攝影史〉，收於章戈浩編：《可見的思想》（濟南：山東文藝出版社，2008 年），頁 80。

27 后希鎧：《混血女郎》，頁 97。

中國女子結褵，膠園裡的社群景觀是「橡膠園的工作，多操在中國人（華僑）的手裡，割膠的工人，以華人女工最多，也以她們最能幹。」[28]華人的胼手胝足，女性的克勤克儉宜室宜家，安娜祖父相中阿巧這位畢業自當地最高女子學府（實施英文教學的高中）作為賢內助，由她隻手打理橡膠園。不論台灣或者馬來西亞，兩地華人展現一貫的篳路藍縷，尤以女性角色居功厥偉，構築流動視域中的穩健力量。

　　祖先的胼手胝足，在知所感恩的晚輩眼裡，可能更勝醫療與藥物。《葉落空門》林秋娘的精神病況，父親林興義認為應該靠述說祖先櫛風沐雨的歷史來加以治療，林氏祖宗依循古人之說，認為台灣是一座仙島，土地肥沃，於是成群結隊遷移台灣。自福建泉州出發，大祖宗領航，共率領帆船 12 艘到達台灣南部。然而南部富庶之地已被前人佔據，於是沿岸北上，順著淡水河來到台北盆地。經過多次戰爭，祖輩們犧牲陣亡，後人繼續一面與山胞或紅毛番作戰，一面安邦定居。[29]這一段歷史並非林秋娘的特效藥，父親對她自制力的信賴，才是精神好轉的關鍵。而女性一向是混濁世局中的靈澈之眼，不但維繫家族經濟命脈與子嗣的延續，更看清楚國體與社會大勢。安娜母親的觀點，代表一般大眾對政治風向球的具體表態，她向女兒傾訴：

　　　你有四分之三的白人血統，你應該站在白人這一邊。中國人不會承認你的，你必須明白，星加坡和馬來亞，遲早是要獨立的，假如有那樣的一天，白種人失去了權柄，白種人都回英國來了，你一個人在亞洲，就是

---

28 后希鎧：《混血女郎》，頁 131。
29 后希鎧：《葉落空門》（台北：清華書局，1964 年），頁 122-123。

人家不欺侮你，你也會寂寞死了的。[30]

　　預言新加坡與馬來西亞的獨立，殖民前途不可為，民族自立自決才是救亡圖存之道。透過安娜之口，后希鎧提出海外華人何以自處的因應之理：

　　　　憑著一雙手去謀生，沒有人會勝過中國人。……海外的華人，赤手空拳，沒有國家權力保護，居然建立了許許多多的中國城，自成一個社會，發出一種力量，雖然是一種奇蹟，但並非沒有原因。華僑之所以能在海外發展。原因就是中國人不僅勤勉，而且還有謀生的方法。[31]

　　東南亞的富庶華人，在小說裡常是社會國家維繫經濟命脈之所在，勤勉的態度以及審時度勢的謀生技能俱為成功的條件。小說《離心的花蕊》李鴻儒在唐山時還必須依靠南洋親族的匯款才得以過活，學富五車卻古板自私，既不進仕也不經商，一窮二白只好將幼子送到緬甸，過繼給叔父。這些情節富於傳統文化特點，呈現民族生活樣態。后希鎧在抗戰末期就讀雲南昆明中法大學文史系時正式學習寫作，在國共對峙冷戰時期創作成熟，時間和空間的流動構築了后希鎧寫作主軸——透過瞭解傳統文化與禮俗風貌，逐漸建立自我民族的生活意識，[32]繼

30　后希鎧：《混血女郎》，頁 56。
31　后希鎧：《混血女郎》，頁 131-132。
32　后希鎧並未詳言民族的文學應依何發展路徑，試借鑒胡秋原「新國民文學」之說以觀照，其內容必須是全體民眾所能了解，是民眾同思同感並

而成就出帶有風俗感、文化感與中國精神風貌的作品。這一類
的寫作構思在同期作家身上稀鬆常見,像是謝冰瑩在馬來西亞
賞景遊觀常透顯出僑胞勇敢有魄力、冒險精神、不畏艱難到海
外創造新天地的大無畏、艱苦奮鬥、不屈不撓等,[33]展現由景
入情,由情寫神的思維與觀照。

　　身處白話文創作成熟,且競相模仿西方各式主義的時刻,
后希鎧以華族的身分和熱情投入少數民族與東南亞地區華人的
書寫,其視域不像是在書寫他族,而是往往有如在書寫自身民
族一般,致使不論在探討主題思想和內在文本形構上,更能夠
蘊含華人對少數民族的同情和理解,表達華族欲與少數民族深
度交往與融合的願望,也能以文化持有者的視角,設身處地沉
浸在他者的文化歷史中。擔任報社工作或者長駐當地從事教
育,使后希鎧對書寫對象的社會與文化情境得以展開深入的觀
察、體會。透過參與、融入該文化的歷程而能夠由其視角解讀
與反思,呈現近距離觀察華人在海外的奮鬥與成長,專務以長
篇小說形式深入描摹,[34]在完備的故事情節與立體化的人物形
塑中凸顯在地特點。

　　由於后希鎧出生與就學的昆明位於戰時大後方,經濟繁
榮,文化發達,國際化而且新興的社會風氣,允許容納創辦各
種性質不同的副刊。他任職《中央日報》採訪主任時陸續發表

　　共同希望者,具啟發與教育作用,既現實又超越現實,提煉自過去所有
　　形式,充分表達民族現代的情思。見胡秋原著,李敏生編:《中華心:胡
　　秋原政治・文藝・哲學文選》(北京:社會科學文獻出版社,1995 年),
　　頁 272-300。
33 謝冰瑩:《馬來亞遊記》(台北:海潮音月刊社,1961 年),頁 56-58。
34 許文榮:《馬華文學類型研究》(台北:里仁書局,2014 年),頁 95。后
　　氏的觀點和書寫手法,與馬華文學的創作視點相較,既有其獨到的細膩,
　　也呈現客觀距離下的書寫關照。

作品，直到來台擔任《幼獅文藝》編輯，在「文藝信箱」答覆關於第八藝術電影的讀者相關問題，依舊批判的是電影界毫不重視「民族風格」，倡議研究自我民族的氣質和心理反應，[35]認為作家應個人風格和民族風格的觀點，[36]不應圖求模仿的捷徑。文學的本體觀之一是主張在地性，素以「海外華僑」稱之的作家群體，雖能切身觀察並在筆下呈顯移居他方的文化意涵與各種現象，像后希鎧這一類作家的性情既不全然像祖國同胞，也不百分之百像僑居地的人民，而是在流動中建立融合多元的開放視野，在冷戰時期呈現以小說譜史的特殊價值。

　　以《離心的花蕊》中的婚姻觀而言，若是在中國多半固執而守禮，如魯迅與朱安的婚姻，朱安困守在傳統牢籠裡囚禁了一生；而在崇尚婚姻自由的緬甸，雖須持守必然的規約，但並不過分囿限規訓，而是以愛感化，以寬容換取平和的幸福。「時代決定個人的意識形態，決定個人的生活方式。」[37]關鍵既非國籍，更非種族膚色，遷徙流動的生活樣態出於民國的擾攘烽火，而東南亞的遠方以樂土意識召喚之，因而離鄉背井另闢家園，與當地的本土性揉雜出別具時代意義的個人風格和民族意識，像是王家老太太建議晚輩何建生不妨娶回印度寡婦妮拉，也寬容接納兒子王成和與尼姑靜覺的終身大事。相較之下，腐儒李鴻儒動輒以「讀紅毛書」指陳異域禮教，斥為失序混亂，固守孔孟之道、夫子之尊的理想，與現實鑿枘難容。除了婚姻建構的社群羈絆，《離心的花蕊》也寫華人開山拓土，胼手胝足

---

35 后希鎧：〈什麼叫做「文明戲」？怎樣看出「電影拍攝不認真」？〉，《幼獅文藝》19 卷 2 期（1963 年 8 月），頁 35。

36 后希鎧：〈什麼是新寫實主義？〉，《幼獅文藝》19 卷 4 期（1963 年 10 月），頁 36。

37 后希鎧：《離心的花蕊》（台北：眾成出版社，1976 年），頁 323。

的艱辛，在無神論的信仰下，一切崇尚自然力，認定「人為的
力量可以改變自然力，而道德、法律、風俗、習慣，又可以約
束自然力。」[38]因此基於同樣道德、法律、風俗、習慣，一群
曾跟隨緬甸國父翁山抗日反英的地下軍隊組織，後來改崇奉德
欽光敦為領袖，他追求真理為青年所崇仰，擁有一批深信革命
的追隨者，仰光大學的高材生也為之傾倒。但德欽光敦以暴力
征戰的思想、泯滅人性的行為，以及運用絕對權威剝奪他人自
由的行徑，令人不齒，年輕人遂一一背棄而去。緬語「德欽」
是「主人」之意，1930 年仰光大學助教巴當組織「德欽黨」成
為獨立運動的核心，黨員互稱對方時均特地在名字前加上「德
欽」，寓有強化脫離英國殖民統治，強烈的民族主義意涵。另一
獨立核心組織「反法西斯人民自由同盟」在日本統治晚期成立，
1947 年 1 月，身為「德欽黨」與「反法西斯人民自由同盟」兩
個團體的領導者翁山，赴英簽訂《翁山—艾德禮協定》決定一
年後獨立，翁山這位「獨立之父」卻在 7 月遭到暗殺，1948 年
1 月緬甸獨立，由成長於「德欽黨」，擔任「反法西斯人民自由
同盟」的新任領導者吳努擔綱首屆總理，翁山即是現今緬甸領
導者翁山蘇姬的父親。[39]后希鎧的寫實筆法，不著痕跡編進了
這一段緬甸開國史。

　　戰後兩種中西方思想對中國青年發揮莫大作用：一是政治
的共產主義，一是文藝的存在主義，兩股思想交織在《離心的
花蕊》中，共產主義毀人前程自不待言，而存在主義是否成為
人心的救贖？后希鎧安排主角何建生相信殉葬的糊塗與縱容人

---

38 后希鎧：《離心的花蕊》，頁 339。
39 岩崎育夫著，廖怡錚譯：《從東南亞到東協：存異求同的五百年東亞史》
　　（台北：商周出版社，2018 年），頁 149-150。

道主義的胡鬧，縱有家庭與宗族的支持，險些鬧出人命，鑄成悲劇。小說結局揭示的社群主義是頭腦神思清明、饒富愛心，能集結群眾才是真正成功、有成就的造反運動，而非標榜前衛，大膽妄為，或一派懦弱慈愛，反而導致末路困境，諭示了德欽光敦一派赤化者終將頹傾的政治寓言。

　　一樣是描寫共產主義赤化滲透的社群景觀，在后希鎧眾多長篇小說中唯一一本在台灣以外地區出版的《馬來妹》，凸顯馬來亞受到共產主義威脅時的駁抗，華人扮演的角色是崇尚自由者，為馬來西亞當地人的幸福計之久長，建立一支既反抗英軍、日軍，更不屑馬共殘殺百姓，只為謀奪建國後政權的游擊軍隊。正如戰火波及香港，成全了張愛玲《傾城之戀》的白流蘇和范柳原，1941 年 12 月 8 日太平洋戰爭爆發檳城淪陷，使《馬來妹》林其智和麗莎終成眷屬，[40]因婚姻建立的親屬關係並未在亂世烽火摧折下導致佳偶離散，跨境移動中，婚姻關係拋棄倫理的繩索，因空間的轉換製造了主動性與決定意志，跨越種族的婚姻喚醒僵化的血統觀念，啟動自主力量，展開積極的追求：

　　　　我們是不同的兩個民族是不是？民族不同，所以便
　　　不能結婚是不是？哦！你們中國人真奇怪，廣東人不是
　　　中國人嗎？福建人不是中國人嗎？你們也反對廣東人和

---

40 潘婉明：〈附錄二：馬來亞共產黨──歷史、文獻與文學〉，黃錦樹：《南洋人民共和國備忘錄》（台北：聯經出版公司，2013 年），頁 308。這是一個關鍵的歷史時間點，日軍短短一個月內攻占北馬各州直抵雪蘭莪，英軍兵敗如山倒，失去馬來亞的半壁江山。

福建人結婚呢！還有甚麼客家，海南……。[41]

　　宗族血統隨著跨越邊境在國家之間流動，拓延了文化空間，在反戰思維、崇尚和平、以戰鬥精神博取國家民族最高榮譽的呼聲中，一切締結姻緣的障礙均被駁斥、拆解，反對種族歧視，同意異族通婚。對照台灣文學中的戰鬥文藝書寫，約略同時於東南亞出版的《馬來妹》加入了種族婚姻的宗法元素、綿延不絕生生不息的子嗣，讓藏富於民的儒家民本思想，轉衍為藏富於後代，並以「團結」為旨歸，戰爭使族群不分你我，團結全體動員起來。

　　異於《離心的花蕊》的妮拉一心企求升天，求取宗教的救贖；《馬來妹》透過主角林其智外祖母的人物塑造，說明母性力量的護持甚於一切：

　　　　愛護後代的思想成為一種崇高的理念，民族或國家才有繁衍的憑據。空洞地追求靈魂升入天堂的宗教思想，自傲地拋去家庭的責任而自以為服務大眾的進步人士，不是自私地意圖自身的解脫，便是瘋狂地追求一己的榮譽，都會破壞人群的基層組織。[42]

　　據此，后希鎧解釋華族同胞能在海外發展的根由，自中國到海外的流動起初必須投奔親戚，吃穿靠人並不以為羞，反而親戚黨族不眷顧家人才是不義，在宗族的護持下逐步建立基業，維持起碼的生活形式，進而發揚傳統文化的家國意識。這

41　后希鎧：《馬來妹》，頁 248。
42　后希鎧：《馬來妹》，頁 231。

一類經驗是后希鎧流亡的真實歷程再現，[43]小說根據其內在生命意識的闡釋模式，將敘事與意義結合，在事件或行動的進程中，集中情感描寫了神聖時刻，將事件融入整體行動，展現一個逐漸開啟的詩學過程，[44]作者的人生寫照與小說情境虛實掩映。

　　即使是像外祖母這樣一位目不識丁的女性，以攢積所得為兒女創造富庶繁榮之基，以愛護後代的作為履行社會義務，在齊家的基礎上，穩固了社群流動帶來的不安與危險，扮演極為重要的角色。《混血女郎》安娜的姨祖也同樣扮演維繫家族命脈的延續，年長女性是社群景觀中不可或缺的重要力量。她們以護愛後代維繫安身立命之基，獲取家庭與社會上的看重。年輕女性則必須另覓出路，若遇血緣種族的糾葛，使婚姻遭遇阻礙，即必須另外設法提升社會地位，像是《馬來妹》康舅的馬來妻子便赴華校從事英文教學，藉以因老師的身分，道尊而後人敬重之。小說寄寓跨越種族隔閡，必須以教育為手段，實踐促進民族調和的理想，這樣的情節反映后希鎧深諳華人的心理。

　　傳統文化看重長幼有序之理，后希鎧為小說主角林其智設下的險阻，除了未婚妻麗莎以一名馬來女子，冒著像中國女子一樣，走入婚姻必須犧牲一切，適應一個家族帶來終身痛苦的風險，還包括麗莎是舅母的妹妹，舅父與外甥稱為連襟，倫理

43　后希鎧：〈入緬甸記〉，《傳記文學》第 2 卷第 1 期（1963 年 1 月），頁 33-34。記載后希鎧因「窮」和「急」走到緬甸的經歷，雲南人的觀念並不覺得東南亞是外國，即使英法殖民勢力所據，在大陸政治權更異之前毋須護照可以自由進出東南亞。

44　艾拉·布魯斯·奈德爾（Ira Bruse Nadel）著，王軍譯：〈傳記與倫理：邁向詩學之路〉，梁慶標編：《傳記家的報復：新近西方傳記研究譯文集》（桂林：廣西師範大學出版社，2015 年），頁 29。

上大逆不道。最後因麗莎懷孕憑藉「妻以夫貴，母以子榮」的傳統宗法思想得以開脫，小說補敘麗莎是遠嫁馬六甲王的明朝中國公主李寶——米瑪親王的後代，這才得以藉著「中國猶一人也，天下猶一家」的「大同」思想突破僵局。[45]林其智的父親是華族社群的領袖，更因此認同自己必須擔荷起提倡民族通婚的風尚，面對列強壓迫的情境，中國人與馬來人地位與人種無分你我，只要生下能講中國話的後代讓馬華聯姻，敦睦族誼，就足以挽救民族的命運，媳婦麗莎頓成為馬來大族，帝王苗裔，以其血統出身為家族增光。馬來人與華人藝術家齊聲歌頌雙方民族睦相處，友好交往，小說以美好詩歌意境與南洋傳奇，交織成一個和諧的主題，后希鎧跨越文化、族群、國界、語言的創作方向，也具此特質。

（三）家國到政體的團結

　　小說《馬來妹》讓解除了婚姻障礙後的林其智，對抗起馬共更有力量，也深刻瞭解馬共抗日在於建立馬來亞政權的宏觀遠視，與康舅等華人在內，憑藉著共同保衛馬來亞的信念與職責，反對馬來亞政權回到國人手中，暗指馬來亞應獨立建國，必須為馬來人的獨立自由鬥爭到底，協助奪回政權。小說中的反派角色是林其智在西南聯大就讀時的同學，他的實際身分是共黨臥底，臨終之際坦承：「政治哲學常常會越出情理之外？太複雜，太矛盾，個人與個人會衝突，個人與群體會衝突，有時候自己跟自己也會衝突。」[46]說明國家建國的主權仰賴群體，

---

45 后希鎧：《馬來妹》，頁 303；楊匡漢、莊偉杰：《海外華文文學知識譜系的詩學考辨》（北京：中國社會科學，2012 年），頁 301。
46 后希鎧：《馬來妹》，頁 432-433。

但過程中卻有悖離自我的矛盾，於是他奪槍掃射馬共與林其智的游擊隊，最後死於一位俘虜的巴冷刀下，留下「馬共不會放過你們……」的遺言不絕如縷。小說中勢單力薄的兩對跨種族夫妻不但順利孕育下一代，在數度波折後取得親族認同，甚至產生沛然莫之能禦的政治力量，率領群眾迎擊馬共。這一則以自由為名的建國神話，以婚姻為始，以族群團結為終，在馬來西亞當地符合讀者閱讀心理與期待視野，因而能長期連載不輟。

　　無論種族抑或語言都無法建構出一個民族，只有當人們擁有共通的思想、興趣、情感、記憶以及希望時，他們才由衷感到同屬於一個群體。由家庭再依次整合到宗族這類更為廣大的親屬群體，成為緊密連結的共同體，尤其在中央威權失能匱乏的狀態下，更需要由家庭領袖調節爭端。后希鎧小說泰半由女性族長扮演此類角色，諸如《馬來妹》中林其智的祖母、《混血女郎》的姨祖以及《離心的花蕊》王菊芝的母親。唯有家庭鞏固，才能進一步產生像是《楊柳青》的拉賽賽這樣足以調節村社集會的領袖。反觀男性角色，像是康舅和林其智都必須透過妻子從旁協助，才得以成為戰時領袖，將群體組織起來，進而穩固社群。

　　對照后希鎧來台後其他未集結成書的單篇作品，像是〈父歸〉描寫中年男子外遇導致家庭分崩離析，[47]背棄夫婦有親，父子有義的五倫傳統，小說批判王仲書為愛情犧牲做人的責任。后希鎧彷彿化身為小說裡的李漢生責備老同學無視教養子女之責，指出家庭破碎完全出於父親的私慾太重，以傳統小說第三人稱全知視角剖析人物心理，透露王仲書的悲劇出於現代

---

47 后希鎧：〈父歸〉，《幼獅文藝》19 卷 1 期（1963 年 7 月），頁 6。

人面對西方主義的沉淪，后希鎧以悲天憫人之心看待社會問
題，以天地之心為志向，以天下為己任，試圖以悲劇格調激發
更高尚的情操與同理心。[48]當小說家的同情之心昇華成洞悉世
局的放大鏡，所凸顯的人性，深具關懷力道，而非為出於一己
之私，[49]這些思維都呈現出傳統文化深烙在東南亞社群景觀流
動身世中，作為穩固的根柢，族群融合之基。相較之下，台灣
的局勢則不穩定，《葉落空門》述及台灣的林秋娘因大學落榜到
補習班暫居讀書，即使補習班善盡教育之責，學生太保、大毛
猴不斷興風作浪，校長勸慰道：

> 學校有三項要素：就是學生，教師和校長，缺一不
> 行。現在是民主自由的時代，教師和校長是為學生服務
> 的，沒有學生，學校就失去意義了。剛才我一時火起，
> 違背了放任教育的原理，我也很難過，你們要原諒我是
> 「過時代」的人物了，追不上你們的時代，我向你們保
> 證，我以後一定要改變教育方法，讓你們自動自發……。[50]

儒弱的教育和狂妄的學生，最後能讓亂事平定的是曾在東
京沉淪女體的黃大明，挺身相救贏得林秋娘的芳心。遇到師生
衝突，透過小說情節呈現，后希鎧的觀點是讓管理者退一步海
闊天空。

后希鎧極力鞏固的文化之基，對照張錦忠針對馬來西亞華

---

48 后希鎧：〈「悲劇」的意義怎樣？為什麼小說是以「悲劇」收場〉，《幼獅
文藝》19 卷 3 期（1963 年 9 月），頁 33-34。
49 后希鎧：〈「天下為公」是什麼意義？〉，《幼獅文藝》19 卷 4 期（1963 年
10 月），頁 35。
50 后希鎧：《葉落空門》，頁 77。

族文化與國家主流文化的關係提出的二點看法：其一，儘管中國傳統文化已經（或即將）在南洋沒落，華裔大馬人仍（應）能建立自己的民族氣質（精神面貌）與文化特質（包括運作宗教、文學、哲學、教育、藝術、政治、經濟活動的方式）；其二，華族的語言、文學、文化與國語、國家文學、主體文化之關係，並非水火不容，易文——左哈爾（Itamar Even-Zohar，1939-）的「副系統理論」頗能用來詮釋這種關係結構，同時也可以解釋南洋華族文化與中國華族文化的關係。[51]民族氣質與文化特質需有南洋文藝的地方性色彩，至於主體文化之間既是各自獨立的存在，保有其獨到的文化表徵，同時又彼此滲透影響，產生新的文化視野。文中提出可朝向族群互榮、互融的看法，正與后希鎧不謀而合。

　　跨越地域時空，種族共榮相親，是后希鎧小說中常見的族群關係。黃炳南的日籍友人平川太郎說道：

> 　　我心目中的台灣人有兩種，一種是客家人，一種是閩南人，大家都是中國人。你為什麼不認種族而認地理呢？你為什麼自己把自己關在一個小圈子裡？一切都變了，你也應該變變了啊！你要是以中國人自居，你不能只想到一千萬島民的利益，你應該為五萬萬，六萬萬的同胞著想！[52]

　　黃炳南日治時期曾以田川正男為名，在天津與混跡的日本浪人經營走私勾當，後又到廈門發展。林家二哥在上海虹口被

---

51 張錦忠：《南洋論述：馬華文學與文化屬性》，頁 44。
52 后希鎧：《葉落空門》，頁 194。

日本人殺死,視日本人為家仇,林家自然不同意黃大明與林秋娘的婚事。經濟營生帶來的現代性化身原始材料,人物就像小說家的代言者,以之作為身分商討和自我表徵的持續參照點。[53]跨地域、跨時空、跨種族的恩怨情仇,戰爭究竟使兩國對峙?抑或有觀念相融互攝的可能性,家國到政體的思考,不斷出現在后希鎧的小說中。他對日人並未一味貶抑,藉平川太郎之口提出適應環境,適應時代,個人才能立足,也才談得上發展。觀念上應借鏡日人,改變輕視養女的落伍觀點,不問對方出身,對於一切持寬恕與容忍接納。相對於門戶之間根深蒂固,思想上輕視女性的黃炳南,[54]日人的觀念相對進步。情節隱喻若能消除華社各政黨、方言群之間的歧見,攜手齊心,重拾團結這一項民族性裡缺乏的重要質素,則天下為公的遠景在望。小說《龍天蛇草》也呈現此觀點,透過李作義訓誡晚輩:

> 希望你們像四大金剛一樣的團結,像金剛石一樣的堅硬,共同對付困難,共同打天下!我們中國一直是亂糟糟的,今年已經是民國十二年了,國家還在分崩離析,誰有力量,誰就充大王!假如你們團結,天下就是你們的⋯⋯。[55]

小說以蘆溝橋事變日軍大舉入侵上海前國共內鬥為敘事主軸,主題涵蓋家庭倫理宗法,手法呈現歷史、經濟、城市與鄉

---

53 瑪莉・路易斯・普特拉(Mary.Louise Pratt)著,方杰、方宸譯:《帝國之眼:旅行書寫與文化互化》(南京:譯林出版社,2017 年),頁 301。
54 后希鎧:《葉落空門》,頁 268-270。
55 后希鎧:《龍天蛇草》,頁 30。

村的對比。國、共兩黨因國難當前重啟合作，共黨宣布效忠三民主義，以國家利益為先，真誠展開合作，由歷史後設已知其用心真偽。作者用心鋪陳各個角色，藉此顯示政治思維與歷史命運的必然，人物的性格決定命運，政黨的決策思維影響施政方針，由此可知后希鎧以小說寫史的用心，透過故事渲染流布於廣土眾民，達到教化百姓知所警惕的效應。

買辦資本充斥的上海商埠，留日經濟博士王履中擔任北洋政府親日派中堅，《龍天蛇草》時間設定在民國八年五四運動北京起義，王履中被批為帝國主義走狗，趁中國政局動盪不安打劫。他的小舅子李作義認為中國留學生毫無身為中國人的觀念，欠缺團結打天下的思想，親俄派勝利將導致共產黨專政，親英法的歐美派戰勝則鈔票玩弄政治，缺乏獨立派，李作義只能靠著機智應變，在上海利用日本特務機關的政治關係經商，擔任兩家日本工業株式會社代理人，坐看日本勢力沿長江深入內地。德國謙益洋行代理人袁中和因德國在投機市場戰敗，假意讓李作義獲利，建立商戰之友的邦誼。與李作義同輩的王同嫻、余大宏、劉少亭等人，固有做大事的雄心壯志，卻無救國救民的抱負，欠缺奮鬥目標與戰鬥策略，不足委以天下之重，小說透顯唯有珍視同伴幸福，付出自我犧牲的群體，看重內部和平，有助於整體延續和繁榮。[56]余大紅在安慶就讀高中見法國公園掛著「不准華人與狗」深覺奇恥大辱，王同嫻勇於承認上海是外國人的租界，「不管外國人把我們當做什麼，我認為必須去看看，究竟侮辱到什麼程度，也才會有個明瞭」[57]，讓歧

---

[56] 理查德・喬伊斯（Richard Joyce）著，劉鵬博、黃素珍譯：《道德的演化》，頁 57-58。

[57] 后希鎧：《龍天蛇草》，頁 36。

視激發出團結一致的鬥志。王同嫻無畏艱難把外國人對付中國的事當作一種問題加以研究，企圖深加了解，謀求對治之道：

> 國民黨一定是做官去了，做不成官才來窮搞，大家一道革命，一些人做官，一些人卻落了草。……國共分裂是必然，民主革命後執政的僅一黨，不會所有政黨都去做官。[58]

被共產黨把持的仁和中學，安排王同嫻去演講，學校成立同善社，實為共產黨爭取群眾的陰謀：

> 國家大事交給他們這批共產黨去辦，國家會搞成什麼樣子？國家社會的基礎，應該建立在愛上……用仇恨來治理國家必然互相殘殺，冤冤相報，不知殺到什麼時候。[59]

余大宏父子在飯桌上慷慨地聊國家大事，批判道：

> 國民黨太老實了，不會用心機。共產黨用陰謀來打擊我們，大家都束手無策。國民黨執政，得來不易，應該打起精神，為什麼就軟兮兮的呢？共產黨只不過罷罷工，開開槍，有什麼了不起呢？國民黨只會明爭，不會暗鬥。治安機關，頂多會捉小偷，對政治鬥爭好像不會

---

58 后希鎧：《龍天蛇草》，頁 273-274。
59 后希鎧：《龍天蛇草》，頁 292。

捉耗子的貓一樣。[60]

　　對於共產黨的地下組織束手無策，國民黨在上海車站同志
被打死，緝凶無門；功在國家的公務人員遭暗殺，好官遭怨。「革
什麼命呢？恐怖，死亡；死亡，恐怖，這就是革命。」[61]一反
革命即是進步的美好想像，將死亡、恐怖等黑色意象與革命連
結，厭棄鬥爭與內耗。若是志在當官枉顧百姓，力於奪權犧牲
庶民，文攻疲軟武攻無能，再加上欠缺團結意志，終歸失去民
心的擁戴，也失卻政權。

　　團結無望，社群景觀缺乏精神生活、宗教感應、教化薰陶
與道德修養，使苦悶與煩躁變成了一種時代病，爭吵、鬥毆、
自殺、殺人都成了追求超脫的手段。[62]另一部小說《奔流》描
繪王文良身為共產農村社會裡不愁吃穿的小幹部，幻想著將來
總有一天，解放軍進軍東南亞，橫掃泰國、緬甸及馬來西亞等
國家，占盡地利人和的便宜，他也被派到那些國家管理政治，
出了一次洋，好處真是說不完的。生產會議的苦悶，王文良靠
著扭開收音機偷聽「美國之音」和「自由中國之聲」打發，對
自由世界的一切都覺新奇，[63]實則這些願望從未踐履，一如其
他小說，后希鎧重視平民百姓的福祉，《奔流》中肯評議公社造

60　后希鎧：《龍天蛇草》，頁 292。
61　后希鎧：《龍天蛇草》，頁 368。
62　后希鎧：《奔流》，頁 183。小說批判共產黨將「小家庭」視為是一種「罪
　　惡的社會制度」，靠血緣關係維持著「家長」的「小皇帝」權威，人民公
　　社的基本任務就是消滅「家長的統治權」，用黨的「控制力」去代替家長
　　的「影響力」。公共食堂的設立便是消滅「家長權力」的開端，讓所有「被
　　父母壓迫著的兒女」知道：他們不是「靠父母吃飯」，他們是「靠黨吃飯」，
　　黨就是「人民公社的家長」。
63　后希鎧：《奔流》，頁 370。

成的困難實在不能怪自然災害，也不能怪人為的善惡，主因在
於否定了「民本」和「民貴」的思想錯誤，原則出錯，無論用
什麼技術去彌補都是無用的。[64]「二三子何患於喪乎？天下之
無道也久矣！天將以夫子為木鐸」[65]政治宣傳不可久恃，教育
才是放諸四海皆準的正道，后希鎧讓儒家誠意、正心、修身的
救人思維，與齊家、治國、平天下的救世之思包蘊其中，以此
自任天下之重。

　　《離心的花蕊》描述當緬甸發生政變，拘留政要，軍人組
織獨裁政府推翻民主體制。王菊英的丈夫任職民主政府聯邦調
查局，在局長被捕群龍無首的情況下只能靜觀其變，不知如何
應付新的政局。由於軍人政府排外，對印僑及華僑採取嚴格的
經濟搾取，剝削既得利益的中印人士，大批印僑被指名限期出
境。年輕的印度孀婦妮拉認為民選政府改為軍人獨裁，政府是
官家的事，小老百姓不必關心，只一心追求愛情的圓滿。面對
國難當前的赤色風雲，縱任主角流離轉徙，儒家安身立命一序
列的教育目標化約在后希鎧小說中的情愛元素，裏以甜蜜糖
衣，讓婚姻締構家庭，家庭鞏固家族，家族到國體之間的情節
與關係處理，往往交織著亂世救贖之道。

　　此外，文化治理與世界大同恆常是小說人物產生衝突時的
圓緩解方，不論是以文化統一、用教育救世的主題意識，或始
終圍繞著正義無敵，以寡勝眾思維的佚史纂輯。[66]流動之中如

---

64 后希鎧：《奔流》，頁 410。

65 謝冰瑩等編：《新譯四書讀本・論語・八佾第 24》（台北：三民書局，2006
　年），頁 98。

66 后希鎧：〈唐繼堯與蔡鍔（下）——紀念「雲南起義」七十周年並試探唐
　蔡「爭功」公案〉，《傳記文學》第 48 卷第 1 期（1986 年 1 月），頁 80。
　后希鎧以一系列文章紀念雲南起義七十年，追念再造共和的艱難，釐清

藤壺緊緊牢繫的是婚戀關係，后希鎧特別著重人物的心理描寫，親族聯繫嫁接在國族文明的宏闊視野中，冷戰時期知識分子崇尚自由、心向文明昭然若揭，馬來亞華人社會「愛情不分種族；但卻很難承受不可理喻的困擾。人在消沉的時候，想逃避愛情；但真摯的愛卻不讓你跑掉」[67]在人情的溫良敦厚中，愛情進展到婚姻時凸顯兩種民族的掙扎和難處，使讀者對小說人物寄予同情與憐憫。而救援成功、有情人終成眷屬之際，雙方親友也逐漸建立融洽且深厚的情誼。[68]后希鎧探勘華族與少數民族的微妙關係，常藉由婚戀事件連結宗法意識，從中凸顯華人與少數民族的誤解和衝突，進而增進雙方理解，掌握彼此的民族性格與文化特性。

三、地景／聲景／空間的物質景觀

　　文學書寫主體流動在物質景觀中編織出豐饒的文化風景，以文證史的書寫概念使后希鎧小說人物的流動與物質景觀之間呈現地景與心緒的交融，凸顯南洋特殊的景觀與現代性的進展。

（一）地景與心緒的交融

　　便利的交通建設帶來全球移動力，促成經濟貨貿通商，以搬有運無為命脈。科技、媒體財經現象締造從在地到全球流動的物質景觀，依循時間日新月異，紛繁屢新的物質景觀又重構了流動命脈。社群關係除了維繫與提振經濟之飛躍，文化與文

受當時現實政治利害所影響，雲南起義被進步黨（保皇黨之化身）利用，唐繼堯為蔡鍔叫屈的一段歷史公案。

67　后希鎧：《馬來妹》，頁 1。

68　許文榮：《馬華文學類型研究》（台北：里仁書局，2014 年），頁 88。

學也得以無遠弗屆。風景的再現往往與政治高度相關，風景也提供切入文化問題的途徑，幫助思索文化價值、文化延續、文化的價值範疇，以及文化身分形成神話的建構，當社會或民族創傷引起動盪，風景更成為包容或排斥標準的焦點，[69]值得深究；關注物質景觀的意義，也使文本解讀與作者跨境移動產生價值感的連結。

后希鎧常藉由台、馬兩地地景空間的連結構築情感意識，小說《混血女郎》描述初到新加坡教書的賀先生借住在安娜祖父位於檳城的別墅中，與佳人同遊升旗山（Penang Hill）、紅毛花園、極樂寺（Kek Lok Si）、[70]蛇廟等名勝，因而日久生情。當兩人再度重逢於台灣，便不再因年齡差距與師生關係固守道德分際。成熟少婦安娜是外交官之妻，賀先生任國聯貿易公司總經理，常至咖啡廳尋夢憶昔，回想安娜及新加坡的神祕往事，都使賀先生覺得一切分外美麗，在回憶中求得現實的解脫。台灣的地景有山有海正似檳城，兩人重逢後出遊，取道淡水、石門、金山和野柳，從基隆回台北，一時因分心遐想發生車禍。負傷醒來，賀先生以為自己身在新加坡東陵寓所，恍如從前。小說藉醫院串起今昔時空，過去檳城醫院裡款款深情的告白，

---

69 溫迪・J・達比（Wendy J.Darby）著，張箭飛、趙紅英譯：《風景與認同：英國民族與階級地理》（南京：譯林出版社，2011 年）頁 9-10。

70 陳愛梅、杜忠全：〈試論馬臺佛教關係（1992-2017）〉，收於張曉威、張錦忠主編：《華語語系與南洋書寫　台灣與星馬華文文學及文化論集》（台北：漢學研究中心，2018 年），頁 214。極樂寺的創建標示了馬來亞漢傳佛教進入「抽離分明期」。而從 17 世紀到 19 世紀末台灣學者陳美華則把這段時期的馬來亞佛教稱為「渾沌雜揉期」，陳美華：〈馬來西亞的漢語系佛教：歷史的足跡、近現代再傳人與在地紮根〉，《馬來西亞與印尼的宗教認同：伊斯蘭、佛教與華人信仰》（台北：中央研究院人社中心亞太區域研究專題中心，2009 年），頁 115-121。

被安娜父親白人優越的種族之見打斷；台北醫院則是愛情的避難所，兩人構成精神上的「重戀」犯罪。最使賀先生內疚的是妻子，她是受英文教育土生土長的新加坡華僑，兩人觀念大相逕庭，在台人地生疏，賀先生擔心夫妻仳離妻子將無處可訴苦。

　　除了交通和地景，媒體也構成小說中的物質空間。身為外交官夫人，安娜的失蹤引起媒體關切，推論她可能經宜蘭、蘇花公路到天祥或花蓮、碧潭樂園一帶，這些都是著名的觀光勝景。安娜與姨祖重逢的地點，作者刻意設置在一個能記住鄉愁的澄明之境：

> 在一個山彎裡，有三面梯田，也有幾處果園。淡綠色的是田圃，深綠色的是果園，都生氣勃勃，象徵著農家的興盛。綠色的果園，都是陽明山有名的桔樹，結實纍纍，入冬之後，便是豐收的季節，也是金銀滿斗的時期。五六家農家的紅色磚屋，點綴在萬綠叢中。在風景區的邊緣成為太空時代的隱者，遁世避時。[71]

　　位於台北近郊的陽明山便於散心，有王帽山、後山公園、陽明公園、溫泉峽谷等怡人景致，鳥瞰台北盆地氣象萬千使安娜聯想昔日在檳城登升旗山（Penang Hill）抒發性靈的感受。在馬來西亞家族土地、膠園空間即是財富、社會地位及身分的根基，藉由土地、膠園等地景銘記、彰顯展示家族所有權，是社會裡一項核心的實用性需求，土地不但是構成家族財富及權

---

71 后希鎧：《混血女郎》，頁 75-76。

力的基礎，同時更是家族從歷史視野中認知自己的途徑，[72]生產空間轉化為歷史銘刻，安娜產生與家族記憶的強烈連結。

后希鎧重視骨肉情深的傳統與強烈愛護後代的精神，一種仁至義盡的倫理親情，實踐在安娜與姨祖團圓時備辦的豐盛菜餚，饗食拋卻世俗的憂慮。丈夫約翰森入境隨俗對安娜的姨祖行跪拜大禮，收下長輩紅包，成為兩人不幸婚姻裡的重要轉折。姨祖殺雞、設酒、作食的隆禮盛情緩解種族歧見。浸淫於骨肉相認的歡愉，因經濟窘迫中斷已久的北港進香，隨安娜到訪再度興辦，安娜以酒自我麻痺，作為婚姻觸礁的解脫之道，符合馬來西亞華僑社會鬧酒、及時尋樂之風。姨祖在台灣與村舍街坊海量暢飲金門高粱，團圓歡聚；對照檳城安娜飲用烈酒，失意於雙親不和，身為混血種族前途無著。酒的隱喻，說明安娜混血的種族成分在台得到救贖。

陽明山橘子結實纍纍，竹林筍芽遍地，一片相思樹的人造林也富於經濟價值，姨祖望之產生凍飢無慮的心情，盛產即令生活得到保障，擁有經濟基礎得以護愛晚輩，日子無虞。馬來亞並不重視叢林木材的價值，所幸安娜懂得欣賞熱帶山林的美景，也能夠注意橡膠園裡如閱兵整齊並列、統一、完美的感覺；來到台灣，更心儀彎曲得宜的相思林於霧露之中若隱若現，展現自然的協調之美。[73]這般如山水畫散點透視的美景，坐落於陽明山農莊到內湖半山區之間，兩人此行目的是往內湖的仙姑廟，途中荒山毒蛇出沒，安娜基於先前見過檳城蛇廟中的蛇神秘而大智若愚，蜿蜒在神臺與牆壁司空見慣，因此毫不畏懼輕

---

72 帕特里克・格里（Patrick J.Geary）著，羅新譯：《歷史、記憶與書寫》，頁 197。
73 后希鎧：《混血女郎》，頁 151。

鬆穿越。抵達外雙溪谷頂，眺望中山博物院，她不再偽裝西洋
女性漠視中國文物，面對饒有中國文化象徵意涵的故宮，安娜
走上寬大深邃的道路，讓故宮屋宇巍峨以至大至剛的地景開闊
其心胸。

　　汽車不僅只是交通工具，賀先生與妻子多羅蒂終成眷屬是
因為一段新加坡到柔佛新山市區的車程。君子風度過於緩慢的
車速引來交通警察關切，賀先生加速的只有因短裙使肉體發射
情慾的光，他下定決心改以每小時六十五英里的速度駛向馬來
西亞腹地，並感到：

> 　　往前急駛，越快越舒暢，好像心裡積壓著的許多鬱
> 悶可以藉快車的馳騁而發抒似的。……那輛乳白色的轎
> 車，像流星一樣，在那筆直的公路上，飛奔而去。橡膠
> 樹林，村落，河谷，橋樑……一座座地飄越而過。[74]

　　新感覺派的劉吶鷗把情慾和交通工具的現代化加以連結，
在后希鎧描繪異地情慾的小說依然可見此寫法，山野公路上飛
馳的快車是飽漲情慾的象徵，而地域的搬遷則是主動融入異地
的友好表徵。《離心的花蕊》何建生為了逃避愛情從緬甸仰光的
唐人街搬到士巴路，離開長居地，藉由教師的身分贏得印度孩
子們的尊崇，融入當地成為社群一員，也因此更能安身立命，
進一步思索人生：

> 　　寬闊的士巴路，正是鬧中取靜的處所。入夜之後，

74　后希鎧：《混血女郎》，頁 178。

> 蔽天的行道樹下，配著幽暗的燈光，在花圃夾道的行人
> 道上散步，自可苦思冥想，探求人生的究竟。在行人幾
> 絕的深夜，何建生常常披著睡衣，帶著不滿一歲的狼狗，
> 在深邃空漠的所在求解脫。[75]

　　何建生是雲南人，雲南省與緬甸接壤，一百年前猛拱還未
成為緬甸的國土，不曾出現緬甸人的蹤跡。雲南人發現猛拱出
產玉石，於是大家成群結隊前去開採，何建生的祖父便是其中
一位玉石商，雖已去世，尚有後代住在猛拱。[76]當何建生帶著
妮拉逃離警方追緝躲到野人山 —— 中國雲南、印度東北邊緣省
分阿薩密與緬甸猛拱三不管地區，一個沒有國界，不與文明接
壤的蠻煙瘴雨所在，山區裡散居著一絲不掛、完全不跟文明人
接觸的野人，這個區域有利於他拋開市井擾攘，靜定反思存在
主義對於年輕人的影響。緬甸人在平原地區創建國家，與中國、
印度、泰國鄰接的山岳地帶則有傣人、克倫族、阿拉干人、孟
族、欽族等少數民族國家，雖有侵略和征服的衝突，國家各自
分區並存，和緩無礙；而英國無視於土著國家的疆界，根據殖
民地國家的領地劃定，使緬甸人的國家與少數民族的國家一同
沒入其殖民地範疇，緬甸因此成為一個多民族社會。[77]后氏小
說的民族疆界，顯然更接近於人文景觀的真實面貌，尊重其多
樣態並存的價值。

　　何建生的人物塑造正有后希鎧身世的影子在其中，基於教

---

75 后希鎧：《離心的花蕊》，頁 3。
76 后希鎧：《離心的花蕊》，頁 358。
77 岩崎育夫著，廖怡錚譯：《從東南亞到東協：存異求同的五百年東亞史》，
　　頁 110。

育工作者立場，不同於精神分析派學說的觀點，后氏認為心理
分析小說乃是絕對主觀，人物心理即是作者心理的自我剖視，
因此贊同行為學派的理論，追求小說人物的行為表現：

> 小說是一種文字的藝術，不但要把情感表達給讀
> 者，而且要把人物寫得像活人一般，這是這門文字藝術
> 的要求，小說作者朝著這個目標走，不管小說裡寫的是
> 古人，還是當代人，或者是虛構的人物，都要寫得活。
> 因此，小說裡的人物，就是文學藝術刻劃出來的人物，
> 他們的生命，都是作者給的。[78]

　　虛構的小說人物也必須敞明「這些行為的表現證明這個人
的心地是『如何如何』的呀！」[79]后希鎧筆下這一批僑居海外
的中國人，思鄉憂國的情操分外強烈，能聚國人於異域，談天
說地，可以聊抒胸懷，自然別是一番滋味。此中心情，若非身
在異國，心繫國家，怎能體會。[80]在懷友憶舊的文字中，后希
鎧以僑居東南亞十多年的經驗真情吐露，因而小說中不時穿插
點染鄉愁的空間書寫：

> 燕子湖是一個熱帶的湖泊，在祖國的嚴冬，這裡的
> 湖間山間，正不時地飛翔著呢喃的燕子，那些來自祖國
> 的老僑民，一到燕子湖，看到燕子掠空而過，便會大興

---

78 后希鎧：〈小說怎樣描寫人物？必定要寫得栩栩如生〉，《幼獅文藝》第
　101 期（1963 年 3 月），頁 34。

79 后希鎧：〈摸索二十年〉，《徵信新聞報》第 8 版，1963 年 5 月 19 日。

80 后希鎧：〈憶陳錦濤先生〉，《傳記文學》32 卷 2 期（1978 年 2 月），頁
　81。

> 祖國之思，想到自己的本鄉本土，回憶到自己的童年，
> 不知有多少人是笑，有多少人是愁，他們常常思慮著落
> 葉歸根。……祖國是祖宗廬墓之所在，他有無限的憧
> 憬。[81]

　　藉由對土地的記述使地景成為一種象徵性語言，得以討
論、協商、證實並界定家族的邊界。雖然此地風光好，還有思
家一片心。不時飄出一縷名之為鄉愁的幽魂，在地景的描繪中
現身。

　　頹喪的存在主義不能使年輕人提振對人生的積極想望，最
嚴重時，何建生在從八莫飛往猛拱的途中企圖高空跳機自殺，
他的救世之念實踐在興辦一所學校，即使還在瘋癲痴狂的狀態
中，也想到讓猛拱玉石場員工子弟接受教育的事，必須透過教
育使年輕人祛魅、引起對於心的療救，脫離舊社會的種種羈絆，
不倚賴宗教建立新的生活。

　　地景空間的物質性闡述不僅是鄉愁的印記，《馬來妹》中林
其智的父親以婚姻關係繼承妻子家的財產，土地維繫了家族，
家族成員之間，也以土地確認彼此的關係，成為除了血緣之外，
界定親屬和同源關係的明證。[82]據此而論，后希鎧跨域東南亞，
在小說方面具體呈現對於當地民族的特殊觀察，「以馬來人的社
會處境及共同體的未來為敘事核心，長篇小說作為一種特殊的
載體，以人（角色）的處境為敷寫及思索的重心，但卻是從馬

81　后希鎧：《離心的花蕊》，頁 36。
82　帕特里克・格里（Patrick J.Geary）著，羅新譯：《歷史、記憶與書寫》，
　　頁 198-199。

來人的特殊境遇出發,忠誠於種族、故鄉及馬來特性。」[83]情節與環境建構妥為運用土地、傳承、邊界、家族等傳統素材精心闡述,因此受到馬來讀者的廣泛接受。

(二)物質景觀與現代性

后希鎧小說的物質景觀凸顯民國性的空間意義轉化,在「現代性就是他方」的立論下,如果民國性就是在場,唯有在場才能遭遇到其人想像世界構成的基本要素,在場所能感知到的地方感,即成為展現民國性的重要元素。[84]南洋在小說《奔流》裡是一個安居樂業的富庶所在,華僑個個是天之驕子,憑他們那一身光彩炫目的衣飾足證他們生活無虞。[85]小說人物逃亡路上充飢的食物是新加坡寄來的餅乾,靠著小舟划到馬祖,接濟上岸的官兵義士也給予享用不盡的食物。「華僑!華僑!這是救命的時候,中國人還依靠海外的華僑哩!」[86]小說揭露六、七十年代由冷戰系統促成的海外經濟協作系統,[87]陳阿姝買冰糖熬藥、買肉打牙祭的錢被誤以為是匯自南洋,人民公社使百姓生活窮極艱辛,然而馬來西亞成為美夢中的原鄉,是再也無法歸返之所。

《楊柳青》描寫光復初期花蓮雲崗鄉部落,將物質開發的

---

83 黃錦樹:〈馬華文學與(國家)民族主義——論馬華文學的創傷現代性〉,收於馬來西亞留台校友聯合總會主編:《馬華文學與現代性》(台北:新銳文創出版公司,2012年),頁54-55。

84 《亞洲文學》第14期專題報導「作家訪問橫貫公路拾錦」。台灣文學期刊目錄資料庫,網址 ttp://dhtlj.nmtl.gov.tw/opencms/journal/Journal097/index.html,擷取日期2019年1月27日。

85 后希鎧:《奔流》(台北:光復出版社,1961年),頁145。

86 后希鎧:《奔流》,頁685。

87 黃枝連:《東南亞華族社會發展論——探索走向二十一世紀的中國和東南亞的關係》(上海:上海社會科學院,1992年),頁289。

神話結合國家新建設的前瞻視野，鎔鑄於公路的無限延展之中，帶來知識與文明拓境的願景，欲以建造公路的物質移動性擺脫日本殖民統治，構築更為現代化的物質景觀，驅趕日本帝國主義。輔以史料觀之，當時台灣提出了民生政策（原住民輔導政策）和建設政策（輔益道路及東西橫貫公路），[88]以此在小說中落實為破除坍方的隱喻，橫貫公路中間一段必經之地，有一道終年不停的飛澗，此谷彎是令人生畏的坍方。軍職身分的工程師王雲程擔綱先鋒，攀援石壁敲釘畫標，崩岩裂石使他險些墜谷，壁銳如鋒，割人遍體鱗傷：

> 這一帶地勢，一邊是河谷，一邊是削壁，沒有開闊的地段，不容易逃避炸開山洞的碎石，所以叫做危險地區。開山洞的石炮響了，連地也震動起來。這是冷砲，眾砲響了之後才響，非常危險。也就是躲避碎石的人剛好站起來，冷砲才響，等於冷箭難防。冷砲炸開的一塊碎石，飛擊在陳大莊工程師的後腦上，這位可敬的工程師，當即人事不知，昏倒了下去，死在神聖的工作崗位上。[89]

不但地形地勢危礙，爆破開闢公路隨時有喪命風險。不限於國族身分的相互援助，后氏小說著意將創作的文學與文化價值，在體現人情救援友愛、互助等情感流動性的表述中，去除身分認同疆界所帶來的自由與自主。謝斐穎探討弭平族群鴻溝

---

88 謝斐穎《台灣六〇年代宣導政策長篇小說研究——以省政文藝叢書為主要探討對象》（屏東：屏東教育大學中國語文學所碩論，2009 年），頁 67。
89 后希鎧：《楊柳青》，頁 144。

與建設促進經濟，評論戰後初期國民政府進行「文化再構築」
的計畫：

> 后希鎧透過原住民傳達消除種族隔離的政策，在族
> 中具有影響力的人士再三鼓吹下，原住民的族群意識範
> 疇逐漸由部落轉為中國，將自身視為中國的一份子，而
> 這樣的轉變也是作品得以擁有完美結局的重要因素。然
> 而，在描寫原住民變遷的小說中，作者大聲疾呼「山地
> 人就是中國人」的理念，（今正名為「原住民」）卻顯現
> 出國民政府在日本撤離後，仍沒有給予原住民回歸自我
> 的空間，反而是以一種「去日本化」、「再中國化」的方
> 式，剝奪原住民自我認卻的權利。[90]

　　上述觀點若置於全球主義多元文化的視野看待，則「去日
本化」、「再中國化」是否過於強調界線？而后希鎧創作的文學
與文化價值正是在體現流動性的表述中，去除疆界帶來自由與
自主。流動性是一種推動文化涵化，或文化萎縮的力量，[91]后
希鎧出身自雲南西疇少數民族，身受中、法教育濡染，故能以
開放的思想探詢人生本質，正如過去研究者廣義歸納他為外省
籍作家、僑民作家、榮民作家，失之籠統的研究視野，無法呈
現后希鎧跨域越界的特質。

　　小說中胡國元、陳大莊主張以教育的方式對待原住民，而

---

90 謝斐穎：《台灣六〇年代宣導政策長篇小說研究——以省政文藝叢書為主
　　要探討對象》（屏東：屏東教育大學中國語文學所碩論，2009 年），頁 67。
91 溫澤勒（Robert L. Winzeler）著，徐雨村譯：《今日的東南亞族裔群體：
　　一個複雜區域的民族誌、民族學與變遷》（台北：行政院原住民委員會出
　　版，2018 年），頁 364。

非以帝國主義壓迫手段，迫使先知覺後知，先覺覺後覺，民族無優劣高下之分，僅是聞道先後的不同，在族群意識上應一律平等觀之。論者所謂：「透過小說呈現原住民在政策實施前後的差異，宣導政府的輔導政策與原漢一家的民族意識」、「模式上都是以族群對立為主要議題，並透過愛情的完成達到原漢和解」[92]與盧克彰《陽光普照》比對，認為兩部以原住民為書寫中心的作品中，《楊柳青》以楊柳青個人愛情故事和歌唱歷程鋪陳情節，原民色彩和渲染力相對薄弱。關於以培養原住民人才和修路展開呼應政府的地方自治政策，是后希鎧小說創作快速因應當下的社會文化情境所為，對於政策的鋪寫不多，宣導也相對簡略，[93]小說家故事先行的主導意識，與后氏其他長篇小說對讀，自可顯見其勇於開創公平正義環境的意識，展現在族群平等與共榮思想方面的進步價值。

修築橫貫公路的目的在於開發經濟，使原住民生活便捷，促進文化流動。小說描述拉猛和綠尼兄妹自閉塞山區來到都市，帶著愉快的新奇瞻視大開眼界。返鄉後，古樸的村民便以時代驕子看待兩人，在族人眼中成為類似「五四運動」時代的洋學生。當時的觀念認為修築一條車路到山區，這是連不動天王施法也難以企及之事，早先拉猛帶著妹妹綠尼步行山路三日抵達太魯閣時，綠尼便發願將來能以女性之姿出任鄉長，第一要務是派警察和人民修路。雖是年輕女性，綠尼因祖母拉賽賽地位崇高，自然在母系社會也是意見領袖。到過平地之後，在

92　謝斐穎：《台灣六〇年代宣導政策長篇小說研究——以省政文藝叢書為主要探討對象》，頁 79。
93　謝斐穎：《台灣六〇年代宣導政策長篇小說研究——以省政文藝叢書為主要探討對象》，頁 80。

以高山生活為世界全貌的族人眼中，稱得上是見過世面的人，於是她倡議：

> 我要告訴大家，山地人和平地人都叫做中國人，中國好大呀，有五十個日本那麼大。日本人回老家去了，我們山地人就是中國人，我們的事，我們要自己管了。（「山地人」今正名為「原住民」）[94]

　　無視政權分野，也不論族群界線，小說揭示的觀念是中國與原住民本為同胞，日本殖民政權離開便是原民自治之始，內蘊著民主與民權思想，以此消弭種族主義。共同外侮日本人既已向平地人投降，則應走向民族自治自決之途，因此眾人推舉拉猛擔任鄉長，三年一任，拉猛也赴花蓮縣城參加地方自治講習，勸說鄉民取消各村社酋長世襲制，以地方自治取代日人的警管區制。綠尼向大家補充說明，認為原住民與漢民族都叫做中國人，廣土眾民的中國有五十個日本之大，種族主義就在「我們的事，我們要自己管了」的日常理念消弭於無形。以參與現代化的建設抬高自己在社村中的地位，具體方式包含透過選舉擔任鄉長，建構現代政治的景觀。

　　拉賽賽是族長，楊偉中是鄉長，他們都是原住民的代表人物，其觀念意識也代表著原住民的精神文明，面對原漢衝突，平地人陳大莊也知道不能對拉賽賽這位長者無理，只能等她心情平靜時再表達意見，期許拉賽賽能夠「化宗族為民族」。[95]陳大壯對王雲程千叮萬囑絕對不能跟山胞衝突，萬一發生衝突，

---

94 后希鎧：《楊柳青》（台北：台灣省新聞處，1967 年），頁 23。
95 后希鎧：《楊柳青》，頁 81。

不管有理無理，都是平地同胞不對。其理念出於平地人的祖宗一向對邊疆民族都寬容以待，比對自己的百姓還好。寬容是一種前瞻式的思考，避免浪費情緒能量。[96]小說以諸葛亮七擒孟獲的懷柔寬大為例，認為絕不可用帝國主義的方法去壓迫原住民。另一方面則教化邊裔四夷老百姓的觀念，在物質文化與現代化景觀塑造的努力方向，希望達致一視大同。

此處衝突說明的是與王雲程私訂終身的綠尼，被族中耆老拉賽賽逼迫委身於都碼（杜達），豐年祭後就將完婚的事。綠尼（後改漢名楊柳青）為自主追求愛情受苦，不願屈從長輩安排。后希鎧刻意將工程艱鉅與跨族聯姻攪揉錯雜，使故事更具衝突張力，極力鋪敘工程人員在合歡山東面艱困的地理空間，以解決庶民日常艱困境為動力實現夢想，凸顯政府照顧百姓的意志，淡化政教宣導色彩。由於王雲程在 1945 年台灣光復兩週內將開修橫貫公路，這條險峻之路雙關兩人情路坎坷艱困。道路也是原民返鄉的歸途。楊柳青下山尋愛，始終等待她的是合歡山綺麗餘暉籠罩的立霧溪，向遠山外的海奔流不懈，層巒疊嶂流泉淙淙，倦鳥歸巢之時萬里長空，出山耕作的原住民也停止勞務，荷起作物，三五成群歸返村社，不動天王的故事與傳說歷代相傳，是原住民們的精神信仰。寧靜的地理空間不乏激烈的衝突營造，深愛楊柳青的杜達，打算採取火燒藤甲兵之法殲滅情敵，王雲程的態度寧死不屈，在宇宙無窮盡，生死何足惜的豁達大度中，驚覺愛情力量之大，可以致人生，也可以致人死。他以傳統知識分子精誠為開的不撓意志，體現了《牡丹亭》至情論，拉賽賽甚至建議砍下王雲程的頭祭拜不動天王，以驅

---

96 瑪莎・納思邦（Martha C. Nussbaum）著，高忠義譯：《憤怒與寬恕：重思正義與法律背後的情感價值》（台北：商周出版社，2017 年），頁 251。

逐邪惡、逃避災難。所幸楊偉中私下放走王雲程，感慨為何世界上區分出許多種族，楊柳青也附和：「你為什麼一定要分我們和他們呢？讀一樣的書，說一樣的話，做一樣的事，一樣的平等，為什麼一定要分彼此？」[97]楊柳青的智慧並運用在以歌藝建立廣大聽眾，使歌聲作為人溺己溺的救贖，懷抱度時救世之心，認為把人群從道德的沉淪中拯救出來即是藝術的貢獻。發覺楊柳青天賦，並提拔她的山區教師胡國元，以孟子大人之事勞心，小人之事勞力的社會分工理論，肯定楊柳青無可限度的潛力。當她的歌聲透過電視媒體廣為流布，所創造的藝術價值打通了山區到都市封閉滯澀的命脈，再與橫貫公路的開通兩相輔佐，加快消泯族群鴻溝。

　　不但歌聲無國界，語言的界線也可能跨越地理疆界，產生微妙溝通的可能性，小說描述大陸雲南人會講卡瓦話，鄉長楊偉中在台東親耳聽聞時，竟可以理解，方才相信，於是他向祖母說：「中國實在是一個奇妙的國家，這麼多的人，講這麼多的話，大家又都是同胞。雲南省那麼遠，那邊的卡瓦人都是中國人，我們當然是中國人。」[98]國族一家，藉由語言的繫連確認彼此同宗同源。這是「作者對族群進行的塑擬，以彰顯政策的成功」、「藉由這個山地少女成功際遇表現出平地人對山地人的熱情，善意與雙方的平等價值（山地人今改為「原住民」）」[99]楊柳青的成功出於不分「他者」，而是「我們」的一體同觀，以平地人無私相助與開放心胸的接納態度贏得信賴。因而向拉賽賽

97　后希鎧：《楊柳青》，頁 86。

98　后希鎧：《楊柳青》，頁 231。

99　謝斐穎：《台灣六〇年代宣導政策長篇小說研究──以省政文藝叢書為主要探討對象》，頁 150。

求取平等的婚姻自由與築路之難的隱喻交織,一同化於楊柳青的聲腔媒體景觀中消失無形,一曲〈不動的心〉的高歌中,使祖母領悟山區平地一家親,化解了所有衝突與困難。

　　跨越山區到平地的空間,泯除原漢相戀的族群鴻溝,跨國到了日本,后希鎧《葉落空門》的東京是欲望沉淪之所,已與台北的林秋娘有婚戀意願的黃大明,被異國脫衣舞孃蘿斯的胴體迷戀:

> 　　當他躺在蘿斯的胸懷裡的時候,他就會忘記了這個世界,一切的世俗的憂慮,都遠離他而去!沒有是,也沒有非;沒有貴,也沒有賤;不知道什麼是純潔,也不知道什麼是邪惡……那裏充滿著隨心所欲的慾念,瀰漫著粗獷的氣氛!表現著野獸的行為![100]

　　東京的女體是台灣男子的安樂國,既是新感覺派的橫移,也是掃黃文學之始,並以新寫實主義的風格,批判物欲橫流的歪風。后希鎧的跨域經驗,使他重視對城市本質的觀察,揉進小說書寫的紋理中,呈現地景與人性交織的都會法則。

四、文化流動與族群敵視的精神景觀

　　精神景觀展現人面對現代社會的內在驅力,藉由宗教、信仰、藝術、思想顯現於外的種種行為,通過話語的表意實踐,表徵著流動的意識形態。后希鎧小說在精神文化上呈現出獨特

100　后希鎧:《葉落空門》,頁 189。

的宗教視野和民族性，以性靈與包容的救贖，體現跨種族、跨文化的景觀特質。

（一）宗教視野與民族性

后希鎧小說在宗族、國族之外，觀察海外華人堅毅不屈的生活哲學，歸結出華人社群得以傲視世界，落地生根的開放性和可能性，展現集體移動圖像的精神景觀，[101]呈現「變化著的同一」，指向動態的未來建構，[102]其歷程揭露混雜、歸化、融合等特徵，其文化形式關注環境、種族與時代。[103]《馬來妹》以社群文化為基礎，描繪進入族群後與異族通婚而被同化了的流動現象，林其智述說：「在我的生命史上，是第一次受人這般熱烈的歡迎。我想，康舅一定是一個人緣很好的人，他能和異族建立這麼友善的關係，實在是令人歡樂的事。」[104]康舅在彭亨州郵政局任職，[105]公務人員屬於人人稱羨的穩定工作，他的生存環境發展受限於娶馬來妻子，投向跨種族婚姻。移居馬來西亞的華人移民，接受當地馬來西亞文化的華人被稱為「峇峇娘惹」，「男性」為「峇峇」，「女性」為「娘惹」。峇峇娘惹文化在

---

101 尼古拉斯・米爾佐夫（Nicholas Mirzoeff）著，倪偉譯：〈跨文化：從 Kongo 到 Congo〉，收於章戈浩編：《可見的思想》（濟南：山東文藝出版社，2008 年），頁 112。現代性本身可以被看成是一個移動的圖像，休斯流動的現代主義運用班雅明所說的「當時此刻」——充滿現在時間的過去——取代了單向流動的時間。

102 周憲：《文化間的理論旅行：比較文學和跨文化研究論集》（南京：譯林出版社，2017 年），頁 57。

103 高小康：《狂歡世紀——娛樂文化與現代生活方式》（鄭州：河南人民出版社，1998 年），頁 198。

104 后希鎧：《馬來妹》，頁 15。

105 沿彭亨河有華人村，乃是 18 世紀以來開採錫礦華人，經營多為客家人，與馬來女子或巴里女奴結婚，因此下一代說華語或客家語。李恩涵：《東南亞華人史》（台北：五南圖書公司，2003 年），頁 191。

語言、服裝和生活習慣上是由中國文化和馬來文化融合而成。[106]
林其智與康舅受華文教育，遠赴昆明就讀西南聯大，祖母在內
的老一輩認為「讀紅毛書會娶異族妻子」、「馬來姑娘會下迷
藥」，果真應驗，但康舅隨即因子嗣傳衍得以被接納。林其智
結識麗莎，視其為像法圖瑪或觀音一般足以啟發膜拜者的善
心，增進美感、啟露真誠，繪以宗教式的美感描述自己未來的
妻子，為之著迷。

　　也是跨種族愛情敘事，在《離心的花蕊》這部寫意的超現
實小說中，刻劃早婚的印度孀婦妮拉與庶出的華人少女王菊
芝，兩人對生死、愛情、宗教，理性與感性的衝突，流動之中
所交融的視閾。在華人觀念中，十二、三歲猶然應是心無邪念，
天真爛漫的少女，印度女子的情慾則更早萌發，妮拉十一歲成
婚，一個多月後因夫死須依婆羅教規殉葬，否則自身靈魂無法
依附，難以升天。生活在宗教的神秘儀式裡，妮拉認為婆羅教
較諸印度人的佛教高貴，懷戀著古老民族的舊夢，深信戀人以
相愛之心，使真情能結於靈魂上藉以升天：

> 　你愛我的生命，就是愛我的肉身！假如我的肉身死
> 亡了，腐爛了，還能有生命嗎？你愛我的生命，不是短
> 暫的嗎？所以，你要先愛我的靈魂。[107]

　　然而何建生的觀念是生命大於愛情，靈魂之說不可恃，救
人命於垂危優先的大同思想，僅是亟思幫助妮拉避殉葬之劫：

106　岩崎育夫著，廖怡錚譯：《從東南亞到東協：存異求同的五百年東亞史》，
　　　頁 83。
107　后希鎧：《離心的花蕊》，頁 11。

> 未知生，焉知死？中國人追求的是百年好合。假如
> 你去殉葬，就算短命，我們中國人是不會喜歡短命鬼
> 的。……你要重視今生，我以只會愛你的生命，有生命
> 才有一切。[108]

　　小說以薩提形式規訓身體政治貫串小說首尾，[109]原意「忠貞、貞潔」要求印度妻子於丈夫的火葬儀式上證明自己的忠貞而願意一同赴死，跳入火堆獻祭的習俗，魯迅曾為此譏評為「下流的奴隸」，[110]將護國盡忠、為民族盡孝的意識轉化為要求婦女三從四德，后希鎧在此習俗中化用米歇爾·傅柯（Michel Foucault，1926-1984）生物政治概念，何建生是中國政體的一部分，介入妮拉刻畫印度身體政治的過程，兩人意識的拉鋸呈現出身體與國體辯證之思，激盪著民族意識的火花。[111]

　　窈窕作態，情竇已開，妮拉被何建生視為心理變態的問題少女，無懼死亡，從容以對，不帶情慾引力勇於示愛，珍惜今生。而何建生含蓄的愛情，認為夫婦倫理相敬如賓是愛靈魂勝過肉體的表現。為了不在千鈞一髮逃亡之際辯駁死生與愛戀的大哉問，何建生本欲以玉圖章取代妮拉索求的一吻，卻還是屈服於婆羅門「純真之愛」的儀式：

---

108 后希鎧：《離心的花蕊》，頁 7。
109 傅柯（Michel Foucault）著，劉北成等譯：《規訓與懲罰——監獄的誕生》（台北：桂冠出版社，1992 年），頁 214-215。
110 張夢陽：《魯迅對中國人的思維批判》（北京：東方出版社，2011 年），頁 59。
111 阿君·阿帕度萊（Arjun Appadurai）著，鄭義愷譯：《消失的現代性——全球化的文化向度》（台北：群學出版公司，2009 年），頁 169。

　　　　鼻頭碰鼻頭，左右來回碰了三下。妮拉像一根鐵柱
　　似的跪在地下，仰著頭，伸長頸子，口中念念有詞，大
　　概是在祈求梵王的庇祐。……氣氛萬分嚴肅而神秘，一
　　種無形的壓力，使何建生的雙膝，忽然像癱瘓了一般，
　　慢悠悠地跪下去，他的腦子裡空虛虛的，機械地吻著妮
　　拉的耳根。只有神祇才明瞭，這一對軀體相觸的男女，
　　完全沒有一絲一毫的色慾。何建生在奇異的氛圍中，不
　　知如何膜拜，也不知怎樣祈禱。[112]

　　妮拉與何建生多次討論義與欲孰先孰後？何建生認定義先
於欲，欲是愛的昇華，雖則愛出於私慾，仍需建立在「義」之
上方有價值。而立之年的華僑學校英語教師都魯士，依從父母
媒妁，在婆羅門神奇見證下娶親十一歲的印度女童。相較於妮
拉崇尚愛情大過生命，小說刻劃另一青少女王菊芝潑灑前衛，
其「變態心理」令保守分子何建生難以招架：

　　　　科學只能說明「發洩」和「性饑渴」的必然，但科
　　學家或民主人士，依然受傳統習俗的羈絆，只能對一個
　　對象去作「性的發洩」或「性的溫飽」。在現實生活的待
　　人接物中，他們多半避免談到性的問題，怎麼不是保守
　　分子呢？[113]

　　鬆脫籠箕（緬甸式長裙），企圖以天體裸裎的方式高調耍弄

112　后希鎧：《離心的花蕊》，頁 16-17。
113　后希鎧：《離心的花蕊》，頁 160-161。

存在主義，即使是擁護五四啟蒙運動初期思維的何建生，僅能以西方民主科學機械式反應，不足以憑藉智慧改變、扭轉學生王菊芝的想法。國族榮譽的浴血一戰使愛情與革命交織，把個人命運與國家前途捆縛在一起。都魯士反對何建生藏匿妮拉，兩人爭辯中，何建生提出以和平為前提的征戰：

> 中國人有時講和平，有時也講戰鬥。全世界沒有另外一個民族反抗帝國主義犧牲了三百萬軍隊，死亡的人民還不計算在內；只有我們中國人才以最大的犧牲去抵抗外侮，對日本人浴血抗戰換來了全世界殖民地的自由。你們印度人擺脫了英國人的統治，你能說不是沾了中國人的光嗎？[114]

中國人出拳往往是到了忍無可忍的境地，為了反抗侵略使用暴力，何建生見義勇為濟弱扶傾，路見不平拔刀以助，他說明藏匿妮拉的理由：「中國人到了忍無可忍的時候，也就使用暴力反抗侵略了。何況我們的民族性格，在基本上就是濟弱扶傾的。」[115]基於人道主義，他主張消滅種族及國家的隔閡，共謀人類全體的幸福，多種族國家的生活體驗使他期許各色人種能不分彼此和平相處，自然對有殉葬之危的妮拉挺身相救。

建構政治實力，有了強勢的政治力量作後盾，不怕文化沒有地位。[116]由於后希鎧深受佛洛伊德（Sigmund Freud，

---

114 后希鎧：《離心的花蕊》，頁 39。
115 后希鎧：《離心的花蕊》，頁 40。
116 張錦忠：《南洋論述——馬華文學與文化屬性》，頁 90-92。

1856-1939）學說影響，[117]大量閱讀心理學、精神分析學報告，
對小說人物性格創造影響甚鉅。《離心的花蕊》以佛教徒占 80%
的緬甸仰光為地景空間，宗教的力量有如緊箍使四海一家，遇
有危難，人我之間不分彼此互助解圍。當何建生與妮拉躲避追
捕亡命天涯，隱匿在友人李忠賢位於燕子湖畔的家中，李的小
姨子王菊芝竟戀上何建生，形成三角關係。后希鎧以意識流寫
法揭露這一批深受存在主義影響青年們的精神景觀，尤以王菊
芝最具代表性：

> 追著何大哥不放，生追死追，他都不愛我，好像這
> 世界上，沒有我這個人似的，真氣死人了，到了八莫，
> 他丟了我，去找那婆羅門的孀婦去了，真是目中無人，
> 簡直是在侮辱我呀！現在，面子可以挽回了，總算我裝
> 瘋，騙來了這麼多人對我的關心，連何建生先生也大駕
> 光臨，不勝榮幸之至。我當著龐博士和我校長宣布，從
> 現在起，過去的事，我統統忘記了，不再提了。最後我
> 有一點說明，你們根據精神分析的道理，說我不可理喻
> 地恨妮拉，是因為我有印度人的潛意識，又解釋我為什
> 麼會有這種潛意識，……明白告訴你們，我沒有恨妮拉
> 之心，我是搗蛋，表示我的存在。[118]

小說對於「存在主義就是亂來」[119]、「精神治療就是瘋子治

---

117 西格蒙德・佛洛伊德（Sigmund Freud）著，孫明之譯：《夢的解析》（台
　　北：遠足文化公司，2015 年）頁 546-547。
118 后希鎧：《離心的花蕊》，頁 412。
119 后希鎧：《離心的花蕊》，頁 424。

療瘋子」[120]等看法提出批判。為治療王菊芝，王家人請託專精心理學研究的校長蘇莎夫婦為之治療，判定王菊芝荒誕行徑是因罹患精神分裂症。其實王菊芝內心非常清楚，只要專心就能獲致傑出的學業成就贏得家人肯定，她忻慕仰光大學各系狀元都是中國人，自己也將與之看齊，光耀門楣的精神動力與校長蘇莎夫婦的精神治療產生有用與無用的滑稽對比，解構專業，挺立自我的主體性與自我救贖的可能性。

　　為了凸顯存在主義對於青年的影響，小說安排王菊芝驚世駭俗的舉措包括動念在熙來攘往的大街上一絲不掛，後來因不願使母親傷心而作罷。她省思與眾不同，傲物矯俗，隨著不可一世傲氣而來的卻是空虛和自卑，區辨引人注視與受人尊重崇拜迥然不同，具有上進心才能使家人深感光榮。因此王菊芝拋卻庶出的恥辱，不再玩世不恭。后希鎧著眼於海外華僑的特殊環境，鎔鑄祖國同胞與僑居地人民的性情刻畫人物。王菊英的母親既不固執而守禮，生長在婚姻絕對自由的緬甸，對於非親生女兒也一視同仁關愛，不論西方存在主義如何洗腦年輕人，除了自我的覺醒，家庭的期許和愛護是人性最終的歸返。

　　男女情感的描寫與異域習俗大量展現，橫陳於傳統習俗與現代化進程之間拉鋸衝突的情節，置於異文化的景觀中呈現更多元、更寬容的面貌。何建生的情癡象徵著一般中國知識青年傾慕佛洛伊德學說這一類西洋主義卻不求甚解，壓抑自我偏激的個性，只知同情愚昧的世人。當他為了妮拉失蹤而發瘋，不顧安危談情說愛，后希鎧批判道：

---

120 后希鎧：《離心的花蕊》，頁 426。

　　　其行動說明知識分子對於西方民主科學的適應是一
種機械式的反應，不是一種智慧的超越。[121]

　　　何建生的癥候正同於精神分裂，一個人道主義的幼
稚病患者，必須以精神分析這種不科學的、因人而異的
邪術方法治療。[122]

　　　這種不重視藥物，等同於用巫術治病的心理上變戲
法的虛假本質，這樣的讀書人懂得許多學問，卻一點也
沒有道理。[123]

　　沉淪的青年還有何建生的學生林國定，他是靠火車買賣黑
貨的私梟，從卡瓦山運鴉片到仰光。泰緬鐵路是日本強制徵用
工人建造的陸路補給運送，在每日高達十四個小時的超量工時
下，1942 年 6 月底動工至翌年 10 月開通，二十二萬的勞務者
約有四萬兩千人至十二萬五千人死亡，因此，泰緬鐵路又稱為
死亡鐵路，而今僅存觀光功能，保留在泰國境內。[124]林國定自
我解嘲信奉存在主義的人都應該作走私生意才能表現自己的存
在，以行為判定法律的死亡，[125]曲解存在主義本質，譏諷年輕
人盲目崇拜，像是去偷西方的東西，借小說人物之口批判這些

121　后希鎧：《離心的花蕊》，頁 163。
122　后希鎧：《離心的花蕊》，頁 434-435。
123　后希鎧：《離心的花蕊》，頁 444。
124　岩崎育夫著，廖怡錚譯：《從東南亞到東協：存異求同的五百年東亞史》，
　　　頁 127-128。
125　后希鎧：《離心的花蕊》，頁 244。

外國玩意兒到了中國就不倫不類。[126]於是回歸解決之道，提出：作為人，主體的挺立才是解決良方，「光是活下去並非人生最大的目的，活著的人還要有前途、有希望」，[127]表明存在主義的真諦：

> 我真不明白，自以為有新思想的人，受了一點點刺激，不鬧自殺，就害神經病，為什麼軟兮兮的，難道外國有思想的人，都是厭世悲觀的嗎？為什麼不拿出勇氣來？不管有什麼困難，老子就鬥它一鬥再說。[128]

與王菊芝年紀相仿的妮拉，逃亡途中與何建生在仁安羌走失，此地是出產石油的富庶之地，許多中國和印度的僑民在此地經商。妮拉旋被印度僑商以三萬五千緬幣買走，用以續絃。不同於王菊芝存在主義的胡鬧，妮拉認為愛情的終極是愛侶的靈魂雙雙升天，而獲得真正愛情的目的是入梵天拜倒在梵王腳下，這樣的人生真諦與婆羅門僧侶的觀念悖離，也是反抗家族聲威的行為，報應和厄運的想法在妮拉腦海徘徊不去。她一心一意探求真實而神聖的愛情，欲以純真而聖潔的愛情陶冶靈魂，拋棄「臭皮囊」升到梵天，一償在永世不滅天堂生活的宿願。她將軀體的死亡視為肉身的變化，正等於肉身的誕生——從另一個世界，來到這一個世界。死——也不過是從這一個世界，到另一個世界而已；所不同的是天堂與地獄的抉擇。[129]小說將

126　后希鎧：《離心的花蕊》，頁 450。
127　后希鎧：《離心的花蕊》，頁 180。
128　后希鎧：《離心的花蕊》，頁 453。
129　后希鎧：《離心的花蕊》，頁 469。

情愛追求與宗教本質結合，呈現印度人在婆羅門教信仰中執著
而果決的精神景觀。婆羅門人死後肉身火化，骨灰拋入河中，
既不重視肉身，也不珍視有限的生命，一心憧憬靈魂升天。

　　王菊芝的胞姊王菊英則代表中國傳統婦女的悲觀立場，將
不滿和疑惑深植心底，痛苦到了極點才以哭發洩。在妮拉看來，
活人啼哭哀傷，反而使死人的靈魂不安。對死人哀哭，實在是
一件困擾靈魂的事。[130]小說描寫妮拉靈魂升天的場景：

　　　　她突然看到何建生的靈魂在樓廳的藻井之間飄浮，
那一片一片的中國和印度風格相間的彩畫都波動起來；
鸞翔鳳翥，穿騰在彩雲之中；披著印度古裝的仕女，像
嫦娥奔月一樣羽化而登空。靈魂離開了肉身，就是那麼
翔翔翹翹的樣子。那無數的印度古裝仕女，一面翩翩飛
舞，一面向妮拉招手，妮拉頓覺身輕如燕，像穿了一身
灌滿了氫氣的衣服一般，冉冉上升。那藻井上的龍鳳，
都變成了龐然大物，馴服得像駱駝一樣，伏將下來，讓
何建生及妮拉騎上，直向梵天奔去。那些印度古裝仕女
們，便像蜂蜜朝王一樣，蜂擁著何建生及妮拉而翱翔，
朝那無邊無際的太空飛去。太空一團漆黑，妮拉有些恐
怖。她緊緊地抱著彩鳳的長頸，什麼也看不見，只覺鳳
身飄動。去天堂的路，並不平穩。妮拉騎著彩鳳，有時
傾斜，有時突然降落又往上掙扎。情況好像越來越危險
了，狂風暴雨，驟然襲擊。這是去地獄的路吧！為什麼
越來越艱危呢？雷電交作，在電光閃耀中，可以看到何

130　后希鎧：《離心的花蕊》，頁 490。

建生的靈魂及他所騎的金龍的影子，也可以看到那無數
的印度古裝仕女在奮力飛翔。雷聲震耳欲聾，就在妮拉
的周圍作響，毀滅的恐怖籠罩著妮拉。[131]

　　婆羅門僧侶慣於製作幻象藥增加權威與宗教的神祕，使不
知底細的人不得不信仰、迷信，迷戀天堂的妮拉因而服藥，走
向阿拉戛（緬語自殺），她果敢揚棄中國人的婚姻只是點了一對
大紅蠟燭，就是迷信的象徵，還算什麼文明？請一個有面子的
人證婚，也是不文明的；既不能代表天地，也不能代表法律，
更不能代表道德，認為這些儀式反而是不文明的迷信。小說也
提及更為大膽奔放的緬甸禮俗「情奔」，未婚男女先斬後奏，私
奔在外同居三月半載，再返家請父母認可。為表現對愛情的執
著，在婆羅門大祭日時，受僧侶允許的婦女赤腳走過煤碳燒旺
的熊熊烈火，在觀眾的驚呼聲中窒息一般走完五丈長的坑，腳
卻不燒壞也不起水泡，以神秘的儀式驗證愛情的偉大。[132]對於
愛情的執念使何建生的老僕認為妮拉的靈魂必有異於中國人之
處，與野人山的野人，崩弄人，卡瓦人，山頭人，擺夷人，老
緬人，印度人，黑洋人，白洋人都不同，進一步分析：我想白
洋人的靈魂一定很霸道，到處去管別人，印度人的靈魂一定很
囉唆。[133]妮拉的堅毅還表現在對宗教信仰的自信上：「婆羅門得
以消滅佛教，在印度本國，只有婆羅門唯我獨尊。強悍的回教
徒，都被我們趕到巴基斯坦去了，我們還恐懼你們中國人不

---

131 后希鎧：《離心的花蕊》，頁 494。
132 后希鎧：《離心的花蕊》，頁 264。
133 后希鎧：《離心的花蕊》，頁 477。

成——你們信仰佛教的中國人，都是懦夫……。」[134]為了愛情大膽而堅持，后希鎧自言這是一部寫意的小說，其重點或許不在情愛，而在隱喻民族性，對異域觀視提出其獨到見解，以小說作為民族誌的人類學書寫途徑。

（二）性靈與包容的救贖

民族最初是一個名稱，再基於共同起源的神話、一段共同的歷史、一種獨特的共有文化，最終需要這種團結意識，[135]這個泛化的族群概念說明跨越族群得以建立更多互動關係，產生更多樣化共同體驗的可能性。《離心的花蕊》描繪王菊英是一位傳統、家庭重於愛情，深具人情味的幹練女子，她是家庭裡的女皇，丈夫李忠賢對妻子不但言聽計從，甚且勇於承認河東獅吼。王菊英帶著老師的女兒馬里米回到仰光這個法治的所在，逃離叛軍時說道：

> 受到外國人的恭維，（王菊英）感到無比的愉快和驕傲。近百年來，因為中國人對外作戰，天天打敗仗；婦女包小腳，抽鴉片的人又多，做華僑的人，真是受盡歐洲人和亞洲土著的氣。[136]

民族尊榮感建立在援外以自壯，施展能力救援外族所產生的信心足以抗衡過去的病夫恥辱。她深怕違反禮教，刻意與攪亂家裡一池春水的妮拉保持距離，何況守節的妮拉是神聖不可

---

134 后希鎧：《離心的花蕊》，頁 40。

135 帕特里克・格里（Patrick J.Geary）著，羅新譯：《歷史、記憶與書寫》，頁 100。

136 后希鎧：《離心的花蕊》，頁 348。

褻瀆的婆羅門孀婦，不容許任何男子接近。「孀婦是在陰溝裡生活」，與其說婆羅門女子因喪夫失愛而樂於火焚殉教，憧憬於靈魂升天，毋寧是以死求得現世解脫；若是再嫁，對家族而言不啻奇恥大辱。中國與印度同為文明古國，自有「吃人禮教」，以寡婦殉葬提升家族地位，王菊英斥責「戛拉鬼」（印度鬼）這樣的風俗有違人道精神。

對照以原住民為主體的《楊柳青》藉女巫之咒通靈，身為不動天王第九女公子的主角楊柳青，奉旨下凡以俗世苦難鍛體鍊志，每逢人生困阨便向不動明王祈禱膜拜，小說借推行國民義務教育的山區教師胡國元之口說出：

> 金石乃無生之物，永遠不懂人事，妙在人類在生存競爭進程中，創造了神，作為精神的寄託，免於長期陷於恐懼與憂患之中。祈禱就是信心不滅的佐證；有了信心，希望有實現的可能；沒有信心，便是哀莫大於心死，一切都成了泡影。[137]

宗教與神話不乏神創造人類的認知，小說則背道而馳，揭示神存在的功能是為人類排憂解難，以求在諸事競爭的現代化進程中滿懷信心矢志前行，為了強化此一精神意念，小說描寫全族軍事領袖拉賽賽曾有四次著魔經驗：第一次是她十九歲被日軍俘虜，死生交關之際她自覺必須要活下去，讓日軍以為她罹患間歇性精神病而獲釋；第二次她為了逃避日本人的統治從中央山脈西面穿越原始森林，林中絕糧，所幸在著魔處發現了

---

137 后希鎧：《離心的花蕊》，頁 218。

可以充飢的植物；第三次出於婚事；第四次則是希望不動天王
保佑楊柳青在歌唱節目獲勝，因而著魔大聲呼吼。

　　不論族裔的生存、愛情與宗教的完成，著魔或服藥後的夢
中囈語，都是使拉賽賽信心轉化的必要歷程，當外部價值世界
解體，個人轉向內部世界尋找自我，夢境裡的饒恕與暫時安歇，
無論如何荒誕離奇、虛無縹緲，終究曾有過夢境的「真實」敘
述闡釋自身存在的真實感受。[138]性靈帶來自我救贖的希望，拉
賽賽與王菊芝的母親同樣表現出在不確定的流動狀態中，唯一
能穩固只有母性帶來的救贖。

　　后希鎧的文學批評大多發表在《幼獅文藝》，深受佛洛伊德
影響，著重探討人性奧秘，認為批評家應重視作者的心靈、學
養，要求詩人是良知、正義、真誠、熱情、博愛……的象徵。
詩人應擁有真摯與熱情的心靈，塑造自我品質，以拯救俗眾的
靈魂為己志：

　　　　古往今來，詩人又何其多哉！能夠以生民為念的
　　人，為數不多，逍遙心境，玩藻弄詞的人，只怕佔了多
　　數；又覺得詩人的與世無爭，就是逃避現實，清高固然
　　清高矣，但那種自掃門前雪的行徑，未嘗不是懦夫。但
　　筆桿終非槍桿，詩人自有他們的天地。[139]

　　山水隱逸的清幽自在，不是后希鎧崇尚的逍遙，反而視為
避世懦夫；關懷社會現實，筆下流露民胞物與的胸襟、己飢己

---

138 趙山奎：《傳記視野與文學解讀》（北京：北京大學出版社，2012 年），
　　頁 67。
139 后希鎧：〈論墨人的詩〉，收於程石泉：《論墨人及其作品》，頁 38-39。

溺的人情關懷，他認為這才是變化世俗，陶冶群眾所必須。后希鎧以人品、學問、才情和思想創造小說人物，擯棄三十年代以來文藝界所流行創造社浪漫主義、文學研究社寫實主義等歐化現象，他抨擊鴛鴦蝴蝶、史故俠行一類的「黃黑文學」，挪借文人畫的標準進行文學批評，認為中國現代文學必須包含現代中國人的生活方式、心理狀態和傳統文化的感染，[140]在民族性的觀察上，后希鎧有其獨到體會，更與跨域流動經驗結合，寫出特殊的時代觀照，考察民族性便成為理解其作品的重要參照座標。例如小說《奔流》提及中國人對死亡的感觸隨死法而異，夭折、自盡、兇殺和逼死，都會引起人莫大的哀傷；假若享盡「天年」的老人去世，喪事卻當作喜事去辦，即使傾家蕩產，也必須鋪張一番。中國人相信人是自然的產物，天道循環，只要死得其時，死得其所，死是自然的、光榮的事。[141]在小說中他多次透過人物之口，寫出中國人的精神世界。

　　除了在小說創作中傳達民族性的理念，后希鎧對作家墨人《白雪青山》的評價，也說明「包容」是華人精神景觀流動的定錨：

> 　　從「有教無類」到「天下大同」的傳統思想，可以說明中國人在世界民族之中，是最不「排他」的……在我們中國人看來，宗教的信仰，完全是個人的事，也不足以影響我們的道統於萬一，因為大同思想是無邊的，任何宗教思想也超越不過「大同」。……中國人不需要宗

---

140 后希鎧：〈「白雪青山」的欣賞〉，收於程石泉：《論墨人及其作品》，頁203。
141 后希鎧：《奔流》，頁418。

教，也會做到一個完人，也願意看見宗教徒變成一個完
人。因此，在中國人的心目中，只有好人和壞人的差異，
沒有宗教的差別；人格一律平等，信仰聽其自由。在《青
山白雪》裡，這種寬厚包容的中國思想，已經從意念中
形象化，從形象中變成實際生活。[142]

　　后希鎧以儒家思想取代宗教信仰進行意念置換，在純粹的
小說美學以思維作為前導，袒露作者的價值觀，其實並不合適，
容易忽略純粹的文學美感，走向文以載道；而以溫良恭儉、中
正和平填入人格內核，后希鎧小說中的人物富有濃厚的民族意
識、善良的心地。文學批評方面，后希鎧重視以心理學分析小
說人物個性，由文化的、思想的特殊習慣，檢視小說家如何創
造人物，透過其多種族、多語言，不同國家的生活經驗，他主
張消滅種族及國家的隔閡，共謀人類全體的幸福，[143]希望各色
人等不分彼此和平相處，以此解釋「大同」。因此，不論西方思
想如何使青年膽大妄為，《離心的花蕊》何建生總回到人道主義
立場，罔顧宗教及其他，只以挺身救人為先。這樣的情境格局
建構出一種族群意識，製造認同，形塑共同體，運用已有的相
似性跨越族群界限，強化政治對抗。[144]二戰前海外華人社區是
傳統中國社會的延續，雖然與當地經濟關係日益密切，但在文
化教育與情感紐帶上仍與原生地密不可分。
　　戰後海外地區快速的政治變化削弱了這些紐帶，居留地新

---

142 后希鎧：〈論墨人的小說〉，收於程石泉：《論墨人及其作品》，頁 207。
143 后希鎧：《離心的花蕊》，頁 193。
144 帕特里克・格里（Patrick J.Geary）著，羅新譯：《歷史、記憶與書寫》，
　　頁 93。

興國家認同尚未建立時，反外國人的負面因素和建立一個強大現代化國家的正面因素，構築近代中國民族主義兩個重要的內容。[145]因此異地經驗提取的共同人性與共通價值使后希鎧完成文化跨越，在教育、寬容、以救世為先的面向上獲取另一種新文化，固然喪失某些舊的文化而產生文化剝離，最後當新舊文化的碎片黏合成一個完整程度不等的軀體，[146]從中見證過度歷程：每一代人都會以自己的方式重新開始，再一次體驗文化跨越的過程。

五、平等自決的時代高歌

　　藉由跨種族婚姻，后希鎧小說締造多元融合的社群景觀，族群一家親的大同之思隨著子孫世代綿衍而落實，重視女性在家族中的橋樑地位，在墾荒、衝突以及長遠規劃上都扮演了重要角色，建立由家庭到民族甚至國族的共同體。而地景空間的描繪則形塑了情感記憶的詩意空間。在《離心的花蕊》、《馬來妹》、《混血女郎》等小說中，除了定點特寫將緬甸、馬來西亞、新加坡等地帶入台灣文學視野，建構熱情奔放、人情俱足，以救世為先的風土景觀，后希鎧在描繪橫貫公路的建造上運用類似手法，以平等的觀念看待族群的融合與建設的開拓，在混雜、規劃與融合的歷程中把愛情與公路的延展虛實疊合，運用歌藝

---

145 顏清煌：〈海外華人民族主義——在傳統與現代之間〉，《海外華人的傳統與現代化》（新加坡：南洋理工大學中華語言文化中心出版，2010 年），頁 86-87。

146 尼古拉斯・米爾佐夫（Nicholas Mirzoeff）著，倪偉譯：〈跨文化：從 Kongo 到 Congo〉，收於章戈浩編：《可見的思想》，頁 115。

聲腔和語彙方言做為物質中介，拯救了王雲程的性命，表現民
國文學的流動性。

　　后希鎧以文學體裁選擇的自覺意識進行小說創作，在流動
的身世中形塑文學與社會、時代密不可的創作觀，他認為：第
一，詩與散文兼而有之的小說是文學最後完成的形式；二、小
說描寫人生的全面，要抒情，也要記敘事態，表達複雜的情操，
描述變化的事態，能將小說整體作用發揮淋漓盡致。他所欣賞
的傳統小說《三國演義》、《水滸》、《金瓶梅》、《西遊記》及《紅
樓夢》等結構刻劃時代和社會，文學體裁兼容通俗詩詞與故事，
這種「整合」的特質集文學實質之大成，方足以成為人的精神
糧食。不但是小說創作，對於中文系的發展，后希鎧也前瞻判
斷必須以世界語文知識為基礎，以中國語文為對象，旁及越、
韓、日三種語文；視人類學、語言學、心理學、社會學、新史
學為必備的現代知識。[147]於今在華語語系、台灣文學等研究範
疇中觀之，依然擲地有聲。后希鎧的小說不乏意識流動、內心
獨白、複調視角等現代主義小說筆法，擺脫異族通婚帶來的家
庭壓力與歷史沉重感，從跨種族視角審度了「相戀」乃是人性
中普遍共感的特質。

　　1940 年台灣橫貫公路拓寬改建為汽車道，以利於山區資源
的開發；1941 年秋天，戰爭的空氣已經開始在馬來西亞瀰漫，
12 月 23 日中英在重慶簽署《中英共同防禦滇緬路協定》，滇緬
公路成為保衛西南大後方的重要管道，隨著這些修築用以開疆
闢土，拓增國力的公路無限延伸，國家機器權力也深入邊境荒
原。后希鎧敏銳覺察當宗教、教育在思想文化與價值觀念勢無

147　后希鎧：〈從孔門四科十哲說到中文系的改進〉，《孔孟月刊》第 2 卷第
　　11 期（1964 年 7 月），頁 4、13。

所阻漫向東南亞各地，接受華文教育的華僑視大學為革命之母，逐一現代化的社群、物質與精神景觀加速一切的進展，中華文化如同池中波紋，隨著時間一圈圈地擴大，國家的正式體制也逐漸擴大推行。當任一邊疆地區的文化水平與內地各行省不相上下，即行撤銷區域性的邊疆機構，納入中國的正式版圖。[148]廣土眾民乃因各宗族融合，后希鎧民族平等、民族自決的主張，落實在由強盛民族國家而有豐饒社會文化作為文學沃壤的小說創作實踐場域，專務長篇小說的經營，演繹著「唱勝於哭」的時代高歌。

---

148 后希鎧：〈蔣總統與邊疆政策〉，《憲政思潮》32 期（1975 年 10 月），頁94。

第三章　林語堂瞬息南大
及其冷戰小說

　　林語堂與南大的瞬息交會，不論文學史料或報刊流播大多予以負向評價，然若結合《遠景》等冷戰時期饒有寓意的小說細究之，以及東南亞文壇為此發表一系列針鋒相對劍指林語堂的作品，比對東南亞作家筆下林語堂形象與在台容受的殊異性，可知在南大積極奮進的開創性，這一短暫交會仍有其探討意義，雖未必璀璨，期間留與後人探討的豐富文本，已足以從文人的心靈社群、物質體悟觀照、精神轉折再加以思索。

　　重新探討林語堂作為民國文學作家往東南亞的流動與南大之行的文學史意義，東南亞華人視這場南大辦學運動為民族振興之基，矢志保存華語和文化，抵抗後殖民時期各種環生的險惡；另一方面，蜚聲國際的林語堂，耳順之年受邀往新加坡效力南洋華族的辦學計畫屢遭挑戰，備受摧折。這一場遇合與離散，不但是華族想像共同體的神話潰決，也是林語堂與陳六使兩位領袖之間的精神扞格。加以當時新加坡風起雲湧的社會運動，林語堂身受西方自由主義影響，採取寬容的思考態度，期能以多元主義的願景建構高教事業，似是落空。然南大創辦對於東南亞人才的培育，實影響深遠。

　　藉由林語堂冷戰時期小說諸作，探討其東南亞流動視野下空間異托邦的喻託與物質社會的書寫，在人文地理方面深具地

方感與理想國色彩，也不乏愜意文人物質追求與心靈視野的展現。而興辦南大這一場文化交會的精神靈暈，是林語堂的懷鄉之思，加以情的輝映燭照其精神世界所呈現出的一種堅毅不屈姿態，展現冷戰格局下的處世智慧，或許並不如前行輿論所述的那麼一無所獲。

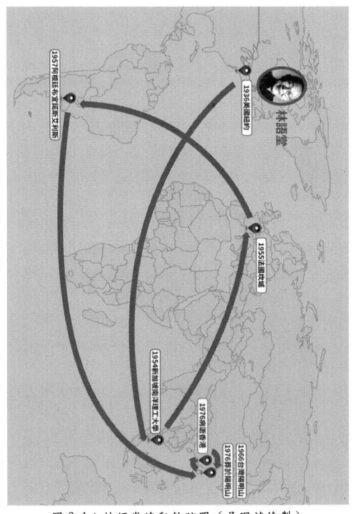

圖 3-1：林語堂流動軌跡圖（吳國禎繪製）

一、林語堂與南大的遇合與離散

　　對於存在僅 27 年又 3 個月的南洋大學來說,創校的史前史與「影子校長」林語堂這一度因緣聚散,[1]後人諸多評議延燒至今,未嘗稍歇,不但以他做過的事蹟客觀而論,更針對其目的與衝動,探討未成事實的意象,[2]流淌在南大校歌《傳燈》中:

> 每一條河是一則神話,從遙遠的青山流向大海。
> 每一盞燈是一脈香火,把漫長的黑夜漸漸點亮。
> 為了大地和草原,太陽和月亮,
> 為了生命和血緣,生命和血緣。
> 每一條河是一則神話,每一盞燈是一脈香火,
> 每一條河都要流下去,每一盞燈都要燃燒自己。
>
> ——《傳燈》[3]

　　藉此,溯往這樁餘論不絕如縷的事件,如同詩歌流播後代

---

1 張曦娜:〈歪曲史實的傳記——《林語堂傳》之《南洋大學校長》〉,《答客問》(新加坡:富豪仕大眾傳播機構,1994 年),頁 232-274;張曦娜:〈林語堂事件的再認識〉,南洋大學校史編輯委員會編:《南洋大學史論集》(馬來西亞:馬來亞南洋大學校友會,2004 年),129-137。文中對於林語堂持抨擊立場,引林氏與韓素音會晤的場面多所指涉與評議,不認可林語堂的校長身分,故稱之為「影子校長」。

2 這一風波並未隨林語堂離去而落幕,1989 年林太乙《林語堂傳》一出,新加坡聯合早報「茶館版」1992 年 7 月 6 日連載〈給歷史一個正確的交代——反駁一篇傳記對「林語堂與南大糾紛」的來龍去脈〉予以回應指陳第 20 章「南洋大學校長」諸多歪曲事實、汙衊南大執委會舊人,甚至詞鋒所至,損及新馬所有華人。見施建偉:《林語堂傳》(北京:北京十月文藝出版社,1999 年),頁 536。

3 鄭奮興、傅文義、傅文成:《大南大之旅》(新加坡:創意圈工作室,2001 年),頁 32。做於 1979 年南大、新大最後一場合併會議之後。

對前行之作常會有影響的焦慮感。此事件在精神意義上並非為了銘刻眷懷，而是提醒不可或忘。[4]

　　林語堂自 1953 年底決定赴任南大，即於美國積極安排教師，籌組行政基本班底。至 1954 年 2 月 19 日與南大當局談判破裂，自認已無再議之可能，期間短短 3 個多月，除了彰顯林語堂教育大業的執行方針跟東南亞華人社群特質大有違抵之外，不能忽略這一椿特殊歷史背景框架下的事件，對於林語堂其後創作一系列與冷戰背景相關的小說，及第二度信仰基督教之間的轉折，俱有可深入詳究其關聯性之處。

　　值得進一步追問的是：何以流動在東南亞的林語堂形象迥異於其他地區，由讀者反應理論加以檢視，[5]「林語堂」由學貫中西的「幽默大師」成為南洋版《阿Q正傳》續篇的箭靶角色。這些小說的主人翁拜金、逐色、忘祖、崇洋，以「惡馬劣根」自居，凌厲指向了林語堂擔任南洋大學第一任校長離職前留給人們的惡劣觀感。[6]目前出版的林語堂傳記，在大陸方面對林語堂研究著力甚深的萬平近，說明各界對此事件的主流評議是：

---

4 哈羅德・布魯姆（Harold Bloom）著，徐文博譯：《影響的焦慮：一種詩歌理論》（南京：江蘇教育出版社，2006 年）頁 59。

5 龍協濤：《讀者反應理論》（台北：揚智文化事業股份有限公司，1997 年），頁 138-139。書中整理沃爾夫岡・伊塞爾（Wolfgang Iser，1926-2007）的讀者反應理論，指出文學作品不等同於文本或具體化，性質為虛，以產生動力來源，使讀者憑藉著這種虛性，在文本呈現的豐富景觀中流連忘返，把不同的情景與模式互相勾連起來，把作品和自己都捲入到同一運動之中。

6 衣若芬：〈故居故事〉，新加坡《聯合早報》「上善若水」專欄（2019 年 5 月 18 日）。網址 http://ilofen.blogspot.com/2019/，擷取日期 2019 年 6 月 30 日。文中列舉吐虹《「美是大」阿Q別傳》、方北方（1918-2007）《我是阿Q》、丁翼《阿Q外傳》、絮絮《阿Q傳》、林萬菁《阿Q後傳》、孟紫《老Q自供書》與李龍《再世阿Q》等都以阿Q指涉林語堂。

　　兩個世界冷戰正熱的年代，隨手拈來一些冷戰語言不必費力，但他（林語堂）沒有料到，他的這些言論不但得罪南洋眾多華僑界人士，而且自我損害學者名聲。林語堂新加坡之行，在他生活道路上是一個插曲，而且是一個不悅耳的插曲。[7]

　　這是改革開放後對林語堂的初步平反，但仍不免帶有政治立場的主觀；若再進一步綰合林語堂相關傳記資料，不論台灣或大陸地區，對此事件也泰半持惋惜立場，並未呈現像是東南亞輿論界的刀光劍影。

　　林語堂這段饒富挑戰的轉折，若以 1949 年為界觀之，考察其歷史環境背景因素：當時東南亞地區阻絕了華族子弟往中國深造之路，華校人數日漸增長的畢業生，充滿高漲的求知慾與安邦造才的想望，因此南洋大學的創設凝聚了華族的共識；盱衡當時國際情勢對於南洋大學的成立動見觀瞻，也形成重要的輿論風向球。[8]1950 年 9 月 9 日企業家陳六使主持福建會館籌款建校時，透露希望在星洲辦大學的籲請。1951 年 6 月 26 日《南洋商報》社論〈創辦中國大學〉再提，而最有力量的驚天一求是 1953 年 1 月 16 日福建會館執監委員聯席會議上，陳六使表示對於華教前途憂心重重，不斷重述關於當地政府對英、華、巫掣肘的外在壓力，提出師道不振、師資匱乏等摧殘華人

---

7 萬平近：《林語堂傳》（福州：海峽文藝出版社，1998 年），頁 287。

8 雷瀚編：《南大春秋》（馬來西亞：風下工作室，2008 年），頁 111。1954 年美國向英國詢問關於南大成立的看法，提出應聘請美籍教職員協助南大。（檔案 CO1022/346）。

文化的分析，繼而陳六使率先以福建會館名義捐獻五百萬元，
倡議創辦第一所海外華文大學，並得到華族領袖陳禎祿的支
持，隨即旋風似的凝聚了各界愛護民族精神與文化風範的願
望，積極籌辦創校。

　　由這一段創校前沿可知南洋大學成立意義有三：

　　1.使華社在東南亞地區建構完備的教育體系；
　　2.使華族社群寄託深刻的傳統文化，創校使千萬華族凝聚
精神力量，四海歸宗，燭照華社；
　　3.使社會各界匯集波瀾壯闊的草根力量，辦校經費展現華
族堅韌與團結，成為全體共同參與的民族運動。
　　1953 年 1 月 25 日，當南大創校的議案在代表大會中一致
通過，華社團體與各界人士紛紛表態支持，[9]毫無異議。1956
年 3 月 15 日南大舉行開學典禮,不僅掀起東南亞華族教育的嶄
新扉頁，更肯定「南洋大學是民族教育歌的重要篇章。在這篇
章裡，我們看到民族大合唱、三部混聲大合唱，衝破了疊嶂的
障礙，飛上雲端，迎向春日的晨曦，為全民譜出一支悠揚的歡
歌。」[10]廣大華人社會興學辦校的教育之舉擴大演變為全民運
動，殆由南洋大學創辦歷程充分顯現，[11]這是林語堂到來的前
奏曲。

---

9 李恩涵：《東南亞華人史》（台北：五南圖書公司，2003 年），頁 608。
10 鄭良樹：《馬來西亞華文教育發展簡史》（北京：外語教學與研究出版社，
　　2007 年），頁 83。
11 葉鍾玲：〈新馬華人對廈門大學的經濟支援（1926-1937）〉，收於李元瑾
　　編：《南大學人》（新加坡：南洋理工大學中華語言文化中心，2001 年），
　　頁 217。

　　進一步考察文學史紀錄，林語堂與東南亞的交流，出任南大校長不是空前，更非絕後，曾有哲・沙達維汀曾翻譯林語堂的《中國傳奇》，[12]流播在東南亞地區；而丘康〈關於批判幽默作風的說明〉指出林語堂等人所提倡的幽默文學在馬華文學界崩潰的必然性，[13]不論擁戴或拒斥都是一種影響；菲華作者鄺榕肇在林語堂主編的《宇宙風》上發表散文，[14]五四以來其刊物即已提供東南亞新生代作家文學園地，不過影響力仍是以南大事件最為顯著。

　　南大事件作為一種充滿感觸的力量，充塞於林語堂的思想環節之中，主題旋轉在新的軸心上，考察其中思維與轉折：

　　　　像航海家從雲霧罩著的深海中露出來的信號。……他的風俗、作品、及思想，都是一個絕對的印象主義者。他永不會用一種明確的、邏輯的、或精心結撰的方式提出他的意見，而是用自然且常是偶然發出的命令的方式。像「內容的次序」、「緒論」、「轉調」這種東西，對他並不存在。他開始想申述某個觀點時，我們以為他是在有系統的編織它，從各方面來說明它，且為它築個防線以抵抗一切可能的攻擊。誰知突然有外來的一張圖畫，或一個明喻，一句警句或一段摘要感觸他，充塞在他思想的環節中間，主題從此以後便旋轉在一個新的軸

---

12 莊鐘慶主編：《東南亞華文新文學史》（北京：人民文學出版社，2007 年），頁 94。

13 莊鐘慶主編：《東南亞華文新文學史》頁 171-172。

14 莊鐘慶主編：《東南亞華文新文學史》頁 511。

心上。[15]

　　以此來看待南大事件之後的人生歷程轉變，東南亞之行對
於林語堂來說毋寧是一場旅行的偉大起點，一次邏輯思想框架
的討論法則，也可以說是順循其一捆矛盾的內在，[16]在說法紛
紜、千絲萬縷的南大事件中，能夠用以認識林語堂一個嶄新的
起點與尋索。

　　1955 年林語堂寫作烏托邦小說《遠景》，寄寓二戰後舉世
共唱的和平主義思想，[17]居民生活恬靜，科學家享有政府補貼
的生活費，人們擁有宗教自由與物質享受，尚有餘閒能規畫生
活。[18]卸任南大校長，林語堂藉由《遠景》的撰寫與歐洲之行，
平衡南大事件帶來的心理影響。[19]在更稍後 1957 年林語堂寫《武
則天傳》、1958 年寫《匿名》，同樣基於對強人政治領導的關切，
不難得知南大經驗使林語堂備覺讓世人認識國際共產黨真面目

15　林語堂：《林語堂自傳》，頁 166。
16　鍾怡雯：〈一捆矛盾——論林語堂的（拒絕）歷史定位〉，收於林語堂故
　　居編：《跨越與前進——從林語堂研究看文化的相融／相涵國際學術研討
　　會》（台北：秀威資訊科技公司，2007 年），頁 28；鍾怡雯：《經典的誤
　　讀與定位》（台北：萬卷樓圖書公司，2009 年），頁 51。一捆矛盾這樣抽
　　象而詩性的描述，既詮釋了（林語堂）又拒絕詮釋，充滿想像和歧異。
　　一捆矛盾的趣味性來自互相消解，拒絕定義，沒有中心，這個形容詞也
　　具有遊戲、分裂，浮動和不穩定的後現代特質。
17　萬平近：《林語堂傳》，頁 291。
18　林太乙：《林語堂傳》，頁 285。
19　萬平近：《林語堂傳》，頁 299。也有論者認為《遠景》也最能體現林語
　　堂體認西方典律的文化立場，西方文化對外擴張伴隨著殖民統治，《遠景》
　　的寫法與《魯賓遜漂流記》呈現高度互文性，原應洗刷近代文化恥辱，
　　卻透過勞思這位希臘人所體認的西方霸權文化迷思，肯定了西方殖民主
　　義。見陳旋波：〈從林語堂到潘婷婷：中心與邊緣的敘事〉，《亞洲華文作
　　家》第 47 期（1997 年 2 月），頁 126-129。

的重要性。因此由歷史觀點探討蘇俄從極左到極右的演變歷程，諭示自由世界若仍秉持保守態勢，則將於冷戰中挫敗。《匿名》以英語寫作，在西方轟動一時，讓十字路口徘徊的青年得以重新抉擇，思索政治取向與社會情境孰是孰非，了悟回頭是岸之理，[20]其中寄寓林語堂的諄諄之言。

此後醉心幽默書寫的林語堂，積極向世界宣揚中國審美文化情調，南大之後為何心繫政論書寫？何以林語堂在冷戰時期，憑藉著一股政治衝動，投身西方世界反蘇反共的浪潮之中，不若以往的冷淡疏離？[21]以下將由其史傳類著作《武則天傳》，和平主義思潮小說《遠景》（又名《奇島》）、政論宣傳《匿名》、自傳體小說《賴柏英》以及《逃向自由城》等相關著作，回溯南大事件中的林語堂身影，梳理其邁往東南亞的流動。

二、華族想像共同體的神話潰決

滿懷辦學壯志的林語堂由美赴新，卻因與陳六使的扞格，不歡而散。面對南大學潮的省思，林語堂呈現出寬容的姿態，展現多元自由主義的願景建構。

（一）兩位領袖之間的精神扞格

細索林語堂出任南洋大學前後因緣，就相關人物加以對照，即可鑑知此時林語堂思想世界所構成心靈社群所具備的關鍵因素，並可由多重面向來看待此時此刻的林語堂，從中探得

---

20 林太乙：《林語堂傳》，頁286。
21 陳湧：《一個閒暇無事的下午：我看林語堂》（新北：雅書堂文化，2003年），頁279。

社群的動力如何相互拉扯，導致林語堂無以為繼。強森（Samuel
Johnson，1709-1784）曾將投身啟蒙運動的文人們所構築的想
像共同體描述為「心靈社群」（Community of Mind）的展現，
在思潮湧動時更顯而易見，正如同余英時認為投身五四思想運
動者往往性情相近，[22]其思想中都有某種共同核心。[23]在此共同
理念中以情感主義作為動力核心，積極通過反思性的經驗，修
正和認可的道德、情感來管理自身，而能將此情感主義反思理
論向著自由主義和個人主義的方向發展。[24]

　　以平行視野看待同時期的胡適，作為注重身體力行的行動
主義思想家，其實驗主義哲學觀決定了他不可能坐在書齋裡研
討學理，勢必要用世於外，追求社會事業的「有為」。[25]而像林
語堂與胡適這一輩知識分子，其事業之有為，在於讀書為文、
性靈知交、胸中丘壑、世道枉存、文化涵容、思想互攝等種種
情致之中。林語堂有詩言道：

　　　　道理參透是幽默，性靈解脫有文章。
　　　　兩腳踏東西文化，一心評宇宙文章。
　　　　對面只有知心友，兩旁俱無礙目人。
　　　　胸中自有青山在，何必隨人看桃花。

22　余英時：〈文藝復興乎？啟蒙運動乎？──一個史學家對五四運動的反
　　思〉，余英時等著：《「五四」八十周年紀念論文集 五四新論──既非文
　　藝復興，亦非啟蒙運動》（台北：聯經出版公司，1999 年），頁 26。
23　桑農：《五四百年評說》（香港：香港城市大學出版社，2019 年），頁 178。
24　邁克爾・L・弗雷澤（Michael L.Frazer）著，胡靖譯：《同情的啟蒙：18
　　世紀與當代的正義和道德情感》（南京：譯林出版社，2016 年），頁 8-11。
25　許紀霖：《大時代中的知識人》（北京：中華書局，2007 年），頁 40。

領現在可行之樂，補平生未讀之書。[26]

　　其具體實踐曾傾家蕩產勢所不惜，只為研發中文打字機；年逾古稀猶致力於英漢辭典的編譯，日日工作不輟持續五年之久；將書齋名之為「有不為齋」，其實創作文類廣泛，著作等身，根本是「無所不為」，均可見林語堂作為一個積極入世的知識分子，其「有不為」實質意義也等同於胡適的「有為」。對照之下，即可看出林語堂雙重歧異的內在矛盾性。

　　南大事件中另一端是以陳六使為首的南大華人群體，廣大百姓無不期待創校能有效緩解馬來西亞中小學師資短缺的立即性需求，深深寄望於東南亞地區華人能夠以華文為教學媒介，鞏固華族教育的最高學府，因此引介了台灣各大學學者師資。成立之初，即因殖民地政權的敵視身陷險境，[27]但並未因此阻撓華人在新、馬淪陷時期因戰火與戰亂，警覺到自身對知識強烈的渴求，更在受刺激之下，拋開涓滴為貴的守財心理，將教育視為比財貨更為重要的戰後復興之資與國族命脈永續之基，振興華校也就因為這樣的群體心理，開啟決心與行動實踐。[28]林語堂的南大挫折，正與昧於對華社的認識密切相關，[29]豐富的跨國流動、國際經驗，並無助於深刻理解東南亞華人此番心理。

　　新加坡南洋大學之於林語堂，在學者崔貴強所能蒐集到的

26　林語堂：《行素集》（石家莊：河北教育出版社，1995 年），頁 45。

27　古鴻延：《教育與認同：馬來西亞華文中學教育之研究（1945-2000）》（廈門：廈門大學出版社，2003 年），頁 21。

28　李恩涵：《東南亞華人史》，頁 575。

29　李亞霖：〈南洋大學首任校長：林語堂〉，收於南洋大學校史編輯委員會編：《南洋大學史論集》，頁 26-27。文中認為林語堂所持立場是冷戰時期美國人的思想，和中國文人的心態。

相關第一手史料中，[30]認為是一場美麗的誤會，卻使林語堂後半生備受撻伐，從中值得進一步理解此時期新加坡的文化群體心理狀態——當時人們普遍對於南大建校共築了情感結構，這些群體、階級或社會所共有的價值觀和社會心理，[31]與冷戰國際情勢、東南亞地區湧動的政治浪潮密切相關。南大校舍的建造與校長的延聘同於 1954 年進行，從無到有的創校歷程，當地華人展現高度的凝聚力：

> 原是荒山野嶺的地段，頓時化為一座文化城。這時，新馬各地也掀起捐獻熱潮，上自富商巨賈，下至販夫走卒，無不慷慨解囊，踴躍輸將，義款源源而來。更使人感動的，是三輪車夫義踏，德士車夫義駛，小販義賣，藝人義演義唱，運動員義賽，風起雲湧，建校必成。[32]

可以想見全國上下將闢建南大作為一場充滿民族主義的愛國運動，由底層階級蔓延至全體社會共同籌辦，廣土眾民無一人置身事外。以教育救國，弘揚中華文化立足於東南亞的共識，駁倒馬來亞大學副校長薛尼爵士的反對與英國駐東南亞最高專員，同時也是馬大校長的異議，其成功理由歸因有三：

一是陳六使身為福建會館主席，在新加坡福建會館執監委員聯席會議上首倡創建華文大學的提議，以身作則捐獻五百萬元，奏首功之效。聲望是自我不朽化的一種世俗的形式，和自

---

30 崔貴強：《新加坡華人：從開埠到建國》（新加坡：新加坡宗鄉館聯合總會、教育出版私營有限公司，1994 年），頁 276-281。

31 趙一凡、張中載、李德恩主編：《西方文論關鍵詞》（北京：外語教學與研究出版社，2006 年），頁 560。

32 崔貴強：《新加坡華人：從開埠到建國》，頁 205。

我演繹密切相關。[33]他在華人世界具有的崇高聲望，使建校意志上行下效。

　　第二是各界基於民族教育危機意識迅速響應，[34]新加坡中華總商會召開聯合董事會通過決議，華人社團、華社領袖及文教界人士；甚至馬來西亞的馬華商聯會、社團與各界人士無不響應，贊同陳六使之舉，一時風起雲湧。中華總商會召開僑團大會，計 279 個社團與會，推舉陳六使與中華總商會、福建會館、廣東會館、客屬總會、三江會館、潮州八邑會館等 12 個社團籌組大學籌備委員會，而其他地區性社團也紛紛開會，通過創建華文大學、積極參與募款工作。自 1953 年 1 月 16 日提議構想，到 1953 年 2 月 12 日迅速取得共識，於「紀念先僑在南洋開荒拓土的豐功偉績」毫無疑義，因此取名「南洋大學」。4月 7 日籌委會揭櫫四大創辦宣言：「為中學畢業生廣開深造之門；為中學培育師資；為本邦造就人才；為適應人口上之需要。」並再提出兩項辦校特質以正視聽，以立其足：「溝通中西文化；發展馬來亞文化。」1953 年 5 月 5 日南大取得法人資格，堅守南大是學術研究機構，校長、教職員和學生都不能從事政治活動。[35]5 月 22 日南洋大學執行委員會依法組成，舉行首次會議，推舉陳六使為主席，展開建校大業。[36]

---

33 哈羅德・布魯姆（Harold Bloom）著，徐文博譯：《影響的焦慮：一種詩歌理論》，頁 26。

34 王如明編：《南洋大學文獻 南洋大學創辦六十周年紀念 1955 年-2015 年》（新加坡：新加坡南洋大學畢業生委員會出版，八方文化創作室發行，2015 年），頁 71。

35 王如明編：《南洋大學文獻 南洋大學創辦六十周年紀念 1995-2015 年》，頁 37。

36 台北華僑協會總會編：〈南洋大學史略〉，《華僑名人傳》（台北：黎明文化事業公司，1987 年），頁 62。

　　第三是民氣銳不可擋，因這股沛然莫之能禦的群眾運動勢力，6 月 16 日馬來亞聯合邦政府批准了分公司註冊，7 月 26 日即在裕廊 14 條半時（哩）地區動土奠基。一年多後，一座 250 英畝的山頂及廣達 130 多英畝的山區均已剷平，來自熱心人士捐獻的校門牌樓、圖書館、文學院、教授住宅、學生宿舍依序動工，[37]日後多方交涉逐漸取得當局建築批准，輔政司也暗中助挹，派令各部門加以協助之餘，凡捐獻南大款項一律免稅。一切宛如朝氣蓬勃的新雛，正待展翼。

　　考察林語堂作品與此行之枹鼓相應，小說《遠景》削弱國家政體的霸權宰制，認為民眾對政府產生健康的懷疑乃是民主的基石，有力的政府永遠破壞民主政治，隨時不信任領袖，是自由精神存在的明證；政府越弱，越受大眾輕視，自由、平等、博愛的明燈就照得越燦爛。奉持簡單的法律、衰弱的政府和低稅率是快樂民國的三要素，而服務國家、榮耀組織的快樂本身就是報酬，因此公職人員的薪金低到可恥的程度。其中的領袖與公職人物秉持林語堂人生的「半半學」原則——受歡迎可是不能太受歡迎，要聰明但卻不能太聰明，表現出為大眾做事的樣子，但卻不真正去做，而且使人不懷疑他的正直；還必須符合委員會的集體責任原則、諮商原則和慢進原則，委員會即是民主政治的化身，不管要做什麼事，先成立委員會再說，最起碼有福同享有難同當的道德論，避掉任何人唯之獨尊的決策風險，如此一來，人民便相信他們自己統治自己，[38]林語堂小說中對於公部門的觀察，與其南大經驗密切相關。

　　極端諷刺南大委員會難以扛責，林語堂披露政府無力為民

---

37 台北華僑協會總會編：〈南洋大學史略〉，《華僑名人傳》，頁 105。
38 林語堂：《遠景》（台北：風雲時代出版社，1989 年），頁 226。

眾保證幸福的實情，僅有表面工夫，缺乏實質承當，加上薪資標準觀念歧異，《遠景》的描述很難讓人相信這是「快樂民國」。尚未出發往東南亞時，林語堂與賽珍珠友情決裂，與他赴南大再起新天地雖無直接相關，恐有間接之因。賽珍珠丈夫長期與林語堂合作出版事宜，竟坐視林語堂為了發明中文打字機，窮到身無分文，借錢度日。人情之變與世態炎涼，使林語堂在一通打給賽珍珠丈夫的電報得不到回應之後，[39]斬斷二十多年的交誼，情斷義絕，[40]在當時或許已然悄悄萌生對美國人功利世俗的厭棄，而思易地再求發展之機。

　　林語堂當時在紐約聯合國擔任中華民國顧問，藉由南大專使連瀛洲將他有意出任校長的消息帶回新加坡，[41]並安排副校長由林可勝出任。[42]林可勝在北京時曾襄助林語堂躲避「三·一八」事變後因抨擊時政被政府通緝的窘境，當時林語堂擔任北大英文系教授、女師大教務長，同時也是《國民新報》英文

---

39 賽珍珠為美國辯護的立場，也可能是兩人分道揚鑣之因。見施建偉：《林語堂：走向世界的幽默大師》（台北：武陵出版社，1994 年），頁 166。

40 林語堂：《八十自敘》（台北：遠景出版社，1980 年），頁 69。

41 另有一說是林語堂搶先應聘使梅貽琦知難而退，見鍾志邦：《從南大到北大·上冊：講不完的故事》（新加坡：玲子傳媒私人有限公司，2017 年），頁 209-210；以及 1992 年 7 月潘受答新加坡《聯合早報》記者提問，依據《南洋大學創校史》提出林語堂透過一位和連瀛洲有親戚關係的女士懇請連氏向南大執委會示意提名，才有連瀛洲的赴美之行，見陳湧：《一個閒暇無事的下午：我看林語堂》，頁 256；1950 年代，潘受參與籌辦南洋大學。1955 年擔當南洋大學祕書長，協助陳六使收拾首位校長林語堂離開後的殘局，建立師資規模。衣若芬：《南洋風華：藝文·廣告·跨界新加坡》（新加坡：八方文化創作室，2016 年），頁 258。台灣方面的書籍則言是陳六使派連瀛洲赴美敦請，並且事關星馬華僑子弟，林語堂提出師資和設備必須要達到世界第一流大學之水準為條件，方應允出任。見岑丞丕、洪俊彥：《林語堂生平小傳》（台北：東吳大學、華藝學術出版社，2014 年），頁 32。

42 柯南：〈林語堂與南大〉，《知識天地》3 期（1976 年 6 月），頁 5。

部編輯。亂事中，軍方已經將另外兩家報館的編輯連夜緝走槍斃，林語堂避難於林可勝醫師府中，三星期後受聘於廈門大學，而廈大校長即是林可勝的父親林文慶，[43]林文慶受華僑領袖陳嘉庚之邀，致力於閩南地區培養人才。林語堂與林可勝的前緣，應是對南大最適當的安排。

（二）自由主義的寬容思考

林語堂藉由支持學生的學潮表達國際自由主義立場，[44]延續 30 年代以來一貫的思維，昧於民情，但敏於感受左翼思想的隱微起伏，這些變動左右著他對南大事件的舉動，在資金到位與校長握有實權的治理原則之外，他比起一般教育者更理解世局的風雲詭譎。首肯出任大學校長對閒適派名士林語堂來說不啻是一次入世而後又出世的文學行動劇，當事人投入得真誠懇切，世局驟變的傷害，與其說是左派策動反對的潮浪，[45]更直接的因素是伴隨與南大的齟齬，致使家人如影隨形的恐懼威脅，讓林語堂勇於抽離斬絕。

批評林語堂親台、以民國簽署公文而非西元，浪費公帑、暗任美國特務等輿論紛至沓來，[46]最終使林語堂退讓的是家人人身安全的直接危機，壓垮駱駝的最後一根稻草是一封語帶恐

---

43 林太乙：《林語堂傳》，頁 66-68。

44 周質平：《自由的火種：胡適與林語堂》（台北：允晨文化公司，2018 年），頁 14-15。曇花一現的自由主義在現代中國發展只在五四前後稍成氣候，1949 以後主流說法採取李澤厚救亡壓倒啟蒙之說，然自由主義的潛流不容忽視，胡適、林語堂正是這一脈活水的兩大源頭，他們曾以抓住「臭蟲」揶揄和諷刺狹隘的民族主義，反對落後的中國精神文明，頁 46-47。李澤厚：《中國現代思想史論》（北京：新華出版社，1987 年），頁 25-41。

45 利亮時：〈陳六使辦學的頓挫：「林語堂事件」〉，《陳六使與南洋大學》（新加坡：南洋理工大學中華語言文化中心，2012 年），頁 83-117。

46 施建偉：《林語堂：走向世界的幽默大師》，頁 178。

嚇的匿名信，不但讓孫女至怡上學身陷險境，妻子廖翠鳳的精神也大受打擊。事件之後，除了拒斥左翼的反共言論，不發表任何人身攻擊話語，林語堂一直以來選擇與左翼不同的道路，與現實拉開距離，以自由主義立場寫「熱心人冷眼看人生」的文章，[47]30 年代大陸時期如此，60 年代南大時期依舊如此。

半生詩友相交的徐訏曾有過貼身觀察：「1930 年代，正是馬克思主義風行之時，林語堂對於這一派的思想哲學一點也不想知道，而對於當時所謂左派思想界的種種非常隔膜」。30 年代文化自由主義對現代化具有建設性意義，自由主義在革命與暴政的兩難選擇中自居於政府的「諍友」，因而敢於進行「人權運動」等政治批評。一直到 40 年代，自由主義思潮復甦、亢奮又迅速歸於沉寂，[48]語絲派的林語堂以其反叛的精神否定權威，不滿現狀的傾向，在與《現代評論》高樓對壘時表現得尤其明顯。1944 年抗戰期間林語堂赴美，其著作為國家發揮一定的宣傳力量，[49]曾令對手日本國輿論界艷羨，以沒有像林語堂這樣一個國際上舉足輕重的作家在世界上爭取同情為憾事。[50]國際移動力帶來的跨文化視野，在承辦校務的行政觀點上，林語堂或許有其定見：

世界上只有兩種動物，一是管自己的事的，一是管

47　錢理群、溫儒敏、吳福輝：《中國現代文學三十年》（北京：北京大學出版社，2015 年），頁 306。

48　許紀霖、陳達凱編：《中國現代化史・第一卷（1800-1949）》（上海：學林出版社，2006 年），頁 492。

49　林語堂 1938 年 7 月 1 日在巴黎寫〈日本必敗論〉，以其一貫的幽默筆法，撰文關心國是，鼓舞人心，徐悲鴻肯定林語堂的抗戰文學流傳較廣，確實能策勵國人。周質平：《自由的火種：胡適與林語堂》，頁 63。

50　徐訏著，廖文傑、王璞編，梁秉鈞編：《念人憶事：徐訏佚文選》，頁 76-88。

別人的事的。前者屬於吃植物的，如牛羊及思想的人是；
後者屬於肉食者，如鷹虎及行動的人是。其一是處置觀
念的，其他是處置別人的。我常常欽羨我的同事們有行
政和執行的奇才，他們會管別人的事，而以管別人的事
為一生的大志。我總不感到那有甚麼趣。是故，我永不
能成為一個行動的人。[51]

　　林語堂對於自己個性有一定程度的了解，對於辦校又有豐
沛的熱情，一捆矛盾因而在南大受挫，世俗和他自己都視為是
一樁浪蕊浮沫般的往事，在南大 27 年的校史上猶如曇花一現。
不但自己著作中隻字未提，一般學者在文學史上也不置一詞。
事後林語堂無法消化，因而病倒，摯友徐訏感嘆「甚至病倒以
後，林語堂還不能了解這致病的原因」。[52]新加坡政府與馬來西
亞聯邦政府漠視與敵視南洋大學，[53]以致南大學生與政府衝突
不斷，學生被捕，學生會指控政府違法，不經司法程序逮捕學
生，箝制言論及學術自由，壓制華文教育與華族的民族主義意
識；政府方面則譴責南大學生從事政治活動，地下共產黨員破
壞校園安寧，鼓吹華族沙文主義，以至於使馬來亞地區族群和
諧蒙受威脅。1964 年 9 月 22 日，新加坡退出馬來西亞聯邦的
前一年，政府宣布剝奪南大理事長陳六使的公民權，逼陳六使
辭職；年底，新加坡的執政黨人民行動黨兼具南大畢業生身分
者組成「南洋大學畢業生協會」，象徵政府對南大的嚴密控制，

---

51 林語堂：《林語堂自傳》，頁 37。
52 徐訏著，廖文傑、王璞編，梁秉鈞編：《念人憶事：徐訏佚文選》，頁 76-88。
53 南洋大學學生會〈我們對南大評議會報告書的看法（1959 年 8 月 18 日）〉，
　　收於王如明編《南洋大學文獻·南洋大學創辦六十周年紀念 1955 年-2015
　　年》，頁 62。

華文教育與中華文化傳統的創校理想日漸式微，1974 年南大便
以英文取代華文為主要教學媒介。[54]後續態勢不言自明，林語
堂的洞燭機先或許不是空穴來風，於情於理維持人格尊嚴不至
一無所獲的行事原則，恰與創校義行募款對照，構成譏刺林語
堂貪財等輿論譏評。林語堂的西方思維注重個人的權利，東南
亞地區的傳統觀念看重群體利益，著眼於犧牲小我完成大我，
兩相抵觸便各有話說，也不無其理。

　　東南亞赤化的危機使各國紛紛表態，擁戴自由主義或者社
會主義只許任擇一端，不容牆頭草的任何猶疑，對照在東南亞
流播且影響甚深的魯迅，對 20 世紀 30 年代所謂「第三種人」
的批評或許過於激烈，[55]打擊中間派，不接受任何模糊地帶的
妥協。1930 年代林語堂的政治態度既不左也不右，有別於強調
極權中央的右派和強調普羅意識形態的左派。[56]反動派或許帶
來革命的危害，然而中間派的軟弱無力恐將貽禍更深，這樣的
思維特質符應國際思潮與帝國主義，崇尚唯一與絕對主權。林
語堂或許曾經企圖伺機建立另一種寬容、和諧的第三空間——
遙承自 1930 年代上海時期對於自由主義所理解的一種寬容思
考，[57]將自由啟蒙和國族建構、民族主義合而觀之，相融與相

---

54 古鴻廷：《教育與認同：馬來西亞華文中學教育之研究（1945-2000）》，
　　頁 22-23。
55 張夢陽：《魯迅對中國人的思維批判》（北京：東方出版社，2011 年），
　　頁 87。台灣知識分子也受到「第三種人」討論的餘響引起回應，見黃月
　　銀：〈左傾還是右轉——葉榮鐘第三文學論〉，《華文文學與文化》第五·
　　六期（2018 年 1 月），頁 95-108。
56 蔡元唯：《愛國作家林語堂——林語堂政治態度轉變之研究（1895-1945）》
　　（台北：元華文創公司，2018 年），頁 112。
57 劉心皇：《現代中國文學史話》（台北：正中書局，1971 年），頁 596-597、
　　611-612。劉心皇的看法認為林語堂的政治立場「中間偏右」。

攝，則自由主義在林語堂的文化政治態度實踐是一種自由民族
主義，為中國現代性展示出與自由世界主義相通的文學、文化
取徑，例如提倡幽默、對左翼思潮的批判、對賽珍珠跨文化創
作的態度等。[58]

　　而 1950 年代東南亞地區所崇尚的思維主流，是亟欲擺脫殖
民地的牢籠，掙開文化邊緣屈辱的枷鎖，魯迅「奴性思維」對
中國民族性深刻的批判更為符合東南亞華族的心理定勢，[59]這
樣的目的也與林語堂倡議南洋大學創設若合符節，都以務實的
思維和態度實現身為華族的理性自覺。1954 年 4 月，新加坡當
地華人爭公民權，逐漸將認同中國轉為認同當地。[60]對於林語
堂來說，南大事件的定位，對於辦校條件絲毫不容妥協，在校
務強烈的主見與主觀，一切依法行政的治校作風，實踐了他的
自由民族主義，也阻絕了中間立場的任何可能性。可見東南亞
對於魯迅的接受，在林語堂治校思維中仍有一定作用，強烈的
符號化與通盤全面接受，左翼聲勢壓倒其他，沒有寬容思維的
生存空間，在守法中取得一定的自由，依其藍圖而行。

　　在一場演講中，他吐露真正的心聲。1954 年 8 月 11 日，
紐約教育記者與書評家為林語堂舉辦一場午餐會。會上，林語
堂發布宣言將把南洋大學辦理成為亞洲非共人士對抗共產主義
鬥爭的自由思想前哨，也是東南亞自由的知識分子中心，封鎖
共產中國引誘華僑返回中國大陸。林語堂認為青年教育是最迫

---

58 錢鎖橋：〈啟蒙與救國——胡適、魯迅和林語堂〉，林明昌編：《閒情悠悠：
　　林語堂的心靈世界》（台北：林語堂故居出版，2005 年），頁 124-132。
59 增田涉著，鍾敬文譯：《魯迅的印象》（長沙：湖南人民出版社，1980 年），
　　頁 52-53。
60 崔貴強：《新馬華人國家認同的轉向（1945-1959）》（新加坡：南洋學會，
　　1990 年），頁 101-146、331。

切需要的，也旁及英美對華政策，肯定美國協防台灣的作為，認同台灣日後將是自由中國的起點。而台灣《中央日報》也附議林語堂之說，進一步鞏固反共領導核心：「蔣（介石）總統是一位偉大的人物，但是我們說是要另找一位領袖，那就是我們自己作弄自己」[61]，過分渲染林語堂原意，提出另一種霸權思維。

這些發言透過國際性的新聞通訊社傳遍世界與新加坡，引起南大執委們諸多不安，認為南大已捲入國際間東西冷戰與華人國共內戰的政治漩渦中，既悖反執委會發揚傳統文化的辦校宗旨，也違反林語堂反對政治力介入校園的許諾。林語堂這一番言說透過傳媒流動到台灣，台灣媒體自擁其重的解讀方式，再透過動見觀瞻的英美媒體傳回新加坡，使得南大深陷遭受各方質疑的險境中。[62]縱使事後林語堂一再澄清，他所希冀的是一所「自由」的大學，而非「反共」大學，[63]台灣媒體片面理解其意，在冷戰年代挑動各地的政治敏感神經。南大執委會邀請林語堂出任南大校長最關鍵的因素是看中其國際影響力，但連動國際勢力與台灣反共話語表述後，他的行為纖毫畢現，被放大檢視，更有政治力介入其中。

事後林語堂陸續在國際媒體發布了幾則宣言，倡議自由主

61　中央社：〈林語堂談南洋大學設立宗旨〉，《中央日報》2 版國際新聞（1954年 8 月 13 日）。

62　淑女山：〈陳六使〉，《怡和軒九十周年紀念特刊》（新加坡：大水牛出版社，1985 年），頁 62。

63　中央社：〈共匪怎樣毀了南洋大學〉，《中央日報》4 版「綜合新聞」（1955年 5 月 12-14 日）。分上、中、下三日連載，特別強調共匪毀了僑生，披露共黨一貫伎倆，欲挽救南大於水深火熱，文章是林語堂以英文所寫，中央社譯，其中巧妙之處互許就在這翻譯的理解過程，是否事涉政治立場。

義，晚年台灣的林語堂故居官網隻字未見，林語堂本人對於此
事不再提起。是以而今尋索，尚須藉由冷戰時期小說創作追蹤
蛛絲馬跡，這樣的情況或可由朱熹公私之辨觀之：「今小譬之：
譬如一事，若係公眾，便心下不大段管；若係私己，便只管橫
在胸中，念念不忘，只此便是公私之辨」[64]公私之別或存於心，
不泥於行為的型態，而衡之以是否以公眾為心，林語堂以性靈
名士傲然霜雪，[65]不受限於政治力影響，在應斷決時明快盱衡
局勢，這是南大事件中，林語堂轉身之際最後留下的風骨。徐
訏〈寄友〉曾描述：

> 月如畫中舟，夢偕君子遊，遊於山之東，遊於海之南，
> 遊於雲之西，遊於星之北。山東多宿獸，宿獸呼寂寞，
> 春來無新花，秋盡皆枯木，海南有沉魚，沉魚嘆海間。
> 白畫萬里浪，夜來一片黑；雲西多飛鳥，飛鳥歌寂寥，
> 歌中皆怨聲，聲聲嘆無聊；星北無人跡，但見霧縹緲。
> 霧中有故事，故事皆荒謬。爰遊人間世，人間正囂囂，
> 強者喝人血，弱者賣苦笑；有男皆如鬼，有女都若妖，
> 肥者腰十圍，瘦者骨峭峭；求煤擠如鯽，買米列長蛇。
> 忽聞有低曲，曲聲太糊塗，如愁亦如苦，如呼亦如訴，
> 君淚忽如雨，我心更淒楚，曲聲漸嘹亮，飛躍與抑揚，
> 恰如群雀戲，又見群鹿跳，君轉悲為喜，我易愁為笑，
> 我問誰家笛，君謂隱士簫。我年已三十，常聽人間曲，

---

64 朱熹：《語類》卷 16．冊 2（北京：中華書局，1994 年），頁 345。
65 郁達夫在 1935 年《中國新文學大系》撰寫〈現代散文導論〉說林語堂耽
　溺風雅，提倡性靈，亦是時勢使然，或可視為消極的反抗，有益的孤行，
　是隱士和叛逆者的混合。郁達夫等：〈現代散文導論・下〉，《中國新文學
　大系導論集》（上海：上海書店，1982 年），頁 219。

世上簫聲多，未聞有此調，為愛此曲奇，乃求隱士簫。
披簑又披裟，為漁復為樵，為漁飄海間，海間水縹緲，
山深路蹺蹺，縹緲蛟龍居。蹺蹺虎豹生，龍吞千載雲，
虎吼萬里風，雲行帶怒意，風奔有恨聲。泛舟槳已折，
駕車牛已崩，乃棄舟與車，步行尋簫聲；日行千里路，
夜走萬里程，人跡漸稀疏，簫聲亦糊塗。有鳥在樹上，
問我住何處？我謂尋簫聲，現在已迷途。
鳥乃哈哈笑，笑我太無聊，何處是簫聲，是牠對窗叫。
醒來是一夢，明月在畫中，再尋同遊人，破窗進清風。[66]

　　無窮無盡的探險路途，常使林語堂勇入異地隨意之所至，自由無礙，素來喜歡順從自己的本能，任意而行，詩中徐訏投射的也是自己的無依徬徨。人生旅跡不受範限，如此自在嚮導遊歷，自有價值。[67]友人徐訏和郁達夫都視林語堂為隱士，嗚嗚然的簫聲之中，縹緲不定的世事，猶如黃粱一夢，不如一縷清風自在。沉浸於自由，享受開闊與從容。

（三）多元主義的願景建構

　　除了昧於華族社群與國際情勢，林語堂也忽略了南洋社群的另一項重要特質——閩南人在東南亞克勤克儉打拚賺錢，並

---

66 徐訏著，廖文傑、王璞編，梁秉鈞編：《念人憶事：徐訏佚文選》，頁95-96。詩作於1941年12月27日，林語堂在美國，徐訏在孤島上海，發表在香港《大成》49期（1977年12月）、台灣《傳記文學》31卷6期（1977年12月）、32卷1期（1978年1月）。方寬烈認為這首詩寫百姓苦況引起徐訏遠行之念，因此由桂林赴重慶。方寬烈：〈談徐訏的舊詩和新詩〉，寒山碧編：《徐訏作品評論集》（香港：香港文學研究出版社，2009年），頁234。

67 尹雪曼等編：〈林語堂自傳〉，《林語堂》，頁27-28。

熱愛中華文化的集體心理。由群體心理的角度觀之，群體從來就不曾渴望真理，在那些明顯讓他們不快的事實面前，他們掉頭就走，如果誤謬引誘了他們，他們寧願把誤謬奉為神明，也因此熟知如何讓群體擁抱幻想者，能夠輕而易舉成為其主宰；而試圖讓群體幻想破滅的人，將永遠是群體意志與意識的犧牲品，[68]創辦南大是華族傳統文化深耕延續的寄託，這個理想不容絲毫威脅，形成一種集體心理，不曾懷疑。

　　1953 到 1954 年之間全球冷戰局勢風雲詭譎，計畫籌設南洋大學的新馬華人領袖與熱心支持南大的華人，受到幾股勢力的威脅逼迫：英國殖民當局的質疑、馬來民族主義族群的陰影、中共馬共攜手的壓力等，讓華人求生存、念安危、圖發展的基本生存願望拉扯掣肘，前進不易。各方勢力既對抗又矛盾，彼此夾擊，難以容忍，因著林語堂流動到東南亞，民國機制也必須微觀當時存在的國際大情勢與華人小處境。[69]五四以反傳統為主流思潮，魯迅激烈的反傳統呈現在以《阿 Q 正傳》描繪傳統中國文化與社會中的中華民族具體特徵：缺乏內在自我、對生命缺乏感受。其無知與天真的悲劇性，根源於阿 Q 欠缺自我意識以至於無法淑善其身，精神勝利法難以將阿 Q 從各項壓迫中挺身迎向絕望的抗戰，而獲得一絲道德進步，以至於唯有死亡帶來一瞬自我意識，[70]《阿 Q 正傳》極力呈現中華民族的病態，珍視象徵正義和覺醒的力量，[71]魯迅的影響力透過小說和

---

68 古斯塔夫・勒龐（Gustave Le Bon）著，劉芳譯：《群體心理研究》（上海：上海社會科學院出版社，2018 年），頁 93。

69 李恩涵：《東南亞華人史》，頁 613。

70 林毓生：〈魯迅思想的特質及其政治觀的困境〉，許紀霖、宋宏：《現代中國思想的核心觀念》（上海：上海人民出版社，2011 年），頁 655。

71 夏志清：《中國現代小說史》（台北：傳記文學出版社，1979 年）頁 70-71。

政治力量迅速在東南亞蔓延。

　　東南亞地區對於魯迅作品的容受與解讀，影響了林語堂形象，除了當時現實與寫實主義為主流標準，不接納幽默或消閒名士的風格，在南大事件後轉變極為明顯。吐虹〈「美是大」阿Q別傳〉、林萬菁〈阿Q後傳〉[72]等文不遺餘力譏刺林語堂，抗拒象徵美方勢力的凌雨唐介入南大的華族復興之舉，直指其賣國與賣民的恥行，餘下情節，圍繞在自傲自大、崇洋媚外，成為一個民族性匱乏的植物人形象，背馳魯迅療救國民性於頹唐的理想甚遠；而1955年左翼文學史家方修〈林語堂舊事〉則以魯迅立場批判林語堂。[73]這些批評之作力道不小，使林語堂形象大受打擊。

　　在1950年冷戰背景下，這一批重寫文本移接魯迅國民性的話語跨國流動，作為文化記憶的符號能指，意在後殖民情境中泯滅各個族裔的文化差異和身分認同，以此穩固性、超然性、真理性的文化抵抗，猛烈抨擊林語堂，卻不自覺複製了殖民主義邏輯。[74]實際上林語堂或許沒有那麼崇尚美國，從他離開美國來到南大，從他的小說《遠景》以美國政變、納稅人筋疲力竭、第45任總統橫遭暗殺這些不夠文明，失卻民主的國家卻以「民主世界聯邦」自居等背景，總結美國人素行為「多情的高

72　吐虹〈「美是大」阿Q別傳〉、林萬菁〈阿Q後傳〉，收於王潤華、潘國駒編：《魯迅在東南亞》（新加坡：八方文化創作室，2017年），頁351-363、379-384。

73　南治國：〈林語堂與魯迅的南洋「怨」緣〉、謝詩堅：〈中國革命文學影響下的馬華左翼文學〉，王潤華、潘國駒編：《魯迅在東南亞》，頁199、211。

74　張松建：《文心的異同：新馬華文文學與中國現代文學論集》（北京：中國社會科學出版社，2013年），頁21-23。

貴」，[75]可見一般。

　　當林語堂遠離之後，1960 年英人主導在馬來亞清剿馬共的「緊急狀態」告一段落，馬共森林游擊戰宣布失敗，聯合所有前英國殖民地於馬來西亞一國統治下，反共與反國際第三勢力的「長城」觀念逐步建立、流傳。1960 年 7 月南洋大學學生會被左傾學生控制把持，因而在李光耀的強勢遏制下，陳六使被剝奪公民權，1964-1966 年間逮捕約 237 名南大學生，受到開除處分，重挫南大在新馬華人社會中的形象。[76]若由歷史的後見之明來看，當時林語堂的觀察與擔憂恐非多慮。

　　而學術辦校的林語堂，與商人出身的南大執委諸公，[77]在理念上大有違抵。以韋伯（Max Weber，1864-1920）「責任倫理」與「意圖倫理」來看待南大事件中兩個社群的精神領袖——林語堂和陳六使各自所擁護的價值：林語堂秉持「責任倫理」的理性主義，相信善的意圖帶來善的結果，意志的誠篤將有助於世界的和諧，其倫理觀念導致行為的每一步驟都須在道德動機處深拄一念之微，在起心動念處做工夫，道德動機純真不容絲毫曖昧，自然也不可能使用任何有道德問題的手段。陳六使及其社群看重「意圖倫理」行為的實踐層次，這樣的群體通常不知如何處理發自良善意圖行動帶來未曾預期的、甚至是有害的結果，罕少歸因於是自身行動的後果，而常歸諸外部因素，甚至經由對自己意圖之崇高與自我之純真的讚揚，輕易悖離思想

75　林語堂：《遠景》，頁 23-24、32-33、140。林語堂筆下的美國形象可進一步參看孫良好：〈林語堂筆下的美國形象：以《唐人街》和《奇島》為中心〉，《中國現代文學研究叢刊》2005 年第 4 期，頁 212-230。

76　潘翎編，崔貴強譯：《海外華人百科全書》（香港：三聯書店香港分店，1998 年），頁 214。

77　南大站編委會：《南大回憶》（馬來西亞：文運企業，2011 年），頁 6。

邏輯上的一致性，將自身化作揭示未來完美世界即臨的先知，能夠預見偉大的道德目標，將經由極端不道德的手段之遭用而終獲實踐。[78]據此，將偉大的目的，以終為始轉化不道德原則，視為正當合理、可以使用的手段。

最可議之處在於為了使未來的世界永遠美好無缺，為了使一切不道德、不公正手段再無被使用的機會，總有理由使用那「最後一次」極不道德、極不公正手段以達至偉大目的的合理性。林語堂十分清楚不完美、非理性的可能，道德的量尺也須在經驗世界中為可預見的行為後果負責，赤化的校園已非他所追求的道德目的所能涵攝，不容妥協地離開，以遣散費作為人格最後的堅持，達到義理兩平衡。

若以林語堂自傳體小說《賴柏英》對讀之，成長於高山的人，環境影響人的心靈與精神，曾經是高山的孩子，就永遠是高山的孩子，山使林語堂具有高地的人生觀，不論看到都會裡再高聳的摩天大廈都只覺登泰山而小天下，有一份曾經滄海難為水的豁達大度，很難與低地人生觀相比擬，人只知往下看，而不知往上望，低地人生觀使人重視事業、政治、鈔票，真正的高山不同於新加坡的小丘陵，是使人敬畏、給人靈感、誘惑人的高山，峰峰相連，神祕、幽遠、壯大，站得直挺挺，不必彎腰，不必讓路，不必在任何人面前匍匐，流露遙不可及的目光。[79]林語堂是坂仔人，童年親近的自然山水給予無限啟示，即使去到香港，也覺得童山濯濯，不甚美矣，立其骨，親其山，

---

78 童元方：《風雨弦歌：黃麗松回憶錄》（香港：香港大學出版社，2000 年），頁 78。黃麗松是南大在位最久的校長，他回憶中的陳六使是一位商人，自然錙銖必較，分分錢財都緊看。

79 林語堂著，謝超雲譯：《賴柏英》（台北：金蘭出版社，1984 年），頁 89-93。

狀其志，抒其情，成為林語堂永恆回歸的鄉情眷戀。

　　陳六使身為華社領袖、企業之主，勇於冒險的以政治手段追逐權力，為完成東南亞華人高教的理想，崇高的目的可以容許將不盡合理的手段合理化，可以預見其行為的後果，但不能切實擔荷責任。跟林語堂最後一次談判，陳六使從廚房開門溜走，不能回應林語堂許多質疑，進一步提出合理的抗辯。權力驅使其生命常帶有自私一念，因擁抱權力而追逐權力。[80]林語堂始終客觀超然，維持名士派的性靈精神，臨去前他說：「本人支持南大繼續辦下去，本人是一大障礙，因為南大可以沒有林語堂，但不能無陳六使。」[81]將責任歸諸己，不出惡言。

　　並不總是挫敗或者針鋒相對，林語堂也曾以其幽默風格對南大教師發表演說，主題是如何學英語，他建議第一是拋開文法書，第二須看電影，影星奧黛莉・赫本（Audrey Kathleen Hepburn-Ruston，1929-1993）即是一流的英文老師，師事之以學習口說，實踐之應用於手寫，即可拋開文法書的拘束。[82]而最終，南洋大學所期待的，是一位忠誠為文教事業服務，對於大學教育有深切的認識，並具備充沛毅力、魅力，不顧困難阻礙，把計畫貫徹到底的校長人才，[83]專家辦學並未受到南大師

80　韋伯（Max Weber）著，錢永祥譯：《學術與政治──韋伯選集（一）》（台北：允晨文化公司，1985 年），頁 154-221。詮釋路徑參考林毓生：〈如何做個政治家？〉，《思想與人物》（台北：聯經出版公司，1985 年），頁 397-410；林毓生：〈合力建立新的世界圖景〉，《再造公與義的社會與理性空間》（台北：時報文化出版公司，2003 年），頁 24-32。

81　南大站編委會：《南大回憶》，頁 31。

82　洪俊彥：《近鄉情悅：幽默大師林語堂的台灣歲月》（台北：蔚藍文化出版，2015 年），頁 213-214。

83　南洋大學學生會〈我們對南大評議會報告書的看法（1959 年 8 月 18 日）〉，收於王如明編：《南洋大學文獻 南洋大學創辦六十周年紀念 1955 年-2015

生認同。

　　南洋大學在 50 年代中出現在新馬華人的文化和語文的舞台上，乃是華族生命力在新馬發展的必然結果，[84]然而南大歷史是一部政治操作史，無所不在地挑動族群的敏感神經，加以記者咀嚼林語堂的話經過政治聯想的再解讀，南洋本就已文化離異飄搖欲墜，後林語堂時代，坐實這是一所政治活動不斷的華文高等學府，也就鑄成了這一記南大痛史。[85]南大曾是林語堂亟欲放手一搏，貢獻知識分子棉薄之力於危礙之世的校園。小說中林語堂曾提出對於理想國的宣言：

> 　　所有的理想國都大膽地要改變人性，所以註定失敗。寫一本書說我不喜歡人性——好，我來改變它，這實在太容易了。馬克思也是其中之一。一個沒有階級的社會，結果社會就凋零了！我們從實例中看到，他的門徒不得不建立史上最專制的國家——這樣才能使在位的人保有權力。一個沒有階級的社會，大家情同手足，致

年》，頁 72。具有公民權意識的學生們提出看法，指出三年半以來校方甚缺精密的計畫，最嚴重的是經濟困難，學生會主要是回應白里斯葛的〈1959 年南洋大學評議會報告書（1959 年 3 月 12 日）〉，頁 24-47。學生會批評「專家辦學」，認為吃了林語堂、白里斯葛這些專家的虧，南大必須永遠保持泛馬性大學的品質，推進馬來亞的建國事業，頁 108-109。顯然這樣的意見並未被採納，因 1965 年 9 月 12 日王庚武等提出〈南洋大學課程審查委員會報告書〉（其中台灣代表是王叔岷教授），為了對維持各族和睦相處有所貢獻，打算將「中國語言文學系」改為「漢學系」，頁 139。

84 陳國相：《復辦南洋大學論文集》（馬來西亞：策略資訊研究中心，2010 年），頁 177。

85 何啟良：〈南洋大學史上的林語堂〉，收於李元瑾編：《南大圖像：歷史河流中的省視》（新加坡：八方文化創作室，2007 年），頁 93-135。

力於公共的服務！親子之情被更高的忠誠取代！人類會
為國家愛而努力，而不為個人的利潤嗎？這是馬克思大
錯特錯的地方。不管什麼時代，人若捉弄自然，自然也
會還以顏色，並且加倍索回代價。[86]

　　拋開階級，利他為先，敬重自然。林語堂將族群問題的癥
結點灌注到小說《遠景》哲學家一般的勞士身上，從建構殖民
地的反向駁斥到正面描繪中一覽無遺，而勞士正是林語堂在小
說《遠景》中的化身：

　　　　人和自然分了家，他想要把自然吞下去，拆開來，
分析成元素──而不想與它和平相處。總是人對自然，
而不是人與自然。普羅米修士對命運不屈服。他才是宇
宙的主宰，自然不是。每當人聰明過度，想要背叛自然，
自然就還以顏色，毀滅他。……現代文明的整個問題就
是要使人健全，尋回自我。我假設世上有健全的人，一
個有身、心需要必須實現，精神資源必須開展，力量必
須表達的人。現代社會太複雜了，使他無法做到這一點；
他在機械的巨輪中是一個無限小的輪牙，在巨大的社會
和政治組織中迷失了，被貼上標籤，擱在分類架中。[87]

　　人必須擁有健全的自我，完整的身心，豐沛的精神，能表
達自身的力量。在現代性碎片的反思之中，人們耳中僅聞單調

---

86 林語堂：《遠景》，頁 46。
87 林語堂：《遠景》，頁 125。

的機械聲響，永遠無法發展自身本質的和諧，[88]林語堂切合人性，符應自然的態度，不受階級的神話蒙騙，揚棄專制，崇尚同族之誼。這些烏托邦之志，原可實踐於南大；因諸多因素橫阻，卻成為林語堂生命中遺憾的異托邦。

　　長期處於東、西方文化之間，林語堂冷眼旁觀新加坡的各色人種：中國人佔多數，馬來人身在自己的國土內，還有信奉印度教的印度人、坦米爾、袄教徒和歐洲人。他感嘆各種族間不論一般風俗或信仰，都尚未達到純一、共通的境界。歐亞混血兒自足謀生自成體系，其外貌、習慣、語言已然西化，情感上卻不依近任何國家，唯獨對自己父親或母親的祖國或許有些例外。[89]林語堂敏銳體會到多元主義種族共生共榮的願景，其建構之道來自於對父母之邦的文化認同，而比例最高的中國人，自當挾其優勢的文化傳統與各族群寬容以待，平等相接。因之，1955 年 3 月 21 日，林語堂曾於於《星洲日報》主動發布一批總題為《林語堂與連瀛洲備忘錄》的史料，[90]無意於族群與人事繁複的糾結，真誠坦惻將一切留與後人說，自己則矯捷轉身，結束這場南大的瞬息相逢。

三、空間異托邦的喻託與物質社會

　　小說是林語堂寓託空間異托邦的所在，展現冷戰時期新加

---

88 弗里德里希・席勒（Johann Christoph Friedrich von Schiller）著，謝宛真譯：《美育書簡》（台北：商周出版社，2018 年），頁 66。

89 林語堂著，謝超雲譯：《賴柏英》，頁 62。

90 陳漱渝：〈折戟獅城──林語堂與南洋大學〉，《新文學史料》2008 年第 4 期，頁 67-80；陳漱渝：〈關於林語堂與「南洋大學事件」的有關信函〉，《湖南人文科技學院學報》2008 年第 5 期（2008 年 10 月），頁 18-38。

坡社會在物質文化方面獨有的地方感和理想國色彩，既追求享
受用度也不忘關懷心靈世界。

（一）地方感與理想國

　　魯迅在日本仙台醫專透過幻燈片的現代化視覺技術，[91]得
到棄醫從文進行民族救贖的啟悟，林語堂南大事件過後所路經
的「馬奇諾防線」，亦可視為反戰主義、崇尚和平思想的深刻寓
託。為了平息妻子精神之苦與長女如斯婚姻觸礁的創傷，林氏
一家來到法國，經過法、德兩國交戰的凡爾登溝壕戰場，體會
兩國交戰三、四年以來雙方僵持，戰到一樹不存一蔭不餘，法
國因此構築馬其諾防線，作為百萬雄師攻堅不催的堅實堡壘。
林語堂經過時，只見任何人都可以輕易拾取遺留在戰場上的刺
刀。匕首一向是魯迅雜文的隱喻，[92]馬其諾防線也不妨視為林
語堂南大之行的一種轉喻，一次文學行動藝術的展演。由來創
作主體總是從意志截取物象，使物象與心象若合一契，不再呈
現客觀的物我兩分，而是主體與客體交融的「感象」。[93]徘徊於
馬其諾防線的「當下」，林語堂內在情感所投射出的心象圖景，
其所呈現的反戰思想不言而喻。林語堂的精神世界，寓託著追
求和平與和諧的自然寧靜：

91　劉正忠：〈摩躍，志怪，民俗：魯迅詩學的非理性觀域〉，《清華學報》39
　　卷 3 期（2009 年 9 月），頁 430-431。文中指出日本近說考證「時局幻燈」
　　確有其事。
92　魯迅：〈南腔北調集・小品文的危機〉，《魯迅全集》第 4 卷（北京：人民
　　文學出版社，1993 年），頁 575；林昭賢：《魯迅雜文創作研究》（嘉義：
　　南華大學文學研究所碩論，2004 年），頁 20。
93　高友工：〈文學研究的美學問題（下）〉，《中國美典與文學研究論文集》
　　（台北：台灣大學出版中心，2004 年），頁 52-55。

　　　不論我們自認為多文明，只要戰爭尚未消匿，我們
　　就和野蠻人相去不遠。想想看，把一個基督徒放在鬥獸
　　場中餵獅子和把一個大學畢業生送到戰場上去做犧牲
　　品，又有什麼差別呢？一個職業鬥士還比一個雜貨店的
　　小孩占優勢呢！我們自以為比那些殘酷的羅馬人文明、
　　優秀，只因為我們不是那個小店的小孩，只要我們設身
　　處地想想就會明白。只有最缺乏想像力的人才會相信人
　　類有文明。[94]

　　小說《遠景》厭棄不文明的鬥爭，將戰爭比同原始的人獸
搏鬥，文明順著泰諾斯島的生活步調，應是閒適、風雅、充滿
著自然的機趣。此外，「凡爾賽」這個名詞在中國顯現的力量，
起始於 1919 年 5 月 4 日北京學生抗議示威活動，正是基於軍閥
政府預備簽訂的凡爾賽條約，將德國在山東的權益轉讓與日
本，才有愛國政治強烈表現的火燒趙家樓，及其後一連串的廣
義五四運動，五四知識人在要求從傳統解放出來的同時，思想
中已涵攝追求「自由」的現代人生意識。[95]行至凡爾賽，林語
堂面對馬其諾防線，思及南大事件與眼前歷史同樣是過往陳
跡，五四的熾熱與輝煌業已飛散煙雲，留下不可抹滅的精神，
是反戰以求文明，自由以坦閒適，心齋以待游物。因此，眼前
的歐洲可以創造出消解人世紛繁的空間意義，在文字鋪衍中形
塑一個異托邦的奇想。

---

94 林語堂：《遠景》，頁 385。譯文酌參調整自林語堂：《林語堂精摘》（台
　　北：遠景出版社，1977 年），頁 42。
95 余英時：〈五四精神是一股真實的歷史動力〉，思想編委會編：《思想》第
　　37 期「五四」一百週年（台北：聯經出版公司，2019 年），頁 160。

　　南大的地方感，藉由林語堂冷戰時期小說進一步分析，足以透顯文學不只是描寫區域和地方的純粹解讀，而是透過文學創造出地方。[96]東南亞的空間感知如果由「接觸區」的觀念看待──不同文化相遇、衝突和糾結的社會空間，因著支配和從屬，呈現不對等關係，[97]當時新加坡脫離殖民未遠，而當地人對於知識群體介入的渴求與期待甚殷。南大並不純粹只是一所大學校園，而是一枚擁有在地現實的文化符號，讓華族務實思考國家，多於純粹的想像區域。[98]徘徊在國家概念與國民責任迅速轉移至新加坡之際，當英文盛行與中文邊緣化使族群充滿重重憂患，回歸文化中尋找安身立命之基，以文化建構抵抗執政者的話語霸權與強力宰制，南大便成為最有知識力量的抵抗場域。[99]這個抵抗場域若與小說《遠景》對讀，不難體會林語堂對於理想國的幻想構築，超越了托馬斯・摩爾（Thomas More，1478-1535）筆下擁有最優秀的民族和最幸福的國家《烏托邦》，[100]只可惜小說的異托邦猶在，南大的理想卻未能實踐。

　　小說《遠景》不斷強調各種制度、結構、思想、精神、族群皆有別於舊世界，不但具有知識能得到尊重，簡化宗教、法律，降低政府職能與稅率，透過教育獲得心靈的自由與快樂，既文化融合，且文化理想回歸古代，具有恢復人性等種種美質。

---

96 王志弘：《文化地理學》（台北：巨流圖書公司，2003 年），頁 58。

97 薛莉清：《晚清民初南洋華人社群的文化建構：一種文化空間的發現》（北京：生活・讀書・新知三聯書店，2015 年），頁 17。

98 游俊豪：《移民軌跡和離散論述：新馬華人族群的重層脈絡》（上海：上海三聯書店，2014 年），頁 161。

99 游俊豪：〈向永恆拷問：南洋大學的文化符碼〉，《移民軌跡與離散論述：新馬華人的重層脈絡》，頁 64-65。

100 托馬斯・摩爾（Thomas More）著，戴鎦齡譯：《烏托邦》（台北：志文出版社，2009 年），頁 132。

要言之，泰諾斯島積極打造的是在簡樸生活中構築一個「文化烏托邦」的世外桃源，[101]如果南大是抵抗政府霸權的場域，那麼泰諾斯島也是林語堂拒斥加速現代化晚期資本主義的信仰所在，[102]其場所精神正是以自由為名。而具體捕捉消逝的回憶，最能呈現東南亞地景空間的是林語堂的自傳體小說《賴柏英》，以含笑花香的氣息勾連起移民地點新加坡與思戀原鄉大陸漳州的空間移轉，嗅覺高潔清沁的感受馥郁淡雅，芬芳泛泛，飄飄冉冉，既是屈原香草美人傳統比附於賴柏英貞毅雅潔的性情，更是林語堂原鄉意識的依託所在。

　　小說《賴柏英》描繪新加坡華人匯集的區域壅塞而潮濕，店鋪、小食攤、蔬菜攤和一大群梳辮子穿木屐的廣州、潮州籍女傭、半裸的孩子以及滿街打赤膊的男人，於剝落不堪的牆垣中，青跡斑駁的窄巷裡，沒有現代化西方大都會的景觀，有的只是更落後於上海、香港的大街。林語堂對於華人移民們的生活空間保持一種客觀的視察距離，城市的誘惑令人不肯安於現狀，小說時間設定在 1929 年新加坡經濟崩盤之際，華人移民掏金夢碎的癲狂症雪上加霜，與譚新洛同居的韓沁捨棄當一名自食其力的小職員，寧願在不穩定的關係中與無數伴侶交歡，其身體疊合了港灣的自由與不定、船舶的自在與遠揚、女體的停靠與飄離等數種意象。

　　因此韓沁掙來的只是表面上的獨立，實是以金錢與感官縱情體驗都市生活的刺激感，揚棄與譚新洛執子之手的枯燥單

101　李勇：〈論林語堂文化理想的烏托邦性質──解讀《啼笑皆非》和《奇島》〉，收於林語堂故居編：《跨越與前進──從林語堂研究看文化的相融／相涵國際學術研討會》，頁 72-84。

102　哈特穆特‧羅薩（Hartmut Rosa）著，鄭作彧譯：《新異化的誕生：社會加速批判理論大綱》（上海：上海人民出版社，2018 年），頁 82。

一，追隨友人莎莉多種族、多語言的戀愛模式——她會用十三種語言說「我愛你」，情感一如船期與浪潮流動，隨波起伏不定，女體是水手暫泊的港灣，身旁從不乏情人、朋友，唯一匱乏的是穩固的親密關係。韓沁女友莎莉對於感情若無其事地輕描淡寫：「我的義大利男友在可倫坡號上，我的希臘男友在馬爾他十字號上。他們來來去去，有別人填補空檔。」[103]既呈現經濟通商往來的熱絡，也是感情結構不穩定的述說。

　　小說描繪新加坡港灣的景觀，每天都有五、六十艘大大小小的輪船在港內進出，晚上一排燈光通向可麗葉船塢和克里佛碼頭，這個畫面使人驕傲於大都會的繁華麗緞，覺得自己身在萬物的中心，樓下的咖啡廳時時讓人恍若居於新加坡刺激的生活中，無所不在的黑暗、神秘、美麗。相形之下，韓沁厭棄譚新洛所住的譚林住宅區始終消沉、枯寂，那裏的白人窮職員娶了英國妻子，只與八分之七白人血統的鄰居維持點頭之交；八分之七的白人又看不起混血的白人，而混血白人對於另外四分之一白人血統的鄰居也不甚理睬。[104]林語堂仔細描繪新加坡種族交織的人文空間景觀，與學者王賡武的說法不謀而合，[105]既寫實又帶有現代性的感官書寫特質。

　　《賴柏英》饒具諷刺的情節之一，是曾以權勢引誘韓沁與之未婚生子的賴鷥，他功成名就時的社會影響力發揮在籲請創辦一所新的女子中學，目的是為了維護中國女性純潔而完整的處女之身。身為中國商社總裁的他擁有自己的報業，更善於招

103　林語堂著，謝超雲譯：《賴柏英》，頁 183。
104　林語堂著，謝超雲譯：《賴柏英》，頁 174、178-179。
105　王賡武口述：〈關注華人的憂患與命運〉，李懷宇：《各在天一涯：二十位港台海外知識人談話錄》（北京：中華書局，2016 年），頁 74。

待記者到俱樂部尋歡，傳播對自己有利的消息，致富之道是走私武器和彈藥到印尼，換取雅加達和泗水運來的少女，無疑將女性視為可消費的商品。小說中若干線索，都與南大事件中的社會樣態高度相似，顯見林語堂比虛構更為寫實的小說筆法：

> 我對新加坡有興趣極了。它簡直把我給迷住了。我看透了生命醜陋的黑暗面，也看透了那些吹牛大王和所謂「愛國」的民間領袖，但對他們又不能挖苦得太過分。我傾聽他們優美的演說，事後詳加報導，有時候我覺得自己感覺像是戴假奶、裝假睫毛的電影明星的丈夫。我喜愛這一切，因為寫起來很容易。不過，若是連我自己也以為每天胡亂寫些廢話可以當真的話，那我才是真該下地獄。[106]

對於新加坡當時商會群體的冷冽批判與深刻觀察一覽無遺，譚新洛友人是無冕王記者，練就一身假做真時真亦假的報導工夫，最後一點良知是從不說不真實的話，但絕不能說出每一句真話。不但是他謀生之必要，也符合處世智慧，圓融理事無礙，真實描繪都市險惡帶來的人性沉淪，現代化腳步不得不然的全身之道。相較之下，賴柏英圍繞著農莊、親族、雞鴨、鷺巢、荔枝園，日子刻苦地像橄欖核，依然持守堅強而辛勤的生存之道，將山間的工作和嬉戲完美諧和地交融在一起，[107]最為可貴的是融工作於遊戲之中，使身處新加坡的小律師譚新洛十分艷羨。

---

106 林語堂著，謝超雲譯：《賴柏英》，頁 30。
107 林語堂著，謝超雲譯：《賴柏英》，頁 27。

　　以物質視角看待林語堂的南大事件，最可觸摸的實體莫過於離開南大臨行之際，於法合理的一筆遣散費用，這是風波中造成林語堂詬病最多的主因之一。對於錢與理，林語堂自有他的價值天平，比如長女如斯與狄克離婚，林語堂勸女兒用點頭腦冷靜地想想，與人爭錢固然討厭，但是沒有錢不行。在西方文化中林語堂學會了「法制」和「權利」的「理」，優先於「情」，因此勸女兒保護自己的權利，亦不喪失人格與尊嚴。[108]這是勞燕分飛，內心黯然之際，不可或忘的明哲保身之道。即可知，南大既聘林語堂為校長，他也盡了最大努力，但諸多人事條件無法達成既定的標準時，合理的遣散費，是不失人格保有尊嚴的一條退路，林語堂便不願再退讓。將時間往前推，從國民革命與南洋存在的緊密繫連，以錢財的物質觀考量歷史脈絡下的文化故實，東南亞地區具有強烈民族國家思想的富僑，對於孫中山革命一般採取冷漠與機會主義立場，[109]下層階級雖然經濟能力薄弱，卻熱心捐獻革命。於此歷史脈流與社會背景之下，從上到下，不分階級你我，被視為全民運動的南大辦校義舉，林語堂臨行收受不低的遣散費，自然不被南洋社會接納，而視為有失厚道。

（二）物質追求與心靈視野

　　小說《遠景》情節起始於飛機失事流落小島，地質學家尤

108　王兆勝：《林語堂：兩腳踏中西文化》（北京：文津出版社，2005 年），頁 62。

109　莊華興：〈雙殖民主義下的馬華（民族）文學〉，龔顯宗、王儀君、楊雅惠編：《移居、國家與族群》（高雄：中山大學人文社會科學研究中心，2010 年），頁 187。從鄉緣觀念向前國家意識的轉化，馬華地區民族主義精神受中國內部局勢的制約，文學上也因而是殘缺的現代性起源。

麗黛對於南洋空間的原始印象是書上所讀來依稀、彷彿、恍若、好像子虛烏有的存在，她聯想到記憶中 1953 年英國人在殖民馬來亞叢林的時候發現裡面有一個中國殖民地，他們遺世獨立了兩百多年，只約略聽過祖先談起大海，閱讀著手抄本《論語》。[110]尤麗黛親臨其地，南太平洋泰諾斯島充盈著希臘式的印象。[111]若將小島與實際的南洋地景空間相較，兩者驚人相似：

> 小島令人神迷的美景，明朗的天空和大海，相當原始的生活，人類每天受到海、風、南方太陽的影響，這一切對於殖民者都有解放的作用，使他們更接近宗教精神的泉源，宗教整個簡化了。坐在萬里無雲的晴空下，人很難想到罪惡，或者永恆的天罰……天空就在他們四周，日落美輪美奐，誰也不想逃脫這個塵間的生命。[112]

> 土著女僕波薇娜中午常到溪水裡游泳；她那褐色的肢體、長長的頭髮、閃亮的明眸、當眾裸體的自然態度，以及這單純的一切，樣樣使她迷惑。有時其他的女人也出現在小溪的上游，像森林女神似的，也同樣一絲不掛。[113]

---

110 林語堂：《遠景》，頁 6。
111 南太平洋漂流記的題材，在清末民初極受歡迎，像是譯自法國作家凡爾納《十五少年漂流記》，或許此風亦對《遠景》創作有所影響。賴慈芸：《譯難忘：遇見美好的老譯本》（台北：聯經出版公司，2019 年），頁48。
112 林語堂：《遠景》，頁 28。
113 林語堂：《遠景》，頁 3-4。

　　如此閒適自如的島嶼空間，小說一路由馬克思主義深信改變人性的環境或環境影響力的批判娓娓道來，也指陳聯合國唯一的價值是擔任道德力量，但是文明染上「射精不止」的毛病。[114]林語堂罕見地以強烈嚴苛風格的語言檢討人類追求進步帶來的墮落與反差，刻意著重的是環境對於人心的影響力，披露戰爭的悲劇性，戰敗國為失敗而飲泣，而戰勝國在勝利的重擔下呻吟，[115]對於戰爭與文明的省思，在小說中多次出現。

　　小島百姓崇尚女性身體自然裸露之美，態度形同徐志摩《濃得化不開》裡濃豔的朱古律女郎。[116]食色性也的人之大欲在小說中不但是文化的展現，也是基本生活的物質觀。林語堂以《遠景》中哲學家勞士之口道出：「若沒有廚師和音樂家，生活也就不值得過了。」[117]哲學家勞士極為用心尋找廚子，以維持島上優良的烹調傳統，他認為這可不是一個隨隨便便的專案；美酒、歌唱、美食和美女構成了舒適生活十分之九的條件。結構鬆散《遠景》以閒談體帶給讀者閱讀的自由感，不同於典型意義的小說以人物塑造與故事情節取勝。林語堂以包容的心態、閒適從容的格調、靈光閃現的心緒，信手拈來，完成閒談散文與小說載道之間的流轉應用，讓文學遠離政治，確立文學的獨特性，回到崇尚文化生活的人生，以寬容的同情把物質和慾望看得更明晰、更確實，[118]影射南大之後的人生哲思。

114　林語堂：《遠景》，頁 51。

115　林語堂：《遠景》，頁 35、46。

116　夏菁：《中國現代作家的南洋書寫研究》（武漢：華中師範大學出版社，2015 年），頁 64-65。

117　林語堂：《遠景》，頁 54、78。

118　王兆勝：《林語堂的文化選擇》（台北：秀威資訊科技公司，2006 年），頁 222-234

　　毫不在意能否攍得上理想國的條件，泰諾斯島的最高學府是一所男性心靈撫慰學院，意在讓女子婚前了解男人的黑暗面，以便知悉如何對治，有虐妻家暴傾向的男性，被島上既美麗又富有才華的女子施之以歌唱、舞蹈和詩篇，終能痊癒。此舉與林語堂倡議以體悟覺察「未經分析無已進行的動流」入情入理相結合，理是固定的，情是流動的，中國的近情哲學，追求近情合理的真知，理會各種情狀，[119] 聲音和樂舞的藝術修為，平衡了婚姻裡的情感罅隙。林語堂的「情」所展現的是一種老成溫厚的人文主義精神，以容忍的、執中的、常識性的、論實際狀況的方式講情論理，施行中庸之道，[120]這是一種「林語堂式」詩性人格的體現，[121]在態度上凡事講求通融、妥洽、討情、敷衍，適宜於放任自由個人主義的中國民族，且合於中國人文主義。[122]

　　然而，南洋大學這一段經歷使林語堂憂患重重，動搖人文主義，批判物質進步的表現。由此觀之，追求近於真知、合情合理的林語堂，面對企求通融、遇事敷衍的南大執委會未及資金到位、空間規劃不夠稱之為世界一流大學，絲毫不妥協，也能果決轉身離去，維持最後尊嚴，符合他所持守的人文主義、

119　林語堂：〈論東西思想法之不同〉，正中書局編：《回顧林語堂：林語堂先生百年紀念文集》（台北：正中書局，1994 年），頁 129。

120　沈謙：《林語堂與蕭伯納》（台北：九歌出版社，1999 年），頁 76。正同於林語堂客廳匾額「有不為齋」，有所為有所不為，有些事是林語堂不屑做的，沈謙認為林語堂的行徑合於中國儒家中庸之道的極致，也是傳統文人的理想境地。

121　劉奕華：《詩性林語堂及其跨文化傳播》（北京：社會科學文獻出版社，2017 年），頁 195。

122　林語堂：〈中國文化之精神〉，正中書局編：《回顧林語堂：林語堂先生百年紀念文集》，頁 148-157。

中庸精神以及近情哲學。[123]林語堂一生秉持真誠行事，不媚世悅俗；既做文人，也是做人，[124]雖然打敗仗，南大事件他把自己看做戰場上的傷兵，很少去想它。類似的情況亦發生於曾有支持左翼立場的美籍人士攻擊林語堂，面對自由主義者對他極其不滿的困境，林語堂挺直腰桿依然捲起袖子，支持為現代化中國而奮鬥的有志之士。即使出版商警告林語堂，不可再有此類言論損及銷路，他依然無畏，[125]合於情理的真知，符於道德的勇氣，林語堂自有其堅持。

近情的觀念，林語堂上溯孔子的人本主義，[126]也為了反道學，得人情之正。面對現代化社會的機械異化，若以誠實的、懷疑的、自由的、寬容的、自然主義的人生觀，有助於中國人以此人生觀適應現代進程。[127]實踐在林語堂的人生中，則表現於無所不在的戀鄉情懷，及對於夫妻與天倫之情的擁護珍惜，[128]力抗現代化的急速下墜。以傳統的倫常綱理出之以「情」的維繫，或恐才是面對現代化社會的解方，否則小說諭示窘境即臨：

大家對純物質進步的自豪已經被四次大戰所粉碎，

---

123 關於林氏的「近情哲學」，詳見洪俊彥：《近鄉與近情——論林語堂在台灣的啟蒙之道》（桃園：中央大學中文所碩論，2010 年）。以林語堂的核心思想「近情」為論述主軸，以檢視其「以近情啟蒙」的實踐方法和反響，考掘「林語堂晚期」的價值。

124 林語堂：〈做人與做文〉，正中書局編：《回顧林語堂：林語堂先生百年紀念文集》，頁 210-211。

125 林語堂：《八十自敘》（台北：遠景出版社，1980 年），頁 66-67。

126 林語堂：〈說浪漫〉，收於尹雪曼等編：《林語堂》（台北：華欣文化事業中心，1979 年），頁 238。

127 尹雪曼等編：〈說宇宙風〉，《林語堂》，頁 160-161。

128 黃榮才：《超然之美：林語堂的心靈境界》（北京：中國華僑出版社，2017 年），頁 139。

兩百年來，思想完全注重物質，經濟家成為社會最高的
導師，結果年輕的一代充滿了機械論者的嘲諷和享樂主
義者的放肆。[129]

哲學家勞士認為是物質的發現影響生活，航空縮短交通、
消除國際界限，巨大的改變使人類被拖著跑，再無餘力思考。
二十世紀的艱辛進展，若有一處能在進步的溪流中停下腳步，
找出自己的方向，猶如在湍流中找一塊石頭站定腳跟，作為避
難所，[130]那個應然的處所就是泰諾斯島，這個小說裡重要的地
景空間，寄託了作者的心靈世界。

性靈派名士的林語堂不受物質拘束，但他更嚮往追求精神
滿足。對照蘇雪林以政治權力般支配家庭，寓託著我為主宰的
至高追求，林語堂則透過《遠景》的勞士，表達對於人類現代
化進程的憂心：

我希望現代人能一心享受自在和舒服，能跟得上生
活水準提高的福音。結果全不是那回事。他發明省力的
機器之後，反而比以前更辛苦了。進步的速率太快，他
陷入迷宮裡，找不到出路。懶惰仍然為大家所恥，享受
悠閒是丟臉事兒，什麼也不做是一種罪孽。你對薩克遜
民族的良心、北歐奮鬥人生的教條又有什麼辦法呢？我
覺得人類對自己太殘酷了。他不再驅趕驢子和馬匹，卻
驅趕自己。[131]

---

129 林語堂：《遠景》，頁 31。
130 林語堂：《遠景》，頁 100。
131 林語堂：《遠景》，頁 243。

　　支配人生的金錢和權勢使人勞累不已，比起求智、求美的慾望更有不懈的追求動力。人類物質的需要在於身體舒適，肉身快樂；然而機械時代的文明，剝奪了應有的從容閒適，讓人們無法自愛其身。以國際化的視野追求物質享受，在巴西演講時，林語堂曾有過一段魅影式的語言表述：「只有當我們把各民族的精華融合在一起，過著國際化的生活時，世界文明才可能產生。我認為：住一棟全套美式暖氣設備的英國別墅中，有一位日本太太，一個法國情婦和一個中國廚子，就是最理想的人生了。」[132]這一段饒具機趣的說明，道出人生理想的物質追求，複合的形象與林式語言的幽默感在後人心中揮之不去。

　　林語堂在南大備受禮遇，有獨棟宅第供自己和家人安身，也有專門的廚子備供差遣。他曾說：「中國紳士都優待他的廚子，因為廚子實在掌著予奪他們的生活享受之大權。」[133]與南大交惡時的評議，其中一項是林語堂過於追求物質享樂主義，置換了不少名廚子。實而離開南大的主因之一，是妻子廖翠鳳因一封匿名的恐嚇信精神飽受威脅，全家人在南大後期遷居到飯店，以便時時刻刻有人戒護，但這樣精神緊張的生活維持不了太久，因此林語堂當機立斷，放下自己三年多以來的奔走辛勞，不計毀譽毅然離開。

　　對照《生活的藝術》亦有對於物質主義的批判，林語堂呈現抗拒現代化、否定機械化、厭棄規律化的態度：

---

132 不斷被傳誦，以說明林語堂式的幽默與一針見血的語言風格，極為具體表述林語堂的物質生活追求。

133 林語堂：《生活的藝術》（台北：風雲時代出版社，2010 年），頁 259。

　　　　人類終將會對這種不斷求進步的世界感到厭倦，並
　　開始點算在物質上的成就。我無法相信當物質環境逐漸
　　改善，疾病絕跡，貧困消除，壽命延長、食物充足之際，
　　人類還會喜歡像今日一樣忙碌。而且又有誰敢說到時不
　　會產生一種較懶散的性情呢？[134]

　　滿足了為人的基本需求之後，在物質上不但生活用度不
減，還必須追求品質。林語堂把床墊和人權聯想在一起，進而
在生死觀上表現豁達自然的態度，他說：

　　　　我很需要一個好床墊，這麼一來我就和任何人都完
　　全平等了。世上最大的富翁也不因為他有錢而睡在一個
　　更大的床墊上。他的床最多比我的床長幾吋而已。自然
　　使我們平等，短暫的生命也使我們平等，老與死使我們
　　平等。死是民主的，因為自然是民主的。自然會補償一
　　切的，百萬富豪雖有財勢但也許更渴望一個健康的腸胃
　　呢！人們以為自己需要無數的東西，事實上，如果他有
　　了，他就失去興趣了。他想要只是因為沒有而已。[135]

　　追求財富使人成為懦夫，追求權勢使人淪為禽獸，也是人
類最卑下的慾求，因為這種權力慾傷人最深。林語堂寄託於南
太平洋泰諾斯島上的異托邦警鐘，給予我們的啟示是：「生命中

134　林語堂：《生活的藝術》，頁 169。
135　林語堂：《遠景》，頁 233。譯文酌參、調整自林語堂：《林語堂精摘》，
　　　頁 25。

最好的東西往往分文不取」。[136]以林語堂的精神世界觀之，鄉情
的依戀，自然的環抱，高山哲學的人生思維，正是足以抗衡物
質過盛、慾望競逐與現代加速異化社會最堅實的根基。

四、文化交會的精神靈暈

　　反共意識與冷戰伏流林語堂的南大時期，展現文化交會的
精神靈暈，也因情的追求與實踐燭照小說人物的精神世界，呈
現冷戰格局下林語堂的處世智慧與追求和諧的文化省思。

（一）情的靈暈燭照精神世界

　　曾在 1940 年獨排眾議留在重慶為抗戰服務，不隨家人赴美
的林如斯，年紀雖輕卻有與戰爭苦難同在的堅毅心靈，並寫下
《重慶風光》的戰爭見聞錄，[137]詎料被一椿異國婚姻擊垮，終
身悶悶不樂，從抑鬱到自絕。於是哀哀老父寫下悼亡之痛：

> 　　東方西子，飲盡歐風美雨，不忘故鄉情獨思歸去。
> 關心桑梓，莫說痴兒語，改妝易服效力疆場三寒暑。塵
> 緣誤，惜花變作催花人，亂紅拋落飛泥絮。離人淚，猶
> 可拭，心頭事，忘不得。往事堪哀強歡笑，彩筆新題斷
> 腸句。夜茫茫何處是歸宿，不如化作孤鴻飛去。

136　林語堂：《遠景》，頁 70。
137　王兆勝：《生活的藝術家：林語堂》（台北：文史哲出版社，2002 年），
　　　頁 162。

——林語堂〈念如斯〉[138]

雖則林語堂以「把目光離開自己的苦惱，忘卻自我」來安慰，[139]擁有家庭支持的林如斯依舊走不出這場情傷的困阨，對晚年的林語堂衝擊甚深。

面對暮年體衰加之以喪女打擊，林語堂將舊體詩詞視為一種特殊的抒情載體，在勞勞堪哀的往事中，捻黏出鄉情、疆場、孤鴻、亂紅飛絮、點點離淚等一類舊時物象。林語堂彩筆新題的抒情、用典，緊密牽引成意義的界域，表現天地悠悠無所歸依之感。在他寫作當下的此時此地，以表現其人其事的第一層意義為主。第二層是選取出「揀盡寒枝不肯棲」、「縹緲孤鴻影」、「亂紅飛過鞦韆去」一系列宋詞意象，讓讀者透過詩詞中的典故或抒情意象，揣度其中的意義網絡。兩層語意交織出古今時空、所經事件與悲愁意緒，舊體詩詞與新世界相交接、相協商的痕跡，意義在其中昭然若揭，讀者由已知聯想未知，開拓出林語堂南大之行的時空旅痕將更為廣泛，也更顯深刻。不但是「據事類義」的文學技巧，[140]更是靈暈再現的抒情本體自我袒露，增加環境脈絡所認定的可信度，也營造出期待的真實存在。晚期林語堂回首前塵，藉由舊體詩詞的論述或抒情，再現、翻轉、新建自我認同與世界視域，面對喪女打擊以舊詩詞體式所連結的文類特質與知識體系來表達幽微心緒，使其人生產生意義上的折射作用，呈現交錯疊映的情境、曲折繁複的意味。而

---

138 王兆勝：《生活的藝術家：林語堂》，頁 141。

139 弗里德里希・威廉・尼采（Friedrich Wilhelm Nietzsche）著，錢春綺譯：《查拉圖斯特拉如是說》（新北：遠足文化事業，2015 年），頁 55。

140 鄭毓瑜：《引譬連類：文學研究的關鍵詞》（台北：聯經出版公司，2012年），頁 270、324。

這些重層交疊的鏡像折射，映透著仕人生各階段流動寄託的「異域」、「他方」，在民國性／現代性書寫中產生抒情的多層次時空效應，呈現悲劇式的抒情美感。

　　這種無力的傷懷與早期的林語堂大為不同，北大時期胡適領軍的《現代評論》與周氏兄弟為首的《語絲派》針鋒相對，針對教育部與女子師範大學的問題，展開了一場驚心動魄的論戰。林語堂卻備感歡欣，甚至加入學生示威行動與警察以旗竿和磚石相鬥，因而被視為異端之家。[141]早期林語堂意氣風發的戰鬥精神，與魯迅語絲派為伍的北大歲月，精神上力求靈魂之接近、精神之親屬，與所謂「人心的家庭」之相互了解。[142]秉持「獨立之精神，自由之思想」（陳寅恪墓誌銘），以提倡性靈之筆，寫出豐富藝術修養與技法的作品。林語堂持守幽默閒適力抗中國的社會主義，周質平指出這與林語堂個人主義和自由主義思想基底相關，[143]使之勇於挺身戰鬥，捍衛自由精神主體。

　　跨越時代與國境，自「五四」以來林語堂視人文主義為新文化的一部分，顯而易見與其在哈佛時期師事白璧德的師承衍流密切相關，[144]但後出轉精的是林語堂在東南亞流動的軌跡，具備一種流動的「情」的概念，在不斷流動社會文化複雜的變遷過程中，思考關於藝術邊界的問題。[145]他曾自言道：

141　林語堂：《林語堂自傳》，頁 31。
142　林語堂：《林語堂自傳》，頁 35。
143　周質平：〈在革命與懷舊之間中國現代思想史上的林語堂〉，林語堂故居編：《跨越與前進——從林語堂研究看文化的相融／相涵國際學術研討會》，頁 19。
144　余英時：〈文藝復興乎？啟蒙運動乎？——一個史學家對五四運動的反思〉，余英時等著：《「五四」八十周年紀念論文集 五四新論——既非文藝復興，亦非啟蒙運動》（台北：聯經出版公司，1999 年），頁 24。
145　周憲《文化間的理論旅行：比較文學與跨文化研究論集》（南京：譯林出版社，2017 年）頁 128。

　　　　且凡天下之事，莫不有其理，亦莫不有其情，於情
　　　有未達則其理不可通。理是固定的，情是流動的。所以
　　　我在《吾國與吾民》書中說：西人斷事之是非，以理為
　　　足，中國人必加上情字，而言情理，入情入理，始為妥
　　　當。因為我們知道，理是定的，推演的；情是活的，須
　　　體會出來的。近情合理是真知，去情言理，不足以為道。[146]

　　林語堂的內在思維是「情在理先」，以「情」加上「理」來
斷言事情的是非曲直，以「情」保有做事的彈性，一旦達「情」，
「理」亦可通，他把這樣的思維邏輯稱為中國之「近情哲學」。
一向喜於會通東西文化的林語堂，進一步思索、比較東西方理
則，繼續辨析「情」字的深刻奧義，並自豪這乃是西方所無。
他說「情」字的用法是：

　　　　大都指變動之情勢，若單言「狀況」，指固定的，亦
　　　可以英文「Condition」表出，若言「情狀」則必有深一
　　　層的理會。曾子所謂「得其情，則哀矜而勿喜。」良吏
　　　斷獄，亦必廉察其情。凡吾所謂「民情」、「軍情」、「敵
　　　情」，都含有形容難以數字表出之情勢。耶魯大學諾爾攝
　　　教授常論中西思想之不同，也說中國人所見的宇宙萬
　　　物，是「未經分析無以進行的流動」這流動是以邏輯切
　　　開的，抽刀斷水水長流，這是精微之處，也只好用體會
　　　體悟方法覺察。這就叫做直覺。[147]

---

146 林語堂：《吾國吾民》（台北：金蘭出版社，1984 年），頁 82。
147 林語堂：《吾國吾民》，頁 83。

　　林語堂對於「情」的理解，透露出其心理、情感、文化習性與行為模式，透過考察理性層面呈現的直覺觀念，[148]追索非理性層面不自覺展現出來的心態人格，[149]可能使純粹的理性工具墮化成為束縛性靈的教條。人的思想、情緒和自我、靈魂蒸發出了精靈，非實體的智慧放射線以力量、放射、蒸發構成整座宇宙。[150]《遠景》中林語堂以科幻小說的筆法預設後人類世界，[151]提升「情」的地位，將之與知識等同概觀。

　　透過「情」的體悟和「自由」的信仰，林語堂在南大事件之後致力撰寫歷史傳記《武則天傳》。言在此而意在彼，他以專橫決斷的女皇帝比之於出奇相似的史達林，不同於歷史學家以史傳考論，林語堂提出對武則天的觀察分析：

> 武則天謀殺文武大臣很像史達林，她的整肅異己，審判與折磨拷問的技巧也像，利用「坦白」也像，對大規模的謀殺創造恐怖也像，她的喜怒無常專制的脾氣以及自尊自大，無一不像。甚至連用疲勞緊張逼供的方法也相像。武則天創造了一個無與倫比的專制獨裁的政權，史達林受人敬愛崇拜直到他嚥了最後一口氣；武則

148　楊匡漢、莊偉杰：《海外華文文學知識譜系的詩學考辨》（北京：中國社會科學出版社，2012 年），頁 315-316。亦可稱為「直覺洞悟」。

149　這是採取知識分子心態史的研究方式。見許紀霖：《大時代中的知識人》（北京：中華書局，2007 年），頁 265。

150　林語堂：《遠景》，頁 90-91。

151　凱瑟琳‧海勒（N.Katherine Hayles）著，劉宇清譯：《我們何以成為後人類：文學、信息科學和控制論中的虛擬身體》（北京：北京大學出版社，2017 年），頁 386。

天幾乎也是一樣。[152]

　　這裡思考的是現代的人權與民主，把被奉為俄共領袖的史達林與中國女性皇帝無所不用其極的專擅劃上等號。林語堂珍視與性命等同可貴的自由，如果因一人，或者一種理念的政權備受橫阻，這是受西方自由主義洗禮，與崇尚無為老莊思想的林語堂所無法忍受的事實。

　　在評斷武則天時，林語堂特別以宗教情感之虔誠盛讚唐太宗真純無上，具有崇高的道德價值，是有道明君，能體恤百姓，苦其所苦，盡愛民之旨。這一段評議展現林語堂對於領導統御的期待，不僅須以民主自由之尊重，還需有道德意志讓國體與政體鳴琴垂拱，達到不言而化的大同之治。《武則天傳》著墨於武氏坑殺無辜，罔顧倫理綱常之舉，書末林語堂詳細臚列死於武則天政權之下的清單，證實她殺人如麻，不可勝數，影射共黨政權對無辜百姓的殘酷暴虐行徑，以文學之筆寫歷史而能「文史相容」，[153]林語堂勸諷世人須以慈愛相待，武氏的作為正可以鑑往知來。

　　林語堂更為關切的是人生的意義與生存的目標，人的生命具有內在價值，而非僅只是國家的工具，現代化的指標是增進所有人類的平等自由，這一點意義實踐在民國文學的民國性方面亦然，是一種普通人、自由人和普世人的主義，[154]不需要嚴酷的監督者和現實主義者無法無天的創造帝國，需要思想正直

152　林語堂：《武則天傳》（台北：金蘭出版社，1984 年），頁 3。
153　周質平：《自由的火種：胡適與林語堂》，頁 252。
154　林語堂：《匿名》（台北：金蘭出版社，1984 年），頁 148-149。

的人，而不是搞政治的人。[155] 二戰是基於超越思想疆界的國家主義而戰，[156] 林語堂分析自由世界所需要的政策是一致的國際政策，為了成功進行以思想戰為核心的冷戰，已有的北大西洋公約組織、東南亞公約組織、巴格達公約等是軍事防禦領域中的政策工具，民主國家過於被動防禦，年輕的亞洲需要一場思想戰爭，[157] 這是林語堂循跡孔子「正名」思想辨析共黨「反動分子」、「反革命」等名義意涵之外，相當具有建設性的政治思維。

共同防禦往往形成一道邊界，不易求生的一群，試圖跨國越界備嘗艱辛，林語堂小說《逃向自由城》寫 1962 年「逃亡潮」中一群流亡到九龍塘的難民群，[158] 以時代的荒謬性，諷刺欲將難民遣送回中國大陸的香港警察，赫然發現逮捕難民之一，竟是自己的兒子，幸而多方奔走讓其子留在香港。過境邊界正是一種文學隱喻，目的是企求物質生活能得溫飽，在精神世界而言則是嚮往自由的卑微請願。

為了解決政治與歷史現實帶來的苦悶，林語堂在人生情趣和文化態度上皈依老莊，他認為若欠缺道家思維，中國只有不幽默的儒家道統，中國詩文將何其枯燥，中國人的心靈也將苦悶到無以復加。小說《遠景》大量融入「柔弱勝剛強」、「勿以心為行役」的道家思想，林語堂為了達成將中國人精神上的藝術傳遞到西方世界的目的，他調動了寫作計畫的先後次第，將《老殘遊記二集》、《影梅庵憶語》、《秋燈瑣憶》、張潮的《幽夢

---

155 林語堂：《匿名》，頁 191。
156 林語堂：《匿名》，頁 215。
157 林語堂：《匿名》，頁 243。
158 林語堂：《逃向自由城》（台北：金蘭出版社，1984 年），頁 340-341。

影》格言、曾國藩以及鄭板橋的家書、李清照的《金石錄後序》
等五、六本能夠體現中國生活藝術及文化精神名著翻譯的事暫
時擱歇，先寫《生活的藝術》。[159]在賞花弄月之外，寄託中國詩
人的曠懷達觀、高逸退隱、陶情遣興、滌煩消愁等人生哲學，
不說老莊，而老莊之精神在焉；不談孔孟，而孔孟之面目存焉，
[160]讓西方世界透過林語堂的彩筆了解中國人的精神世界。

　　以中國傳統文化精神傳播自由主義的理想，還必須進一步
結合林語堂的性靈觀之。陳寅恪曾以「海外熊林各擅場，王前
盧後費評量。北都舊俗非吾識，愛聽天橋話故鄉」，詩中的「熊」
是指熊式一，「林」則是林語堂，陳寅恪之所以贈詩熊式一，是
為了答謝熊式一贈予著作小說《天橋》。陳寅恪表面上字字言熊
式一，但「費評量」透露了話中真意，這是烘雲托月盛讚林語
堂海外著作遠近皆知，不但反映 30 年代一部分中國知識界文化
取向，也說明林語堂性靈自然活潑，以詩文自娛為尚，自由獨
立，不動輒大言壯語凸顯對中國命運的關切；既不載道，也不
革命，只是孜孜矻矻創作與中國文人性格、文化與生活藝術相
關的著作。饒有讀者意識的作品符合西方人士想認識中國的一
種審美追求，有側影，有批評，在五四洗禮中，林語堂保有取
諸中國的優點，並未呈現一面倒拒斥傳統文化的傾向。老莊的
自然，儒家的中庸，透闢的人生理想以及嫻雅意趣，再結合西
方的自由主義，綰合出一種自由主義化的正統，說情講理不違

---

159 《生活的藝術》高居美國暢銷書排行榜第一名，是 1938 年全美最暢銷
　　的書，其因殆由西方對中國的好奇之眼。施建偉：《林語堂：走向世界
　　的幽默大師》，頁 41。
160 林太乙：《林語堂傳》，頁 171-172。

個人自由，深得西方讀者之心，[161]擴大了讀者接受群體。

　　林語堂這一番調動，因緣際會的在時局中恰是西方讀者對東方思想最為感興趣之際，也是抗戰前夕風雲詭譎，最需要爭取國際理解與支持的時刻。由思想而立場的全面闡述，1937 年自發行以來在美國再版 40 次之多，英、法、德、義、丹麥、瑞典、西班牙、荷蘭等國都暢行不衰。[162]中國人有一種莊嚴靜穆的生存態度，是中國人身上最為寶貴的特質，它融合了儒家、墨家對待人生和社會的嚴肅認真態度，又包含了道家超脫的生活哲理。在漫長的歷史歲月中，中國人能在無數次的劫難中生存、發展下去，憑藉的正是這種可貴的人生態度，林語堂強調有此國風之人，才算是真正的中國人，[163]以其理解向世界發聲，藉由文化輸出達成外交之功。

（二）冷戰格局下的處世智慧

　　在冷戰世變與南大事變兩股作用力攪揉下，即令文人智慧也無法衝脫的藩籬，世局圍困，於情不合，於理不行，落入若干的意氣用事，些微的任性使氣，雙方終有所不圓滿。從《詩經》時代以來，內心世界與外部世界因緊密聯繫產生興趣，賦予了詩歌的「興」；更有個人歷史與哲學的蘊蓄之地，旁人無以觸及，惟有個人感知、表達與世界發生聯繫，而此聯繫足以打開文人的內在世界，這個深層世界高友工稱之為「性格」。作家與性格、感知之間的深層交互作用，不但產生詩的行動，也讓

161　余英時：〈我走過的路〉，《現代學人與學術》（桂林：廣西師範大學出版社，2014 年），頁 557-563。

162　施建偉：《林語堂傳》，頁 682。

163　馮友蘭：《新事論・論抗建》（出版地不詳：出版者不詳，1939 年），頁 208。

感情、記憶、思想、判斷、想像、記憶與期望一一得到表現而滿足。[164]四十歲生日時，林語堂以長約四百字的一首詩為自己祝壽，也是四十自述：

> 我生今年已四十，半似狂生半腐儒。
> 一生矛盾說不盡，心靈解剖迹糊塗。
> 讀書最喜在河畔，行文專賴淡巴菰。
> 卸下洋裝留革履，洋宅窗前梅二株。
> 生來原喜老百姓，偏憎人家說普羅。
> 人亦要做錢亦愛，躑躅街頭說隱居。
> 立志出身揚耶道，識得中奧廢半途。
> 尼溪尚難樊籠我，何況西洋馬克思。
> 出入耶孔道緣淺，惟學孟丹我先師。
> 總因勘破因明法，學張學李我皆辭。
> 喜則狂跳怒則嗔，不懂吠犬與鳴驢。
> 掣緤豢籠悲同類，還我林中樂自如。
> 論語辦來已兩載，笑話一堆當揶揄。
> 膽小只評前年事，才疏偏學說胡盧。
> 近來識得袁宏道，喜從中來亂狂呼。
> 宛似山中遇高士，把其袂兮攜其裾。
> 又似吉茨讀荷馬，五老蜂上見鄱湖。
> 從此境界又一新，行文把筆更自如。
> 時人笑我真瞶瞶，我心愛焉復奚辭。
> 我本龍溪村家子，環山接天號東湖。

---

164 高友工：《美典：中國文學研究論集》（北京：生活・讀書・新知三聯書店，2008 年），頁 224。

十尖石起時入夢，爲學養性全在茲。
六歲讀書好寫作，爲文意多筆不符。
師批大蛇過田陌，我對蚯蚓渡沙漠。
八歲偷作新課本，一頁文字一頁圖。
收藏生怕他人見，姐姐告人搶來撕。
十歲離鄉入新學，別母時哭返狂呼。
西溪夜月五篷裡，年年此路最堪娛。
十八來滬入約翰，心好英文棄經書。
線裝從此不入目，毛筆提來指腕愚。
出洋哈佛攻文學，爲說圖書三里餘。
抿嘴坐看白璧德，開棺怒打老盧蘇。
經濟中絕走德國，來比錫城識清儒。
始知江戴與段孔，等韻發音界盡除。
復知四庫有提要，經解借自柏林都。
回國中文半瓶醋，亂寫了嗎與之乎。
幽默拉來人始識，音韻踢開學漸疏。
而今行年雖四十，尚喜未淪士大夫。
一點童心猶未滅，半絲白鬢尚且無。[165]

　　將此詩與《遠景》合而觀之，在物質生活描繪有相同之處：
「菸、酒、豎琴是人類幾件重要的永恆發現，真正能帶來人類
舒適、明智、快樂的生活。妳可以像我們一樣沒有火車、汽車、

---

165 林語堂作於 1934 年 8 月下旬自序於長江舟上，登載於 9 月 16 日《論語半月刊》，林語堂：《林語堂自傳》，頁 276-277。參考林語堂故居，網址 http://www.linyutang.org.tw/big5/lin-writings2.asp? idno=17，擷取日期 2019 年 7 月 10 日。

收音機，仍然過得很舒服，但若少了菸、酒、豎琴，生活的情調就沒有了。」[166]泰諾斯島自給自足，涵容文明雅事，擁有遺世而獨立的愉快生活方式。林語堂從不否定對於物質生活的基本追求，與性靈相伴，讀書撰文手不離菸，詩中仔細交代學習歷程，並說明最終依恃的是那一點「童心」。不論著書立說、傳道授業，林語堂面對人事的紛擾，從不避諱言說自己的矛盾心態。

再透過 1960 年莊竹林任南大校長時曾到南大任教一年的徐訏，從旁觀諍友的理解，可以分析出林語堂南大事件幾點關鍵因素：[167]

一、對南洋環境的複雜與南大欠缺理解：在林語堂之前，南大校長一職已徵詢過梅貽琦、胡適之，可見得南大希望以具有知名度的校長建立國際間的威望，企圖心不小。在對新加坡現實環境不理解的狀況下，林語堂尚未就任即已發表離題的談話，徐訏深以為不智。人事與財務是最引起詬病與打擊之處，林語堂辭職之際根據合約拿了一筆為數不小的遣散費，於法有據，然相較於辦校時三輪車伕的捐款義舉以及華僑踴躍解囊，易予人引起情感上的斥責，[168]認為林語堂此舉不當。

徐訏認為這不是老莊，當然也不是孔孟之道，甚至應該自己備妥洛克斐勒（John Davison Rockefeller，1839-1937）或福

---

166 林語堂：《遠景》，頁 80。

167 陳緒石：〈「徐訏評說林語堂」的獨特價值〉，《寧波大學學報（人文科學版）》第 26 卷第 6 期（2013 年 11 月），頁 28-32。

168 曾參與這一段歷史的鄭奮興認為林語堂與陳六使觀點、處境迥異，後來不合，勢所難免。林語堂招致較多的罵名，鄭奮興認為與林語堂收下賠償金，漠視陳六使甚至率執委會全員送機的情意密切相關。鄭奮興：《鄭奮興講南大故事》（新加坡：南洋理工大學中華語言文化中心，2011 年），頁 144。

特（Henry Ford，1963-1947）的捐贈募款而去南大，猶如《紅樓夢》鳳姐兒的地位來自於其嫁妝，因而使人不得不看重；也必須拜訪李光前這樣富甲南洋的大戶，[169]爭取僑領支持。當地僑領對於投資大學乃是以利潤眼光，捐錢者也是擁有地皮者，[170]括聘請曾建造多所大學的建築師設計南大，卻不知校董中擁有建築公司者不少，怎會不對工程有意見，私心於其中。

　　二、處世的幽默與做事的認真無法融會：校長職位需要複雜的處世智慧，林語堂雖深得老莊人生態度的旨趣，但在與南大執行委員會、董事會賓主關係無法盡歡時，卻無法抱持合則來，不合則去的灑脫；以做事須認真的執著，為所聘的教職員爭取權益，藉視合約如廢紙的幽默全身而退，不與陳六使計較是非，方為全真保身之道。陳六使對林語堂的預算不同意，遽然公諸於世，讓林語堂形同箭靶。雙方無法溝通轉圜時，林語堂連珠炮似的責問，陳六使不置可否，只建議以書面送達委員會審議。這一番質問，陳六使認為除生平在昭南時代被日軍拘去受過刑辱勘可比擬，不難想見場面之火爆。[171]林太乙是校長室秘書，女婿黎明是大學行政秘書，雙雙無以折衝樽俎，反落得安插人事的詬恥，[172]因公舉才或徇私為己，在不歡而散後確

---

169 許雲樵、蔡史君：《新馬華人抗日史料（1937-1945）》（新加坡：文史出版社，1984 年），頁 51。李光前熱心社會公益事業，自抗戰起便常義捐或購買公債，曾任新加坡華僑中學總理，南益有限公司主持人、南洋商報董事主席、華僑銀行有限公司主席、新加坡華人游泳會主席、星華籌賑會委員、公債募會委員。

170 鄭奮興：《鄭奮興講南大故事》，頁 26。

171 陳六使一度從廚房離開談判會場，事後並委屈自訴當時咄咄逼人的林語堂使他深覺形同當年被日人拘押，陳氏這一段經歷見李恩涵：《東南亞華人史》，頁 537-538。

172 黃肇珩：〈「林家次女的語堂襟懷」追思座談會〉，林明昌編：《閒情悠悠：

實留下了話柄。

　　綜上，徐訏以「對於客觀現實之不願了解所引起之誤會與損失」談此事變，[173]這一切擘劃可看出林語堂對此事只許成功不許失敗的決心。1945 年 7 月 1 日，林語堂在紐約設立臨時辦事處謀劃人事，聘請主要教授與治校班底，邀來文學院長熊式一、理學院長胡博淵、先修班主任黎東方、圖書館館長嚴文郁、大學建築師楊介眉、姪女林國榮擔任會計長，[174]甚至要求女婿放棄聯合國秘書處中文科翻譯員一職。人事到位之後還去信陳六使要求資金必須到位，校董（執委會）不得干涉大學行政等原則，[175]已然與性靈派名士的作風迥然不同，足證林語堂懷擁辦學之理想與願景，下了決心要辦一番大事業。

　　林語堂不易之處在於用美國的方式，以西方的價值觀，去為華僑建立一所旨在保存中國文化的大學，自然不被新加坡僑

林語堂的心靈世界》，頁 224-225。黃肇珩曾任林語堂的秘書，也因擔任中央通訊社記者而與任職《讀者文摘》的林太乙有工作上的往來，她憶及林太乙「是非常公私分明的人，在公事上非常理性，在用人上更是要求。」

173 徐訏著，廖文傑、王璞編，梁秉鈞編：《念人憶事 : 徐訏佚文選》，頁 87-91。

174 林語堂也屬意錢穆，然錢穆婉辭，1956 年錢穆夫婦訪星洲，居停的女主人是圖書館館員，將南大從創校到林語堂辭職離星先後 3 年剪報兩大厚冊，取出供錢穆夫婦翻閱，即可知此事僑界關懷之深。隨後錢穆夫婦受邀參訪南洋大學，感慨萬千地說若得於當時會晤林語堂，必力勸林語堂與新加坡僑界增進了解與溝通，勸請林語堂以錢穆辦香港新亞書院為前車之鑑，放低創辦世界一流大學的理想標準，先穩定學校再步步求高，如此不至於對南洋僑界來說是一樁損失，對林語堂本人也造成一種傷害。見錢胡美琦：〈憶認識語堂先生的經過〉，正中書局編：《回顧林語堂：林語堂先生百年紀念文集》，頁 103-105。

175 喻蓉蓉：〈幽默大師林語堂〉，《傳記文學》80 卷 3 期（2002 年 3 月），頁 58。

領們所接受。[176]因為華族所擁戴的南大精神是「為族群、為子孫、為文化、為自尊，排除萬難自辦高等教育的愛心和勇氣，它展現了一種掘井植樹、護源保根的精神，滲透了一種合作團結和利他主義的品質。」[177]然因種種因素與風波不斷，起自林語堂應聘，終於南大併校，每當後世不斷追憶與懷想這一段故實，形成一種揮之不去的後殖民魅影，從民族文化挫敗感逐漸蔓延到政治場域，形成大馬華人政治中的「大學情結」，[178]使理想落空，僅餘一記痛史。

　　除了由內在印證林語堂的一捆矛盾，尚須由外部史實說明南大事件始末。當風波稍歇，林語堂第一部出版的著作《遠景》是科幻烏托邦之作，在小說中他自陳主旨：「民主世界聯邦唯一的目標就是要建立一個和平的世界」[179]。這部哲理小說充滿大量對話，以至於人物平板單調、情節鬆散為論者所詬病。然而其意旨正是在於凸顯主要人物的精神世界，同時寓託林語堂的啟蒙意圖與現代性反思。這種源自 18 世紀西方哲理小說慣用的寫法，主要在於以藝術的形式傳達出某種思想觀念，以達到啟蒙作用，自然必須大量運用能夠直入人心，進行思想交鋒的對話場景。[180]林語堂深知理想與現實之衝突以及兩者之間的距離，他說自己是現世主義的理想家，曾自我評價：「坦率、誠懇、樂觀、風趣；懷著一瓣未泯的童心，保持一分我行我素的矜式，

176　施建偉：《林語堂傳》，頁 535。

177　李元瑾：〈南大精神 新馬兩地華人共有的歷史遺產〉，陳嘉庚國際學會學術小組編：《南大精神》（新加坡：八方文化創作室，2003 年）頁 30。

178　潘永強：〈憂鬱與抗議 新馬華人的「大學情結」〉，陳嘉庚國際學會學術小組編：《南大精神》，頁 139-144。

179　林語堂：《遠景》，頁 2。

180　譚君強：《敘事學導論：從經典敘事學到後經典敘事學》（北京：高等教育出版社，2014 年），頁 142。

是現實主義的理想家，也是滿腔熱情的達觀者。」[181]、「我對於生命，對於生活，對於人類社會，總希望能採取個合理、和諧而一貫的態度。」[182]小說《遠景》中，和平族的禱告展現林語堂的願望，他追尋的目標是：

> 噢！朋友，讓我們毫不畏縮的來思考生命吧！如此我們就可以用一種簡樸、明澈的態度來面對人生。沒有心靈的紛擾，沒有虛飾，既不必回顧以往，也不必寄望於不可及的未來。我們該相信生命是美好的，只要我們願意，現在就可以生活的很美滿。地球是我們的，社會也是我們的，讓我們和我們的同胞在和平、謙遜中共同生活吧！如此我們的工作才有收穫，才能容忍，才能生活的快樂。當我們放下了辛勞的工作之後，讓我們以敬意和謙卑來崇拜讚嘆宇宙的美妙和智慧吧！我是宇宙的一分子，也分享它的和諧悅美，當我們該離開的時候，讓我們滿足、感激的離去吧！因為我們已經享受了這個短暫、珍貴的生命。[183]

島上住民人人背誦的一段誓詞，運用的場合是葬禮，詞意呈現平靜而淡漠的寬大平和，展露林語堂對於現代文明精神的反思。南大事件之後，林語堂再度皈依基督教，從他稱自己為異教徒，三、四十年來，亟思能對自己所作所為、動機和命運

181　林太乙：《林語堂傳》，頁331。
182　林太乙：《林語堂傳》，頁160。
183　林語堂：《遠景》，頁156。譯文酌參、調整自林語堂：《林語堂精摘》，頁168

有所解釋，找尋讓人類繼續生存，比人類更偉大的力量：

> 三十多年來，我唯一的宗教信仰是人文主義，即相
> 信人有理性指引就什麼都不假外求，而只要知識進步，
> 世界就會自動變得更好。可是在觀察二十世紀物質主義
> 的進展，和不信上帝的國家裡所發生的種種事態之後，
> 我深信人文主義不夠，深信人類如果要繼續生存下去，
> 需要接觸自身以外，比人類偉大的力量。[184]

　　這份寄望於人類未來的美好夢想，體現在他所創作的閒談
體小說《遠景》之中，故事人物以形而上的文化人生對談，寄
寓林語堂對人類發展理想主義的實踐，阻遏人類文明加速異
化。[185]島民為了慶祝登陸一周年，舉辦了仿古希臘「雅典節」
的「和平女神節」，結合宗教與詩歌，在藝術與宗教的聯姻中，
恢復尚未被基督教罪惡感破壞的美感與虔誠。[186]40 年代以來林
語堂對於物質主義的客觀看法結合了中國固有的道德文明，並
未像論者所譏評，在物質主義碰了一回釘子：「人的特徵是懷有
追求理想的願望，住在這個現實世界，夢想另一個世界，一個
人的想像力越大，越難感到滿足。人類全是靠想像力才能進步
的」，[187]林語堂創作不輟屢跌再起的理由，正是無限的想像力與
編織夢想的能力。

（三）追求和諧的文化省思

---

184 林太乙：《林語堂傳》，頁 286。
185 王兆勝：《生活的藝術家：林語堂》，頁 139。
186 林語堂：《遠景》，頁 215。
187 萬平近：《林語堂評傳》（上海：遠東出版社，2008 年），頁 261。

　　自南大事件受挫後，通才型作家林語堂首度創作的文類是小說，揉雜世變與家變的家國之思，除了《遠景》之外，另一部小說《京華煙雲》林如斯評定：

　　　　最大優點不在性格描寫得生動，不在風景形容得宛然如在目前，不在心理描繪得巧妙，而是在其哲學意義。你一翻開來，起初覺得如奔濤，然後覺得幽妙、流動，其次覺得悲哀，最後覺得雷雨前之暗淡風雲，到收場雷聲霹靂，偉大壯麗，悠然而止。留給讀者細嚼餘味，忽恍然大悟。何為人生？何為夢也。[188]

　　流傳到日本，譯者四竃恭子回憶十六、七歲住北京時已看過佐藤亮一翻譯的《北京好日》（《京華煙雲》節譯本），知悉帝國主義的魔手如何干預五四運動以後的學生運動，了解為何中國人仇視日本人，其中有殘暴的屠殺，更有中國人的憤怒。1939年在美出版，激起支援中國給予借款的輿論，在譯成全冊的日語版書籍後，作者以日人能作的贖罪行為，祈求中國人民的寬恕以及戰爭犧牲者靈位的冥福。[189]《京華煙雲》翻譯流通後的影響力，在國際間發酵，使犧牲者略感撫慰。

　　呂赫若1942年日記記載他正研讀《北京好日》，來構思以

188 林如斯：〈關於京華煙雲〉，《林語堂名著全集》第 1 卷（長春：東北師範大學出版社，1994 年），頁 2。
189 四竃恭子：〈相遇《京華煙雲》〉，正中書局編：《回顧林語堂：林語堂先生百年紀念文集》，頁 14-21。佐藤亮一曾參與在台北舉辦第三屆的亞洲作家大會，與林語堂共聚一首，稱許林語堂作品「優美絕倫」，因同情角色命運而在翻譯過程中潸然淚下。洪俊彥：《近鄉情悅：幽默大師林語堂的台灣歲月》，頁 114。

老家為主題的長篇家族小說，[190]林語堂始料未及的是，家族小說與國族精神、命運的書寫，透過日文重重翻譯，竟爾深深打動遠在台灣一位青年的心靈，刺激著他的寫作思維。關於這部書尚有一段插曲：1940 年 9 月 4 日，林語堂去信郁達夫說明關於《京華煙雲》翻譯的事，信中清楚說明這部小說由 1939 年 3 月動筆，歷時 5 個月於 1940 年 8 月 8 日完稿，以 36 萬字，45 回，上、中、下鴻篇巨製紀念全國在前線為國犧牲之英勇男兒。林語堂對小說寄望深厚，非同於巷議街談道聽塗說之流，他認為論著入人之深沒有比小說力量更大的，足以使讀者驚心動魄，透闢入裡，影響人心，讀者如歷其境，如見其人，超事理，發情感，在抗戰的非常時期，其宣傳效果更勝於以英語向西方宣傳。[191]林語堂以文學之筆行外交之實，成效卓著。

　　自 1902 年梁啟超「詩界革命」大纛一揚，「文界革命」、「小說革命」賡續其後，新一代知識分子看待小說的眼光迥然不同於以往，梁啟超將「新小說」與「新民」等同觀之，若更溯及魯迅〈摩羅詩力說〉以文學界入政治與社會，則文學崛起作為大眾傳播力量之所在，已然超脫學科知識而成為審美實踐、政治方法，甚至可能是一種教化典範。[192]林語堂十分倚重小說的公開宣傳效用，更甚於使用其他睿智讀者所易於覺察的形式，以敘事呈現風尚潮流，運悲歡留待推敲，避免使讀者透顯文旨後便索然無味，棄如敝屣：

190　呂赫若：《呂赫若日記（昭和 17-19 年）手稿本》（台北：印刻出版社，2004 年），頁 188。

191　林語堂：《林語堂自傳》，頁 253。

192　王德威：〈從摩羅到諾貝爾〉，高嘉謙、鄭毓瑜編：《從摩羅到諾貝爾：文學‧經典‧現代意識》（台北：麥田出版社，2015 年），頁 31-32。

　　　　欲使讀者因愛佳人之才，必窺其究竟，始於大戰收
　　場不忍卒讀耳……以書中人物悲歡離合為經，以時代蕩
　　漾為緯。舉凡風尚之變異，潮流之起伏，老袁之陰謀，
　　張勳之復闢，安福之造孽，張宗昌之粗獷，五四、五卅
　　之學生運動，三一八之慘案，語絲之現代筆戰，至國民
　　黨之崛起，青年之左傾，華北之走私，大戰之來臨，皆
　　借書中人物事迹以安插之。其中若宋慶齡、傅增湘、林
　　琴南、齊白石、辜鴻銘、王克敏，及文學革命領袖出入
　　穿插，或藏或顯，待人推敲。[193]

　　小說中也有以《紅樓夢》擬之的人物塑造，也有遠出於紅
樓人物，林語堂評定他們的主賓，詳細說明「地理背景以北京
為主，蘇杭為賓。以逃難起，以逃難終。全家以道家精神貫串
之，故以莊周哲學為籠絡，引齊物論『夢飲酒者，旦而哭泣，
夢哭泣者，旦而田獵……是其言也，其名為弔詭。萬世之後，
而一遇大聖，知其解者，旦暮遇之也』為格言」。[194]彷彿在小說
創作中包蘊個人哲思，富含莊子精神。並涵攝劉鶚《老殘遊記》
著名的創作意旨「哭泣說」，為身世、為種性，寓家國之思，明
啟蒙之悟，[195]這一番沉痛哭泣是知識分子移時世變之際的斑斑
血淚，也寄託無限感懷於未來，盼能有解讀者，以此神思上接
千載，對民族不有貳心。譯書名為《瞬息京華》，意義正是人生

193　林語堂：《林語堂自傳》，頁253。
194　林語堂：《林語堂自傳》，頁254。
195　可參看李瑞騰：《老殘夢與愛：《老殘遊記》的意象研究》（台北：九歌
　　　出版社，2001年）。

短暫易逝，如同鮮花琉璃，[196]可知林語堂對於自己筆下故事的時間性感知，著眼於風雲詭譎一朝一夕之間世局萬變，古來王府所在天威所存的北京，已不是莫非王土的顯耀名世，而是如紅樓大觀貴冑傾頹，也是老殘淚眼寄託的末世衰境。

　　除了小說、舊體詩之外，林語堂以性靈獨尊的書寫，不拘格套提倡「娓語文體」高度展現現代性的文體開拓，上接公安三袁，橫通西洋現代散文，[197]他說道：

> 　　藝術是創造，也是消遣。這兩個概念中，我以為以藝術為消遣，或以藝術為人類精神的一種遊戲，是更為重要的。……我贊成一切的業餘主義、遊戲的特性，在於遊戲都是出於無理由的，而且也絕不能有理由，遊戲本身就是理由。[198]

　　遊戲說縱承晚明公安派獨抒性靈，橫連德國席勒（Johann Christoph Friedrich von Schiller，1759-1805）《美育書簡》「遊戲衝動說」。遊戲是一種創作的動能，調和感性衝動與形式衝動，兩者達到平衡，而有既觀於內的個人展現，又有宏觀於外對於社會、政治情勢的關懷理解，藝術作為擺脫國家野蠻化、無序化的倒車，迎向現代、自主、富有創造力的公共群體生活，在兩種必然性的統一中獲得真正的自由。[199]冷戰世局詭譎多變，

196　王兆勝：《林語堂：兩腳踏中西文化》，頁 87。

197　徐訏：〈文藝大眾化問題〉，《現代中國文學的課題》（台北：釀出版社，2016 年）頁 105。

198　林語堂：《生活的藝術》，《林語堂名著全集》第 21 卷（長春：東北師範大學出版社，1994 年），頁 339-340。

199　弗里德里希・席勒（Johann Christoph Friedrich von Schiller）著，謝宛

一捆矛盾的林語堂在「遊戲說」中覓得調和之道。

　　小說《賴柏英》主旨也隱含遊戲說。賴柏英勤奮、能幹、
體貼、善良，以林語堂的初戀陳錦端為原型，她在遊戲時工作，
在工作中遊戲，是一種童年真誠的情感以及純情的信任，毫無
男人的欺偽和女人的狡詐，一心只願攀住星辰。[200]其人格特點
影射林語堂自由主義的立場，無分左右翼的政治傾向。曾經，
這樣的精神上承五四，下啟林語堂往東南亞流動的意向，試以
余英時的例子加以參照：

> 　　1948 年在北平的十個月，我自己在思想上發生了極
> 大的波動。這是中國學生運動最激烈的階段，北平更是
> 領導全國學運的中心。在中共地下黨員的精心策畫之
> 下，北京大學、清華大學的「左傾」學生發動了一次又
> 一次的「反內戰」、「反飢餓」、「反美帝」的大規模遊行
> 示威。我的一位表兄當時便是北大地下黨的領導人。他
> 不斷地向我進行說服工作，希望把我拉入「革命的陣
> 營」。這樣一來，我的政治、社會意識便逐漸提升了，我
> 不能對於中國的前途、甚至世界的趨勢完全置身事外，
> 我不是在學的學生，因此從來沒有參加過左派或右派的
> 學生活動，但是我的思想是非常活躍的，在左、右兩極
> 間搖擺不定。我開始接觸到馬克思主義，也深入的思考
> 有關民主、自由、個人獨立種種問題。當時的學生運動
> 雖然由中共地下黨員所操縱，但在外面的知識分子並不
> 了解內幕，他們仍然繼承著五四的思潮，嚮往的仍是「民

　　真譯：《美育書簡》，頁 142。
200 林語堂著，謝超雲譯：《賴柏英》，頁 86。

主」與「科學」。我在北平期間所常常閱讀的刊物包括《觀
察》、《新路》、《獨立時論》等,基本上是中國自由主義
者的議論,不過那時自由主義者在政治上已迅速的向
左、右分化,左翼自由主義者向中共靠攏,右翼自由主
義者以胡適為首,堅決擁護西方式的民主和個人自由。[201]

　　林語堂也支持自由,抗戰艱難之際,他不顧政治上的正確,
而以做自己的自由體現「民主」的最高境界。[202]自 30 年代初他
以袁宏道的性靈說與老莊的道家文化作為中西文化融合前期的
精神內核,後期則加入西方的文化價值觀,例如會通老莊與克
羅齊,創造中西融合新體系,以傳統文化為靈魂歸宿,以思念
故土為文化心態與情感,作為堅持自由主義方向的文化人,[203]林
語堂的南大經驗在精神意義上來說,落實五四思想革命與文化
革命以來非功利、幽默、性靈與閒適的四個支點,[204]使其在實
現「人」的現代化道路上,提出了不同於魯迅等民國文人「立
人」和「改造民國性」的觀點,而是堅持探索,絕不妥協的自
由意志。

　　學生身分易於滲透,基於對於政治、社會的熱情,更易為
社會大眾同情與關注,左翼的激進,又更為青年的滿腔熱血趨
尚崇拜,於是在精神上曾經以自由主義為核心的左右同源現
象,南大的實踐經驗看來,左翼最終是佔了上風,使林語堂自
絕於外,致力擁護個人精神所崇尚的自由主義。

---

201 余英時:〈我走過的路〉,《現代學人與學術》,頁 571-572。
202 周質平:《自由的火種:胡適與林語堂》,頁 264。
203 施建偉:《林語堂:走向世界的幽默大師》,頁 340-342。
204 龔鵬程:〈林語堂的心靈世界〉,收於林明昌編:《閒情悠悠:林語堂的
　　心靈世界》,頁 40。

　　追求自覺清醒的和諧美學，林語堂並以之為評斷文化、歷史、人生、文學與藝術的標準，處變不驚、自得其樂、安命知足、保持心靈寧靜與達觀始終是他的精神世界所追求。[205]由上文討論可知，雖然與魯迅左右立場迥異，林語堂也不願循革命、暴力等外力解決問題，萬象繁複的矛盾衝突中求得一絲寧靜和諧，在中西文化夾擊中，並不產生外部矛盾與內在衝突的劇烈拉扯，應是出於心靈的和諧與平靜所致，道家老莊與多教融合的個人信仰所安，[206]使他能夠走出後南大時期，並未因此一蹶不振。

　　自傳式小說《賴柏英》以第一人稱描述來自中國的青年譚新洛，為了擺脫獨特的家庭束縛，來到新加坡求學。馬來亞大學畢業後，在英國人的法律事務所工作，過著新加坡式生活。窒人的熱浪和涼謐的黑夜，小說將新加坡式的愛情擬為沙嗲，若是太辣燙了舌頭，就以小黃瓜平衡之。譚新洛的叔叔譚山泰，二戰時經營橡膠生意發跡變泰，坐擁吉佛的橡膠園與東岸路高級別墅，希望新洛與富商之女吳愛麗聯姻，吳家在蘇拉巴家擁有甘蔗園、馬來西亞錫礦和吉隆坡所有街道的地產，與譚家門當戶對。

　　並非所有來到新馬一帶的華人都能如此順遂，更多的是咬緊牙關，忍受一切的艱困掙扎著生活，憑藉恆心和勞苦終有所成者尚在少數。僅摀上溫飽的人，出於寂寞、想家、絕望而癲狂，但諱言自己的精神壓力，便將原因咎責於馬來婦人餵之以魔藥使然。善於觀察的林語堂，看到親戚裙帶介紹，前仆後繼湧入的移民群體，散佈在馬來亞、印度支那、婆羅洲、荷屬東

205　王兆勝：《林語堂的文化選擇》，頁 44。
206　王兆勝：《林語堂的文化選擇》，頁 45-47。

印度群島等地，為的是逃避家鄉的人口壓力，[207]小說將原鄉印象與對東南亞的觀察，融進新加坡的地景空間加以書寫。

　　在精神層面能夠支持移民族群的依然是文化的影響力，小說《遠景》闡釋文明與文化確實容易混淆不清，因為就像所有的字詞一樣，它們已因人們的使用而增廣了含義。實際上，文明較偏重物質方面的進步，而文化則注重精神上的收穫。一個文明人並不一定就有文化內涵。文明的所得是外在的，而文化的影響卻是化學的，它會潛入人的內在而默化。[208]適度的添補一些逍遙名士的性靈，縱任少許近情的藝術頤養，不讓過度的道德束縛自己，反而成為罪惡。這些中西互補的思維，在華人移民的身上，林語堂的切身觀察總結出許多智慧結晶。

五、國際理解與自由寬容的拓境再造

　　林語堂與南大金風玉露的相逢，因著社群觀念扞格，與主事者陳六使和執委會各擁其見，加以國際傳媒和台灣新聞圈的反共立場推波助瀾，使為華族辦學美事淪為鏡花水月一般的泡影。從各種史料梳理歸納其癥結點，與諍友徐訏曉暢明快人情通透的公允評議，在小說《賴柏英》的南洋空間書寫與人情觀視中，林語堂對新加坡並非一無所戀，只因坂仔鄉情是更悠遠、記憶綿長的原始呼喚。

　　再與《遠景》合而觀之，國體與政體從來沒有離開林語堂的視線，人間理想國度的渴盼交織著現代化進程，使人類加速異化的憂心，拒斥與拉扯之間，腳踏東西文化的林語堂借源傳

207　林語堂著，謝超雲譯：《賴柏英》，頁 28-39。
208　林語堂：《遠景》，頁 204。

統古典性靈與近情之美，鞏固從中國大陸民國性到東南亞國民性移異，魯迅成為有力的左翼符號，也在馬華作家借力使力的抨擊中，意欲使南大事件受挫的林語堂形象體無完膚。

文學的後設從來都是明鏡，1975 年 9 月，國際筆會第 41 屆大會在奧地利維也納舉行，林語堂獲薦為副會長，並獲提名為諾貝爾文學獎候選人；雖未勝出，[209]其文學成就與地位已是舉世肯定。林語堂不但勇於離開舒適圈向東南亞矢志辦學，也促進文學的跨國移動，一心評宇宙文章之餘，更身體力行使文學傳播無遠弗屆，促進交互融攝的寬容視野，藉以使中國式生活情調成為有力的外交橋樑，促進國際理解。

原可以將國際自由主義思潮流播到東南亞，卻忽視了社會家國體系與南洋族群的特殊性質，幽默的夢想家林語堂，或許已然從中更為認清現實狀況：「每個國家都有夢想，並且或多或少的朝著夢想去努力。因此人類的歷史就是一連串理想與現實的爭執與衝突，而如何在理想與現實之間作一個調適，就決定了一個國家發展的特殊方向。」[210]在南大事件這一次以人生親嘗的文學行動劇中，林語堂在東南亞的流動留下了可貴身影與記憶。

209　彭歌：〈林語堂、筆會與東西文化交流〉，正中書局編：《回顧林語堂：林語堂先生百年紀念文集》，頁 67-70。關於林語堂對台灣文學譯介之功，見洪俊彥：《近鄉情悅：幽默大師林語堂的台灣歲月》，頁 106-116。
210　林語堂，陳自強譯：《愛與諷刺》（台北：金蘭出版社，1984 年），頁 11。

第四章　徐訏星洲離合的
流動身世及創作

　　探討徐訏的身世圖景與南向創作視野，是民國文學南行考察不可或缺的拼圖一隅，他曾加入新加坡初創的《益世報》，與一批香港南來的第三勢力共同站上了馬華文學的起點。1961 年徐訏受林語堂之邀赴南大任教，一年後隨即返港，因此民國文學東南亞流動旁及香港的案例，徐訏是不容忽視的一章。徐訏曾任香港英文筆會創始會長，但香港人不認為他是香港人，他對香港亦乏歸屬感，南來文人或南來知識分子不論歷時多久還是「南來的」，並未「在地化」，也無法融入當地成為「我輩」或「吾儕」。將南洋作為異色空間的個體情慾延伸從來不乏其作，徐訏特有的是富於哲理性、擅長心理刻畫的寫作特質，與張資平、劉吶鷗可堪比擬。

　　從徐訏與南大的蕭然離索與社群往來，管窺文學與社會交融視野中，如何呈現物質慾望的生產與都市景觀。徐訏成名於大陸時期，自 1949 之後離開大陸赴港定居，來到香港以教職為業，在動盪情境中審視社會，藉由刊物的創辦和投身高教於東南亞流動。香港時期的徐訏將大陸時期舊作出版獲得廣大好評，然而商業化和急遽變遷的快速節奏，使步入中年的徐訏多了一份冷眼看待世情，從徐訏經歷即可了解文人與社會情境的

互動起伏，在描畫流離情懷與確立自我的過程，作品中透顯著隱性的政治關懷，充盈立足香港，放眼台灣的文學視野。研析徐訏往東南亞流動，將可考掘上海新感覺派如何介入馬華文學視野，如何與香港文學串結緊密關係，以及在現代主義尚未到臨之前的一段文學表現歷程。

　　整理徐訏 1961 至 1962 年南大時期出版的作品《江湖行》、詩集，及相關經歷，梳理以南洋為主的書寫，旁及生平其他諸作加以比對，可知在物質慾望的生產與都市景觀的探討上，徐訏著重家庭倫理與物質沉淪的描寫，為高教事業而去的東南亞軌跡，試圖建構的南洋空間與文化場域，不但有精神求索的無依與情感疏離，也書寫時代感懷與知識分子的心靈世界，更有徐訏獨到的宗教寄託與教育關懷。

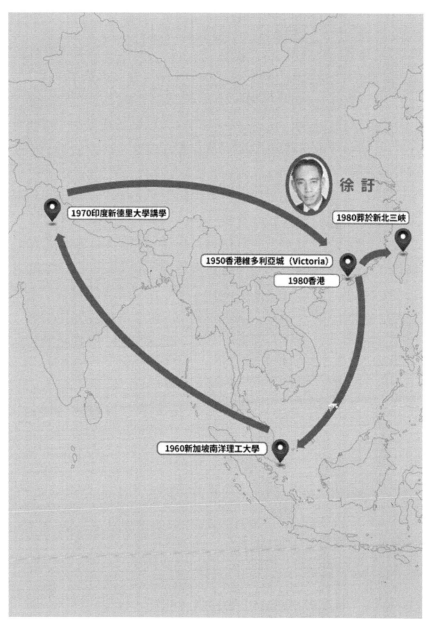

圖 4-1　徐訏流動軌跡圖（吳國禎繪製）

一、徐訏的南向視野與身世圖景

　　1950 年徐訏由上海南來香港，與劉以鬯、李輝英、唐人、徐速、高旅、司馬長風等在文學史中並稱是老一代的南遷作家。[1]回憶初抵香港，徐訏十天之中露宿街頭一貧如洗，只餘手中一枝利筆，靠著繼續創作、[2]擔任教職為生，徐訏任職的學校頗多，他擔任浸會書院文學院院長及中文系主任（1970-1980），並先後於珠海學院（1954-1960）、新加坡南洋大學（1961-1962）、香港中文大學（1965-1968）、清華書院、新亞書院教書，[3]也主編過《創墾》、《幽默》、《熱風》、《筆端》、《七藝》等多種文學雜誌，在《星島日報》、《星島周報》、《祖國月刊》、《今日世界》、《文藝新潮》、《新生晚報》、《明報月刊》等報紙副刊大量發表新詩、小說、散文隨筆和評論，寫作不輟，並曾有多部作品改編為電影，[4]創作力豐沛旺盛，困挫時局中仍

1　1948 年上海刊行徐訏詩作有夜窗書屋《四十詩綜》，收錄徐訏詩集 5 種，以及懷正出版社《燈尾集》。到港後徐訏重刊《幻襲集》易名為《待錄集》，《未了集》易名作《鞭痕集》，此 2 冊收於台灣正中書局《徐訏全集》中，除了夜窗個集之外再加上 1953 年香港大功書局出版的《輪迴》、1958 年亞洲出版社的《時間的去處》。1977 年黎明文化事業公司出版徐訏詩集《原野的呼聲》，徐訏辭世後，香港廖文傑收編遺佚詩文及未刊手稿成《無題的問句》，至此徐訏詩作大抵齊全。此處徐訏詩作編年參考大陸馮芳研究。其詩作歷程見方寬烈：〈談徐訏的舊詩和新詩〉，收於寒山碧編：《徐訏作品評論集》（香港：香港文學研究出版社，2009 年），頁 239-240；王劍叢：《香港文學史》（南昌：百花洲文藝出版社，1995 年），頁 7-8。
2　陳中雄：〈全才作家徐訏返抵國門〉，《民生報》5 版「文化新聞」（1978 年 7 月 9 日）。
3　劉以鬯編：〈徐訏〉，《香港作家傳略》（香港：市政局公共圖書館，1996 年），頁 74-77。
4　陳智德：〈導言 徬徨與覺醒：徐訏的文學道路〉，徐訏：《彼岸》（台北：釀出版社，2016 年），頁 VII。

懷有文學之志。

　　1953 年徐訏以創墾出版社社長身分，擔任「香港文化工作者回國觀光團」祕書來台訪問 10 天，目的在於推動「救濟香港流亡知識分子」、「加強與台灣文化界的緊密聯繫」兩項議題，期間拜會當時的國防部總政治部主任蔣經國，並與中國文藝協會會談。徐訏等人代表香港文化界自由陣線內的文化人，籲請中國大陸災胞救濟總會擴大救災範圍，重視這批流亡的知識分子，期能為國家多保存一些文化元氣。[5]1961 年徐訏受林語堂之邀，赴新加坡南洋大學任中文系教授兩年，[6]1962 年隨即返港，期間《江湖行》（第三、四部）在香港大公書局、香港上海印書館出版

　　綜上，民國文學的東南亞流動旁及香港，徐訏是不容忽視的一員要角，從上海孤島時期的實錄風格，隨著年歲與體驗對國民性的剖析愈漸深刻，探詢人生哲理與婚戀本質，現代派氣味濃厚；加上 50 年代以後創作已總計達六十餘種，因此徐訏成為對港台和東南亞華文文學具有重大影響力的作家。[7]40 年代前後現代主義詩歌早已傳播到東南亞，甚至不少現代主義詩人出走到南洋，構築了多元化的現代主義文學圖景，自中國、香港來到東南亞的現代詩人包括杜運燮、徐速、力匡、徐訏、楊

5　鐸音：〈香港文化人走了以後〉，《聯合報》5 版「藝文天地」（1953 年 12 月 1 日）。

6　此處採用孫觀漢 1972 年以英語所寫經徐訏親自過目的傳略，孫觀漢：〈瑣談徐訏〉，《傳記文學》38 卷 2 期（1981 年 2 月），頁 32-35。關於何時返港，無確切資料，故本書以最廣定義 1961-1962 兩年採之，討論東南亞流動之作亦然。

7　錢理群、溫儒敏、吳福輝：《中國現代文學三十年》（北京：北京大學出版社，2015 年），頁 399。

際光（貝娜苔）、羅繆、燕歸來（邱然）等人，[8]在星洲流動的
徐訏，加入新加坡初創的《益世報》，與一批香港南來的第三勢
力共同站上了馬華文學的起點，[9]因而徐訏由上海現代派到東南
亞現代主義流動的軌跡，帶動了文學思潮的傳播。

　　身逢蕭索異代，世變流離掩不住徐訏的潑灑文采，[10]在香
港被定義為多產型作家，由於卷帙浩繁，台灣正中書局 1973
年起出版 15 冊《徐訏全集》（原預定出版 18 冊），黎明文化事
業公司也出版 4 冊個人集，正中書局另印行長篇小說《時與光》
及學術著作《小說彙要》兩書；文星書店印有論著《個人的覺
醒與民主自由》、小說《童年與同情》及散文集《思與感》三
書，[11]徐訏從未停下創作的腳步，深耕創作使他心理上不再
流離。

　　徐訏曾任香港英文筆會創始會長，有意推動各項文學活
動；但如影隨形的「南來文人」或「南來知識分子」標籤，不
論歷時多久還是「南來的」，既未「在地化」，也無法融入當地

---

8 王潤華：〈序〉，張松建：《現代詩的再出發——中國四十年代現代主義詩
　潮新探》（北京：北京大學出版社，2009 年），頁 5。王潤華認同張松建在
　書中提出的觀點，兩人皆認為 40 年代多元化的詩人中，出走到中國香港
　及東南亞的現代主義詩人實在不少，如杜運燮、徐速、力匡、徐訏、楊際
　光（貝娜苔、羅繆）、燕歸來（邱然）等，這些現代主義詩人出走到南洋，
　不知不覺中將現代主義的火種帶到東南亞，而其中最特殊的例子是杜運
　燮。
9 莊華興：〈戰後馬華（民國）文學遺址：文學史再勘察〉，《台灣東南亞學
　刊》11 卷 1 期（2016 年 4 月），頁 13。徐訏僅參與籌備，未及創刊已返
　港，然常有文章刊行於劉以鬯主持的「語林」副刊，見崔貴強：《新加坡
　華文報刊與報人》（新加坡：海天文化出版社，1993 年），頁 165。
10 陳乃欣：〈徐訏二三事〉，收於陳乃欣等：《徐訏二三事》（台北：爾雅出
　版社，1980 年），頁 20。
11 秦賢次：〈江湖行盡風蕭蕭——謹以此文敬悼徐訏先生〉，《聯合報》8 版
　「聯合副刊」，1980 年 10 月 8 日）；於淑雯：《徐訏及其長篇小說研究》
　（台北：東吳大學中文所碩論，2014 年），頁 35-36；《思與感》後來由
　傳記文學社印行。

成為「我輩」或「吾儕」，缺乏歸屬感，徐訏把後半生交給了香港，卻始終與它無緣，格格不入。拋下第二段婚姻，離開嗷嗷待哺的幼女，香港的惆悵淒涼終非安居樂業的處所，僅是尋找光、愛與夢的人生驛站，[12]實言之，徐訏在 1950 年代由上海孤島強勢文學主流之地南來香港，再轉赴東南亞，皆屬當時建構中的場域，乃文化相對弱勢之處，於今再觀，徐訏在港的書寫成就已頗受論者肯定，[13]挾著盛名，這些待建構的場域加入徐訏的創作異彩，更能彰顯其重要地位。

　　晚期幾乎年年來台的徐訏，曾試圖以台灣為最終依歸，謀其一份教書事業為經濟來源，專事寫作；[14]不過他沒有林語堂的幸運，林語堂能夠在蔣介石的協助下於陽明山安度晚年，徐訏依舊漂泊離散，最後病逝於香港，而終埋骨台灣三峽天主教公墓。[15]一方面出於個人個性和氣質特徵使然，徐訏長期游離於港台主流文壇之外，二則因各地政治角力和文學思潮，與徐訏捍衛自由與真理、對自我忠誠、任個性張揚、尚民主信仰等立場大相違抵，[16]離開中國大陸居停香港的選擇使「後 1949」的徐訏被視為右翼知識分子，因此他飽受左翼評論界的批評，斥之為「黃色作家」或「逆流作家」，[17]然而香港時期的徐訏並

12 吳義勤、王素霞：《我心傍徨：徐訏傳》（上海：上海三聯書店，2008 年），頁 227。
13 王宏志：〈「竄迹粵港，萬非得以」：論香港作家的過客心態〉，黃維樑等編：《活潑紛繁的香港文學——1999 年香港文學國際研討會論文集（下冊）》（香港：中文大學出版社、新亞書院出版，2000 年），頁 718。
14 劉其偉：〈徐訏與我〉，《新文藝》第 297 期（1980 年 12 月），頁 48-50。徐訏想辭去學校繁冗職務來台定居，好能騰出時間專事寫作。
15 丁紀為：〈風蕭蕭兮淡水寒——中華民國文藝界追悼徐訏先生大會紀實〉，《新文藝》第 297 期（1981 年 12 月），頁 36-46。
16 吳義勤、王素霞：《我心傍徨：徐訏傳》，頁 237。
17 吳義勤、王素霞：《我心傍徨：徐訏傳》，頁 215。

不積極表態政治傾向，而是訴求於唯美主義風格的創作，作為
遯世之中既偶然，也是必然的選擇。[18]徐訏成為多方駁火硝煙
中的砲灰，隱地十分理解他的困境：

> 我當然也知道目前在台灣有許多寫作的朋友卑視徐
> 訏，他們說他只是一個說故事者。人云亦云的結果是，
> 使一些內心原來頗為崇拜徐訏的讀者竟不敢提徐訏的名
> 字，怕徐訏的名字玷辱了他，怕別人譏笑他欣賞能力的
> 低落……。[19]

至於一生長達三十年居留香港，綜整報刊記載港人對徐訏
作品的評論則是：

一、讀者認為徐訏的小說，故事與結構並無太大的區
　　別，幾乎成為一種公式，每部小說開頭與結局總是
　　那麼一套，認為有抄襲之嫌。
二、徐訏的小說缺乏真實，這種虛構的故事，讀者讀多
　　了，會對小說乏味，也大減對作者的信用。
三、徐訏的小說犯了大毛病，就是過於捧自己，捧得太
　　離譜了。

---

18 何慧：〈徐訏小說的唯美主義傾向〉，寒山碧編：《徐訏作品評論集》，頁
　　54。
19 隱地：〈徐訏的「離婚」〉，陳乃欣等著：《徐訏二三事》，頁 65。應鳳凰：
　　〈寫在《人性的悲劇》之前〉，《人性的悲劇——徐訏的腳印》（台北：爾
　　雅出版社，1982 年），頁 1-3。亦提及論者對於徐訏〈馬克倫夫太太〉進
　　行摘句式、扭曲的人身攻擊，早逸出文學批評範圍之外。

四、徐訏成名後過份的驕傲。[20]

　　歸納可知虛假而缺乏真實、套路公式罕有創造，致使香港讀者厭棄其人其作，最被詬病的還在於他向香港政府申請歸化英國，因改變身分認同而受到文化界口誅筆伐。在故友的回憶中，入英國籍的徐訏在言談中曾提及過往對於左翼的追求，晚年以行動證明對自由的嚮往：

　　　　徐訏雖入英國籍，他還是熱愛自己的國家，特別是對共產主義，認識得極為透徹、他曾提起年輕時曾經入迷，中年後經過理智的分析，晚年根本唾棄。共黨的同路人曾勸他回大陸，他說大陸是要回去的，不過要在政權體制全部改變之後。這些話在十幾年前他便說過，到死前還是堅持這項原則。有一次共黨同路人在港發起一項文化運動，贊助教授中也列了他的名字，有些人開始批評他既入英籍又靠向共黨，徐訏沒有提出文字駁斥，也未對任何朋友解說，祇是回台灣住了一段時間，那就是他對中共分化、統戰伎倆，最佳的聲明和抗議。[21]

　　沉默的詩人，在離亂世局中對於任何碰觸政治立場的作為都更為謹慎，求生存的競逐奔波中，晚年交往的朋友多半在台灣，一口浙江慈谿鄉音未改，心懷自由的眷戀，南蠻鴃舌的扞格，或恐因口音而有不能言說之苦。

---

20 聯合報香港航訊：〈從萬千讀者中慘跌下來　徐訏入英國籍〉，《聯合報》6版（1958 年 7 月 13 日）。

21 田原：〈念三友〉，《聯合報》8 版（1981 年 3 月 27 日）。

　　1970 年代徐訏的創作轉向關懷人性、民族性和自我個性，南大時期創作的雜文〈論藝文創作中之個人的與民族的特性〉指出藝術創作的可貴，在於它一方面有個性的要求，另一方面則有普遍性的要求；沒有個性的作品一定淡而無味，沒有普遍性的作品則只有少數人可以欣賞。因此第一流作家的作品，一定是藉由人性表露其民族與自我的個性，使讀者和觀眾可以從人性了解，並欣賞其民族的自我個性。[22]跨國越界必然要有民族性作為特色打底，與異域文化相接，相融相攝濡染，才能挺立自我本有的主體性，而不淹沒在流動的圖景之中。徐訏以作品中反映內容豐富具有鮮明民族思想情操與社會生活建立「民族性」，再以人性及民族之間所共同重視的人類因素和世界意義闢建「世界性」，[23]先有民族性，再有世界性，[24]層次分明。現代性極早進入徐訏的視野，論者提出徐訏以「新和諧美學」建構世界主義文化理想，以反思文革、傳播個人主義與宗教現代性啟蒙，為文化弱點增添主體性建構，[25]將徐訏視為寂寞的先知。通過民族性體現世界性，達致跨國越界的流動美學，徐訏認為最好達成的手段與方法是旅行，像是小說《江湖行》中李定一告訴野壯子：

　　　　旅行有好多種，有一種是無的放矢，只想到一個遠

22 徐訏：〈論藝文創作中之個人與民族的特性〉，《文星》10 卷 5 期（1962 年 9 月），頁 58-61；《徐訏文集》第 11 卷（上海：上海三聯書店，2008 年），頁 63。徐訏：《徐訏文集》第 11 卷，頁 62-70。

23 璧華：〈個性、民族性、世界性〉，收於寒山碧編：《徐訏作品評論集》，頁 37-38。

24 徐訏：〈禪境與詩境〉，《懷璧集》（台北：釀出版社，2016 年），頁 294。

25 馮芳：〈20 世紀上半葉徐訏研究述評〉，《中國現代文學研究叢刊》2014 年第 2 期，頁 210。

遠的陌生世界；有一種是隨風飄蕩，東顧西望，飄到哪
裡是哪裡。有一種旅行是放風箏，遠遠地放出去，落到
哪裡就死在哪裡；有一種旅行則是隨地播種，看哪裡土
壤好就在哪裡生根。[26]

　　藉由旅行，可以洞悉更開闊的一部「人世學」，不囿拘於小
圈子的流動，鼓起勇氣跳脫執迷庸俗的圈子，得到超脫。對照
徐訏身世，為了宜於書寫的環境，他在港台與東南亞流動。1961
年在《今日世界》連載的《江湖行》中充滿船隻浮動與不定的
意象，順水而去的生活經驗得自於家鄉的童年體驗，[27]亦不乏
政治逼迫之下的選擇與流離身世的投影。[28]不論在哪裡流動來
去，也不論賣稿為生或者矢志大業，徐訏在香港評論家眼中只
是過客，台北更是；而大陸時期的輝煌，既是企望再造創作高
峰的挑戰點，也成為此後餘生的盛名負累。大多數人僅將徐訏
後半生的創作視為散淡飄零的劣等作品，不合時宜，這對於始
終孜孜矻矻於創作的他顯然不盡公平。徐訏流動意識隱含了自
我與他者的對視與凝望，藉以舒緩離鄉去國之思，建構作者主
體與異域他者的交鋒對話。當旅行者跨入異域他者的地理疆界
與文化版圖，產生一種追尋烏托邦的欲求，一種對理想國度的
想像建構，[29]承載在徐訏作品中更多的是宿命論，依託風的載
力讓不由自主的命運推助流動態勢，雖然自我主體與異域他者

26 徐訏：《徐訏文集》第 2 卷，頁 54-55。

27 心岱：〈台北過客〉，陳乃欣等：《徐訏二三事》，頁 35。

28 方忠：〈香港當代文學的格局與走向〉，黃維樑等編：《活潑紛繁的香港文
學——1999 年香港文學國際研討會論文集（下冊）》，頁 49。

29 宋美璍：〈自我主體、階級認同與國族建構——論迪福、菲爾定和包士威
爾的旅行書〉，《中外文學》16 卷第 4 期（總 304 期），頁 5。

不斷藉由刺激產生更多省視與對話，潛藏在徐訏內心關於自我
與他者的思考，一是合宜的環境形成創作的沃壤，二是被動順
隨命運安排，知命安身。安命之餘，徐訏以孤獨為創作本質，
惜結文友，在台灣文藝界不乏相知，[30]知交故舊都可以明顯感
受到他的孤獨，香港如此，台灣亦然。[31]不能忘情創作的徐訏
在教學與社會觀察中，轉入更為深沉的自我哲思與宗教探索，
這是流動帶給徐訏的思考，始終渴望覓得一個最理想的依歸。

二、徐訏與南大的蕭然離索／社群往來

孤傲自恃與疏離的特質使徐訏持守流離情懷，並試圖在移
動之間確立自我，冷戰與反共情境使其作品呈現隱性的政治關
切，具備立足香港，放眼台灣的文學視野。

（一）流離情懷與自我確立

徐訏在香港物質精神兩匱乏，寫作的苦悶，三十年身世飄
零，唯有十年樹木育苗濟世略加排遣；教書的安適自在雖能謀
生，寫作時間卻嚴重被壓縮；寫作的寂寞與苦悶，使他懷想師
生相處的愉悅，是故寫作與謀生兩者恆常矛盾，[32]使徐訏糾結
不已。常態而言，文化深耕需要有「屬民意識」，[33]以寬泛的國
族神話、血統、共同歷史與命運、公民資格，以及政經權力等

---

30 彭歌：〈憶徐訏〉，陳乃欣等：《徐訏二三事》，頁 251。
31 隱地：〈寂寞〉，陳乃欣等：《徐訏二三事》，頁 81。
32 林伯雅：〈懷伯訏兄〉，收於徐訏紀念文集籌委會：《徐訏紀念文集》（九
　龍：香港浸會學院中國語文學會，1981 年），頁 3。徐訏本名徐傳琮，字
　伯訏，然因筆名常為大家所稱，只有摯友知其字「伯訏」。
33 黃居正：〈國籍與公民身分：一個跨領域的探索〉，《台灣國際法季刊》1
　卷 4 期（2004 年 10 月），頁 277。

要素投入流動地點，對於所居處的城市與國家懷持認同感，期
許自己是身為其中的一分子，力圖在所專精的領域貢獻己力，
使有所成，而自己也獲得滿足感，同時被所在地的人民肯定，
視為共同體。香港雖是物質的天堂，然而掙扎活命，以謀生賺
錢為宗的生活，卻難提倡大型而普遍的文藝活動。香港暫居帶
來極大的流動性，人才一旦培育有成，又流動往他方；而文學
作品從來離不開鄉土，不將住處視為永久居留地，則無法產生
屬民意識，離開所屬國家土地的文學家，便難再有傳世不朽之
作，據此，論者常將作家的流動現象以負面觀點的價值評判之，
[34]加以徐訏所處的時代，往往看輕海外流亡文學的創作價值，[35]
被迫流離的文人或許有其不得不的選擇；像徐訏等文人一旦來
到，也安分致力於創作，在時代侷限中力求突圍，而姚拓、趙
滋蕃、馬朗、劉以鬯等人的流動，都為當地帶來不可抹滅的影
響，[36]因此，流動視野中的作家影響論不容忽視。

　　徐訏個性疏離，對於組織群眾或從事出版事務，徐訏慣有
一種文人特有的疏懶，[37]惟林語堂之邀，他勇於離港赴任，符
合他所認為作家應跳出生活中平庸的樊籠，尋找一種新的經

---

34 王宏志：〈「竄迹粵港，萬非得已」：論香港作家的過客心態〉，收於黃維
　樑等編：《活潑紛繁的香港文學──1999 年香港文學國際研討會論文集
　（下冊）》，頁 713。

35 錢理群：《中國知識分子的世紀故事：現代文學研究論集》（台北：人間
　出版社，2009 年），頁 173。

36 李瑞騰：〈不再流離──以劉以鬯、姚拓、趙滋蕃、馬朗、劉非烈為例〉，
　游勝冠、熊秉真編：《流離與歸屬：二戰後港臺文學與其他》（台北：台
　灣大學出版中心，2015 年），頁 XI。

37 慕容羽軍：〈徐訏──作家中的明星〉，收於寒山碧編：《徐訏作品評論集》，
　頁 21。

驗，拓展其視野和生活範圍。珍惜的故舊，雖有不多，[38]像是
在南洋大學任教時，適逢故友孫晉三辭世，徐訏以新詩悼念：

> 你去了，／就因為你曾經來過，／在這個世界上，
> ／我們聚散離合，／人與人之間，友誼是兩點中的直
> 線。……
> ……我們──／在同一時代中掙扎，／在同一環境
> 中掙扎，／我嘆息時，你緘默，／我詛咒時，你緘默，
> ／我哄笑時，你緘默，／我困難時，你說：／回到這邊
> 來吧，／橫豎還有一個掙扎。
>
> ──〈悼晉三〉（節錄）[39]

　　人間聚散離合的悲悽，徐訏視為常態以此消解苦痛哀傷，
兩人情誼建立在時代困頓裡的相知相惜，相濡以沫，也藉此看
出知識分子在當時生活之不易。徐訏常自言一生總只交失意的
朋友，朋友一得意，往往難與之往來相親，而失意的朋友多半
不相厭棄。[40]徐訏眼中的新加坡，整個國家都相當積極，顯得
欣欣向榮。這一段十年之後的回顧，徐訏看重文化建國，珍視
年輕人心智的啟發與精神出路的尋覓，斷下警語：「沒有文化的

38　徐訏：〈悼吉錚〉，《徐訏文集》第 10 卷，頁 119。
39　徐訏：《徐訏文集》第 15 卷，頁 47。1962 年 9 月 2 日夜所作。孫晉三先
　　生東吳中學畢業，清華大學英文系文學士，清華官費留美，進哈佛大學。
　　回國後曾任中央大學英文系教授多年。在重慶時曾主編當時最著名的文
　　藝刊物《時與潮》，由於常向徐訏約稿，相識交往多年。1962 年 8 月 29
　　日孫氏逝世，徐訏作此詩悼念之。孫晉三任職香港美新處，是宋琪的摯
　　友，對戲劇鑽研甚深。靈文：〈劉以鬯愛書成癖〉，收在梅子、易明善編：
　　《劉以鬯研究專集》（成都：四川大學出版社，1987 年），頁 31。
40　徐訏：〈從「金性堯」的席上說起〉，《徐訏文集》第 10 卷，頁 473。

國家很容易被別的民族同化併吞」，[41]期待文化鞏固與再生。1961 年至 1962 年徐訏在新加坡南洋大學任教，適逢創作體類轉向思想清澈的理論性雜文，被視為反共理論卓有建樹的《在文藝思想與文化政策中》和《回到個人主義與自由主義》引起海外文壇廣大迴響，尤以東南亞地區為最，星馬一帶左翼分子大力抵制徐訏作品，[42]曾為徐訏出版作品的作家徐速追憶此景：

> 本來，我打算每期都登他（徐訏）的稿子，但第二期我就接到南洋發行商的警告信，因為星加坡正在展開「反徐訏運動」，有些學校將他的書堆在操場上點火焚燒，罪名是黃色加反動，黃色是指他的作品裡美麗的女人，反動是他在美新處辦的刊物上寫稿，這時候國內正在鬧文化大革命，南洋大概也有不少「四人幫」，想不到徐訏首當其衝。我們是與發行商訂有合同的，他們有權干涉編政，我不能再發表他的稿子了，也不能將這種情形告訴他，大概他也聽到風聲了。[43]

徐訏本人也關注左、右翼對峙的現象，他以「民族的覺醒」加以定義，並與當時潮流中的反共話語相接：

> 孫中山先生三民主義的理論，比較成功的是民族主義，民族主義就是民族的覺醒；但民族的覺醒也應當以

---

41 陳乃欣等：《徐訏二三事》，頁 29-31。
42 陳乃欣等：《徐訏二三事》，頁 21。
43 徐速：〈憶念徐訏〉，收於徐訏紀念文集籌委會：《徐訏紀念文集》，頁 93-94。

> 個人人格覺醒為基礎，如沒有這個基礎，理應在民族革
> 命成功時，馬上喚起個人人格覺醒。……現在東南亞，
> 共產黨所號召宣傳的也是民族的覺醒。他們要的民族的
> 覺醒，也是不要個人人格的覺醒的，因為只有在無個人
> 人格覺醒的民族覺醒，他們才可以操縱利用。[44]

　　徐訏將個人人格的覺醒與反共語言嫁接，左右翼政治立場
互斥，卻在文學的語言，特別是鋒利的雜文式論述中趨同，展
現徐訏早年對馬克思熟稔的話語辯證功力。教育與新知誠為提
升民智的必要手段，在政治封閉的年代，徐訏的影響力透過文
學媒體流播及於大陸內地，[45]他立足於文化意識開闊的香港，[46]
百花齊放的傳播媒體自由喧騰，能不受限於出版品的政治立場
宰制，而大加開放，便於理解其宣傳手段與思想本質，透過以
人格尊嚴為基礎的公民教育，提升民族自尊，使人懷持個人與
民族、個人與世界的責任和理想。[47]徐訏對於東南亞赤化現象，
提出猶如墓誌銘式的詩作〈蒼蒼的暮色〉說明他的憂思：

　　　　藍天中金光漸淡，／白雲在林梢冉冉駛過，／青草

---

44 徐訏：《在文藝思想與文化政策中：徐訏文集》評論卷 3（台北：釀出版
　社，2016 年），頁 289。
45 司馬璐：《中共歷史的見證：司馬璐回憶錄》（香港：明鏡出版社，2004
　年），頁 192-193。1966 年 1 月《展望》刊載徐訏批評周作人文章，謂之
　「周作人是中國最偉大的散文家，晚年卻做了漢奸，實在令人惋惜。」
　半年後雜誌即收到周作人自北京來稿，為其附逆辯護。顯見文化封鎖極
　嚴的時期，大陸仍能讀到香港刊物，受之影響。
46 司馬璐：《中共歷史的見證：司馬璐回憶錄》，頁 180。文中提及 1950 年
　香港的文化與政治廣納左中右各種立場，對於有理想酷愛知識的青年而
　言猶如天堂。
47 徐訏：《在文藝思想與文化政策中：徐訏文集》評論卷 3，頁 290-292。

間虫聲唧唧，／啾啾的飛鳥倦翼歸巢。

天色漸暗，萬籟已寂，／惺忪的羞星初點銀河；／此時竟無人了解，／平靜的池面應有菱荷。

燦爛的青春逝後，／多少壯志豪興消磨，／如今我旅情在天涯流落，／長夢浮沉於青霧綠波。

萬川四海，層層的原野間，／都有人把路徑走錯，／唯我在廣闊的天庭中迷路，／對斑爛的星雲徒喚奈何。

但此去還有無數大路，／哪一條大路沒有燈火？／何獨留戀於蒼蒼的暮色，／對著黝暗的樹林蹉跎。

　　　　　　　　　　　　——〈蒼蒼的暮色〉[48]

　　以哲理式的思辨將政治取向與道路的抉擇結合，不可言說的寄託於詩作代言，人的悲劇與渺小徬徨，個人如何於時代中保持清醒。陳德錦認為若純粹就人生蹉跎天涯流落，也可以說明徐訏對於宇宙人生的體驗已達到一個前所未有的境界，[49]能夠更為看淡世情，棄守無謂的堅持，隨心之所至縱身大化淳流。另兩首〈大氣裡的哀怨〉、〈夜的圓寂〉可以看出這一主題思想的成就：

沒有人，沒有友伴，／除了遠在天外的星星，／凝視那無燈的窗口，／問何人在人間憩歇？

我已經倦了，多年來／在人世間奔走，尋覓，／沒有找到我要唱的歌，／只聽到那迷途孩子的啜泣。

看靜住的與旋轉的人造衛星，／如何追尋那發光的

48　徐訏：〈蒼蒼的原野〉，《聯合報》8 版「聯合副刊」（1980 年 10 月 8 日）。
49　陳德錦：〈論詩與詩〉，收於寒山碧編：《徐訏作品評論集》，頁 251。

星月，／願他吸取大氣裡的哀怨，／吐露蘊藏的宇宙的秘密。

——〈大氣裡的哀怨〉（節錄）[50]

　　一切生命的蛻化，／一切生命的蠕動，／在臥時，在坐時，在行時，／在分分秒秒變化中，／都是從生長而趨於死亡。

　　那太陽，那雨聲，／那熠熠的星光，／以及我們的愛情，／都在想念中，期望中，／升降，奔騰而處於絕滅。

　　你摸過，你吻過，／你諦聽過的，／你撫弄過的，／那平靜溫柔的夜晚，／此刻忽然暴躁，瘋狂。

　　像海的風暴，獸的怒吼，／嬰孩的高熱，它跳躍，／它震蕩，它像是：／一把火的燃燒，／在東方的微光中圓寂。

——〈夜的圓寂〉（節錄）[51]

　　天地的寬闊對照人間的有限，徐訏企求世間無數的諧和、宇宙終極的平等，任何個體都可能存在，但必須以無比的忍耐、寬容以及謙遜來求取，因為人是理性的動物，能夠感知外界其他個體的存在，無論社會、傳統或者體系，以無限謙遜與寬容謀取彼此的諧和，[52]徐訏將人間的不滿，盡皆訴諸宇宙的寬闊，隨時都可能有不測風雲的變化，然這就是日月陰陽生生滅滅的

50　徐訏：《徐訏文集》第 15 卷，頁 37。
51　徐訏：《徐訏文集》第 15 卷，頁 61-62
52　徐訏：《彼岸》，頁 288。

常態,一如徐訏處在流動境地裡,不受外力宰制、牽引,而能就文學論文學,進行公允的評議。例如徐訏看待台灣鄉土文學論戰,有其特殊的視野:

> 鄉土文學實際上可以說是本位的寫實主義。當外國化的作家浮在台北上層社會,他們的「鄉土文學」已是大陸的回憶,用魯迅的話來說,是成了僑居文學。那麼新生的,根植於台灣的農村和漁村的作品自然是正宗的「鄉土文學」。不過,用我們中國人的眼光來看,這些文學,在台灣雖是到 1976 年以後才產生的,同我們 1937 年 1938 年流行於大陸的農村小說實在是一個典型的作品。[53]

徐訏雖善於評論,但落實在小說創作中,其寫實技法並不成功,劉以鬯認為讀徐訏小說:

> 即使驚於色彩的艷麗,也會產生霧裡看花的感覺。霧裡的花,模模糊糊,失去應有的真實感,令人難以肯定是真花抑或紙花。徐訏沒有勇氣反映現實,處在現實環境裡,竟像醜婦照鏡似的,想看,又不敢看。[54]

徐訏生於文人家庭,長於上海都會,戰爭移異到重慶,之

---

53 徐訏:《現代中國文學的課題:徐訏文集》(台北:釀出版社,2016 年),頁 177-178。

54 劉以鬯:〈五十年代初期的香港文學〉,陳炳良編:《香港文學探賞》(香港:三聯書店,1991 年),頁 7-8。

後的法國、美國、新加坡，印度跨國流動範圍多在大都市，行住坐臥裡觀察到的日常，在「寫實」程度，比之港式黑社會寫實與暴力美學當然不及，然而作為一名入世的知識分子願意用心關懷，透過靜觀世局體察百物之變，仍有其鮮明的寫實筆法。

（二）隱性的政治關懷

1949 以後的離散，使徐訏將政治關懷轉為作品中的隱語，即使如此，卻仍遭非議，試圖為徐訏蓋棺論定極其不易，須在大陸、香港、東南亞、台灣各地反覆尋訪披沙揀金，在文學場域與文化思潮之間來回辯證。回溯徐訏上海孤島時期現代主義的覺醒，近似於 30 年代新感覺派以鬼魅和超自然力的寫作元素，然而這些並不影響徐訏準確捕捉真實而混亂、荒謬而腐敗的社會癥候，人物加上間諜、戰爭的戲劇性刻畫，主角內心感而出之以哲理精神、文化思潮與宗教意義，[55]異域裡的愛情故事是款款羅曼史，藉此抽拔出現實主義的迷霧，進入時代性與避世幻境，放棄政治與理想主義，[56]這近似於徐訏的創作思維。移時異地，50 年代來到香港的徐訏，不論小說創作或感性散文，都流露出自由主義的觀點，[57]論者定義徐訏是無政黨淵源關係的自由主義文化人，[58]進入 50 年代，香港文學逐漸喚醒主

---

55 王德威、季進主編：《文學行旅與世界想像》（南京：江蘇教育出版社，2007 年），頁 195。

56 王德威、季進主編：《文學行旅與世界想像》，頁 207。

57 陳緒石：《海洋文化精神視角下的徐訏研究》（北京：海洋出版社，2017 年），頁 30、72。身處轉型中的近代文化，徐訏是反省型的自由主義者。

58 金宏達：〈從「遺民」到「移民」──以徐訏、顏純鈎、王璞的小說為例〉，黃維樑等編：《活潑紛繁的香港文學──1999 年香港文學國際研討會論文集（下冊）》，頁 430。

體意識的視野，[59]徐訏對自由的理解是「保持純個人的創作信念，不容外來的、特別是政治力量的干擾」，不過到了 60 年代中期，徐訏創作心境已然轉變，台灣黎明文化事業公司出版《悲慘的世紀》控訴專制統治，並以「東方既白」、「村雨大郎」等發表一系列立場鮮明的作品。南大之行恰是期間的過渡。1961年 6 月 21 日《南洋商報》記載「南大中文系講師徐訏受移民廳正式通知，居留期滿前須離境」[60]，當時徐訏常在美國新聞處的《今日世界》發表作品，短篇小說政治色彩極為濃厚，連學生也評判徐訏的小說，這些話語毫不留情，甚至是人身攻擊，不像會出現在一向尊師重道的校園環境，推論徐訏離開南大並非出於主動選擇，而是政府勢力已經介入。其詩作中可見到這樣的呼告無門：

> 　　沒有了國的人，／沒有了家的人，／沒有鋪蓋的人們，／請你們吶喊吧，／只要你們還有三寸的舌頭。
> 　　讓有力的人殺人，／讓有槍的人殺人，／讓有權力的抓人吧！／將來，還讓原子彈氫氣彈毀滅世界吧。
> 　　於是有的舌頭硬了，／有的舌頭僵了，／有的舌頭斷了，／也有的舌頭裂成兩瓣，／而多數的舌頭也只為禮讚。
>
> 　　　　　　　　　　　　　——〈假定〉（節錄）[61]

59 黃繼持：〈香港文學主體性的發展〉，邵玉銘、張寶琴、瘂弦編：《四十年來中國文學》（台北：聯合文學出版社，1997 年），頁 413。

60 中央社新加坡 21 日專電：〈徐訏在星島被通知離境〉，《聯合報》4 版（1961年 6 月 22 日）。新加坡《南洋商報》第 5 版（1961 年 6 月 21 日），網址 https://eps.ntu.edu.sg/client/zh_CN/NanyangUniversityBib/，擷取日期：2019年 8 月 4 日。

61 徐訏：《徐訏文集》第 15 卷，頁 40-41。

　　三十年代不說幼稚的革命，／總不能算進步的青
年，／但如今再相信紅綠的主義，／總顯得你學識與見
聞太淺。

　　我們的前輩並不怕人查看，／他過去的照相裡都拖
著時髦的小辮，／難道這也是所謂反革命的證據，／只
因為他生在七十年以前。

——〈有贈〉（節錄）[62]

　　離開大陸原鄉已是萬分不捨、內心痛苦；來到南大又逢政
治力干涉，不得安然於教書寫作，徐訏將滿腔悱憤噴薄之氣，
出之以言詞話語，舌頭的意象說明想爭奪話語權而不得之苦，
然而也有呼應、好事者加以逢迎，無國無家亦無舖蓋，覆巢之
下已無完卵，於是他想毀滅一切同歸於盡。徐訏揚棄過去所相
信的主義，與反革命話語力爭激辯，究竟是生不逢時，還是時
代的潮流終歸不站在自己這一邊，不妨以徐訏同代人加以借
鏡。當時在香港一批南來文人群體包括沙千夢、趙滋蕃、黃思
騁、齊桓、司馬長風、南宮博、林適存、墨人、端木青、王敬
羲、黃崖，皆屬美國新聞處資助右翼文化策略的文人群體，以
亞洲出版社、友聯出版社為根據地，將《祖國周刊》、《人人文
學》、《今日世界》、《中國學生周報》、《海瀾》、《大學生活》、《兒
童樂園》、《知識》等作為文學生產與發表傳播場域，在高於一
般行情的稿酬吸引下，文人們積極從事文學創作。[63]當時香港

---

62 徐訏：《徐訏文集》第 15 卷，頁 53
63 鄭樹森：〈談四十年來香港文學的生存狀態——殖民主義、冷戰年代和邊
　　緣空間〉，收於邵玉銘、張寶琴、瘂弦編：《四十年來中國文學》，頁 53-55。

藝文書刊主要市場在新馬地區，香港能夠見到的書刊，幾乎在新馬也不難得之。[64]小說《時與光》說明了徐訏創作的時間感與空間感定位：「人是空間的動物，人也是時間的動物，人與人之間彼此可以了解的也許只限於此時此地，此時此點，離開了此時此點似乎就是苛求」[65]。這種真實，來自與林語堂共事於《論語》半月刊、《人間世》半月刊時期，受林氏幽默耳濡目染，縮整自我的性格風采，不作「哲人其萎，梁木其摧」的套語，一切只有真實感受。[66]學習哲學與留法背景曾使徐訏「洋化」的寫作風格頗受評議，王集叢則以民族的思想情感為之辯駁：「文藝的基本精神是民族的思想情感，及奮鬥創造的里程與成就，至於表達、傳達的法則、技巧無國界，在人際關係進步中自然交流，互相運用，而變化發展。」[67]本於歷史進化的文學觀，作家認為生活修養乃是文學創作的根基，王集叢以此平反大陸左翼聯盟對徐訏的攻擊。徐訏自己也意識到西化與國粹之間並非純然對立，或許有共榮相生的可能性：

> 當一個民族的文化受別的民族文化衝擊的時候，總是會有兩種相反的態度，形成了相對的兩派，一個是進步的，一個是保守的；前者是迎新，後者是守舊，在十

64 潘碧華：〈五、六十年代香港文學對馬華文學傳播的影響（1949-1975）〉，黃維樑等編：《活潑紛繁的香港文學——1999 年香港文學國際研討會論文集（下冊）》，頁 750。

65 徐訏：《時與光》，收於《徐訏文集》第 8 卷，頁 46。

66 余英時：〈有感於「悼唐」風波〉，徐訏著，廖文傑、王璞編，梁秉鈞主編：《念人憶事：徐訏佚文選》（香港：嶺南大學人文學科研究中心，2003年），頁 135。

67 王集叢：〈懷念徐訏〉，《幼獅文藝》第 53 卷第 2 期（1981 年 2 月），頁 173-178。

> 九世紀的俄國對西歐文化的衝擊，就產生一個西化派與
> 一個國粹派，在明治維新時代的日本，也是有全盤西化
> 與文化本位論派。自然在這兩極端中間，有數不清的中
> 間層次，如物質方面西化，精神要守傳統之類。[68]

　　客觀而論，徐訏這種鐘擺式的變動總是不曾稍歇，雙方總
有人各自保衛其信仰，下一次的攻訐理由依舊是上一時期論爭
的延續，例如胡適編《獨立評論》的論爭議題在台灣《文星雜
誌》依然有相同議題持續發酵，可堪玩味的是雙方所持理由前
後竟是相仿的。破解為爭而爭的路線與立場，始終對立互斥、
難以消解，勢衍至後終歸擺盪到相對立場，而使左右同象，殊
異弭平。流動的身世使徐訏易於觀察出文學的規律，邊緣的位
置有助於思想的活躍與交鋒，並具有相對客觀的位置加以評
定。徐訏在邊緣狀態中潛藏不可小覷的能量，成為更公正、更
具有理性觀點的創作者。這或許是作為高度西化知識分子的徐
訏永恆漂泊的命運，脫身悲哀側影的一種方式。[69]寫於南大時
期的〈從文藝的表達與傳達談起——謹獻給台灣文藝作家與詩
人們〉以身在東南亞的第一手觀察，帶給台灣文壇關於文藝大
眾化、宣傳的左翼統戰技巧，他名之為「傳達主義」的文學：
文學只為了政府傳達人民的要求，也就離開了表達，僅餘不具
靈魂的的形骸，欠缺藝術的本質，流於技巧。徐訏重視作家的
主體性，即使受環境圍限，考量安危無法挺身表態，亦不可

68　徐訏：〈悼唐君毅先生與他的文化運動〉，徐訏著，廖文傑、王璞編，梁
　　秉鈞主編：《念人憶事：徐訏佚文選》，頁 130。

69　南方朔：〈《風蕭蕭》序‧踽踽獨行的謳歌者〉，徐訏：《風蕭蕭》（台北：
　　正中書局，2003 年），頁 7。

淪為傳聲筒，流於學舌。

（三）立足香港，放眼台灣的文學視野

　　徐訏批判民主自由的世界並非傳達政府口號或者黨的號召，而是迎合市場上的低級趣味，像是偵探小說、古裝小說、新聞小說一類，他認為不具有作者思想表達之用，只是取巧一種行家的聰敏拾人牙慧，隨聲附和，他稱之為「市場的傳達主義」文學。[70]在文學評論與鋒利雜文書寫中，徐訏巧妙的立足新加坡，放眼台灣與大陸兩個壁壘分明的政權，同時在香港自由市場的觀察中提出己見，不露痕跡地點出當時新加坡社會政治現狀，以文學之筆論世。他所認為具有美學質地的表達應是：

> 　　文學在自由世界中，必須是先由作家親身有感而表達，……表達主義的文學是一種含混的模糊感覺或形象，言語的社會化可以說是極其複雜的，……人間許多誤會都是起於語言，更何況詩人或文學家所要傳達的是極其深奧微妙的東西，所以一個詩人或文學家如果注意到這一點，他在表達以外，必須還要努力於傳達。[71]

　　徐訏的視野投向現代主義文藝與台灣的詩學論戰，是以1962年連續發表〈從文藝的表達與傳達談起 —— 謹獻給台灣文

70　徐訏：〈從文藝的表達與傳達談起——謹獻給台灣文藝作家與詩人們〉，《文星》11 卷 1 期（1962 年 11 月），頁 19-30。收於徐訏：《懷璧集》，頁 74-75。

71　徐訏：〈從文藝的表達與傳達談起——謹獻給台灣文藝作家與詩人們〉，收於徐訏：《懷璧集》，頁 79-80。

藝作家與詩人們〉、〈台灣詩壇的氣候與反寫實主義〉，[72]兩文均
提及這一場台灣詩壇 50 年代的外部紛爭。這場詩學論爭肇因於
呂天行主編的《自由青年》，1959 年元月 16 日開闢「文壇話舊」，
邀請蘇雪林評論五四以來文壇知名作家其人其事及作品，蘇雪
林持之以恆地撰稿，直到 10 月因眼疾就醫而罷筆。詎料 22 卷
第 1 期〈新詩壇象徵派創始者李金髮〉[73]引起廣泛迴響，海內
外文藝副刊及文藝雜誌先後以新詩的創作與欣賞相關問題展開
一場「新詩論戰」，往返如下：

> 覃子豪：〈論象徵派與中國新詩──兼致蘇雪林先
> 生〉，《自由青年》第 22 卷第 3 期，列舉八項理由，提出
> 反駁。認為台灣新詩受外來影響甚巨，盤根錯節是以無
> 法歸入單一主義或流派，乃是容受無數影響、兼容並蓄
> 之綜合性創造。[74]

> 蘇雪林：〈為象徵詩體的爭論答覃子豪先生〉，《自由
> 青年》第 22 卷第 4 期，批判時下媒體不成熟新詩浮濫拾
> 眼盡是，強調新詩初作者宜以嚴謹態度為之，且其論述
> 核心在於李金髮及其詩派。[75]

72　徐訏：〈台灣詩壇的氣候與反寫實主義〉，《徐訏文集》第 11 卷，頁 71-75。
73　蘇雪林，〈新詩壇象徵派創始者李金髮〉，《自由青年》第 22 卷第 1 期（1959
　　年 7 月），頁 6-7。
74　覃子豪，《覃子豪全集》（台北：覃子豪全集出版委員會，1968 年），頁
　　315-320。
75　蘇雪林，〈為象徵詩體的爭論敬答覃子豪先生〉《自由青年》第 22 卷第 4
　　期（1959 年 8 月），頁 8。

　　覃子豪：〈簡論馬拉美、徐志摩、李金髮及其他，再致蘇雪林先生〉，《自由青年》第 22 卷第 5 期。[76]嘗試提問詩的典範與詩質問題，朝向詩的自由邁進。

　　蘇雪林：〈致本刊編者的信〉，《自由青年》第 22 卷第 6 期。[77]（1959 年 9 月 16 日）發表〈致本刊編者的信〉，不再與覃子豪進行論戰。

　　覃子豪：〈論詩的創作與欣賞〉，《自由青年》第 22 卷第 7 期。[78]再次澄清「象徵」的概念，回應蘇雪林批判象徵詩體的理論。

　　這一番象徵派論戰聚焦於新詩的創作與欣賞，是 50 年代新詩史上的第一場重要論戰。[79]在越辯越明的藝術真理中，各有收穫，[80]後來集結成書，也意外成為文星書店一系列九本之中

76　覃子豪，《覃子豪全集》，頁 321-329。兩人的論爭忠實反應詩的傳統與現代脈絡下，各自立場與關於所演繹的新詩認知，見陳康芬：《詩語言的美學革命：台灣五〇、六〇年代新詩論戰與現代軌跡》（台北：萬卷樓圖書公司，2018 年），頁 64-65。

77　蘇雪林：〈致本刊編者的信〉，《自由青年》第 22 卷第 6 期（1959 年 9 月），頁 7。

78　覃子豪，《覃子豪全集》，頁 330-335。

79　丁威仁：《戰後台灣現代詩的演變與特質（1949-2010）》（台北：新銳文創出版公司，2012 年），頁 48、50。文中提出「一系列三階段」歸納這場論戰的特質與演變，從「移植說」到「折衷說」，再到「繼承說」，三者間呈現「正→反→合」的運動方向和規律，清楚呈現五〇年代社群詩論的交錯與互構及其所帶來的定位與影響。

80　呂天行：〈私淑心儀五十年──壽雪林先生九五華誕〉，收於成功大學中國文學系主編：《慶祝蘇雪林教授九秩晉五華誕學術研討會論文暨詩文集》（台北：文史哲出版社，1995 年），頁 409-411。

最為暢銷者，身在南大的徐訏能夠關切這場論爭，充分說明刊物的傳播流動，東南亞與台灣、香港等地的文學場域息息相關，一波才動萬波隨。徐訏提出三個程序，企圖解決這場詩作論爭：

> 第一是有「感」，這感可能是隱晦的、混亂的、模糊的、但確是忠實的「感」。
>
> 第二是表達，是從作者下意識的我傳達到意識的我，這可以說是一種反芻。所謂歪曲的心靈──受過創傷壓抑的心靈──是我們下意識的存在傳達到意識中的那就可以讓我們反芻。我們已經可以用自己的言語文字或其他符號來訴述了。
>
> 第三是傳達，是從意識的我傳達給讀者，這就是說，要運用一個共同的媒介──言語文字（包括文法詞彙）──去讓人接受，而別人通過這媒介能感應你所感的效果。[81]

徐訏指出詩的創作無非藉由三個程序：由忘我的有感，到真我的表達，再到文字的傳達。而中國文字除了「音」與「義」以外，還有「形」，「音」是詩的節奏與旋律美，「義」是詞藻中的色彩與形象，「形」指節與句的均齊。徐訏在另一篇〈牢騷文學與宣傳文學〉也曾發表此說，[82]黃傲雲指出這三個條件大抵於徐訏早期與中期的詩都具備了；由於太注重文字的「音」「義」與「形」，徐訏的詩，便流於格律式與古典型，亦趨於單一的傳達路線，完全是個人化的言志抒情，因此徐訏大部分的詩，並

81　徐訏：《懷璧集》，頁 87。
82　徐訏：〈牢騷文學與宣傳文學〉，《徐訏文集》第 10 卷，頁 87。

不是他詩論中所要求的：人間的、時代的、多元的、變化的。[83]
1973 年司馬長風到香港浸會學院代徐訏講授現代文學，徐訏近
乎新月派的風貌贏得司馬長風的稱賞：「徐訏的詩，無所師承，
但從風貌看與新月派極為接近。……由於音節、排列和詞藻，
都這樣順和古典和現代的格律，徐訏的詩遂有親切悅人的風
貌，特具吸引讀者的魅力。」[84]結構形式的美感、詩意詩味的
美感範疇，此為司馬長風言在詩評而意在鄉愁之指，[85]在詩意
的言詮之中，肯定了徐訏無何有、虛無、縹緲的美學色彩。林
語堂也在美國國會圖書館一場演講中指出一般新詩粗糙而缺乏
音節，唯獨徐訏例外，其詩句鏗鏘成章，非常自然。[86]徐訏以
朦朧模糊、難以言說、不經精準的言詮為美，身在香港的他，
將自己的「傳達文學」觀念加進台灣文壇關於象徵主義與新詩
欣賞的這場文學論爭；而徐訏因不在台灣，無法具體感知文壇
氣場，評論也帶有他的個人主見，對於象徵主義所開出的這一
帖藥方，或許是凌空抓藥，隔靴搔癢。〈牢騷文學與宣傳文學〉
語帶機鋒劍指香港是文化沙漠，文化人不是做官即是賣藝，另
一番爭鬥由此一觸即發。徐訏話語的不見容於世勢，由此可見。

　　另一篇〈台灣詩壇的氣候與反寫實主義〉，徐訏宏觀看待寫
實主義的傾頹與現代主義的蠡起，批評張道藩提倡寫實主義未
有佳構應運而生，徐訏主張小圈子的贊賀、應酬、唱和的舊詩

---

83 黃傲雲：〈無題的問句──徐訏最後期詩作的補遺〉，《聯合報》34 版「聯
　　合副刊」，（1994 年 4 月 3 日）。
84 司馬長風：《中國新文學史》（香港：昭明出版社，1978 年），頁 218。
85 陳國球：〈詩意與唯情的政治──司馬長風文學史論述的追求與幻滅〉，
　　《感傷的旅程：在香港讀文學》（台北：台灣學生書局，2003 年），頁
　　116-128。
86 林語堂：〈五四以來的文學〉，胡祖文編：《大陸的文壇與文人》（香港：
　　正文出版社，1964 年），頁 12-13。

與個人孤獨的、追尋朦朧的、美麗的、意象的新詩，是一種新
舊合流，代表一種苦悶悲觀絕望空虛的意識流，藉此區辨與共
產體系、馬克思思想體系所標榜的、不同的、社會主義的現實
主義，[87]雖言在詩評，然可知意在駁斥馬克思思想的現實主義
立場。徐訏以強烈的愛國主義者形象進入台灣文壇的接受視
野，[88]無分政治立場，其實徐訏的祖國意識來自於對廣土眾民
的深切關懷，孫科七十壽慶冠蓋雲集、詩詞頌揚不休，徐訏直
斥為招搖鋪張，文人騷客的附庸風雅。他所關切的是家鄉哀鴻
遍地，中山陵斜陽暮鴉，遙想孫中山奔走海外，僑居乃是一時，
故鄉方為永恆，詩的尾段以榮華貴冑來自百姓無數辛勞的堆
疊，諷諭並提醒孫科：「何處買高廈華宅總是人民血汗，／何時
金玉滿堂也是民脂民膏；／先生每周讀令尊遺囑，／問有何面
目見江東父老？」[89]以百姓為本，以民眾之福為尊，思考高度
更甚政治領導者，單純而言，徐訏以「一顆懷疑的頭腦，同一
顆真正愛國的癡心」（〈無題的問句——遙寄「文聯」「作協」一
些老朋友的長詩〉），[90]不在乎文壇給予「荒謬的知識分子」、「總
是不討人喜歡」等種種評價，當時以「任子楚」為筆名發表的
這一首長詩，清楚表明半生以來的淡泊及漂泊，自然看淡人生
的意義和得失，飽蘸知識分子感時憂國的情懷。[91]時而抽離，

---

87 徐訏：〈台灣詩壇的氣候與反寫實主義〉，頁 71-75。

88 陳紀瀅：〈徐訏先生的生平〉，《中華文藝》第 20 期第 4 卷（1980 年 12
月），頁 18。

89 徐訏：〈某先生暨夫人七秩雙慶〉，《香港筆薈‧徐訏特輯》第 13 期（1999
年 9 月），頁 154。

90 徐訏作於 1979 年（辭世前一年），以筆名任子楚發表，獲《中國時報》
1981 年文學獎敘事詩紀念獎。

91 逯耀東：〈「無題的問題」解題〉，《中國時報》第 33 版「人間副刊」（1980
年 10 月 28 日），收於陳乃欣等：《徐訏二三事》，頁 221-245。

時而質問，深刻地向內在挖掘，以求回應外在世界的方向。為了找尋時代的真相，徐訏因清醒而絕望，卻不放棄掙扎，因此最後能夠引渡向詩歌，造就超越：[92]

　　而翩翩的蝴蝶，／也是在黑暗中／蛻化、摸索、／奮鬥，經過了／挫折、苦難，／才能在溫暖的／日光下出現。

　　因此我也無從表白：／我的心／是經過怎麼樣的／徬徨、戰慄，／才能把我的感情／變成了笑容／來同你見面。

　　　　　　　　　　　　　　　——〈見面〉（節錄）[93]

　　有人說我議論不合政治的要求，／有人說我思想有違傳統的道德，／有人說我感慨多是無病呻吟，／有人說我文章都是憤世嫉俗。

　　於是在這茫茫的塵世中，／我再也無處立足，／萬卷在病患中散盡，／半枝在閒散中忘絕。……

　　……在如此生涯中我如何不懷疑，／上蒼何曾顧到人間的禍福，／但我知道即使我相信什麼教義，／我也還是一個可憐的過客。

　　　　　　　　　　　　　　　——〈過客〉（節錄）[94]

以過客自居，不論什麼樣的書寫風格都遭人非議，根本原

---

92 陳智德：〈導言　徬徨與覺醒：徐訏的文學道路〉，徐訏：《在文藝思想與文化政策中：徐訏文集》評論卷 3，頁 XⅢ。
93 徐訏：《徐訏文集》第 15 卷，頁 51-52。
94 徐訏：《徐訏文集》第 15 卷，頁 56-57。

因或許是政治不正確，作風不迎世，做人不屈逢，種種矯揉出
一肚子不合時宜的徐訏，面對鍾愛的創作，他還是誠惶誠恐戰
戰兢兢，蛻化、摸索、奮鬥，歷經挫折、苦難與徬徨、戰慄，
最終得以將心志發言為詩，坦誠與讀者相見。他甚至曾以「街
邊文學」抒發落難文人的潦倒：

> 　　最低等的則是街邊文學，那是文章刊在報屁股上，
> 報紙冷落地躺在街邊的報攤上。有人買了一張報紙，在
> 等情人的路角，翻了一翻，既不覺痛，也不覺癢；有人
> 看新聞，讀讀馬經，視大作於無睹，覺廢話之多餘。還
> 有人專讀武打與愛情，覺得雜感短文，不外是破銅爛
> 鐵……。而我也竟擠身街頭，耳濡目染，有時不免東寫
> 西寫，現在集在一起，故名之曰「街邊文學」。[95]

　　後南大時期，徐訏提出的「三邊文學」分別是「門邊文學」、
「街邊文學」和「牆邊文學」，[96]以區域分割文人真實遭遇及處
境，苦衷百出的莞爾，一針見血指出香港文化環境。徐訏一向
反對文學商品化，[97]「新型的印刷機日夜不停，／五彩封面印
著肉感的明星，／大小的開本堆滿了書市，／沿街的買賣三文
一斤。」(〈冷戰中的小熱門〉)[98]譏刺冷戰年代的閱讀與書寫，
文化與文明放任資本主義自由市場競馳，造成品味墮落，非詩

95　徐訏：《街邊文學：三邊文學之三》(台北：釀出版社，2020 年)，頁 2。
96　徐訏對愛荷華諸君、留美親美派的現代文學加以譏刺，見寒山碧：〈從《三
　　邊文學》看徐訏與香港文壇〉，收於寒山碧編：《徐訏作品評論集》，頁
　　241-247。
97　徐訏：〈文學的墮落〉，《徐訏文集》第 10 卷，頁 310。
98　《徐訏文集》第 15 卷，頁 250-251。

人所樂見。

　　新詩以外，東南亞讀者以徐訏作品改編電影最為接受，像是 1955 年小說改編的《盲戀》，小說家郭嗣汾以為《江湖行》是其代表作，[99]董橋則認為《江湖行》沒有毀掉徐先生的既定地位，也沒有提昇徐訏的既定地位：《江湖行》成了徐訏的私生子，成了一本寂寞的書。[100]《江湖行》改編為電影《後門》廣受好評，便不至過於岑寂，由電影提升了小說的能見度。徐訏居港期間 11 部小說翻拍成電影的作品中，[101]是董橋唯二喜愛的其中一部。而《江湖行》中三位女主角的形象建構多少都有徐訏曾傾慕過的言慧珠身影，[102]徐訏將這份依戀的心緒寄託於情節中，婉轉抒情。

　　1961-1962 年在新加坡南大時期，徐訏創作數量最多的文類是新詩，無所不在的內心苦悶猶如低氣壓籠罩瀰漫，時代的感受力化為對「緣」的思考，貫注在《江湖行》莊也周國難當前的胸中鬱結之中，[103]也挹注在《風蕭蕭》第一人稱主角「我」的心境之中。徐訏對於都市聲色之樂只感到千篇一律，視為逢場作戲，僅偶爾跟三五朋友熱鬧一番，也從未有過濃的興趣。在孤島圈，再不能作遊山玩水的旅行；復因心境的苦悶而無法

99 郭嗣汾：〈文壇巨星的殞落──敬悼徐訏先生〉，《中華文藝》20 卷 4 期（1980 年 12 月），頁 28。

100董橋：〈滿抽屜的寂寞〉，《聯合報》8 版「聯合副刊」，（1985 年 8 月 25 日）。

101 徐訏相關影視作品改編的討論，見閆海田：〈徐訏小說的影視改編研究〉，《電影藝術》第 5 期（2013 年 9 月），頁 138-144；閆海田：《徐訏新論》（南京：南京大學中國現當代文學所博論，2013 年），頁 178-188。

102 吳義勤、王素霞：《我心傍徨：徐訏傳》，頁 211。

103 楊昆岡：〈徐訏小說後期的藝術特色〉，收於寒山碧編：《徐訏作品評論集》，頁 168。

工作，而藝術享受的機會不多，常限於固定的時間。[104]由遼闊
的山河移居至香港、新加坡，或者頻繁往返的台灣，因緣聚散
的坦然不能消解空間限縮引動的愁悶及時間不停流逝的焦慮。
香港的文人群體猶如孤雁，徐訏在南大蕭然流動也只是暫居，
沒有一處是值得眷戀的久留地。故國神州難尋，舊夢難憶，徐
訏在這樣的擺盪之中，呈現一種失意的蕭索與寂寥。

三、物質慾望的生產與都市景觀

香港作為徐訏晚期創作的主要根據地，相對於大陸或台灣
1949 以後政治的高壓監控來說，是較為自由的文學場域，徐訏
得以在作品中呈現對家庭倫理的關懷，披露物質沉淪慾望沸騰
的都市景觀，以開闊視野看待南洋空間與文化建構現象。

（一）家庭倫理與物質沉淪

文學生產需要一定的物質條件，徐訏在香港這個個性鮮明
的空間，冷戰年代欠缺物質條件挹注文學生產，台灣支援反共
文藝的創作，大陸也致力文革及文革中的文學，無力兼及，任
香港在殖民地自生自滅地發展，讓文學付出了極大代價。因此
香港的文學位置必須在邊緣發聲，不斷對中心喊話。[105]徐訏恰
好在這些文學場域流動，居港 22 年，[106]甚且曾遠赴東南亞，東

---

104 徐訏：《風蕭蕭》，《徐訏文集》第 1 卷，頁 8。

105 鄭樹森：〈談四十年來香港文學的生存狀態——殖民主義、冷戰年代與
   邊緣空間〉，收於邵玉銘、張寶琴、瘂弦編：《四十年來中國文學》，頁
   50。

106 曹惠民：〈香港文學與兩岸文學一體觀——空間角度的一種觀察〉，黃維
   樑等編：《活潑紛繁的香港文學——1999 年香港文學國際研討會論文集
   （下冊）》，頁 33。

南亞地區對於香港刊物的接受是重要的市場經濟來源，徐訏藉由刊物的傳播，在東南亞不乏讀者。[107]而他創作習於保持一段時間與情感的過濾，在上海時期的生活到了重慶才寫，在大陸的生活到了香港才寫，[108]與現實保持一段客觀超然的距離，假以時日的沉澱，讓澄澈透明的繆斯主導創作的真實面貌，即可知徐訏習於在時間的延宕之下，描摹創作的空間感知。時代離不開空間，面對時代置身地方，每個人各有不同角度，因此形成錯綜複雜的現代感，[109]徐訏的現代性殆由空間感知而起，錯位的時空，注定他內心的飄泊與寂寥。其流動身世既有西方視野，又有東方文化美學特質；既參與香港多元文化的建構，[110]也隨其移動，將通脫、靈活、多樣存在型態的文學視野帶進東南亞。

　　作於 1962 年的短篇小說〈仇恨〉寫一個香港難民史康福的家庭悲劇，[111]老家浙江餘姚被清算，不得已帶著一兒一女奔赴香港以微薄薪水過日，屋漏偏逢連夜雨，沉重的醫藥費逼迫她將如花芳齡的女兒典押給所服務的信記貿易公司老闆洪信發為妾。史家的困頓來自於金錢匱乏拆散天倫親情，恨意加以懊喪使史康福遽歸道山，臨終前交代兒子史雲峰務必為此復仇。子

107 鄭樹森：〈談四十年來香港文學的生存狀態──殖民主義、冷戰年代與邊緣空間〉，收於邵玉銘、張寶琴、瘂弦編：《四十年來中國文學》，頁55。另考察徐速《當代文藝》獨資經營原於能立足商業市場，是一份普及的文藝刊物，後來喪失南洋市場因而停刊，由此可知影響之大。
108 吳義勤、王素霞：《我心徬徨：徐訏傳》，頁 229。
109 徐訏：〈時代感與時髦感〉，《徐訏文集》第 10 卷，頁 267。
110 劉登翰：〈香港文學的文化身分──試論香港文學的「本土性」、民族性和世界性〉，黃維樑等編：《活潑紛繁的香港文學──1999 年香港文學國際研討會論文集（下冊）》，頁 12。
111 徐訏：《徐訏文集》第 8 卷，頁 264-284。

從父命離開香港到廣州念書，1956 年逃到澳門混過小輪船，最後因會計專長在賭場服務，與黑社會往來、淪落人口買賣，在信仰沉淪、物質墮落的環境裡喪失辨別是非善惡的能力，只相信暴力。轉折之處是他在旅館發現洪信發挽著香港舞女前來投宿，使一切逐漸遠逝的記憶都被召喚到跟前，於是萌生殺機，購置一把日軍留下的舊刀磨得鋒利。為見姊姊一面再手刃仇人，他來到洪宅謊稱自己來自菲律賓，與女主人史雲釧相認後單刀直入說明復仇的來意，然而衣食無憂的她勸弟弟放下仇恨，對於丈夫的拈花惹草視為常態，不希望弟弟再跟父親一樣經濟窘迫困頓而亡，將希望寄託於子嗣，將一切歸諸命運，等候一朝洪信發歸天接收家產，這是另一種復仇。史雲峰復仇的強烈意念來自於父親遺囑所託，史雲釧靜候命運收拾一切的消極復仇轉換了他的意志，而另一個機轉是他對女體的思考：

> 這些年來，他也曾用錢去玩弄女人，這些女人，不管是舞女還是妓女，還不是有一個像他父親一樣的父親，洪信發是直接威脅他父親而占有他的姊姊；他的玩弄女人，則簡直是透過一個社會制度威脅著人家的父親去玩弄人家的姊姊。這些女人的弟弟也正有充分的理由來對他報仇，但因通過了社會制度的關係，他們就無從認出誰是他們的仇人罷了。[112]

在洪信發陪同史家姊弟上墳祭父後，仇恨徹底消解，一度入信記擔任會計，當年幫著洪信發威逼父親的老臣白盛林，而

---

112 徐訏：〈復仇〉，《徐訏文集》第 8 卷，頁 279-280。

今另眼相待不敢怠慢，在史雲釧的復仇陽謀之中，雖有美麗遠
景，不能認可的是縈繞父親「要復仇」的最後話語。最終他離
港赴澳追尋自己的人生，不被眼前的舒適圈束縛。徐訏在寫實
筆法的這一記復仇故事中，運用大量心理描摹關注史雲峰這位
年輕人在香港的心理狀態，背負著父親遺命，在物慾橫流的香
港社會裡，沒有金錢，也就失去地位，任人擺弄，在女體／天
下一家的換位思考中，理解這不但是命運操弄，更可能是社會
的悲劇，家無恆財便手無寸鐵，一旦貧病則難以為繼。史雲峰
隨意編造的離合相逢，特意以菲律賓為輸出地，彷彿南洋易於
討生活過日子，而掩飾他在另一座東方蒙地卡羅沉淪的事實，
所有不法的犯罪行徑也都在澳門發生。多地遷移的流放感是徐
訏小說的美學特質之一，[113] 來自於徐訏理想主義與現實主義衝
突的矛盾，[114] 史雲峰堅持復仇的意志，在史雲釧物質豐饒的生
活中軟弱動搖，苦惱而悲觀也正是徐訏本人的某種寫照。這並
非空穴來風的小說家虛構，顯然是長期對於香港社會底層百姓
的關切所致。徐訏在評論性雜文〈兩性問題與文學〉，也曾披露
此現象：

　　　　在香港，社會是畸形的。十口之家的家庭，往往是
　　靠兩個十六七歲的少女伴舞來維持的。因為如果父親是
　　五十歲，原來是軍人，他注定要失業，哥哥二十八歲，
　　二十五歲，二十三歲，學無專長，有職業最多是二三百

---

113 黃顯康：〈旅港作家的流放感——徐訏後期的短篇小說〉，《香港文學的
　　發展與評價》（香港：秋海棠文化企業公司，1996 年），頁 136。
114 莊若江：〈徐訏香港時期的小說創作〉，收於寒山碧編：《徐訏作品評論
　　集》，頁 191。

　　　　元一月，無從養家；弟妹還小，都應讀書，做工則收入
　　　　極微，難有幫助；而那兩個少女作舞女，倒有三五千元
　　　　收入，上可養父母，下可供給弟妹讀書，所以一家只好
　　　　依賴她們。台灣酒家女的生活也正是如此。[115]

　　既現實又寫實的香港浮世繪，讓史雲峰復仇的力量難以張
弛，終至落空。對於香港的地理空間雖掌握度不如在上海孤島
時期來得利索，徐訏努力以人性刻畫真實依舊值得肯定。[116]唯
一能夠支持奮鬥的意志是青春，以年輕為本才能有遠赴異地重
新再起江山的勇氣，在徐訏的流動經驗中，小說結尾海上的燈
光與遠去的輪船是有力的意象，象徵充滿希望的指引。一貫秉
持對人的關切，徐訏甚至曾撰文撻伐美國《時代周刊》發表台
灣北投旅館妓女伴浴的照片，[117]指陳台灣貴冑富豪才是禍首，
同情弱者而富於正義感地認為觀光事業傷風敗俗，若是在美
國，異地皆然，不可以獵取第三世界落後奇觀的自尊心態恃
傲，應關懷政府如何安頓底層百姓生活的可憐事實。地域空間
的隔膜與文化意識有主見的阻絕，都是造成知識滯礙物質橫阻
的因素，徐訏以閱讀過的一位菲律賓作家羅賽士（Joaquin‧P.
Roces）之言說明：

　　　　一個生在菲律賓受教育的中國人……他生在華人辦
　　　　的醫院內，就讀於華人的學校，及長看中國電影，讀中

115　徐訏：〈兩性問題與文學〉，《徐訏文集》第 10 卷，頁 371-372。
116　盧瑋鑾：〈「南來作家」淺說〉，收於邵玉銘、張寶琴、瘂弦編：《四十年
　　　來中國文學》，頁 403。作者認為徐訏除了曝露某些社會黑暗面外，距
　　　離真實仍很遠，不擅寫實，無法勉強。
117　徐訏：〈台灣的裸浴照片〉，《徐訏文集》第 10 卷，頁 264-284。

文日報，就業於華人的「華行」，與中國女人用中國儀式，結為夫妻，……死了，就葬於華人墳場，他一生在菲律賓消磨，卻等於活在他們廣東與福建的老家。多數的華僑都是這樣的華僑，可是現在，時代已經變了，中國人在海外，再無法以華僑的身分生活。他們除了只想在黑暗的街角洗衣服以外，他必須接受人家的同化。第一代還可以有了燒餅油條的回憶，第二代就只能把他們父母舊俗當作笑話來紀念了。[118]

　　這說法或許過於悲觀，以台灣作家駱以軍的創作經驗來說，不在場的、父親的原鄉經驗，仍有魂魅似的召喚力量。[119]徐訏認為環境與身分認同對下一代將有深遠影響，唯有勇敢堅韌、有為有守的態勢，方能在任何肥沃的土地上開出艷異奇花，而不只是在迢遙異國被迫同化。

　　另一篇寫入南洋空間物質生產的小說〈選擇〉，表露人在命運面前的不由自主，一切人事只能交由天意安排。故事寫喬其錦、喬其綉一對姊妹花，姊姊其錦被相命鐵口直斷將來丈夫錢財蕩光，因此賭氣與家境困窘的男友李秉倫分手，另嫁豪門鉅子；日後果真一語成讖，喬其錦丈夫因共黨清算家產，一夕烏有。安於命運的妹妹其綉，則為了愛情甘願輟學，與李秉倫共赴新加坡打拼，經營膠樹產業生意興隆，幾年後他們擁有獨棟花園洋房，物質生活不虞匱乏。小說點明婚姻是緣分一線牽的無可奈何，當時代不容許婚姻擁有自由的選擇權，人生也難以擺脫這一點難以言說的情愫，「時代的悲劇是沒有選擇的自由

---

118 徐訏：〈天才的沙漠〉，《徐訏文集》第 10 卷，頁 275-276。
119 王德威：《懸崖邊的樹》（南京：譯林出版社，2019 年），頁 160。

時，不能選擇；有選擇的自由時，無從選擇」[120]，以哀怨無告
刻畫人間至情，迥異於徐訏其他充滿異國情調與浪漫主義色彩
的長篇小說風格，[121]「人生也許就只好隨命運擺布推動，但相
信機緣的人則易流於逢場作戲，尋不到人生的價值；相信命運
的人則常會隨波逐流，找不出人生的意義。」[122]無可預期的勢
途，除了被動接受命運安排，徐訏將新加坡視為發跡變態的寶
地，足以讓跨國移居者安家樂業，過著現世安穩的日子，擁抱
夫復何求的滿足。相信命運與機緣的人終成眷屬，圓滿人生；
命運是如此不可違逆，徐訏的晚境，多了幾分安時順命。

（二）南洋空間與文化建構

　　徐訏以新加坡為背景的詩作，最早可溯至 1952 年發表於
《天風月刊》之作。這是同年 4 月林語堂在紐約所創辦的刊物，
編輯風格近似 1930 年代的《宇宙風》與《西風》，1953 年 2 月
林語堂因接獲陳六使信函赴南大任校長而停刊，最後一期（第
10 期）於 1953 年 1 月由徐訏創辦的香港創墾出版社接辦印行。[123]
徐訏在《天風》發表 1952 年一、二月旅居新加坡時的兩首詩作，
一為〈南國的風光〉，一為〈記取〉，兩首詩的南洋空間感都充
滿抒情意志況味：

120　徐訏：〈選擇〉，《徐訏文集》第 7 卷，頁 440。
121　魯嘉恩：《香港文學的上海因緣（1930-1960）》（香港：嶺南大學哲學所
　　　碩論，2005 年），頁 61。
122　徐訏：《時與光》，《徐訏文集》第 3 卷，頁 41。
123　秦賢次：〈天風期刊提要〉，「台灣文學期刊目錄資料庫」網址
　　　http://dhtlj.nmtl.gov.tw/opencms/journal/Journal072/，擷取日期：2019 年
　　　8 月 5 日。《天風月刊》新詩作品雖然為數不多，但若干哲理詩間接促
　　　成了「白馬文藝社」的成立，帶來美國新詩壇的榮景，始料未及。

　　過去長江灘畔的密約，／我曾辜負黃桷樹下的月亮，／如今海南海北的嘆息，／也未珍貴椰林間的太陽。

　　江南的青菱紅後，／蓮葉下都是鴛鴦，如今泥潭雜草間，／唯孤零的野鶴蕩漾。

　　莫說風風雨雨的日子，／都是我回憶中的淒涼，／就是異國少女的歌聲，／也帶著我舊日的惆悵。

　　車水馬龍間萬頭如鯽，／人人都關心橡價升降！南國的風光不過如此，／美醜善惡憑金錢衡量。

　　　　　　　　──〈南國的風光〉（節錄）[124]

　　佳節如此，／我情歸天涯。／夢飛舊約，／竟無人知道，／我也有歌要唱。

　　念此去山高水長，／碧綠鵝黃間，／再從無期望／故雁舊魚來往。

　　獨立樓頭，／望椰林高聳，／風掠殘更，／雲散四方。

　　情傷該是，／爆竹聲靜，／路燈半滅，／鄰窗抹去了／帘內的昏黃。

　　但仍需記取，／星痕初隱，／晨霧漸濃，／東方透露了／魚肚的白光。

　　　　　　　　──〈記取〉（節錄）[125]

124　徐訏：〈南國的風光〉，《天風》第 8 期（1950 年 11 月），頁 20。《徐訏文集》第 14 卷，頁 347-348。

125　徐訏：〈記取〉，《天風》第 10 期（1952 年 11 月），頁 33。《徐訏文集》第 14 卷，頁 345-346。

　　人在新加坡的徐訏似並未融入當地,更多的是沉湎於往昔舊日的情懷,而出之以淒涼、惆悵,而嘆息、傷情。詩中固然有新月派音樂美、繪畫美的節奏韻律,傳統詞作裡落花人獨立,深更高樓佇盼女子的婉約情調更是充盈其中,藉以療慰遊子情思。新加坡進入現代化的空間景觀物欲橫流紙醉金迷,對徐訏來說是一段顛簸的生活,拖著疲憊的足跡,撿拾碎夢在痛苦中流浪,記憶便是判斷、想像、回想,引起不盡的創傷,這過程徐訏自言是一種內心生活,記憶所判斷的、所想像的、所回想的內容也正是過去的生活——間接的或直接的,內心的或外在的。[126]歌舞新妝無限寂寥,舊夢難拾新願難追,徐訏的南洋異地充滿哀感色彩。面對舊日傷情,新生的幾莖白髮在歲末年終引起徐訏的異地感懷:

> 　　彈丸小島人如鯽,／十里洋場燈如虹,／佳節又逢歲暮,／輕歌曼舞。／舊曲新唱,／美人已非昔日的脂粉。
>
> 　　憶家棄流水小橋,／嘆夢斷月冷五更,／哀情散寒夜秋雨,／愁人老夕陽黃昏。
>
> 　　此心悠悠如長江水,／空留歲月的鞭痕,／長記錦衣夜歌處,／久已無人訪問。
>
> 　　遍念舊日的舞伴,／一半深入侯門,／一半星散異地,／膝下都有兒女紛爭。
>
> 　　悔長年流浪,／無處是我家門,／夜來夢回前景,／滿目遍是家國恨。

---

126 徐訏:〈作家的生活與「潛能」〉,《徐訏文集》第 10 卷,頁 403。

南國無數佳夕，／到處有酒盈樽，／唯我心如枯井，／無意買醉，／獨倚小樓，／漫數海上明燈。

——〈歲暮〉[127]

　　徐訏反轉性別以代言體自擬，將美人遲暮比之於文人狹仄空間裡的侷促滄桑感受，蝶愁來自明日黃花的末日衰馳，無家別的反戰感思，徐訏曾提出君不見多少男女在越南變成砲灰，有誰想到，既然要成砲灰，又何必養他們成「人」呢？[128]這般的慨嘆。異地離散長年流浪都是遊子的真實情懷，其沉痛感出之以李煜亡國君主遙想故國山川，或者李清照獨上高樓思君的古典情懷，因戰爭的半生流離，唯有酒、明月與海上燈火聊堪遣懷，好能度過這南國佳夕。徐訏懷戀著上海話，自己也一口寧波腔國語，不曾學廣東話，在港以「難民」自居，荒蕪的園地無法植栽英才，錯位的時空沒有讀者接受與文化容納，徐訏的寫作才能與靈魂被無以突圍的矛盾扼殺，[129]高度抽象化與更趨近寫實兩種敘事型態並存，反映政治對文學牽制與文學對政治超越並置的現象，身心無依，唯一的路是突圍，[130]然而「失語」也就失去著力點，因而他戀棧孤島時空，每逢佳節倍思家國。再如另一首〈買花歸來〉：

　　正是你買花歸來，／幽香籠滿了衣袖，／問我為何

127　徐訏：《徐訏文集》第 15 卷，頁 63-64。

128　徐訏：〈博士與讀書〉，《徐訏文集》第 10 卷，頁 294。

129　布海歌：〈我所認識的徐訏〉，收於徐訏紀念文集籌委會：《徐訏紀念文集》，頁 121、124-125。

130　黃萬華：《中國和海外：20 世紀漢語文學史論》（天津：百花文藝出版社，2006 年），頁 285。

遠去，／不願在此多留。

　　我說我有夢未醒，／要到鄉間尋舊，／清風常依修竹，／落英長伴溪流。

　　籬邊雞聲喔喔，／樹梢百鴉啾啾，／青山遙對小窗，／白雲千載悠悠。

　　自從身陷都市，／辜負了重陽中秋，／五年未曾登高，／三載無暇郊遊。

　　如今我鄉居歸來，／再無你幽香盈袖，／滿街只見紅綠塑膠，／點綴那都市繁華依舊。

——〈買花歸來〉[131]

　　鄉間的野花幽香是憶舊空間，都市的紅綠塑膠是庸俗的繁華點綴，清風青山、落英、白雲、修竹、小窗，都是鄉間雅韻，都市空間只會束縛人辜負佳節，漠視自然與旅趣，溪流聲、雞喔啼、鴉喝啾，聲聲喚醒尋舊憶往的、不願醒來的美夢，徐訏明顯厭棄都會空間，即使只是買花歸來偶得都對都市裡的日子唏噓不已。香港經濟條件的繁盛優渥，未必與文人知識生產與文學市場流動的成長等量齊觀，徐訏的困境是教學而為稻粱謀，寫作小說改編電影劇本刺激票房，不但須以作品改編電影，迎合消費市場的視覺觀看需求，作者本身登台露臉帶動消費需求，也成為票房之必要。[132]夢裡一晌貪歡經常是徐訏所期待，為之留下一捧懷鄉淚：

---

131 徐訏：《徐訏文集》第 15 卷，頁 67-68。

132 沈海燕：〈宣言力量的弱化──文化產業視閾下劉以鬯〈酒徒〉的連載與結集單行比較〉，《彰化師大文學院學報》第 16 期（2017 年 9 月），頁 58。

親離荊籬殘菊，／情寄小院寒梅，／流落在寂寞異地，／枕衣上未乾懷鄉淚。

念江南歲暮，／有多少遊子遠歸，／誰家無童叟迎門，／滿巷是雞啼犬吠。

若待寒冬消逝，／有三春韶光明媚，／遠望是山青水綠，／近看有桃紅柳翠。

如今此景已在夢中老，／多少黑髮都灰，／荊籬小院早無人，／更何堪雨打風吹。

山青水綠已逝，／桃紅柳綠已萎，／人間本無不散的筵席，／歷史只是舊鬼加新鬼。

那麼請莫笑我無勇，／在沙漠中尋芳買醉，／我只是心如枯井無波，／曾經滄海難為水。

——〈莫笑〉[133]

　　對比 30 年代上海時期創作鼎盛青春韶華芳艷，香港一如文化沙漠，[134]使徐訏文思如枯井無波，南大匆匆一瞥亦如筵席一場，歷史是一代新人換舊人的殘酷舞台，前代魅影務須驅盡。江南美景草樹鶯花，是流連顧盼不已的原鄉，只能夢中相見，無緣終老。這一代人離散的悲痛乃是時代共相，徐訏的態度是

---

133 徐訏：《徐訏文集》第 15 卷，頁 69-70。

134 余光中也曾撰文提出觀察：香港是不利文藝的重商社會，香港本身生產極少，端賴工商立埠，本質上不是一個人文社會，加以對中文不夠重視，中學教育又偏重英文，因此一般中文程度難以提高。純正的文學期刊不多，報紙的副刊又方塊割裂，自由投稿的機會很少，新人的出現率十分之低。投稿如此，出書更難。林以亮、劉以鬯、徐訏、思果、也斯等作家反而在台北出書。見余光中：《青青邊愁》（台北：九歌出版社，2010年），頁 313-314。

希望以同理心看待，莫嘲笑這些長者何以老態龍鍾淚袖不乾，寒梅著花未的懷鄉叩問，人立小庭深院的孤獨企盼，縱然尋芳買醉也難以消弭這一抹衰世裡的鄉愁。寂寞出於不被理解的孤獨，關於創作與人生，徐訏認為自己不是以哲學家的態度企圖研究人是否有了解人的可能，「我只是一個孤獨的旅人，在寂寞的旅途中，尋找一個可以互相尋求瞭解的人，……談我們所受授的經驗與感覺以及想像，只要靈魂的角度與素質是相同或相近的，不同的經驗與感覺則都能喚起同情，因而也能夠了解彼此的想像。」[135]難以言說的寂寞必然是徐訏關鍵詞之一，30 年代最受歡迎的《風蕭蕭》一出，徐訏自言：「限於時，限於地，限於環境與對象，我寂寞，我孤獨，在黑暗裡摸索，把蛇睛當作星光，把瘴霧當作雲彩，把地下霜當天上月，我勇敢過，大膽過，暗彈痛苦的淚，用帶鏽的小刀，割去我身上的瘡毒和腐肉。於是我露著傲慢的笑，走過通衢大道。」[136]正因為有過勇敢的青春，攻克如許苦難，過去，始終讓徐訏魂牽夢縈，走過摸索，剜刨舊日創傷，對自己的表現不免帶有幾分得意。

　　國界的跨越使得現代都市理性與異域的神祕風情相遇，[137]將南洋作為異色空間的個體情慾延伸，從來不乏其作。徐訏〈馬來亞的天氣〉中，獨特的婚戀觀充分說明過埠暫居的流動身世，不適合傳統一夫一妻婚配的白首偕老，別人的妻子或情人露水姻緣，成為自己的妻子或情人，機緣所在多有。以馬來西亞的

135 徐訏：《彼岸》，頁 165。

136 徐訏：〈《風蕭蕭》初版後記〉，《徐訏文集》第 10 卷，頁 131。

137 羅憶思：〈徐訏小說的異國情調〉，收於王德威、季進主編：《文學行旅與世界想像》（南京：江蘇教育出版社，2007 年），頁 191。

天氣比喻男女婚戀關係，[138]炎熱溽暑的天候易使女性衣著輕薄，同時也就看淡貞節觀，以他人之妻為妻，稀鬆平常。[139]這樣的後殖民隱喻結構，是地方感覺的觸發所致，風土氣候影響人的思維與習俗，唯有順隨天候的自然，建構人與人之間的關係，並充分理解地理、歷史，才能在馬來亞過著愉快的生活。

　　徐訏流動的身世與香港的空間扞格牴觸，自願定居香港，在台灣也不乏機會，辭世多年後由女兒徐尹白推論父親晚年心境，也許作為一個藝術家，徐訏不願牽連到任何政治鬥爭，這是他離開中國大陸痛定思痛之後，與自我流放直面相對的想法，南大蕭索，與久居的香港同為過客心情，從未想到在港度過餘生，更從未想到因此被大陸和台灣看作是異鄉人。[140]不由自主的跨國遷移，隨遇而安的暫居心境，卻從未放下創作的筆，1970 年徐訏從新加坡返港班機上的創作，恰可與 1960-1961 年南大之感相比擬：「一切的混論又歸於清明。／那空的結構，／時的圖案，／渺小的人，／在摸索追求，／散在光的軌跡中，／雄壯的，／悲哀的，／寂寞的，／任何的／呼聲，永恆的／都變成的一瞬。」[141]時空感知攢蹙累積在流動身世之感而自覺渺小，廣漠宇宙中，萬般不定的心緒和呼喊，不過都只如滄海一粟，蜉蝣一世。這是徐訏表露同代知識分子，最清晰，卻也最朦朧的一種心曲。

---

138 夏菁：《慾望與思考之旅：中國現代作家的南洋與英美遊記研究》(台北：文史哲出版社，2010 年)，頁 65、102-103。

139 夏菁：《中國現代作家的南洋書寫研究》(武漢：華中師範大學出版社，2015 年)，頁 28。

140 廖文杰編：《無題的問句——徐訏先生新詩、歌劇補遺》(九龍：夜窗出版社，1993 年)，頁 VII。

141 徐訏：〈千萬種雲〉，廖文杰編：《無題的問句——徐訏先生新詩、歌劇補遺》，頁 20。

四、精神求索的無依與情感疏離

流離之中，徐訏轉向宗教尋求寄託，緩解冷戰時期精神求索的無依與情感疏離的苦悶，書寫流動身世之中獨特的時代感和知識分子的心靈世界。除了宗教的寧靜，教育的入世關懷也帶給徐訏極大的安定力量。

（一）書寫時代感與知識分子的心靈世界

徐訏是中國現代文壇上極為罕有的、具有鮮明宗教態度和性靈追求的作家，上承 20 年代大量以佛教意識書寫的許地山，下開 80 年代對人生終極價值的關懷與追問的尋根派，構成一方特殊風景，[142]除了個人的性情與愛好，半生流離的經驗加上哲學背景，揉合出徐訏獨到的寫作風格。彭歌指出在 1950 年代香港文化界「議論龐雜」之時，徐訏以「東方既白」的筆名發表過許多論文，從文學、美學、心理學的觀點，剖析共產黨「文藝工具化」的錯誤，強調人性與自由在文學天地中的重要性。[143]早年曾追隨共產主義，遍讀馬列思想著作，徐訏對於「無產階級」、「文學大眾化」的體認，近似於宗教的告解：

> 所謂那種「犯罪感」，對於一個知識分子來說，往往成為可怕的陰影，擺脫並不很容易。因為隨時隨地都會覺得自己不是「無產階級」為可恥與可恨，我現在給了它一個名稱，是：「組織綜錯」。這種「綜錯」是使一個人不斷的自責，同時，每一次想到所謂「正統」態度與

---

142 吳義勤、王素霞：《我心徬徨：徐訏傳》，頁 289。
143 彭歌：〈重見徐訏〉，《聯合報》12 版「聯合副刊」，（1971 年 5 月 30 日）。

馬克斯理論不符合的時候，你為表示你「階級意識」的
正確，你不但不敢提出你獨立的看法，還會表示積極的
擁護與為之解釋。譬如：當蘇聯與法西斯的德國訂不侵
犯條約之時，你就會用「無產階級祖國」的利益種種為
蘇聯的政策辯護。一直到很久以後，當我已經過二十七
歲，我才發現所謂「無產階級意識」根本就是不存在的
東西，而所謂「無產階級」也只是一個幽靈似的名字。[144]

　　徐訏自言其政治立場的思考歷程，無異於視某種政治哲學
為宗教信仰，而欲以文學落實其創作理念。30 年代風起雲湧的
各種主義思潮確乎如此，再經 40 年代流亡者文學、戰火與浪漫
主義的洗禮與轉向，[145]由於走過從「見山是山」到「見山不是
山」的認知歷程，來到香港，足跡遍及東南亞、台灣，徐訏見
識歷史的奔騰，他已然歸向「見山又是山」的境界：

　　　　……我也從未信渺茫的上帝，／聖經與神話都是美
麗的大謊，／因果報應不過是愚人的傳說，／人間已存
在不公平的地獄天堂。／良善的人民在飢餓中慘斃，／
奸佞的英雄自尊為帝皇，／安分守己的淪為奴隸，／狡
猾強暴的長踞著廟堂。
　　　　那麼說什麼紅綠的主義／是多麼燦爛多麼輝煌，／
什麼美麗的遠景閃耀著／人民的飽暖自由與健康。
　　　　我已無力隨你搖旗吶喊，／更無能編寫讚美的歌

---

144 徐訏：〈我的馬克斯主義時代〉，《傳記文學》28 卷 3 期（1976 年 3 月），
　　頁 46-48。作者原題以「馬克斯」，此處依其所撰如實呈現。
145 錢理群：《中國知識分子的世紀故事：現代文學研究論集》，頁 194-195。

唱，／因為我不信宗教的安慰，／黑暗中難想像光明的
希望。

　　靜看牆上帝皇教主的肖像，／在風吹日曬中漸漸霉
黃。／時間竟是如此冷酷與無情，／歷史的奔騰是後浪
推前浪。

——〈歷史的奔騰〉（節錄）[146]

　　詩中冷眼靜觀各種主義在歷史中翻滾，浪濤歷歷細數遍
盡，徐訏沒有信仰也不證因果。他曾眼見烽火中百姓生活的困
頓，也明白強權的危害，唯有自由與健康才是值得信仰的真理，
一切在時間的淘洗下會越辯越明。若對照 1962 年徐訏南大時期
在香港出版的《江湖行》第四部，可以明顯探知徐訏的身影，
小說主角野壯子在迷戀越劇女角葛衣情求愛失利之際，轉而向
知識求索，把對葛衣情的愛與慾，嫁接在知識的渴求與追逐上，
離開原鄉與熟知的世界，過一種嶄新的孤獨生活。知識與智慧
增長了野壯子的心靈世界，拓展眼界之後他不再戀慕葛衣情，
反而覺得她庸俗空虛，美景不常，風光無新，隨著生命的變化
與年齡的增長，情感變動著，青春也不常駐。愛與慾的追求由
女體轉到學問，感官主義轉向了智性為先的現代化進程，野壯
子投身時代求知的洪潮之中：

　　那時候一種新的潮流把我們青年捲入了漩渦，我們
從對馬克思學說的興趣，很快的就變成了政治的狂
熱。……直到有一天……我從這個領袖自居的夢中醒

來，才知道我所活動的並不是純粹年輕人的一種活動，而背後正是人在操縱指使，這指使正是有一種東西叫做不擇手段利用群眾的政治。[147]

時間的設定較為明顯的定錨是「統一戰線運動」、「太平洋戰爭」等，為了刻畫時代解剖人生，芥子納須彌之功未收效，反而失之抽象敘述的間接式勾勒，作為一部中國傳統式哲理小說，五年辛苦所成，論者欣賞徐訏在串珠結構與鎔裁技巧、史詩體態與哲理風情、奇情故事的縹緲春光、爐火純青的文字功力與筆路藍縷的史筆境界等成就，[148]予以肯定。以愛智、愛真之心關切現實問題，徐訏因勇於探索，不妄信權威，不否認一般常識，在時代的苦悶無依中，眾採哲學、宗教各家之長，論析各種說法，並反躬自思身而為人的本質：

　　生而為人，不管是上帝所造或由人猿進化而來，那麼我就該要求其他的人，不管是體力遠勝於我或智慧遠超於我的人，都以人待我，這大概是最平凡也最低淺的覺醒。……西洋的基督教文化基礎，使許多平凡的人看到自己的平凡，承認上帝所創造的人彼此平等，但也使許多聖賢英雄擬自我為上帝的替身或代表。我認為前者是個人主義，後者則是自我主義。達爾文以後，使許多平凡的人看到自己的平凡，承認生物進化中人的平等，但也使許多人以為自己在進化中優於別人，我辨認前者

147 徐訏：《徐訏文集》第 2 卷，頁 50-52。
148 蕭輝楷：〈天孫雲錦不容針〉，收於寒山碧編：《徐訏作品評論集》，頁84-92。

　　是個人主義，後者則是自我主義。[149]

　　北大哲學系畢業後，徐訏順隨興趣再攻讀兩年心理學，並將之視為科學加以研究，[150]受五四思維浸潤的痕跡，透顯在小說書寫的人物心理發展之中。內衷苦況形同飄泊的鳥，創作鼎盛形構知識和眼界的大鵬，異地心境不改愛國赤忱，甚至於更深切於安居者，只因素來淡泊耿介，長年的流動離散，不熟悉各地言論尺度與容受，方式上略有參差，引致許多不瞭解徐訏的無情批評，對他來說是一種委屈，於是傾吐新年之際，過於喧囂的孤獨：[151]

　　　　高樓低廈，／人潮起伏，／名爭利逐，／千萬家悲歡離合。
　　　　閒靈偶過，／新月初現，／燈耀海城，／天地間留我孤獨。
　　　　舊史再提，／故書重讀，／冷眼閒眺，／關山未變寂寞！
　　　　念人老江湖，／心碎家國，／百年瞬息，／得失滄海粟！

　　　　　　　　　　　　　　　　　　　——〈新年偶感〉[152]

149　徐訏：〈道德要求與道德標準〉，《個人的覺醒與民主自由》（台北：釀出版社，2016 年），頁。
150　陳乃欣等：《徐訏二三事》，頁 25。
151　司馬中原：〈春天的花環〉，收於陳乃欣等：《徐訏二三事》，頁 184。
152　徐訏：〈新年偶感〉，《聯合報》8 版「聯合副刊」（1980 年 2 月 20 日）。為徐訏遺作，未收編。

時值冷戰年代，創作者的精神隨環境氛圍起舞，徐訏所感知的時代精神是：

> 人們在冷酷的槍尖下勞作，／在灼熱的咒語中跳舞，／那五色的廣告，七彩的標語，／把人分成了進步、時髦與落伍。
>
> 在星球間出現了人造衛星，／在人造衛星間凍藏戰雲，／醞釀著冷戰熱戰的口號，／看誰能毀滅更多的人群。
>
> 在長刀與短劍間，／在大鍋與小鍋間，／我聞到了野禽與家畜，／——油炸的與水煮的，／使我想起了誰都已忘去的事情：／在原始的森林裡，／人與獸血戰了千萬年，才開始了人類的文明。
>
> 這世界你會不再認識，／不久，太空裡浮蕩的／將是無光的偽星；／街市上奔走忙碌的／將都是沒有靈魂的人民；／滿街都是無神的教堂，／標語口號都當作了聖經。／從此神與人間再沒有信與愛，／人與人間也再無任何溫暖與感情。
>
> ——〈無光的音符〉（節錄）[153]

> 你說你自從長大後，／無時不在擔憂，／擔憂那人造的恨會抹殺天賦的愛情，／擔憂那戰爭的空氣會瘋狂人類的理智，／擔憂那層層的黑雲會掩蓋太陽的光明。
>
> 如許悠長的歲月在惴惴憂慮中消逝，／徒聽無情的

---

153 徐訏：《徐訏文集》第 15 卷，頁 38-39。

白髮蛀蝕你燦爛的青春，／但痛苦的人間並不因此增加
了歡笑，／冷酷的社會也並不因此產生了同情。

你說獨裁國家裡大家都在被奴役，／民主制度下人
人偏又是利欲熏心，／這世界哪裡還有一片乾淨的樂
土，／可允許一個人淡泊疲倦的生命退隱。但歷史是不
斷的爭鬥掙扎與創造，／在痛苦中求解脫在戰鬥中求和
平，／文化與文明是人類智慧的累積，／宇宙的建立運
行也是上帝的愛情。

你說這混亂的世界看不出有神在主宰，／良善的慘
斃溝壑，／殘暴的奢華終身，／勤苦守法的守窮巷，／
貪佞無恥的寓高廈，／強權霸占真理，／金錢蒙蔽了人
性。

——〈擔憂〉[154]

把政治口號當作咒語，把護衛海峽兩岸國家安危的美方勢
力當作衛星，徐訏關切的是戰爭的本質，只要開火就有傷亡，
只要鬥爭就失卻了文明，不論是哪一種獸類、哪一種烹煮之道，
劃分階級群起攻之，泯滅人性就墮入無光、無信、也無愛的地
獄，處於沒有神、也沒有光的所在。

〈擔憂〉的句子與〈對白〉相似度極高，尤其「你說獨裁
國家裡大家都在被奴役，民主制度下人人都利欲熏心」（〈對白〉
節錄）[155]哪一種制度都不是，不信諸神的徐訏直到臨終病危託
女兒代筆寫下：「過去我也曾經自負，驕傲；後來才發現自己的
脆弱和貧乏，認識過去的自負和驕傲都是虛假的。天主是全知

154　徐訏：《徐訏文集》第 14 卷，頁 108。
155　徐訏：《徐訏文集》第 15 卷，頁 247-248。

全能的。我願將一切交付天主，因為我深信祂一定會做最好的安排。」[156]徐訏由自我人格內省，謙卑以對過去，但也明白將他所在的香港文壇，擬為退潮的文藝沙灘，懷著矛盾的觀感，捕捉不到潮的進退，因此徐訏有時自覺無所作為。[157]舉措無著，跟不上時代的潮，徐訏的徬徨與孤獨，由此可知。

（二）宗教寄託與教育關懷

徐訏晚年將信仰寄託神靈，他最後未集結的諸作也以「靈的課題」為寫作計畫，[158]誠見其晚年所思，泰半聚焦於此，這是 1961 年南大之行悄悄埋下的種子。

臨終前幾年，徐訏甚為看重自己的詩作，認為是能夠反映生命感受，直接流露脆弱心靈在艱難人生中的嘆息呻吟與呼喚，也記錄掙扎中理智與情感的衝突，得與失的過失，希望與失望的變換，以及追求與幻滅的交替。[159]徐訏反覆思索著當「人的文學」不再溫暖，人間也不復有感情存在，未能求得一絲宗教的寧靜，徐訏希冀呼喚一種時代的聲音。戰火連天，不論政權興亡，百姓苦難未嘗稍減，詩人與黎民同情共感。他厭棄貪佞醉金與強權獨裁，以樂園意識期待文化與文學的開展，期待一種時代之音：

> 我多年來在這裡期待，／期待一種熟識的聲音，／

---

156 勞達一：〈徐訏先生最後的心路歷程〉，收於徐訏紀念文集籌委會：《徐訏紀念文集》，頁 59。

157 徐訏：〈藝文漫筆〉，《徐訏文集》第 10 卷，頁 319。

158 徐訏：〈園內〉，《聯合報》8 版「聯合副刊」（1980 年 10 月 8-10 日）。

159 徐訏：〈原野的呼聲·序〉，《原野的呼聲》（台北：黎明文化事業公司，1977 年），頁 277。

因為它在淒涼的夜裡，曾帶我進溫暖的夢境。

它曾在遙遠的山谷中，／呼喚牛羊回家，／在迷濛的暮色中，／呼喚飛鳥歸林。

它曾在薄薄的霧靄中，／呼喚睡蓮清醒，／在遼闊的雲天中，／呼喚孤雁回群。

它曾經呼喚戰士退休，／它曾經呼喚英雄歸隱，／它曾叫富翁們醒悟，／死時無從帶走一分黃金。

它還曾在黑漆的原野中，／喚出天邊熠熠的明星，／在我灰冷的胸中，／喚起我灼熱的愛情。

如今我還在這裡期待，／就在期待這呼喚的聲音，它會在我動亂的生活中，帶給我一種宗教的寧靜。

> ——〈呼喚〉[160]

對照《禮記‧樂記》：「亡國之音哀以思，其民困。聲音之道，與政通矣。」[161]徐訏也將政治帶來的時代動盪與聲音聯想相結合，不過他期待的是戰爭平息，生死豁達，以愛情燃起一份生的意志，也可以如陶淵明歸鳥舊林，池魚故淵，遙對家園。徐訏自比為離群索居的孤雁、出淤泥而不染的青蓮，悲觀中始終不放棄期待，讓時代和平之聲為日子帶來宗教式的寧靜，對於人間因果的思考，徐訏追求的是：

前代的淚，／今世的笑，／因果中無不清楚。
上升如斯，／下沉如彼，／人間向無乾淨的去處。
逝者何歸，／來者何從，／無人曾將時間留住。

160　徐訏：《徐訏文集》第 15 卷，頁 54-55。
161　《十三經注疏‧禮記‧樂記》（台北：藝文印書館，1993 年），頁 663。

顫抖的人生中，／一切初生之犢，／都不畏虎。

那麼那淅瀝的雨，／蕭瑟的風，／到底在為誰訴苦？

——〈偶感〉[162]

　　前朝舊代與新血世代交替乃是歷史必然因果，社會上起伏升降的地位成就，現實風雨的無情打擊，只有勇於開創的新世代能突破重圍。徐訏雖然感慨人間無淨土可去，時間也逝者如斯難以挽留，風雨如晦，聲聲傾訴時代與家國之思，寄盼後來者勇於開創。寂寞悲感之中，徐訏仍抱持這樣的期待。也是寄予年輕人厚望的還有〈小島〉：

　　　　我曾經在酒家裡，／在咖啡座上，在客廳裡，／與人們笑著談著，／聽那些可敬的能幹的，／朋友的感慨，嘆息，／都覺得世界已經老了，／那小島是寂寞的。

　　　　那多少年輕的詩人與作家，／嚴肅而又嚴肅地創作著，／創作著，用灰黯的調子／隱晦生澀的字句，／表現奇譎的感覺，／享受那不需要為人了解的自由。／那快樂，那悲哀，那孤獨，／都覺得世界已經老了，而那小島是寂寞的。

　　　　那羊群一般的學生，／在火車上，在公路上，／從那輛到這輛，／從早晨到黃昏，／補習而又補習地，／把公式塞在腦子裡，／把身子塞在學校裡，／只希望有一天可以去國外。／因為啊，那小島是寂寞的。

　　　　論戰麼？文化的論戰，／詩的論戰，音樂的論戰／

---

162 徐訏：《徐訏文集》第 15 卷，頁 42。

正像是家家戶戶的竹牌一樣，／只是想在寧靜黯淡的，
／死水中，激起一些漣漪，／那怒容，那意氣，那吼聲，
／就為稍消心中的鬆弛與空氣，／因為那小島是寂寞的。

那新聞，一個好萊塢明星的傷腿，／一個有妻的富
翁的戀愛，／通姦啊，離婚啊，自殺啊，／一切芝麻般
的消息都可以／成為熱鬧的流行的謠言，／變成了酒餘
飯後的談助。／談著，聽著；／談著，聽著；／都因為
那歲月是如此悠長，／而這小島是寂寞的。

那蓬勃的補習世界，／那蓬勃的語言學校，／那史
無前例的學習空氣——／官貴們的高爾夫球，／太太們
的中國畫，／老爺們的太極拳，／小姐們的舞藝，／沒
有那宗教——／佛教，基督教，天主教……／擁擠的教
堂與廟宇，／都因為那時間是可怕的，／而小島是寂寞
的。

那道德重整會，那朝聖團，／那天才的兒童，以及
各種的選拔／只是美國呀，美國呀，美國呀／博士，碩
士，生男育女，／中國雜碎，蒙古烤肉，／廚子，裁縫，
理髮師，／還有出席會議的代表大人，／帶著外匯偶爾
調劑與散心，／仍因這小島是寂寞的。

——〈小島〉（節錄）[163]

身為教師，徐訏關切學生的競爭力在本詩表露無遺，扼腕
補習填鴨與僵化的教學折煞人才，怒火交鋒，言詞激烈詰辯的
論戰，他寬慰仍有紓解小島寂寞之效。全詩以小島的寂寞為主

---

163 徐訏：《徐訏文集》第 15 卷，頁 43-46。

軸貫串，統攝每一小節的情感線，靜觀自處的心境投射在可能是香港，可能是新加坡，也可能是台灣等任何一座小島的年輕人身上。詩中「啊」字顯現嗟嘆與諷刺，成人世界的道德沉淪紙醉金迷，青年在擁擠而望不見未來的空間裡蠕動，瘋狂競逐各類選拔與一紙文憑，有能力者只希望有朝一日出國深造，宗教的救贖能否有效引起療救，抑未可知？縱任怡情養性的消遣，悠長的歲月竟似牢籠，唯一能享受的是寂寞的自由，更何況是坐擁美好歲月人生的青年，更凸顯其中的悲哀與感慨！人生代謝，往來古今，徐訏作於南大時期的〈論戰的文章與罵人的文章〉，羨慕台灣思想論戰的自由，而寄予無限厚望於論戰中的年輕戰士，他提出三點：

> 　　第一是這場論戰，我們看到台灣至少還有這樣的思想論戰的自由。
> 　　第二是論戰中幾位熟稔的朋友都還有時間與心情可以安定地讀要讀的書，這使我感到說不出的羨慕。
> 　　第三是論戰中出現了一些年輕的戰士，他們雖是還不算成熟，但抱著勇氣、熱情和才華，追蹤上一代的足跡，開始在思想界出現了，這使我感到慶幸，我因此想到在海外的那些大學裡與學院裡，何以見不到這類在學問上和思想上充闊的青年，而只有在花錢與衣著上賣弄的公子哥兒呢？[164]

　　徐訏欣羨台灣文壇知交得有餘裕充實學問，更肯定台灣思

---

164 徐訏：〈論戰的文章與罵人的文章〉，《徐訏文集》第 9 卷，頁 487-492。

想言論開放的尺度，以及後生可畏的代際動力，遂興嘆於所處的南大或香港未見此景，或許是學生不夠熱情，也可能是時代氛圍使然，只好以一貫的冷眼靜觀世界，透視熱鬧人生的寂寞，以一唱三嘆的迴環複沓，加重寂寞之感。[165]過境香港的痛苦與失望，徐訏將最寵愛的小女兒徐尹白送進香港最好的英文學校——半島學校，正是期待她能到外國生活，[166]果真女兒不孚父望留法。時間衰逝與人生無著是徐訏不斷憂慮的主題，寂寞而老大無成的感傷，不斷在詩作中出現：

> 年年春風秋雨中花開花落都無人惋惜，／夏蛙與秋蟲整日整夜的鼓噪還有誰諦聽，／殘缺的屋脊雖有古怪的烏鴉偶爾哀啼，／半圮的牆外已無迎客的犬吠與招伴的羊鳴。／那腰彎背屈龍鍾的柳樹上鵲巢已破，／枯枝殘葉間也無低呼輕喚的黃鶯。／只是去年十月底有孤雁掠過天空，／淒涼的長嘯曾劃破了月夜的寧靜。
>
> 不用說風打雨蝕中壯健的男子個個老去，／那垂髫的姑娘誰還不變成三兒四女的母親，／說什麼長長短短的日子可有熟人打門，／就是偶爾飛來的啄木鳥也從未敲我們的窗櫺。
>
> 那麼何必問誰在使我愛情枯竭、靈感消沉，／因為早無人關心我荒廢了的夢與浪費了的青春，／那幽谷裡已萎的花朵無人知她曾經嬌豔，／為層層的皺紋與斑斑

---

165 陳德錦：〈論詩與詩〉，收於徐訏紀念文集籌委會：《徐訏紀念文集》，頁201。

166 布海歌：〈我所認識的徐訏〉，收於徐訏紀念文集籌委會：《徐訏紀念文集》，頁118-119。

的白髮我何敢再對明鏡。

　　其實在風來雨去的時節我都在默默地期待，／期待那晚來的燕子曾多情地低呼你的小名，／還期待那月底月初冷澀的蒼白的月色，／在灰暗的壁上投射你愛畫的蒼老的竹影。

　　不用說我每天撥著長長的草叢走潮溼的泥路，／是為尋我們當年攜手散步的曲折的舊徑，／就是我寂寞地濫讀失眠到東方發白，／還不是為癡候你所愛的西方天際的星星。

　　因此，我也不敢再希望你有一天會重回舊地，／來體味那輕霧舊夢裡浮蕩著的各種傷心；／但何處的天際都有我們舊識的微雲，／請記取那裡寄存的我殷勤的／祝福與溫柔的叮嚀。

──〈叮嚀〉（節錄）[167]

　　故國難返，多情應笑華髮早生的末路悲涼，穿插著天抹微雲的感傷，歲月的消逝，在寂靜長空中，唯有鼓譟、哀啼之聲，破巢、圮牆、殘枝、孤雁之影來相照，作為一縷幽人，獨自往來的詩人，徐訏所關切的是靈感、書寫一類的問題。他曾以諜報情愛的《風蕭蕭》紅極一時，1943 年甚且定為「徐訏年」以資其盛，香港的空間，東南亞的移動，歲月不饒人的枯竭，傷心之餘，還是以無盡的寫作作為祝福的叮嚀。存在於徐訏作品的感傷主義，與美感共伴相生，出自於作者真實的心緒，與讀

167　徐訏：《徐訏文集》第 15 卷，頁 58-60；《聯合報》8 版「聯合副刊」（1962 年 12 月 17 日）。

者或觀眾保持客觀距離,而這距離正是美感的源頭。[168]徐訏關心歲月的消息,書寫形同宗教信仰,他心繫一切關於創作的叩問。愛好音樂的徐訏創作意境高雅的歌詞,經作曲家譜成藝術歌曲,作於南大時期〈音樂的欣賞與藝術的享受——序林聲翕的歌曲集〉即是為一冊歌曲集寫的序文,[169]內容多為徐訏曾在〈禪境與詩境〉中闡述過的詩歌理論。[170]音樂比文字更易於表達困難的情感而呈現極大的自由,是無界限的國際語言,以聲音傳達情感與思致,廣受普羅大眾歡迎。1975 年 5 月,中國廣播公司「中國藝術歌曲之夜」根據牛郎織女鵲橋相會故事,改編為中國歌劇「鵲橋的想像」,由徐訏編劇,林聲翕作曲,演出序幕與尾幕。1980 年 10 月 5 日,徐訏謝世於香港,台灣中國廣播公司「音樂風」節目播出紀念作家徐訏特別節目,內容包括徐訏生前談「音樂與文學」,並播出多首徐訏詩作譜成的歌曲,如「你的夢」、「期待」、「輪迴」以及歌劇「鵲橋的想像」中的選曲「層紅疊翠」、「人間也有美麗的花朵」、「鵲橋歌」等。徐訏香港時期也時常參加音樂界人士的聚會。[171]藝術對於徐訏來說是慰藉與愉悅,以其大眾化的本質,讓任何人可以輕易接近,[172]與宗教同樣能夠直通心靈。

五、張弛於涉世與出世之間

---

168 徐訏:〈「擠牛奶」的悲劇〉,《徐訏文集》第 10 卷,頁 343。

169 〈音樂的欣賞與藝術的享受——序林聲翕的歌曲集〉(5 月 16 日),徐訏:《徐訏文集》第 9 卷,頁 498-502。

170 徐訏:《懷璧集》,頁 259-300。

171 趙濟安:〈徐訏的詩人胸懷〉,收於徐訏紀念文集籌委會:《徐訏紀念文集》,頁 55-56。

172 徐訏:〈《樂於藝》‧序〉,《徐訏文集》第 10 卷,頁 98。

　　年逾古稀，徐訏自感來日無多，期能有餘暇檢視數十年來所作小說、雜文，將夾雜沙泥篩汰整理，他珍惜桑榆餘景若是，惜其抱憾以終。多地流動的身世，卻也難融於任何一屬。徐訏無法決絕於任何一部中國現當代文學史之外；納入其內，又該從何客觀言說。齎志以歿的徐訏尚有諸多散佚作品，全集不全的問題，固然因政治立場時空轉換，思潮美學品評殊異，而今，置於民國文學流動於東南亞的視角觀之，顯見其呈現一代文人幾度蕭索的飄零，在教書寫作為稻粱謀之餘，偶爾粉墨登場扮裝於自己作品改編的電影，亦有詩作為歌流傳於各地，論起台灣第一齣文學偶像劇，台視《風蕭蕭》拔得頭籌。徐訏一生文友知交遍及各地，他的寂寞是內裡的創作核心，他的精采是等身之作與廣泛體類不斷再版流傳，以各種文藝形貌問世，深植人心。他的孤獨是難見容於不同地點，因各有政治立場支持，內心始終湧動一股疏離，不願涉世，只有飄零。

　　南大歸返香港之後，物質體認與都市空間感知使他由早期30 年代的浪漫唯美轉向寫實與現實的風格挑戰，不過香港已然走向更趨於大眾娛樂口味的文學，曲高和寡，徐訏以旁觀冷眼記述了 50 年代香港的不由自主，以懷鄉和獨特的時間觀，作為對個人無法逆轉命運的對抗，善於捕捉對於變化的敏感和深思，那藉時空的否定而獲得的時間觀，正是 50 年代香港文學的重要標記，[173]是時代氛圍造就多數人無以宰制自我的命運歸屬。在校為師，在文壇與社會秉持敏銳之心與關懷之眼，蒼蒼無所歸依的精神世界，他吶喊宇宙無神，他懷戀故土家園，空寂疏離的知識分子精神史，既是徐訏個性與人格造就的殊相，

---

173 陳智德：《根著我城：戰後至 2000 年代的香港文學》（台北：聯經出版公司，2019 年），頁 250。

卻也是離亂香江自稱流亡文人的時代共相。

　　考索徐訏蕭蕭南大的流動身世，了解其空間錯位的感知結構裡，寄予深刻的物質文化思考，呈顯新型海派文學在國府引渡戰後文學場域中，大後方文學與台灣文學的重疊性，[174]以左右翼諧和的寬容話語相接，藉此揚棄反共話語霸權的拉扯，呈現開闊的流動性。以文學還諸徐訏，民國文學的流動視角透過東南亞南大匆匆二年的放大鏡顯像，當可體會徐訏對於教育的入世關懷，時局的紛亂保有一種冷冽客觀的距離，既不能過於靠近，以防被標籤化；又不能自絕於外，依舊有文人的自覺和銳眼，回應原鄉的呼喚與企盼。因而，當年邁的徐訏自知已是日薄西山，身處在擁擠喧鬧電車裡，耳畔傳來夾雜嗡嗡響的廣東話尾音，伴隨著電車的叮叮噹噹，眼看香港萬頭鑽動的人群捻亮一城燈火，而徐訏所感受到的，只是安靜。[175]「香江水之湄／怎麼洗也洗不淨／一襲孤獨影子的衣衫風塵。」[176]這是友人對於徐訏的無盡追思，也是不斷跨國流動的徐訏，內心揮之不去的、不被了解的寂寞與哀愁。

---

174 范銘如：〈《風蕭蕭》序・風再起時〉，《風蕭蕭》（台北：正中書局，2003年），頁 11。

175 鍾玲：〈三朵花送徐訏〉，《香港筆薈・徐訏特輯》第 13 期（1999 年 9 月），頁 158-159；伊冬：〈徐訏古稀之年的心境〉，《民生報》8 版副刊「軼事天地」（1984 年 4 月 30 日）。

176 羊令野：〈敬悼徐訏先生〉，《聯合報》8 版聯合副刊（1980 年 10 月 27日）。

第五章　南大女作家群的
地方感覺結構

　　孟瑤與蘇雪林先後應聘到新加坡南洋大學教書，不但以女作家群體展現學者風範，致力高等教育，深耕學術，在其地撰作小說、書寫日記，均精彩紀錄 1960 年代「此時此地」的東南亞人文景致。加以隨後而來謝冰瑩、鍾梅音，或者更早凌淑華等人的東南亞經驗，在台灣文學與馬華文學交融的視野中既具有代表性更具重要價值。女作家們來到東南亞貢獻卓著，像是孟瑤的《太陽下》奠定《蕉風》長篇小說連載期刊的首部曲，蘇雪林日記記載南大學潮及其日常感受，文藝野餐會的踏查開創，佐之以高教深耕育才之功。

　　南大女作家群的南渡與歸返，筆下展現南洋異質空間的社群文化，對於南洋地景風物／造景／空間的觀察別具慧眼，且在 1960 年代東南亞風起雲湧的左右傾軋，呈現出國體與病體的模擬聲腔。民族主義運動方興未艾，動盪之餘，已因經濟逐漸復甦呈現現代性流動的社群景觀，駐足南大優美校園，蘇雪林遭逢南大學潮，於日記詳載師生互動與文人交遊。不論因筆戰餘緒遠赴東南亞的蘇雪林，或因婚姻關係遠走他方的孟瑤，筆下的南洋地景與風物，與台北對照呈現華人社會獨有的奮發積極，雙城記中俱有愛與新生的力量；教學之餘，透過其閱讀呈

現的心靈世界也異常豐富，融入當地文史呈現知識分子的入世關懷，再輔以宗教信仰與精神寄託，小說中則呈現婚戀弱化與教育至上的觀點。

　　她們將教學融入生活，在教學中不忘創作，在創作中體現東南亞感覺結構的特殊性。不論地景的觀察或人情的領略，其意義超越尋常遊記的獵奇，也非一般小說寫實／言情的純粹範疇，而是帶來具有獨到女性觀點的東南亞體察。南來作家之移民性與本土性往往共存，各自比重隨時間而有所變異，也可能部分融合轉化。以下將從蘇雪林的舊體詩、日記、散文／雜文創作、回憶錄、自傳、短篇小說〈觀音禪院〉，以及孟瑤創作於南大時期的長篇小說《太陽下》、《劫情記》、《孟瑤自選集》、《遲暮》、《紅燈，停！》、《孿生的故事》、《退潮的海灘》，旁及相關諸作以探究其理。

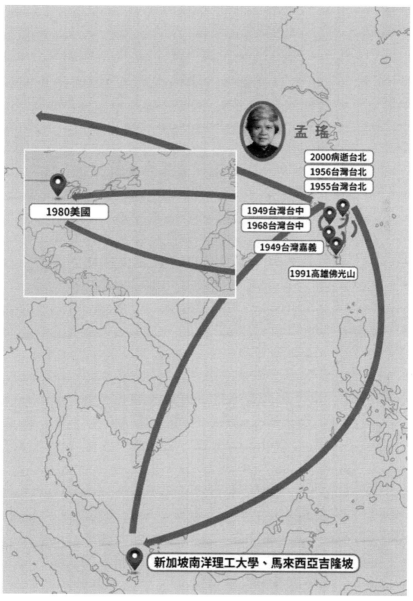

圖 5-1　孟瑤流動軌跡圖（吳國禎繪製）

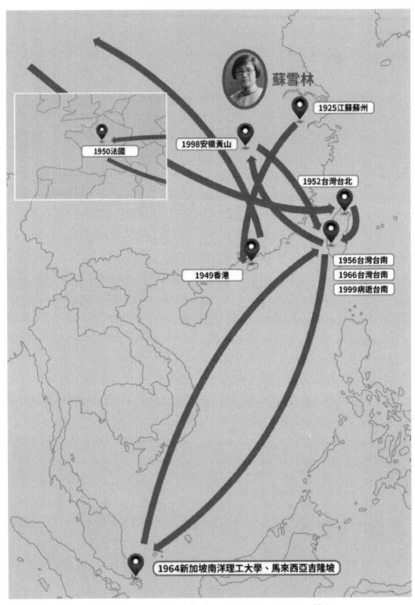

圖 5-2 蘇雪林流動軌跡圖（吳國禎繪製）

一、南大女作家群的南渡與歸返

　　冷戰時期，從五四走來的孟瑤、蘇雪林因著對自由的嚮往遷居來台，又自台灣南下新加坡南洋大學中文系任教，這一段去畛域、去疆界的移動，不但搭上新加坡現代化列車，[1]也參與了新加坡族群政治對抗和分裂的過程，[2]致使民國文學往東南亞流動的軌跡，在高教領域構築了一道圍堵赤化的自由防線。

　　除上述兩位與台灣文學淵源深遠的女性作家，凌叔華亦是南洋大學女作家群體重要一員，教授「新聞學」與「修辭學」之餘，不但指導學生組成「文學創作社」，主張以寫作表現自我，也創作《愛盧山夢影》散文集，辦理畫展，再將所得挹注學生創作，居功良多；[3]南洋大學中國語文學會出版《中國藝文》創刊號「紀念屈原特輯」，凌叔華撰寫了〈發刊詞〉，[4]對東南亞高教事業留下不可抹滅的旅痕。

---

1 王志偉：〈現代性與新華城市小說──依汎倫城市小說的現代性反思〉，收於柯思仁、宋耕編：《超越疆界：全球化・現代性・本土文化》（新加坡：南洋理工大學中華語言文化中心，2007 年），頁 163。

2 金進：〈冷戰、南來文人與現代中國文學──以新加坡南洋大學中文系任教師資為討論對象〉，《文學評論》2015 年第 2 期，頁 147。

3 衣若芬：《南洋風華：藝文・廣告・跨界新加坡》（新加坡：八方文化創作室，2016 年），頁 193-214。以〈南洋大學時期的凌叔華與新舊體詩之爭〉探討凌淑華的南洋事蹟，她與南大同事對於白話新詩與古典舊詩之迥異觀點，兼及凌叔華對於新馬華文文學的影響，由她擔任創作社顧問期間出版的兩本書，《夏天的詩》（1958 年）被譽為 1945 年以來當地最有份量的文藝刊物，甚至引發一場論戰；而《現階段的馬華文學運動》（1960 年）出版後再版，銷售 3000 本，當時可謂盛況空前。再加上後續兩本創作社作品，在新馬華文文學史上是值得探究的一頁風景。

4 孫小惠：《華文高等教育與中華文化傳承：南洋大學中文系研究（1956-1980）》（馬來西亞：拉曼大學中華研究院碩論，2015 年），頁 46。

　　另一位則是與蘇雪林交誼篤厚的謝冰瑩，她與丈夫賈伊箴同時間也來到南洋的中學任教，其中篇小說創作也在《蕉風》雜誌附送的一本 32 開讀本之列；[5]若加上陪伴夫婿余伯祺外駐東南亞的鍾梅音，[6]1950 年代的女作家跨域越界流動的圖像可謂眾彩紛呈，多音共響。

　　女作家群體之間的日常往來頻繁，蘇雪林託孟瑤北返時帶信件給台灣親友，鍾梅音託孟瑤帶給蘇雪林野茶一包，諸如此類物質流動、中文或異言的使用，文學會通與文化交融的細譯，已有專文及相關講座深入探掘，[7]由於本書研究範疇義界在與台灣文壇關係密切的作家，故而凌叔華擱置不論。

　　隨著國共兩黨以文學作為宣傳工具的高度相似性作為，[8]在

---

5 歐清池：〈新馬文學與台灣文學的微妙關係〉，《第四屆台灣、東南亞文化文學的傳播與接受國際學術研討會論文集》（宜蘭：佛光大學文學系，2007年），頁 130。1959 年 4 月至 1964 年 9 月止，還有柏楊、蔡文甫的中篇小說，以及《蕉風文叢新詩選》（1959 年 6 月）收錄羅門、余光中、覃子豪、夏菁、葉珊、瘂弦等詩作，對新馬詩壇造成很大的影響。

6 1969 年 5 月鍾梅音從台灣移居泰國，1971 年 8 月，鍾梅音隨夫婿移居新加坡，期間曾遊歷馬來西亞，1977 年 7 月移居美國，期間 8 年多在南洋和當地藝文界常有往來與交流。見衣若芬：《感官東亞》（台北：二魚出版社，2014 年），頁 188-191。

7 李瑞騰、閻純德編：《女兵謝冰瑩》（北京：人民文學出版社，2002 年），頁 206，訪問謝冰瑩談與蘇雪林的交誼。又許文榮 2013 年 5 月 17 日在國家圖書館以「台灣女作家的南洋經歷與書寫：以蘇雪林、謝冰瑩及鍾梅音為研究個案」為題辦理一場講座。從南洋的視角解讀她們在南洋期間的書寫，不論是蘇雪林日記的私人寫作，或謝冰瑩以當地為題材的小說、或如鍾梅音與謝冰瑩的遊記散文等，均挖掘出女作家群體過去較被忽視的人生經歷、生活方式及文學書寫，對於作家個人文學史料及台馬文學流動深具意義。網址：http://ccs.ncl.edu.tw/files/，擷取日期：2019 年 7 月 14 日。另見許文榮、孫彥莊：〈文學的跨國界與會通：蘇雪林、謝冰瑩及鍾梅音的南洋經歷與書寫〉，《中國比較文學》總 98 期，（2015 年第 1 期），頁 115-128。

8 姜飛：〈左右同源：新文學史上的新寫實主義〉，《四川大學學報（哲學社

政治與軍事倥傯，壓力高漲的情勢下，一批女性知識分子運用
其影響力及自由主義色彩護持中華文化，積極撰稿發表，投身
文藝人才培育，以具體行動關懷東南亞文學發展，呈現出剛毅
堅強的作家精神風貌與冷戰思維，其作品或發表於當地學報、
期刊，並轉而發表於台灣，出版於台灣，流動牽繫台灣與東南
亞密切的文壇互動譜系，尤以身為女性而能勇於跨域，在「南
來文人」的研究視角中自有其重要性。

　　關於人才的流動，謝冰瑩〈「進口」和「出口」〉記之甚詳，
顯見作家本身對此議題亦甚為關切，[9]毋寧是有意識的開創之
舉；而莊華興以「民國遺民作家文人」稱之，[10]將馬華視為民
國文學遺址是否公允？是以將南洋大學女作家群體旁及 1950
年代女作家之東南亞相關書寫作為知識分子精神史的探討，誠
為饒具意義的課題。

　　1962 年孟瑤 44 歲，應梁實秋之邀，赴新加坡南洋大學中
國文學系任教，講授「新文藝」、「中國小說史」、「中國戲劇史」
三門課程，[11]為往後的三史書寫開啟契機，逐步奠基。她在南

會科學版）》，2012 年第 1 期，頁 38-45。蘇雪林亦嘗自言，曾誤認為共產
主義是比較進步的主義，當時普世廣為接受當作徹底解決的救世良方；來
到台灣之後她醒悟吾輩應發動文藝到海外。蘇雪林：《風雨雞鳴》（台北：
源成文化圖書供應社，1977 年），頁 28。

9　謝冰瑩：《馬來亞遊記》（台北：海潮音月刊社，1961 年），頁 81-82。亦
有〈中國語文在馬來亞〉觀察國語普及之因與國文教材、時數，她當時所
見中文課本一是香港中華書局的《新編高中國文》，一是香港友聯出版社
的《友聯活頁文選》，另有參加劍橋指定考試的學生須讀《友聯文選己集》、
《老殘遊記》、國學常識及文學史等。頁 112-115。

10　莊華興：〈戰後馬華（民國）文學遺址：文學史再勘查〉，《台灣東南亞學
刊》11 卷 1 期，（2016 年 4 月），頁 22。

11　應鳳凰：《文學風華：戰後初期 13 著名女作家》（台北：秀威資訊科技公
司，2007 年），頁 72。

大任教至 1966 年 8 月，由新加坡返台，[12]期間創作不輟，共計
編纂短篇小說集 2 冊、長篇小說 6 冊，產量豐富。蘇雪林 1964
年 9 月 9 日自台北登機在香港轉機，9 月 12 日抵達南大，住進
彭亨樓 1 號，素來每日撰寫日記勤勉有恆，即令有事耽擱，也
必於數日後補記，對於南大學潮、自身閱讀與書畫精進，與文
人交遊具有可觀之處。1966 年 1 月在南洋大學創作八千多字的
短篇小說〈觀音禪院〉，更是一椿與台灣文壇剪不斷理還亂的恩
怨轇葛。

　　鍾梅音 1971 年 8 月至 1977 年 7 月在新 6 年期間曾經遊歷
馬來西亞；1948 年謝冰瑩受聘到菲律賓、馬來西亞教學，將旅
遊的異國經驗寫成《菲島遊記》、《冰瑩遊記》、《馬來亞遊記》、
《海天漫遊》等書，[13]除了女作家群體的豐富創作，1960 年代
恰是東南亞地區《蕉風》、《學生周報》等刊物文化活動的鼎盛
期，[14]這一批女作家恰巧躬逢其盛，參與其中，先後列入這一
支南下隊伍。遺憾的是，新加坡文藝協會與新加坡國家圖書館
管理局曾於 2001 年 6 月 2 日至 10 日在「世界書展」期間推出
「南來作家手稿圖片展覽」，由於迴響熱烈，2002 年由王寶慶

---

12 孟瑤：〈孟瑤自傳〉，收於吉廣輿：《孟瑤讀本》（台北：幼獅文藝，1994
　　年），頁 7-8。
13 張毓如：〈辨異與認同：20 世紀中期台灣女作家的旅行文學〉，《台灣學
　　誌》第 13 期（2016 年 4 月），頁 29-47。這種著重移動與互動的跨越性，
　　正是上述多重批判視角與認同位置得以形成的內在機制，20 世紀中期重
　　要的域外旅行文學皆出自女作家手筆，是文類內在規律與傾向等條件交
　　織發展下的必然，使旅行文學文本在主客體的重重轉折流變之間，映現
　　了使戒嚴時期台灣讀者深深著迷的「外面的世界」。
14 莊鐘慶編：《東南亞華文新文學史》（北京：人民文學出版社，2007 年），
　　頁 113。《蕉風》相關研究見郭馨蔚：《台灣、馬華現代主義思潮的交流：
　　以《蕉風》為研究對象（1955-1977）》（台南：成功大學台文所碩論，2016
　　年）。

蒐集 1920-1965 年間近 150 位南來作家資料纂集成書，其中耳熟能詳的台灣作家僅孟瑤一位，[15]取樣過少殊為可惜。

　　作家流動所帶來的人文景致，南洋空間的此時此地，[16]足以體現社會和民族的集體價值和精神意象，成為扎根於「本真」的地點，長期接觸並形成經驗，由內在知識、內心、人與人之間建立親密關係與傳統的復現，不但型塑地方意義，也在南洋大學作為日常生活實踐空間，產生變動過程中的世界觀，在地方與空間、人與環境的辯證過程之中，在南洋大學女作家群體投諸審美意識和情感結構的主客交融之際，其書寫投射著地方感、文化與想像力及強權的心理學。[17]當時馬華現代文學階段是為「大中華情結建構期」（1966-1967），由於冷戰時期美國的積極介入形成意識形態的矛盾，復又因借助古典中國的歷史宿命帶來的成長，使馬華思想主題呈現二重轉折，況且尚有馬來文化霸權壓制與收編在一旁虎視眈眈，[18]蘇偉貞曾以地方感與無地方性看待蘇雪林的南大軌跡，若再就其日記細繹之，實則不然，反倒是專注於長篇小說的孟瑤或表現得更為明顯；[19]而

15　王寶慶、駱明編，《南來作家研究資料》（新加坡：新加坡國家圖書館管理局，2003 年），頁 171。

16　《蕉風》從創刊到 1957 年間發表許多反映「此時此地」生活的作品，迥異於為政治服務的現實主義，是一種斯土斯民的現實主義。見莊鐘慶編：《東南亞華文新文學史》，頁 112。

17　段義孚跨越地理學與人文精神邊界的研究方式，適足以挪借作為理解孟瑤、蘇雪林南洋經驗的複雜性和精妙性。宋秀葵：《地方‧空間與生存：段義孚生態文化思想研究》（北京：中國社會科學出版社，2012 年），頁 41。

18　莊華興：〈誰的疆界？馬華現代文學的文化意涵〉，收於柯思仁、宋耕編：《超越疆界：全球化‧現代性‧本土文化》，頁 196-197。

19　蘇偉貞：〈地方感與無地方性：南洋大學時期的蘇雪林 兼論其佚文〈觀音禪院〉〉，發表於「蘇雪林及其同代作家國際學術研討會」，收於《成大

脫逸在台教讀的緊張生活，孟瑤感到「在我一生中，又向前跨越了一大步！我的教讀生活，我的寫作生涯，我的人生境界，都感到一種擴張與發揚的快樂！這感覺是一上飛機，就開始有了的。我第一次坐飛機，第一次懂得什麼叫『海闊天空』、『鵬程萬里』！」[20]這些動力結構固然使作家東南亞的流動生產的文學作品梳理不易，卻更顯其特殊風貌。

二、南洋異質空間的社群文化

　　蘇雪林與孟瑤的南大時期諸作，呈現出南洋異質空間的社群文化特質，既有現代性流動的社群景觀，亦有南大學潮師生互動的溫厚關懷，在蘇雪林日記中更有文人交遊現象與筆戰餘緒的波濤盪漾。

（一）現代性流動的社群景觀

　　見於《南洋大學十周年紀念特刊》的記載，蘇雪林是南大第一批聘定之教授，然而遲至 1965 年「歷年教師名錄」方見其名，[21]孟瑤 1962 年夏應聘南大中文系講授「小說」、「戲劇」、「新聞」等課程，每週上課 12 節，之後又加開「平劇」。然而新加坡讀者對於孟瑤的認識，早在她到來之前即已透過《蕉風》連載的《卻情記》得以聞見，[22]不但寫下新加坡長篇連載小說之

中文學報》第 48 期（2015 年 3 月），頁 93-120。

20 孟瑤：〈讀書與教書〉，收於吉廣輿編：《台灣現當代作家研究資料彙編 92 孟瑤》（台南：國立台灣文學館，2017 年），頁 135。

21 孫小惠：《華文高等教育與中華文化傳承：南洋大學中文系研究（1956-1980）》，頁 7-8。

22 應鳳凰：五〇年代文藝雜誌資料庫，台灣文學風華——五〇年代女作家系列網站，網址 http://tlm50.twl.ncku.edu.tw/wwmy2.html，擷取日期 2019

始，[23]也是孟瑤南下新加坡的史前史。由於南大中文系師資來源及課程皆參照中國與台灣之傳統文史架構，形構「五四」新文學往東南亞流動的軌跡，[24]移轉中華文化核心，參與了新馬地區漢學研究之濫觴，[25]這是文人群體遷移帶動的知識移轉。

　　所不同的是進入現代視野的文人移動已經拋卻前行世代家國淪喪的遺民意識，將流動視為常態，也對於所為何去的目標極其顯豁，與東南亞當地夷民的互動，視華僑為同宗同胞，對異文化充滿勇於探索的熱情。以蘇雪林為例，赴任南大的經驗與其說是「家國」思維，毋寧說是「家世界」的意識，[26]一如海外華人與家鄉以書信、僑匯為主的聯繫方式，並責無旁貸以贍養家庭為目的，[27]蘇雪林南下赴任的目的，一則「可在海外宣揚我這人人聽了搖頭特別奇怪的屈賦研究」，[28]也在於以優渥

年 6 月 29 日。

23 傳記文學出版社編輯委員會：〈民國人物小傳〉，《傳記文學》第 38 卷第 5 期（1981 年 5 月），頁 148。

24 這一段歷史，蘇雪林在相關著作中多次提及，如《邋齋隨筆》（台北：中央日報出版社，1989 年），頁 107-108。1925 年厭棄魯迅站在女師大風潮中鬧事學生一邊，毀罵教育部長章士釗，後來認清魯迅出於特別強盛的領袖欲和一種極其卑鄙的嫉妒心理，以極端虛無主義倡導共產，加盟左聯，禍國殃民。也記錄由敬佩轉為反感的關鍵正是因女師學風太壞，男女關係隨便，其評判均記載於《現代評論》，因而指責魯迅的無理取鬧。蘇雪林：《擲缽庵消夏記：蘇雪林散文選集》（台北：印刻出版社，2010 年），頁 358。

25 孫小惠：《華文高等教育與中華文化傳承：南洋大學中文系研究（1956-1980）》，頁 49。

26 蘇雪林：《擲缽庵消夏記：蘇雪林散文選集》，頁 255。她自言道：「匈奴未滅，何以家為！」

27 李元瑾編：《跨越疆界與文化調適》（新加坡：南洋理工大學中華語言文化中心，2008 年），頁 159。

28 蘇雪林：《浮生九四：蘇雪林回憶錄》（台北：三民書局，1991 年），頁 223。

收入接濟大陸及香港親人，自嘲是「搵錢」之舉，[29]展現徘徊於藝術理想困境中掙脫不掉「文人畫」標籤的時代女性形象，陶醉於溫暖不染人間世俗煙火的小家庭，異於其他五四女性將家庭視為墳墓或束縛，[30]透過她對於家的描述與政治聯想的結合可知：

> 　　在家裡，你的統治意識的確非常明顯。這小小區域便是你的封邑、你的國家。你可以自由支配，自由管理。你有你的百官，你有你的人民，你有你的府庫。你添造一間屋，好似建立一個藩邦；開闢一畦草萊，好似展拓幾千里的疆土；築一道牆，又算增加一重城堡；種一棵將來足為蔭庇的樹，等於造就無數人才；栽一株色香俱美的花，等於提倡文學藝術。家裡几桌床榻的位置，日久不變，每易使人厭倦，你可以同你的謀臣——妳的先生或太太——商議，重新布置一番。布置妥帖之後，在室中負手徐行，躊躇滿志，也有政治上除舊布新的快感。或把筆床茗碗的地位略為移動，瓦瓶裡插上一枝鮮花，牆壁間新掛上一幅小畫，等於改革行政，調動人員，也可以叫人耳目一新，精神煥發。怪不得古人有「山中南

29　衣若芬：《南洋風華：藝文・廣告・跨界新加坡》，頁 229、232；亦見於衣若芬：《Emily 的抽屜》（南京：南京大學出版社，2014 年）。蘇雪林仰賴華文教師邢廣生（1925-）為之出售畫作，以其務實勤奮與堅持自信、自主的毅力，運用繪畫的實際利益順遂心願。頁 41-43。蘇雪林託王藍聖誕卡、託孟瑤帶書信給台灣親友的情況在日記中也常見；因對親友不離不棄的關懷，1955 年即已接獲南大教職邀約，卻將這可貴的機會轉與凌叔華，蘇雪林百般考量的因素即不難得知。

30　孟悅、戴錦華：《浮出歷史地表：中國現代女性文學研究》（台北：時報文化出版公司，1993 年），頁 217。

面」之說，人在家裡原就不會九五之尊啊！[31]

　　蘇雪林所描繪的家庭空間也正就是民族主義和國際主義時代前夕的寓言，一則神秘有力的力量，[32]一如她當年勇毅奉母命而走入婚姻，為自由而仳離，早期《棘心》自傳小說已可見其對於中國文化和民族性的審視，更有對婦權問題的探討。[33]年過耳順多有不便，面對異域遭逢的一切，她謙納順受自言道只是「搵錢」，卻獲得可靠資本使親人免於苦難，挽救赤焰下的不幸頹唐於自身的海外流離。

　　孟瑤本身擁有堅強的個性，淵博的學問，行事有男兒風，擅長平劇，個性灑脫不羈，[34]堪為傳統與現代交混的時代新女性典範，張漱涵曾以《海燕集》敏銳地捕捉孟瑤主動、自信，具有新品味與新理想的女性形象，[35]自然她在婚姻不順遂的情況下能夠鼓起勇氣遠走他方，[36]南大恰是她的避難之所，也是她藉以透顯女性外在與自身雙重悲劇的新視角，[37]透過文學史料與作品的兩相對讀，更易於理解孟瑤的文學觀點，對於她南

31 蘇雪林：〈家〉，《擲鉢庵消夏記：蘇雪林散文選集》，頁 252。

32 田曉菲：《神遊》（北京：生活·讀書·新知三聯書店，2015 年），頁 265。

33 龍應台：〈女性自我與文化衝突——比較兩本女性自傳小說〉，收於成功大學中國文學系編：《慶祝蘇雪林教授九秩晉五華誕學術研討會論文暨詩文集》（台北：文史哲出版社，1995 年），頁 343。

34 孟瑤：〈夜雨〉，收於張漱菡編：《海燕集》（新竹：海洋出版社，1953 年），頁 57。

35 王鈺婷：〈「摩登女郎」的展演空間：談《海燕集》（1953）中女作家現身與新女性塑造〉，《台灣文學研究學報》12 期（2011 年 4 月），頁 173。

36 1942 年孟瑤與大學同學張君締結褵，1953 年與同在台中教育大學任教的丈夫協議離婚，各帶一子。見羅秀美：《從秋瑾到蔡珠兒——近現代知識女性的文學表現》（台北：台灣學生書局，2010 年），頁 323。

37 樊洛平：《當代台灣女性小說史論》（台北：台灣商務印書館，2006 年），頁 107。

下形成文學史的流動性視角，[38]孟瑤借小說人物思善，一位獨
立自主的新女性，道出花果飄零，靈根自植的前景。唯有深耕
經營方為保身立命之道：

> 台灣社會，如今這麼繁榮，男孩子哪怕到工地當小
> 工，也能吃得飽；女孩子給人家看看孩子，也求得了衣
> 食，這是最不濟的想法了，倒是安身立命處，卻是要你
> 們苦心而且長久去經營的！千萬記住！千萬記住！[39]

　　自立自強掙得衣食不求於人之外，毫無階級高低的異視區
辨，在尊重勞動意識的前提下，孟瑤借小說人物之口追懷舊日
時光：

> 往日的社會，屬於斯文一脈，永遠高高在上，如今
> 勞動的爬到了前面，這變化也許並沒有什麼不對，但就
> 是這一百八十度的顛倒，畢竟是令人暈頭轉向的。……
> 更感慨的是，應徵職員的人那樣多，應徵家庭管理的只
> 丁太太一人。可見得許多勞心的人，還是對昔日身分努
> 力戀棧的。往日，可懷念的竟那樣多。[40]

　　這是一種空無的憶舊，也並沒有具體指稱的時空訴說過
去，不同於白先勇細心框設停當，具體懷鄉戀舊心繫故都，或

38　江江明：〈五〇年代台灣女性小說史觀念之詮釋策略再思考〉，《世新大學
　　人文社會學報》第 10 期（2009 年 7 月），頁 23-24。文中以本土派與王
　　德威等企圖為反共文學翻案，立場迥異的學者說法比較互見。
39　孟瑤：《一心大廈》（台北：九歌出版社，1986 年），頁 26。
40　孟瑤：《一心大廈》，頁 30。

一般離散文學的具體原鄉。孟瑤創作於南洋時期的小說，對於婚姻的省思與人性的觀察格外深刻，像是《紅燈，停！》[41]力田和一心因為寂寞而結合，各自為婚姻裡的角色盡責，缺乏以愛為本質的關係與互動，聚散離合便如無根浮萍，家國飄零直接反應在不穩定的婚姻關係中，而師生戀、職場上拾手可得的外遇，發生地點是在藏汙納垢的台北。空有都會美名，台北盡是缺乏溫暖的家庭，充斥偷搶拐騙的險惡社會。漸趨瘋狂的世界，必須以紅燈警示，方能免除橫衝直撞帶來的悲劇。

對比創作於台北的小說《一心大廈》，場景主體空間呈現的街頭景觀是：

> 長長方方的，蒼蒼白白的，沒有姿態，也沒有美感。不遠處，正有一座古廟，那飛起的簷角，那雕飾的頂樑，證明昔年屬於人的還有太多的時間與空間，可以從容地講求美！如今，那一個時代過去了，建築也隨著人口而壅塞，與這個時代一樣，與人侷促感。[42]

現代化碎裂了時空美感，飛馳的高速發展帶給人窒息感，孟瑤筆下的台北，不妨對照於新加坡正值經濟起飛之際，文學由寫實轉向現代主義的罅隙之間，所顯現出來的社會樣態與省思，正似於東南亞華人面臨居住國其他民族，特別是掌控政治權力者，在族群生存方面帶來巨大壓力，因此必須強化自身的族群特性、歷史淵源和語言等民族生存資源，使得華族融入所在國的社會；也必須以推動華文教育、傳承民族薪火等重責大

---

41 孟瑤：《紅燈，停！》（台北：皇冠出版社，1968 年）。
42 孟瑤：《一心大廈》，頁 33。

任，現實主義傳統與民族文化認同，甚至是國家認同對峙，因而陷入封閉、自我的桎梏中，[43]難以超拔。

1945 年至 1964 年的東南亞屬於脫離歐洲殖民獨立之後，在多民族型的社會下致力於「國家統合」政治的時代，各國之間既要維持獨立時的疆域，避免某些社會群體基於民族、宗教、語言差異等原因而拒絕成為國家一員的情況；又必須進行「國民統合」，在各種條件互異的國民之間培養相互合作的國民意識，[44]孟瑤與蘇雪林自身往南大的流動介入了國家內部雙重矛盾的悖反，只能堅守崗位挺立在教育陣線屹立不搖。以孟瑤歸返台灣之後的《滿城風絮》詳加對照，新加坡已然是進步的經濟體，誤入歧途出賣色相營生的台灣年輕人唐棣，伺候著一名年紀頗大，坐擁有膠園腰纏萬貫的南洋女子英太太，縱任百般不願也只能曲意作態小心翼翼款待財主，陰陽易位，主從作別，男者不再是強權霸語，軟調溫順的角色是由台灣的男性屈就。

而小說中另一位男主角伯元則在忙碌中老去，自認為對妻子瑗瑗無微不至，明白一朝醒悟時空場景已然迥異，對待之道怎可無別：

> 他和她戀愛是在另外一個時代，等到需要維持愛，時代卻變了。年輕時，他們去北海划船、西山找紅葉，豆棚花下揮扇聊天，街頭水畔步月捉螢。現在的生活，除了忙還是忙，活得甚至於不如往年鄉下打零工的窮

---

43 黃萬華：《在「旅行」中「拒絕旅行」》（北京：中國社會科學出版社，2008年），頁 13-14。

44 岩崎育夫著，廖怡錚譯：《從東南亞到東協：存異求同的五百年東亞史》（台北：商周出版社，2018 年），頁 138。

漢，他們還有權叼著旱煙桿，哼著小調兒，逗逗同村的
小兒小妞，也一樣沒缺了吃喝。如今那種想幹就幹、想
停就停的日子過去了！現在的人不是伺候一部大機器，
就是在大機器裡。伺候大機器不能閃神，一閃神不是手
就是頭被捲了進去；若根本是大機器的一部分那就更
慘，因為只有跟在一起，匆忙地轉、轉、轉……自由在
哪裡？閒情又在哪裡？更多的人擠公車上班下班，於是
忙碌變成了生活的目的而不是手段了。真是喧賓奪主！
如今，自己混得有一部車，神氣多了，其實也是五十步
與百步，上下班時永遠陷在車陣裡，在進退維谷中弄得
筋疲力盡。這樣的生活，妻子豈能不被冷落？這不是他
的錯。他無力抓回一個時代。[45]

　　追懷憶舊的腳步跟不上現代化對於人性碎裂之速，異化的
痕跡，小說裡尚有另一對夫婦為例，丈夫作華好整以暇在黃昏
時熱一碗老妻為他作好的飯慢慢地吃完，在收拾乾淨後獨自出
門到國父紀念館，慣於安逸的小徑閒步，石凳悠坐，涼風習習，
花香幽幽，在廣袤的人群裡看到一個富足、和平、安詳台灣社
會的剪影。這使他想起：

　　　　……夫民勞則思，思則善心生；逸則淫，淫則忘善，
　　忘善則惡心生。沃土之民不材，淫也……，眼前這一批
　　子民，是太被寵慣了！雖然管仲以為「倉廩實而知禮節，
　　衣食足而知榮辱。」但飽暖思淫慾，人欲橫流，社會風

45　孟瑤：《滿城風絮》，（台北：純文學出版社，1980 年），頁 203。

氣是越變越壞了。[46]

　　現代性不免帶來經濟體富裕之後的人性創傷，金錢無法收攝擴張的慾望。孟瑤短篇小說集《遲暮》，當中亦有〈老藝人〉等自己認可的佳構收入《孟瑤自選集》，以多面向的人物故事，呈現孟瑤在南洋心境沉澱下，對於社會觀照的全方位捕捉，有浮雲不定橫受阻撓的愛戀，年邁將失傳的說唱藝術，賓客滿座卻擁有難以排遣的孤寂，現代性的時間無價值感耗損消逸，哀哀無告的打發使主角們陷入絕望。例如在美國擔任嬰兒保母的打工失去了民族自尊心，出賣禮義廉恥。孟瑤小說強調生命的安置，那怕是一時情感的依偎，只要真誠，就足以讓幸福的砝碼向生命的天平裡支來平衡，以中心思想抵抗時代的流行病，透顯出人物內心的華彩。

　　有時小說主角必須靠流浪遠離日常軌道，像是〈小人物〉治平希望登上一條可以把一輩子埋進去的海船，赴日本、走南洋、香港、菲律賓、甚至於美國……。遠離可以帶來物質生活的提升，留下反而委屈受累，他所能做出最高尚、對自己命運的詛咒是國家、反共抗俄、反攻大陸……。[47]還有像是上海音專畢業的茂英替殉國的丈夫辦獨唱會，樂韻與思念交織，悲歡與歲月同遭，靈魂的醒覺是為了面向長城歌詠故鄉，贖倉皇辭廟之罪。腦病的丈夫由妻子作為生活上的債務人，扛荷重擔。主角或死亡或殘疾，總有生理上的遺憾致使人生不完滿，備極艱辛。

　　孟瑤筆下的家園是一片靜寂地帶，不同於蘇雪林以政治權

46　孟瑤：《一心大廈》，頁 81。

47　孟瑤：〈小人物〉，收於《遲暮》（台北：文化圖書公司，1963 年），頁 63。

力話語全面支配掌控，孟瑤筆下的家屋是明建暗拆，在永遠不能完成的工作中編織了期待、盼望與夢想；原本生命是自由馳騁的馬，一旦步入婚姻，轉瞬間便邁向了北極的隆冬，冷藏生命的活力。靜寂來自夫妻雙方難以溝通，只好沉默以對：

> 會使你像闖入死光區一樣，能毀滅你於無形。我不能愛他，和他不能愛我一樣；他不能挑出我的弱點以便痛痛快快地發一場脾氣或做為離婚的藉口，和我不能挑出他的毛病以便痛痛快快地發一場脾氣或作為離婚的藉口一樣。我們都這樣毫無生氣地活著，拉曳著那乘道德的車輛，背負著那副誠信的枷鎖，向人生的終站喘息而前。[48]

以道德之名活得生氣全無，人生只等呼吸中止的那一刻，與過去的幸福形同天上人間。小說描述曾在美國受訓，大陸服役，最後來到台灣的空軍，攜帶病妻與一雙兒女在西螺大橋下露營野炊，美滿的生活令孟瑤想到的是：

> 生命真像一座長橋，生死被安置在它的兩端，這一批行人車馬過去，那一批又回來繼續著他。孩子是我們生命的延續，他們會不斷地代替上一代的生命，快樂地生活下去！[49]

傳宗接代不僅為了孳衍子孫，更是意志與價值的續命，孟

---

48 孟瑤：〈寂靜地帶〉，收於《遲暮》，頁96。
49 孟瑤：〈棘冠〉，收於《遲暮》，頁150。

瑤小說的情調在悲哀當中勉強擠出一絲生的喜悅，荊棘中的積極創生須由下一代的命脈加以延續。〈棘冠〉寫是斌因公受傷截去雙腿，所幸即將出生的孩子鼓舞著這一個不幸的家庭，妻子以生下孩子並持續幫助丈夫復健，向世人證明有一種不朽、不渝的感情，亂世裡猶能產生一種定力，佈下功德，以甜美的往事為振奮劑，使心境平靜，獲得第三種力量。這些創作於南洋，但是充滿台北景觀，或者無空間感的小說佔孟瑤創作的大多數，然則也有少數像《退潮的海灘》寫在南洋經營膠園胼手胝足發跡致富的商人，貧無立錐的早年，割膠維生的日子艱辛卻充實；反倒是孵育了下一代過著養尊處優的日子，卻心生無端閒愁。[50]孟瑤筆致的整體調性是憂愁，一樁完了總還有另一樁煩擾困心橫慮。

　　時代性與民族特質的觀察大抵同於孟瑤筆下的台北，不同的是，蘇雪林並不欣賞南洋人的慢條斯理，尤其是郵局銀行等常態服務性機構，常惹得蘇雪林大嘆：「南洋華人今日自忘為中國人，排外性甚強，余等在此不只受馬來政府壓迫，亦受中國人壓迫」[51]，這對於急著寄信與匯錢給外地親友的她，自是惱怒不已。在與庶民接觸方面述及勞苦階級的三輪車伕，彼時的新加坡以三輪車為常備交通工具，蘇雪林曾有一次因車資談不攏而橫遭擊落眼鏡，甚至被大唾其面，受氣不少的經驗。[52]徘徊於離散南洋和依違於中國之間的心緒，也是作家流動之際筆下常見的複雜心態，帶有原鄉意識餘緒的小說，不僅構成戰後

50　孟瑤：《退潮的海灘》（台北：皇冠出版社，1967 年），頁 82。
51　成功大學中國文學系編：《蘇雪林作品集日記卷：第四集》（台南：成功大學出版中心，1999 年），頁 310。
52　成功大學中國文學系編：《蘇雪林作品集日記卷：第四集》，頁 350。

馬華文學過渡狀態中的一種真實側影,並成為 80 年代中國大陸出版一系列長篇小說的源頭,以南洋華僑為題材進行創作:例如洪絲絲的《異鄉奇遇》、秦牧的《憤怒的海》、劉少卿《霹靂山風雲》、王嘯平《南洋悲歌》、陳殘雲《熱帶驚濤錄》、白刃的《南洋流浪兒》、杜埃的《風雨太平洋》、黑嬰的《漂泊異國的女性》、黃浪平的《南洋叢林歷險記》等。[53]

　　1997 年 12 月柏楊曾在馬來西亞馬華國際研討會上大聲疾呼,認為擺脫馬華文學抒發不盡的鄉愁書寫,最好的方式是描寫馬來亞華人與異族男女相戀婚嫁的作品,這也是最富於馬華社會特色的作品,這些題材與觀點都會為馬華文學注入新活力、新思維,是文學流動良善的刺激與循環。[54]於今觀之,孟瑤小說誠然已積極投入具體實踐,呈現女性作家與男性作家截然不同的筆致,除了為兒辛苦為兒忙,細數不盡的煩憂,還有不容割捨的道德情義,這些都是孟瑤身為現代知識女性跨國流動獨有的深刻觀照。

(二) 南大學潮與師生互動

　　戰後東南亞許多國家已走向新興民族國家,華人經歷了由華僑社會向華族社會轉化開進,而共處於居住國國民社會的複雜進程。此時儘管東南亞華文文學已與中國大陸新文學的直接關係大為削弱,但現實主義仍具有支配作用,某些國家的政治架構使作家小心翼翼避開政治題材,淡化左翼色彩,專注於南洋色彩的題旨與題材的挖掘,自覺追求藝術質量上的錘鍊。[55]南

53　黃萬華:《新馬百年華文小說史》(濟南:山東文藝出版社,1999 年),頁 84-85。

54　黃萬華:《新馬百年華文小說史》,頁 108。

55　黃萬華:《文化轉換中的世界華文文學》(北京:中國社會科學出版社,

來作家的創作豐碩，馬華地區聚集姚紫、方北方、韋暈、絮絮、丁之屏、于沫我、姜凌、杏影、連士升、姚拓、柳北岸等較有影響力的南來作家，[56]使東南亞華文作家從容地將中國五四新文學傳統逐步融入東南亞華文文學本地化的進程，也使得本地化的基礎更為厚實，在戰後十餘年逐步擺脫稚嫩狀態。像是姚拓的作品具有人倫和諧的民族特性，[57]一種根植於中華傳統而又呈現開放型的文化內蘊，採取近乎紀實小說的筆法，以體現中華民族特有的社會心態和文化生命力為旨歸。[58]既富民族特質，又有作家銳眼觀察出的時代脈動。

這一脈來自中國文學的聯繫，逐漸轉化為一種藝術上的借鑒，[59]是一種出於大中國意識的文學史旨歸論述，南來作家的討論著重於具體與當地互動交流的軌跡，[60]然而應注意到另一個動力系統，來自於像是蘇雪林與孟瑤等女性知識分子群體，她們出於主動／被動的遷移／移動，在求生存與經濟壓迫之下選擇到他方獲求良機，牽涉廣闊的地理移動與作家個人生命轉折，正因為擁有教學的勞動力，驅動南大女作家群體介入東南

1999 年），頁 179-180。

56　金進：〈馬華文學的發生與發展（1919-1965）——以南來作家的身分認同與轉變為討論對象〉，《東華漢學》第 18 期（2013 年 5 月），頁 418。整理姚拓在《蕉風》發表的小說期別與篇名，記姚拓在《學生周報》、《南洋商報》發表近 800 篇各類文學作品，詳張瑞玲：《離散與記憶：姚拓小說研究》（桃園：中央大學中文所碩論，2016 年）。

57　李瑞騰：〈不再流離——以劉以鬯、姚拓、趙滋蕃、馬朗、劉非烈為例〉，游勝冠、熊秉真編：《流離與歸屬：二戰後港臺文學與其他》（台北：台灣大學出版中心，2015 年），頁 XI。

58　黃萬華：《新馬百年華文小說史》，頁 84。

59　黃萬華：《文化轉換中的世界華文文學》，頁 180-181。

60　金進：〈馬華文學的發生與發展（1919－1965）——以南來作家的身分認同與轉變為討論對象〉，頁 377-424。

亞社會建構與意識形態生成的過程，透過高教的教學環境與師生互動參與社會權力關係的操作與展演。[61]織入個人的南行視野，開拓文學流境的廣域傳播。

　　除了從文學史的動力機制觀之，與當地社群接觸最廣、最深的自然是校園與學生。蘇雪林赴南洋任教，對於所教授的課程均不敢掉以輕心，以免受學生輕視。「上《孟子》一堂，自以為講得頗為精彩，誰知學生亦有《焦循正義》，要求講書外者」[62]這是南大學生給台灣來的老師下馬威，抑或對頗富五四盛名女作家精益求精的期待？抑未可知。可以確定的是:「南洋學生甚熱情，不甚注重時間觀念……好在人家久坐，余引以為奇，今始知每個青年皆然」[63]，因一心焦急閱讀、寫作與備課的蘇雪林十分珍視時間。

　　期末驗收學生成果之時，蘇雪林批閱《詩經》試卷，覺得學生考得不錯；[64]她自認講得賣力，但有部分學生程度甚劣不能領會，也只能徒呼奈何，再閱反覆，把不及格者從四人降至一、二人，師者之心，莫此為甚。數日後「二生來訪，殷殷問分數，南洋學生對分數如此看重，亦內地及台灣所無也。」[65]諸如此類學生殷切到蘇雪林住處詢問考題、確認考試範圍，學生對於老師多以近似於功利主義的關切，較乏純粹關懷的互動。對於異地學生的評價，閱卷時蘇雪林赫然發現砂拉越的學生程

61 陳瑤玲:〈全球化下的「移動性」觀察〉,《台灣出版與閱讀》(2018 年 9 月),頁 106-110。

62 成功大學中國文學系編:《蘇雪林作品集日記卷:第四集》,頁 256。

63 成功大學中國文學系編:《蘇雪林作品集日記卷:第四集》,頁 265。

64 成功大學中國文學系編:《蘇雪林作品集日記卷:第四集》,頁 283。

65 成功大學中國文學系編:《蘇雪林作品集日記卷:第四集》,頁 284。

度優於新加坡，令她吃驚，[66]足見她對學生學習上的關懷。

　　由上述可知蘇雪林對於南大學生的好學予以肯定，時時備課儆惕自勵，以免在南大學生面前出洋相。南大學生學習動機強烈，不因所屬地距離都會遠近或者經濟體實力而有差異，常常主動尋求補充教材勤於自學，目的恐是課堂上希望多聆聽一些老師個人見解，不只注重學習內容，對於自己的學習成果與分數亦極為在意。這是蘇雪林初到南洋之見，後期南大學生學潮風起雲湧，則又另有局面。

　　以耳順之年遠赴南大，蘇雪林對教書富於熱忱，在教授《詩經》、《楚辭》、《孟子》之餘，還鼓勵十幾個學生另外選修《論語》，她認為這是自討苦吃，為了積極弘揚中華文化揚棄本可享有的安逸，走出台灣的舒適圈。孜孜矻矻以年邁之身萬里投荒遠赴南洋，致力於傳承道統，其心情是：

　　　　一天上四堂課，乃余自當教師以來，四十年中從未有過之事，年老力衰，其何以堪？余其斷送老頭皮於此地乎！……乃余以授課熱心，總想學生得益，向饒餘威院長爭得二小時，誰知無法安排，無異築阱自陷，尚何言哉！[67]

　　身體負擔最為沉重之時，甚至覺得「一日中連上四課，奔波四次，年老之人大感不堪，意者余之殘生將葬送於新加坡

---

66 黃錦樹：〈跋〉，《猶見扶餘》（台北：麥田出版社，2014 年），頁 271。提及父輩時期，南洋大學是錄取率極低、高門檻的學校。

67 成功大學中國文學系編：《蘇雪林作品集日記卷：第四集》，頁 371。

耶？」[68]研究之餘，蘇雪林尚知有所缺漏可再加以補充，固然欣喜，卻也面臨體力不支的窘境，只得以飲濃茶提神，繼續抄錄講義，撰成二萬四千字《詩經概論》滿足學生對於《詩經》的基本常識認知，以期對南大學生有用，終望能發表。[69] 蘇雪林與孟瑤在南大均致力於將上課講義編製成書，為學術生涯留念，深植傳統文化於東南亞的用心由此可知。

作為關切時局的知識分子，蘇雪林第一年到訪新加坡適逢雙十國慶之際，她大嘆：「新埠華僑竟毫無表示，以此間華人盡已變其國籍為馬來西亞人矣！」[70]；孟瑤則以子嗣的承衍彌補失去的山河：「別看我們大陸上的東西丟了這樣多，其實，一點關係也沒有；只要我們有辦法培養出我們希望的幼苗，它自然就一天天地大起來，這就是一團永遠不會熄滅的火。」[71]家與國的綿延維繫希望所存繼，新生而富朝氣的想望與冀盼，疊合和青天白日的旗幟，這是孟瑤筆下的國慶日。

不僅是在地新聞，蘇雪林也關切自由國家與共產國家的局勢演進，而來源最多的是透過報紙披露，像是 10 月 17 日報載：「匪區爆炸一顆原子彈，又聞蘇俄赫魯雪夫下台，乃毛氏所逼迫者云」[72]。中國首次空爆原子彈試驗成功是在 5 月 14，蘇雪林所關切的都是舉足輕重的國際要聞，例如英國首相邱吉爾在馬來亞下午 3 時辭世，異地同時的跨域串聯作為蘇雪林時空座標的定錨，關切這些洞見觀瞻能決定台灣或東南亞等地未來國家走向的領袖，蘇雪林不斷呈現其背後的隱憂，期盼是否有復

---

68 成功大學中國文學系編：《蘇雪林作品集日記卷：第四集》，頁 375。
69 成功大學中國文學系編：《蘇雪林作品集日記卷：第四集》，頁 362。
70 成功大學中國文學系編：《蘇雪林作品集日記卷：第四集》，頁 268。
71 孟瑤：〈抓週〉，收於《遲暮》，頁 252。
72 成功大學中國文學系編：《蘇雪林作品集日記卷：第四集》，頁 271。

返歸鄉與親人同聚的可能。

　　遙自昔年追隨胡適堅守自由防線，連結到東南亞劇烈赤化之時，不能夸夸其談毛澤東，則常代之以魯迅作為符碼，是以政治巧妙挪借置換為文學，鬆懈了防備之心，使左翼勢力更容易挾其高纛吸引更多同好，當然也包括蘇雪林學生們在內。[73]面對學潮，蘇雪林是這樣記載的：

　　　　晚七時許，聞樓下馬路上喧嘩，乃學生起哄。[74]（10月6日）

　　　　學生六百餘人集合，要求學校什麼事，南大夜長夢多，不如早日離去為是。[75]（10月26日）

　　　　女學生某以什麼虹橋學會知宣言書一封，交余歸而讀。乃駁王賡武者，文理清晰有利，不知出何人手筆？[76]（10月27日）

　　　　今日聞南大開除鬧事學生八十五名，余知大學潮將起，恐赴校將無課可上，但赴校後居然上了一課《詩經》。[77]（10月29日）

73　周兆呈：《語言、政治與國家化》（新加坡：南洋理工大學中華語言文化中心，2012 年），頁 237-338。學生捲入政治浪潮牽涉多重角力與權力競逐，詳見第五章「從角力到清除：人民行動黨政府 1963-1968」。
74　成功大學中國文學系編：《蘇雪林作品集日記卷：第四集》，頁 432。
75　成功大學中國文學系編：《蘇雪林作品集日記卷：第四集》，頁 442。
76　成功大學中國文學系編：《蘇雪林作品集日記卷：第四集》，頁 442。
77　成功大學中國文學系編：《蘇雪林作品集日記卷：第四集》，頁 443

　　深受五四時代唯理主義薰陶的蘇雪林，也曾把共產主義當作徹底的救世良方、仙丹一粒，以為一吞下便可以脫胎換骨，超昇上界；然而經歷與梁實秋共同筆戰左派，從 1936 年起便堅定右翼立場，體內沉澱著深厚的抗毒素，[78]對於一切泰然處之，自此以後面對學潮風雨僅以旁觀立場，而不涉入其中。盡力保持客觀，以維持師長立場和作客暫居南洋的分際，不過細讀其日記，饒有意味的是與南大學潮互文的生活日常軌跡：蘇雪林與孟瑤先到奧迪安看《突擊特攻隊》，再到麗都看《紅樓凶影》，到了十月底學潮越演越烈，日記上記錄：

> 　　到圖書館看被開除學生名單，中文系三年級高人水、余集成，乃余教過之學生。赴校上《楚辭》二堂，學生容貌嚴肅而悲憤，第二堂不肯上，云將去開會……有男女學生七、八人來談學潮事，意欲教授予以支持，但余等來此係作客，何能有所作為？只有勸他們去拜訪其他教授，若能一致出來說話，則庶乎有點力量。……晚間八、九時，聞樓前馬達聲怒吼不絕，窺之則紅色高層及黑色警車數輛停樓前，其中皆武裝軍警，又聞學生樓學生高聲呼喊不止，知開除學生不肯離校，軍警來拘捕，不然則押解登程也。余閱學潮多矣，此次南大學潮則頗足令我同情，看來學潮尚須擴大，數星期內將無課可上，余對南大興致亦復索然。[79]（10 月卅日）

78 蘇雪林：《風雨雞鳴》，頁 2-4。
79 成功大學中國文學系編：《蘇雪林作品集日記卷：第四集》，頁 444。

　　為避開學生宿舍愈漸嘈雜的聲響，蘇雪林只好搬到書齋暫安；學生胡鬧導致事端不斷擴大，蘇雪林遠不知昨日火警，只重拾四十餘年不練的書法安定心神，一時猶不能見功。這一類字句，正與電影片名《突擊特攻隊》同樣語帶雙關，「見學生列隊自樓下過，前行者手持旗幟，後隨者喊口號，隊伍並不整齊。」[80]（11 月 1 日）在尋常的日記書寫裡讀出山雨欲來風滿樓的一絲硝煙，[81]成為電影與人生巧妙地的鏡像互映。

　　學潮激烈之時「學生二、三百人聚於大湖畔及圖書館走廊下，隔天蘇雪林連趕兩場看東方《江湖奇俠》打鬥武俠片，其中打鬥激烈、刀光劍影，亂成一團，看得頗為過癮，這與學運當事人只緣身在此山中，而旁人堅壁清野隔岸觀虎鬥恰似是虛擬影像與真實人生的互文；[82]又到奧迪安看《忠臣藏赤穗四十七義士》、《戰地驚魂》、《死亡恐怖》、哥倫比亞卡通片《尋母遇仙記》等。停課三天，無課歸返的蘇雪林拆卸窗簾清洗，雖並不汙穢，然經久不洗易於腐朽，平靜清理家中內務瑣事。一方面靜定思慮，二方面對於不可直言的左翼勢力，一向欲除之而後快的蘇式作風，面對學生，隱喻式的寫法說明了她的臆測、對學生的憂慮與對新加坡國是的關切。因此她選擇在此時上門

80　成功大學中國文學系編：《蘇雪林作品集日記卷：第四集》，頁 445。

81　關於全校大罷課，詳見南大站編委會：《南大回憶》（馬來西亞：文運企業，2011 年），頁 81-83；郁君璋：〈校園生活情趣〉，李宗高等編：《講講南大的故事——雲南園緬懷》（新加坡：南洋大學基督教團契出版，2009 年），頁 76。以「年年學潮年年過」記載學潮和檢閱等夜半突擊。

82　依據互文的動態文類學觀點，文類是基於社會交流的需要，長期在語言交際實踐中形成一種主體間互動交流的產物，其文本類型牽涉文本、社會語境、文本的生產者和消費者皆不同程度參與這一互文性的動態過程。李玉平：《互文性：文學理論研究的新視野》（北京：商務印書館，2014 年），頁 147。

聽陳致平夫人談其在湖南所遭日軍驚險各事，其實也互文學潮
中學生所遭遇的燃眉危急。

　　聽聞學生決議繼續罷課，預計僅持到學校屈服為止，蘇雪
林把家裡植栽分盆二三，原盆長得太茂密，也就非分不可的狀
況正說明學生勢力坐大，平息之道或許是使其分裂，否則不但
學生罷課，教室鎖鑰被弄壞，蘇雪林更不敢下樓察看，只一面
閱讀《星洲日報》，一面聆聽耳畔傳來男女學生高聲歌唱，她
總想著：此事總該有個結果，這樣鬧下去不是辦法。同一時間，
蘇雪林替家中水生植物剔除爛株生蟲，小心翼翼卻仍傷及樹皮
一半，隱喻著硬派作風強加處理的可見後果。

　　蘇雪林每天透過報紙關心學潮，因此時而抱怨報紙竟不是
日日有，還常停工不送，大發牢騷；她一面重拾畫筆臨摹董其
昌〈奇峰白雲〉、王蒙〈夏山隱居圖〉、劉珏〈清白軒〉、陸師道
〈攜卷對山〉、模朱氏〈雲山〉、彭醇士〈峨嵋圖〉、〈寒山霽雪〉、
梁伯譽〈雲繞夏山〉、惲壽平〈春山欲雨〉，並且以尺幅臨大畫，
乃是無畫可摹。論者以為蘇雪林的繪畫影響文學創作僅止於早
期，[83]然而由南大經歷觀之，這無畫之畫也就是紅潮席捲而來
無可迴避的必然正面對決，繪製巨幅畫作對蘇雪林來說分外吃
力，想棄去不要，又捨不得；畫下去則難見好，真個勢成騎虎！
既雙關學潮政府當局的關係，也說明蘇雪林南洋去留之際的內
心拉扯，學校命令學生餐廳停伙，所有學生皆將短時賦歸，鬧
事學生失其挾持之工具，又無飯可吃，久之亦將散（11 月 16
日）。這是蘇雪林一面關切學生，也不容涉入太禍的貼身觀察。

　　實而，蘇雪林最為擔心的是開學後不可能補課，依學潮態

83　吳姍姍：《蘇雪林研究論集》（台北：台灣學生書局，2012 年），頁 342-343。

勢看來停課至少二、三星期，待風潮過去又上課，或恐放假將在二月底，則將留南洋過年，一思及此，蘇雪林連日食慾不振。並且夜半因男生宿舍重物磕撞聲驚醒，理學院全未上課，商學院上與不上者各半，搗亂學生甚至分批把守路隘，阻撓欲往教室上課的師生，甚至干擾教授上課。蘇雪林認為：「蓋自上月二十二日起，點名達六小時不到者則不得參與大考，搗亂學生自己不能考，亦要大多數同學陪伴，其不考使學校不能運用其制裁，計亦狡矣。」[84]（12 月 3 日），直到 12 月 6 日《楚辭》課總算全體出席，共罷課六週，13 日蘇雪林與學生商議補課事宜，學生皆不欲補課，免除一周將近 14-16 小時的課務，以免令人索於枯魚之肆，蘇雪林大鬆一口氣。學潮之際，也是池谷關彗星降臨南洋之時，百年難遇天象，既帶來希望，也使蘇雪林備感孤寂：

> 僅余一人有此雅興，未免太孤寂矣。仰視天空，在天宇正中果有一小串星，其狀微曲如《南洋商報》所云弧形者，其光朦朧，不甚明顯，報上謂發出炫目光輝特別光亮，殊不然，彗星余曾於幼時見過，並非如此，恐報紙讕言也。[85]（11 月 18 日）

　　學潮的主角是學生，人生正如星明月燦，多閱廣聞的蘇雪林認為報紙夸夸其談，她半生以來經歷學潮多矣，南大一遭並不感到特別，因此與日常生活的互文一如昔日般平淡，未掀起狂潮餘波。

---

84 成功大學中國文學系編：《蘇雪林作品集日記卷：第四集》，頁 461。
85 成功大學中國文學系編：《蘇雪林作品集日記卷：第四集》，頁 454。

　　身為師長且歷經多次學運，蘇雪林深知學運對教育影響之
巨，若學生來找她談，即以正言告知，欲使狂潮漸退，果然
《詩經》學生到課三分之一，《孟子》學生到課四分之一，逐
步恢復正常上課；相較之下，前後一日，陳致平（瓊瑤之父）
的課無一學生，整個文學院也僅十分之一學生上課，蘇雪林的
循循善誘頗見成效。高舉著自由主義旌旗來到南大，蘇雪林成
為安定教學江山的一員，即使無一學生到課，她也按規矩在教
室坐待半小時，再到休息室將全體缺課名單抄下。幾日內反反
覆覆的緊張態勢由日記清晰可見：

> 　　赴校上《楚辭》課，全堂皆不到，聞鄭資鈞云自二
> 十二日開始後情形本逐日好轉，乃忽有人散布謠言，謂
> 巡警將到學生宿舍檢查，於是諸生紛紛回家，又趨低潮
> 云云，看來本學期無法上課矣。[86]

　　既無法按照教學預定計畫行事，作畫也不甚靈敏，足見蘇
雪林心情已大受干擾。此時日記記載她腳底板奇癢難禁，搔之
脫皮，橫裂一縫，深至分餘，至步履維艱，雙關人生隱語，寸
步難行進退維谷，呈現疾病與人生的交織。

（三）文人交遊與筆戰餘緒

　　與文人交遊方面，黃崖是蘇雪林到南洋新結識的友人，他
1957 年離澳赴馬，不但從事《蕉風》、《學生周報》等出版事業，
創作亦多，長篇小說近 10 部，以現實主義描寫馬來社會萬象，

---

86 成功大學中國文學系編：《蘇雪林作品集日記卷：第四集》，頁 458-459。

[87]擅長刻畫人性，南洋時期的創作大量發表於《蕉風》，黃崖 1962
年任職《蕉風》月刊編輯，自此活躍於馬華文壇，影響小說創
作甚鉅。[88]接編《蕉風》期間黃崖刊登不少台灣作家詩文來稿，
在香港主持過國際圖書公司，出版自己的現代詩集《敲醒千萬
年的夢》，50 年代末出版瘂弦《苦苓林的一夜》、朱西甯的小說
《賊》，扮演星馬台港文壇橋樑角色，[89]串聯起多地文壇。新加
坡《蕉風》是創刊於 1955 年 11 月 10 日的刊物，為星馬華人提
供另一種文化與價值選擇，甚至可以視為民國——南來文人自
大陸民國潰亡後「再國家化」想像的重要紀錄，[90]研究的重要
價值自不待言。黃崖等在 50 年代初南遷的作家大多參與 20-40
年代中國新文學發展，在大陸即已成名，在域外延續了五四血
脈，[91]促成文學的多地流動。

　　1955 年《蕉風》創刊為馬華現代主義護航，這樣的說法，
或許應修正為其前行階段尚有醞釀期，由蘇雪林、孟瑤等南大
女作家群體在冷戰時期帶進東南亞一片台灣文學的視野，強調
自由主義的思潮，遂而張啟了現代主義的風帆，順利開航。從
蘇雪林學術性質文章登載以及孟瑤寫實風格小說的容受，《蕉
風》自由開放的編輯原則，黃崖廣結善緣擴大讀者的閱讀視野
功不可沒。冷戰布局下，右翼文人陣線南來加溫促使一切因緣
俱足。

---

87 黃萬華：《新馬百年華文小說史》，頁 249。

88 鄭煒明：〈五四至七十年代中期澳門新文學概述〉，《香港文學》180 期（1999
　　年 12 月），頁 21-44。

89 張錦忠：《南洋論述——馬華文學與文化屬性》，頁 53。

90 莊華興：〈語言、文體、精神基調：思考馬華文學〉，收於思想編委會編：
　　《思想》第 28 期「大馬華人與族群政治」，頁 205、208。

91 曹惠民主編：《台港澳文學教程新編》，頁 198。

現代主義在新華當代文學中的流動，最早的源頭實溯自台灣。劉碧娟的研究指出，現代派文學、現代性、現代化是受到東亞冷戰格局影響的文化發展，雖在各地歷經不同的在地化過程，於形成典律化或肯定性文化的過程中，受到各種文學之外的權力關係所牽引，現代派文學、現代性、現代化並非是自足、自律的概念或範疇。作家的遷移，文學的流動，這些多地思潮共振互構的現象必須統合而觀。像是姚拓到新加坡與馬來西亞出版《學生周報》和《蕉風》，[92]影響現代主義文學在新馬華文文學的興起，[93]使當地成為新馬華文現代主義文學的重鎮，1960年代馬華現代文學運動也就水到渠成，[94]台灣文學藉由遷台女作家往東南亞的流動遷移，鬆動馬華文學寫實為尚與現實主義的鐵板一塊。

瓊瑤之父陳致平也在南大任教，與蘇雪林時時互有往來，常向她邀稿，蘇雪林提供〈東皇泰一〉[95]收入南洋大學中國語語文學系年刊第三期，發表在《南大中文學報》（1964／65年）的稿則有〈《離騷》的〈西海〉與〈不周山〉〉兩篇。孟瑤教學

92 趙稀方：〈「友聯」與《中國學生週報》〉，《民國文學與文化研究集刊》第3期（2018年6月），頁44。
93 張錦忠：《南洋論述——馬華文學與文化屬性》，頁173、175；楊松年：〈從文學傳播層面看新馬華文文學的中國性、台灣性〉，《第四屆台灣、東南亞文化文學的傳播與接受國際學術研討會論文集》（宜蘭：佛光大學文學系，2007年），頁3。兩文均提到六十年代台灣現代主義透過黃崖、姚拓、白堯等主持的刊物傳播到新馬，楊松年認為馬來亞較之新加坡受到現代主義激盪更大的原因是《蕉風》雜誌的推波助瀾。並且因馬來亞的大學收生數額有限，因而轉移到新加坡南洋大學升學。
94 莊華興：〈語言、文體、精神基調：思考馬華文學〉，頁211；莊華興：〈離散華文作家的書寫困境：以黃錦樹為例〉，收於陳建忠編：《跨國的殖民記憶與冷戰經驗：台灣文學的比較文學研究國際學術研討會論文集》（新竹：清華大學台文所，2011年），頁496-497。
95 成功大學中國文學系編：《蘇雪林作品集日記卷：第四集》，頁288。

之餘發表〈越劇與傳說〉收入《南洋大學中國語文學系年刊》第二期、《南大中文學報》（1963 年），兩位女作家除了文學創作也積極從事學術研究，致力於傳統文化的播種與培育人才的宏業。陳光平（1932-1979），筆名斌子，著有饒富熱帶風情的小說《陽光下的人群》（1958 年），當中〈森林裡的枯骨〉被譯為數國文字，足見受到好評，[96]也是蘇雪林往來的友人之一。除了生活會面，工作過勞之際，夢中相會的昔日友人與情境，日記載道：「夢中不知何事，與楊端六夫婦登屋艱險，苦心萬狀。」[97]楊端六之妻袁昌英，[98]與蘇雪林並稱珞珈三傑，感情彌篤，五四時期他們曾共同追隨胡適的自由主義陣營，先後在北京與上海創立《現代評論》（1924~1928 年）與《新月》月刊（1927~1933 年），這一道自由防線隨蘇雪林來台，再延伸到馬華地區，繼續在高教深耕。至於令她心裡忿忿不平的，還是此次南來之由筆戰屈辱一事，因此與李辰冬閒談：「又及劉某罵人事。王李皆顧左右而言他，人心如此，尚何言哉？」[99]令蘇雪林心灰意冷，其戰鬥意志展現在雜文書寫的昂首不屈，過去擁胡批魯是如此，在東南亞新生活的文人社群裡，盼不到同仇敵愾的一視共怒，仇敵愾的一視共怒，便顯得婉約傷感。

---

96 黃孟文、徐迺翔編：《新加坡華文文學史初稿》（新加坡：新加坡大學中文系、八方文化創作室，2002 年），頁 127。

97 成功大學中國文學系編：《蘇雪林作品集日記卷：第四集》，頁 278。

98 蘇雪林：〈哭蘭子〉，《蘇雪林自選集》（台北：黎明文化事業公司，1977年），頁 161。為悼念故友亡逝，1973 年 9 月 24 日撰文哀悼之餘，詳述交遊情形，由此可知袁昌英家世梗概，丈夫楊端六是國民黨員，歷任政府要員。蘇雪林：《遯齋隨筆》，頁 247，亦記載〈我的知己袁蘭子〉。1931年楊端六擔任《現代評論》主筆之一，邀請蘇雪林到武漢大學任教，1933年因學生要求而開始講授「新文學研究」。見朱嘉雯：《追尋，漂泊的靈魂：女作家的離散文學》（台北：秀威資訊科技公司，2009 年），頁 11。

99 成功大學中國文學系編：《蘇雪林作品集日記卷：第四集》，頁 294。

三、南洋地景的風物／造景／空間

　　蘇雪林與孟瑤積極投入南大生活，南洋地景獨特的風物造景，在女作家筆下呈現台灣與新、馬地區比對殊異的空間特質，而以豐富的閱讀經驗和心靈世界，成為愛與新生的再造力量。

（一）地景與風物

　　身負南大教學重任，出遊的時間與機會並不多，但仍可在蘇雪林日記以及孟瑤小說中找到地景空間與物質文化相關書寫。一方面藉由南大女作家群觀看東南亞地理的眼光，與歷史和國族思考結合，二則閱讀與書寫作為文人精神世界的風物／造景，虛實結合，恰可凝視知識分子的精神史。孟瑤小說裡曾經如此感懷：「台灣太小了，它為人們造成不必要的相逢，且逼得人無處逃避」[100]、「台灣雖小，總還有一兩處人跡罕到之區，東部南端，甚至於中央山脈！」[101]1949 年以後的獨特環境，由於政治的時間斷裂，順隨空間的場景切換，換來絕域顯壑風光一時的文化氣場。[102]相對於大陸廣土眾民，台灣的狹仄與地理符號的擬似象徵，讓孟瑤必須能富有彈性快速轉換，以適應新地理空間和生活方式，在南洋地理空間依舊如此；而蘇雪林則以舊體詩〈歲暮感懷四律〉表達他鄉之感：

　　　　客鄉久作故鄉待。又挾琴書別客鄉。

100　孟瑤：《亂離人》（台北：皇冠出版社，1959 年），頁 7。
101　孟瑤：《亂離人》，頁 154-155。
102　方美富：〈我的藝友與文友：蕭遙天與臺港友朋交遊考〉，收於張曉威、張錦忠編：《華語語系與南洋書寫 台灣與星馬華文文學及文化論集》（台北：漢學研究中心，2018 年），頁 208-209。

不任青蠅汙白璧。肯搔華髮走炎方。

卅年憂國曾何補。萬里飄蓬不自傷。

但祝女嬰無恙在。太平猶待共扶持。

浮海南來歲欲芬。耳邊今已絕猙獰。

不信群鷟爭餘食。自有名山可策勳。

雲夢尚堪吞八九。雞蟲那更較紛紜。

年來世慮都消盡。只顧餘生事典墳。[103]

　　愛恨分明的個性，出之以舊體詩作為內心噴礴的吶喊，心緒被詩句爐火點燃，關切的無非是親人的健康與安危，在意的依舊是台灣文壇紛爭帶來的愁慮。[104]對比其他作家以遊記觀視南洋風情的前行研究，總是飽含豔陽下慾望與張力騰躍的想像力，徐志摩筆下的新加坡以「食」與「色」表達對情慾客體的耽溺和主體的厭棄，在書寫中救贖、昇華旺盛的力比多（libido），隨著消費主義和全球化商品拜物，讓南國的慾望與幻想跟著詩人的旅跡形構全球化視野下的可視景窗。[105]蘇雪林的日記與傳記，補足她南洋教書忙碌與身體勞累之餘的逸事修辭，這些無足輕重的小節，在傳主生活中是佔據中心的邊緣物，[106]被蘇雪林精心挑選，有時是十日後追述補記，用以揭示其性格和人品，情懷和主觀經歷。詩中多次出現的客鄉，成為蘇雪林筆下主體的客體，在日記書寫逐漸堆疊於記憶中，投射個人

103 蘇雪林：《燈前詩草》（台北：正中書局，1982 年），頁 120-121。

104 殷正慈：〈蘇雪林教授著《燈前詩草》評介〉，成功大學中國文學系編：
　　《慶祝蘇雪林教授九秩晉五華誕學術研討會論文暨詩文集》，頁 465。

105 衣若芬：《南洋風華：藝文‧廣告‧跨界新加坡》，頁 136-161。

106 田曉菲：《神遊》，頁 79。

情感，成為承載記憶與情感的焦點，[107]這些記憶與情感，在文學史裡形成可貴的符碼，層層堆疊出文化空間的意義形塑，在南大不復存在之後更顯珍貴。

作者著力刻劃的地理環境，因個性、氣質、意志、心境、人生態度、生活期望等方面的差異，使得每個人的情感世界也不盡相同，[108]對於生活衣食用度甚為簡樸的蘇雪林，信奉著：「人在物質生活之外，還有精神的生活，人為追求真、善、美、不朽和其他絕對原因，往往拋擲一切物質的安慰，人生的快樂在此，人生的意義和價值也在此。」[109]蘇雪林初住彭亨樓，坐落於南大的雲南園，此地原為英國殖民政府砍伐熱帶雨林後改種植橡膠樹的一片林地，之後才隨著南大創辦種植熱帶相思樹，並隨著新加坡的城市化使膠園逐漸後退殆盡，曾是詩人王潤華筆下的翠綠夢土，但此刻已然隨著南洋從地圖上消失。[110]蘇雪林和孟瑤的遊觀進入了東南亞文化生產的現場，其思考、寫作都不免受到在地政治、經濟及文化習染與影響，[111]隨著此時此地的創作情境，進入東南亞現代化的即臨視野。

---

107 艾蘭・普蘭特：〈結構歷程和地方：地方感和感覺結構的形成過程〉，收於夏鑄九、王志弘：《空間的文化形式與社會理論讀本》（台北：明文出版社，1994 年），頁 86-92。

108 宋秀葵：《地方・空間與生存：段義孚生態文化思想研究》頁 38。

109 蘇雪林：《蟬之曲・序》（出版資料不詳，取自「民國近代華文書籍資料庫」，2019 年 6 月 24 查詢，頁 228。這篇序作於 1928 年 3 月海上春暉室，乃是應青年詩人王佐才的請求而作，成功大學中國文學系編：《慶祝蘇雪林教授九秩晉五華誕學術研討會論文暨詩文集》，頁 336。

110 李樹枝：〈「重回」萬嶺熱帶膠林的邊緣地帶：論王潤華現代詩的邊緣性書寫〉，《遷徙與記憶》（高雄：中山大學人文研究中心出版，2013 年），頁 118。

111 夏菁：《慾望與思考之旅：中國現代作家的南洋與英美遊記研究》（台北：文史哲出版社，2010 年），頁 28。

　　寫於南大時期的長篇小說《太陽下》，孟瑤對人物左範之裝束的描繪頗有深意：「當他闊綽的時候，他愛穿中國長衫，捲起漂亮的白袖口，捧著鳥籠一類的玩藝兒，到處閒蕩，如今這種排場供應不起了，一身美援救濟物資的舊西服，當然誰也會用懷疑的眼光打量他。」[112]左範之人物形象具有左翼霸權、父權宰制的意涵，只要他現身「空氣凝固了，大家都木偶似的痴痴立著，只有谷音渾身有著相當的抗毒素，她不像其他的人中魔，以部分清醒的神色」尚能安然對待他的存在。小說中的父親銘刻圍繞現場主體必然存在的差異性和不在場，與妻子／母親的人生觀完全對立，描繪出現實政治的、文化的一致性對橫在台灣／大陸，東南亞現場的文化空間，失去時間感與空間感，小說無法辨識明確的時空座標，製造空隙和保持空白的空間生產差異性，也醞釀出更大的包容與突破險阻之後重生的喜悅。[113]跨文化書寫影響小說生產中的時空框架，淡漠的背景更能專注在人物形塑上，得到更大的發揮，藉以凸顯小說主題。

　　若地理空間的風土特質對於作家的書寫帶來必然影響，則太陽除了隱喻東南亞地近赤道，[114]也與台灣同樣有曾遭日本侵略殖民之悲，更可能披露萬物生長之源對於人一視同仁的公平性。以太陽為能源，勤於植耕者得利，而罔顧胼手胝足之力，妄想一步登天的畸想將為人生帶來不幸，使風土因素與文化產

112 孟瑤：《太陽下》（台北：皇冠出版社，1966 年），頁 101。

113 藤田梨那：《中國現當代文學中的跨文化書寫》（北京：中央編譯出版社，2013 年），頁 219。

114 和辻哲郎：《風土》（東京：岩波書店，1937 年），頁 162-164；和辻哲郎著，陳力衛譯：《風土》（北京：商務印書館，2006 年），頁 4-18。謝冰瑩對於東南亞陽光的看法則是覺得溫暖、舒服，全沒有炎熱的感覺，正像祖國的春天。其心始終懷揣著「山川思故國，風露想遺民」的離愁別恨。見謝冰瑩：《馬來亞遊記》，頁 69、71。

生辯證關係，透顯出小說人物的價值觀，[115]自然與事象往往表露人的流動性與內面性：

> 所謂的自然，據我們的理解，是物體無限延續的連結，形式生成之後滅亡，生生不息的營為，從存在於時間與空間中的不停連續成為明顯的事象，其流動般的統一。稱呼某個現實的存在為自然時，我們的念頭當中存在的，與由人類之手所形成者不同，與觀念與歷史不同，或許是某種內在的特性，或者是其存在能被視為是之前已經敘述的全體的代表、象徵，能夠聽見全體的流動在其中喧囂作響。所謂「一片的自然」是自然。因為只有在沒有界線的統一當中，只有作為全體的流動的波浪，那才有可能是「自然」。[116]

南大女作家群體從單面的中國淵源出發，介入新華文學史，進入複系統的互動、跨文化的穿越歷程，游離於馬華本土的現實書寫或現代主義之外，[117]蘇雪林自有其不受干擾的教學節奏與文學史觀，拒斥左翼的腥風血雨，在校園的安樂國中作育菁莪。教學之餘，蘇雪林投入對馬華地區新文學人才的啟引與培育，盡情遊歷，時時與孟瑤受黃崖之邀，遠赴各地參與彼

---

115 鄭毓瑜：《引譬連類：文學研究的關鍵詞》（台北：聯經出版公司，2012年），頁 156。「風土」或「場所（地方）」都說明當生活書寫了歷史，風土也同時書寫我們的生活史，尤其透過語文描述（常理）、表達（情感）的時候，已然不自覺帶引出歷經蓄積的風土結構或場所效應。

116 柄谷行人：《日本近代文學的起源》（台北：麥田出版社，2017 年），頁35。

117 游俊豪：《移民軌跡與離散論述：新馬華人的重層脈絡》（上海：上海三聯書店，2014 年），頁 175-192。

時興盛的野餐會文藝交流。

　　到訪知名景點極樂寺，蘇雪林以為建造者是前清遊宦馬華的當地人士，實際上是一位來自福州鼓山湧泉寺的住持妙蓮法師，因深諳地方仕紳、清朝官員所能帶來的社會資源與國家力量，極力將極樂寺打造成為朝廷所承認的寺院。[118]參訪檳城最負盛名的漢傳佛寺，寺中陳列康有為、岑春煊、陳三立鎸壁題字與詩作，也安放自國內請來的佛經，搭乘升旗山纜車俯瞰全城霓虹絢爛，使蘇雪林心生思鄉情懷：「心裡有一種悽惻的感覺。這鄉愁，若說是屬於台灣的，則台灣本非我的故鄉；若說是屬於大陸的，則大陸為共黨所竊據，把好好的錦繡河山變成血淵。」[119]，家國之思令她惶惶戚戚，既不是雖信美而非吾土的感遇，也不是龍的傳人浩蕩嗷嘯，乃是空間移轉與政權易主徬徨無路的感懷。情思既生，一路上蘇雪林剖榴槤食之，覺得味並不美，[120]東南亞的客居心緒受擾，使一切無滋無味。唯有身體康泰精神舒緩，才有餘力欣賞異域的美感空間，甚至謂之勝於台灣。比對謝冰瑩遊記，檳城是難以忘懷、情致優美的東方花園；[121]榴槤奇臭，起初畏之甚嚴，後來一嘗上癮，思之甚殷，兩人所共有的、層層加疊不絕的是鄉思情懷。[122]蘇丹花園遊覽，蘇雪林漫步其中驚覺馬來西亞人對園林布置得這樣

118　宋燕鵬：《馬來西亞華人史：威權、社群和信仰》（上海：上海交通大學
　　　出版社，2015 年），頁 114-120。
119　蘇雪林：〈赴星洲任教南大〉，《浮生九四──雪林回憶錄》，頁 221。
120　成功大學中國文學系編：《蘇雪林作品集日記卷：第四集》，頁 282。
121　謝冰瑩：《馬來亞遊記》，頁 44。
122　謝冰瑩：《馬來亞遊記》，頁 139。丁太太莞爾：「吃過榴槤之後，你會
　　　流連忘返，再也不想離開南洋了！」謝冰瑩的心情是：「我寧可一輩子
　　　不之榴槤，我要回中國去！『流連』三年，我終於懷著無限的鄉思，又
　　　回到自己的國土來了！」

好。「見胡姬花妊紫嫣紅、千名百種，洵為洋洋大觀，台灣蝴蝶蘭亦有名，到此則將黯然失色。……」[123]，賞美愛花的蘇雪林，讚嘆星洲花卉艷異。「赴柔佛海濱野餐，海水與岸平，岸又砌石為堤，異常整齊，好像我所見到的大貝湖一般，若日月潭尚不能如此也，馬來聯邦果然不錯。」[124]地景空間因異域遊賞的新奇，星洲略勝一籌。

　　無獨有偶，謝冰瑩的遊記也頌讚了胡姬花，進而拜訪四代僑居檳城以栽植胡姬花盛名遠播的華僑，她以梅花比之胡姬，「平易近人，堅忍耐勞，像我國的梅花，象徵中國人的美德，仁慈而不驕傲，一年到頭都是那麼生氣蓬勃，欣欣向榮。」[125]謝冰瑩肯定耕耘必有收穫，是華僑給予的啟示，而這樣的啟示富於中華民族的精神，不論大陸、東南亞或台灣的民族性都如此欣然展現，使她深以為傲。胡姬花的命名已是帶有華夷之別的眼光與意識，當年猶然蠻荒的東南亞百廢待舉，在傳統文化悠久的中國人眼中，以胡人之地盛綻艷異奇蕊，[126]野蠻美女之花尚有女體與國體的異色構思，在南大女作家群的文學轉喻裡成為國家堅忍精神的昂揚態勢。

　　雨季中難得的好天氣，蘇雪林到柔佛州哥打丁儀遊觀瀑布，「人多如蟻，摩肩而過，大半為馬來人，乃知馬來人亦會享受生活也。」[127]一向勤苦自勵，蘇雪林欣賞當地人愜意自適的

123 成功大學中國文學系編：《蘇雪林作品集日記卷：第四集》，頁297。
124 成功大學中國文學系編：《蘇雪林作品集日記卷：第四集》，頁282-283。
125 謝冰瑩：《馬來亞遊記》，頁48。
126 王潤華：〈幻想南洋與南洋幻想——從中國到本土東南亞文學想像〉，新地文學社編：《文學百年饗宴——21世紀世界華文文學高峰會議論文集》（台北：新地文化藝術有限公司，2011年），頁175-176。
127 成功大學中國文學系編：《蘇雪林作品集日記卷：第四集》，頁470。

生活情調。處於學術象牙塔之中，孜孜矻矻於教學，直到 8 月
28 日讀罷吳體仁所著《南洋經濟植物》3 本，蘇雪林才知道黃
梨就是鳳梨，即當地的波羅蜜，距離她來到南方已逾一年。出
生大陸，留學法國，後曾到訪香港，久居台灣，蘇雪林藉赴南
大教書，假日出遊海濱造船廠、胡文虎、文豹別墅。別墅裡泥
塑像蘇雪林覺得俗入骨髓，惟到海濱飯店用餐後遊一全星洲最
高處的山頂電台，高處俯瞰美景盡收眼底感到星洲之美遠勝台
灣，台灣僅一日月潭不錯，其他如阿里山、關子嶺等均無足觀。
黃崖駕車帶蘇雪林與孟瑤遊吉隆坡，蘇雪林覺得「繁榮比之新
加坡則不如遠甚，風景亦無足觀。」[128]對台灣的依戀，常以兩
地地景相較的對讀觀照滿足心懷，安於台灣的時間較長，安適
感也立足於此；[129]「太平即謝冰瑩教書三年半處，實為可愛，
先以汽車繞湖，晚又步繞，尤美。」故人居所，倍覺親切，蘇
雪林認為這是美中之美，流連不去。

　　參觀動物園使蘇雪林聯想奇觀異俗：「有猴一對，為一童捉
髮間之蝨，每捉得，則送入口中嚼之，中國人捉蝨亦喜送口咬
碎，殆從猴子學來。」[130]，「星洲魚活力太強，斬斷剖腹兼碎其
首仍不肯死，觀之駭然。」[131]她勇於嘗試生活上的微小樂趣，
曾有一度至荒僻椰林楊厝港海池釣魚，一下竿即得徑尺之鯉，
後又續得二小魚，運氣甚佳，然次日精神疲痺，「年老之人實經
不起」[132]，只可惜年邁體衰，否則玩興更盛。在社會演進與邁
入現代化的進程中扮演重要角色，赤足在南洋流過血汗的華

128　成功大學中國文學系編：《蘇雪林作品集日記卷：第四集》，頁 300-301。
129　成功大學中國文學系編：《蘇雪林作品集日記卷：第四集》，頁 286。
130　成功大學中國文學系編：《蘇雪林作品集日記卷：第四集》，頁 282-283。
131　成功大學中國文學系編：《蘇雪林作品集日記卷：第四集》，頁 288。
132　成功大學中國文學系編：《蘇雪林作品集日記卷：第四集》，頁 312。

人，孟瑤將寬闊的灣澳地理景觀結合新加坡多元人種薈萃的豐富族群視野，展現東南亞全球化貿易的熾盛，同時藉由可區辨的服裝，保有其民族主體性：

> 　　車行至濱海的女皇大道，天色還沒有完全黑下來，遠處海面上停留著許多船隻，他們多半利用這港灣做轉口貿易，從而也繁榮了這個地方。更遠處也遊蕩著三五漁船。堤岸上往來著各色各樣的人種，中國人，馬來人，印度人，歐洲人，中東、泰國、越南……他們都愛穿自己祖國的服裝，交織成五彩繽紛的視野，非常美觀。一隻歸來的漁船，向我眼前橫掃而來，我想，假若不太惦念生活的辛勞，那船上的漁夫應該有閒情欣賞這漫天的暮色。[133]

　　作家因閒情賞愛暮色之美，也能理解港埠繁華、地方榮景實與生活的勞苦相為表裡。實際上，南大女作家群的生活也是忙碌而充實，教學、作畫、看劇與遊觀之餘，蘇雪林擔任黃崖在新加坡市政府禮堂舉辦之文藝講習班講師，[134]以〈論中國舊

---

133 孟瑤：《退潮的海灘》，頁 94。

134 民國作家赴東南亞交流常見的形式之一是講習班，以菲律賓為例，自 60 年代初始「文聯」暑期積極辦理「菲華青年文藝講習班」（即後來的菲華文教研習會），歷屆講師包含王藍、余光中、王生善、覃子豪等，載於莊鐘慶等：《東南亞華文文學與中國現代文學》（福州：廈門大學出版社，1991 年），頁 28。以及莊鐘慶編：《東南亞華文新文學史》，頁 517、529。以文藝創作為主旨的講習班培養出像是李惠秀、林泥水、姚冷、施約翰、張燦昭、潘家惠、謝添順等菲華文壇生力軍，為新文學發展奠基。兩地作家除文學交流更見建立非凡情誼，施約翰與覃子豪建立密切友誼，曾為祝福覃子豪的病絕食三天，陳義芝編：《台灣現當代作家研

小說〉為題,整理發表於《大學生活》期刊的現成稿,將在新
大的演講重新敷衍。期間又拜訪一所由華僑支持的唯一華校培
風中學黃潤岳校長。孟瑤到華僑教師會講演詩與散文「有綱要,
材料甚為豐富」,寫作「滔滔不絕,所講材料甚多,亦有見地,
始知孟瑤不但能寫,學力亦甚佳也。」[135]工作之餘參訪了朱鏡
宙所說的華僑甲必丹之碑,[136]三寶井、三寶寺、三寶亭等,[137]對
於富有歷史感的空間特別感興趣。

　　若由集體認同的角度觀之,時間、空間、地形與形式將串
聯古代與近代事件,這場所作為一種獨特的人工物,是象徵性
地和集體地建造出來的紀念場所。[138]尋找場所精神,以既客觀
的角度凝視這樣的他者,同時又因文化連結在事件和文化之中
寄託自我,文化對蘇雪林來說是操存捨亡的必要堅持,她憑藉
一己之力遠赴南洋,以維護民族文化和民族生命為職志,[139]遂
形構出獨特的雙重視角,在自我與他者之間捭闔拉扯,擺盪在
遊觀自適與民族大任之間糾結矛盾,不免有先天下之憂而憂,
任重道遠的情懷。在海濱看元宵煙花對蘇雪林來說是偶一為之

究資料彙編 8 覃子豪》,頁 217。
135 成功大學中國文學系編:《蘇雪林作品集日記卷:第四集》,頁 302。
136 甲必丹是葡萄牙經營馬六甲特別委任華人的社區領袖,鄭甲(1572-1617)
　　是第一任甲必丹創建馬六甲最古寺廟青雲亭,寺內神主牌有一位上書
　　「大明甲必丹鄭公」,即是鄭甲。李恩涵:《東南亞華人史》(台北:五
　　南圖書公司,2003 年),頁 181。
137 三寶即指三寶太監鄭和七下「西洋」實行大規模和平遠征東南亞。李恩
　　涵:《東南亞華人史》,頁 97-105。
138 劉麗:《大衛・哈維的思想原像——空間批判與地理學想像》(北京:人
　　民出版社,2018 年),頁 95。謝冰瑩:《馬來亞遊記》,頁 59-66 也記載
　　相同的遊歷地點:青雲亭、三寶井、聖芳濟教堂、郁達夫在三寶山上看
　　到的古碑,謝冰瑩關懷的對象是馬六甲的殖民史與僑胞砲火下的犧牲相與
　　共的歷史滄桑,以犧牲換來光榮勝利。
139 蘇雪林:《邐齋隨筆》,頁 17。

的浪漫，難得而奢侈的享受。

　　對比於有意為之的遊記，謝冰瑩《菲島遊記》更是積極規劃，有聞必錄，[140]純粹的海天巡遊以外，她積極蒐羅有關共黨在菲島南部地下工作的情資，參照《中華日報》剪報照片和消息，謝冰瑩有計畫地參觀倫禮沓和杜威大道情人幽會處，在菲律賓馬尼拉眼見出雙入對的戀人們為數之多、親熱之景，不得不信果然熱帶地方的人容易早熟。她又到馬里務海濱公園、巴拉拉水源地公園等地，希望多寫幾處風景優美之處，謝冰瑩踏尋景致的目的一方面為了蒐集寫作材料，[141]二來則出於主動的意願，樂在冒險：「我真想將來有一天能參加一個探險隊，周遊世界那些未曾到過的地方。」[142]因此書中詳載對於華僑公墓義山的憑弔與無限追思，觀察特別住宅區，對於市容的整齊與否加以評判，與台北新公園進行比對。

　　而鍾梅音雖然冒險精神不若女兵謝冰瑩，但「吾鄉主義」式的南洋風物地景，作品中常帶有雙鄉特色，藉由異域反思自我生命，[143]這些觀者的眼光與詳載文史的筆法，形同一種地誌書寫，[144]迥異與蘇雪林先憂後樂，相同的是隱埋於異國情調裡的無端愁緒：

　　　　靜極了，我站在這巍峨高聳的五樓俯瞰街景，三面

---

140 謝冰瑩：《菲島遊記》（台北：力行書局，1957 年），頁 7。

141 謝冰瑩：《菲島遊記》，頁 6。

142 謝冰瑩：《菲島遊記》，頁 19。

143 衣若芬：〈文筆・譯筆・畫筆──鍾梅音在南洋〉，收於洪淑苓、黃美娥編：《第一屆文化流動與知識傳播國際學術研討會論文集》（台北：秀威資訊科技公司，2017 年），頁 168-171。

144 鍾怡雯：〈從理論到實踐──論馬華文學的地誌書寫〉，《成大中文學報》第 29 期（2010 年 7 月），頁 143-160。

是房屋，一面正對著海。馬路顯得特別寬敞而潔淨；海
是平靜的，沒有一點風浪；不知為什麼，我的心突然感
到淒涼起來，我聽到了叫賣點心的聲音，充滿了哀怨辛
酸的異國情調，這聲音，對我不是一種親切的誘惑；因
此，我說馬尼拉之夜是寂寞的，淒涼的！[145]

　　天地悠悠知音何在，謝冰瑩的古典情懷、遠方異想，勾連
纂跡因景而生的抒情幽緒，期許自己寫出僑胞在海外艱苦奮鬥
的光榮歷史，寫出在這大時代中許多悲壯動人的故事。以文代
史，運筆譜歌，對身在東南亞異鄉的同族，以仁愛的眼光看待，
加以讚頌，呈現謝冰瑩同舟共濟的澄澈之心。

　　由於蘇雪林日記完整記錄了她南下的日常生活軌跡，以之
為主，再就南大女作家群心理流動層面觀之，藉下表歸納其演
變歷程：

表 5-1：南大女作家群心理流動分析表

	遷移軌跡前期	遷移軌跡後期
鉅觀／心理	風土殊異的恐懼	遊觀審視的坦然
中層／群體	遷移謀生的常態	經濟舒緩的安然
微觀／成就	講學著述的日常	異地交流的再創

　　蘇雪林赴星洲表面的理由是在成大教書七年依例可獲得一
年休假，第二次邀約便應允南大之聘；內在原因是為了遁跡海

---

145 謝冰瑩：《菲島遊記》，頁 63。

外安頓身心，遠離文壇險惡風波，[146]箇中原委已有論者詳加考究。第一次不肯赴任本是擔心南洋氣候不合，高鴻縉亡故他鄉令她心生畏懼，改推薦僑居英倫的凌叔華前往，而凌淑華與南大中文系主任劉太希相處的摩擦，致使她任教一年後未獲續聘。

　　1964 年赴獅城之約，人且未到，朱昌雲在怡保的華文刊物先大量轉載蘇雪林文章。等抵達星洲，《蕉風》主編黃崖辦理文藝講習會積極邀請孟瑤和蘇雪林前往馬來西亞吉隆坡擔任講師，會後遊觀三寶洞，轉往怡保太平湖（恰與其家鄉同名），眼下景觀使之心生：「湖水碧綠，其中蓮葉菱芡，種得滿滿的，蓮花的顏色竟有好幾種，香氣蓊勃。湖邊垂柳婀娜，花卉千名百種，多喚不出名字。」期間美景使她欣羨謝冰瑩一家在此享福三年，謂之「終老此鄉可也」。[147]這一連串的遊觀歷程，可知東南亞的空間通過一種詩學的比興，在文人心中埋造情感與意義，將原本中性的、空白的空間，在詩學化的過程中注入作者的思想、情感、文化、知識、社會意義，運用幻想與藝術化組織再現，使空白的地域產生詮釋意境，形構「幻想南洋與南洋幻想」的美學色彩，[148]興發在地感與意義化，由此可知。

　　地理想像與文化論述互動、共鳴、辯證，啟迪問題讓更多的對話開始，「知識者─文人」的跨界流動擴大中國現代文學「大後方」的版圖，在跨國越界產生投射出主體的精神色彩，孵育個人身分的變化和隱喻。尤其戰爭導致世界無序，第三世界知識者與文人的流動，其軌跡、動機與中國南來文人不可一概而

146　蘇雪林：《浮生九四──雪林回憶錄》，頁 213。
147　蘇雪林：《浮生九四──雪林回憶錄》，頁 218-220。
148　王潤華：〈幻想南洋與南洋幻想──從中國到本土東南亞文學想像〉，《文學百年饗宴──21 世紀世界華文文學高峰會議論文集》，頁 182。

論，期間有三項因素構築人文景觀：主體（知識者─文化人）、
空間／場域（大後方）、時間（從帝國─殖民主義至戰後冷戰），
文人的流亡（與再流亡）、離散（與再離散），把「大陸─東南
亞─台灣」地理空間緊密聯繫，[149]這個過程不但是勞動資本與
價值通過已建環境／南大的知識生產、互動往來而發生的流
動，[150]也是城市化、現代化、民國性的一項重要指標，足以吸
引文人越界跨域參與資本主義地理景觀中資本流動的人力表
徵，而資本主義正是其中的重要驅力，進一步促成現代化。對
照孟瑤筆下台灣的狀況是：

> 梨山周末四處一片喧嘩、車聲、人聲、叫賣聲，孩
> 子的啼哭聲、婦人的呼喚聲……人多了，時代變了，對，
> 時代變了，變得好可怕啊！那些知識分子處處銷聲匿
> 跡，在眼前晃來晃去的，或者是暴發戶，或者靠土地發
> 了財，或者做生意一帆風順，於是都高高在上，喧騰叫
> 囂，交織出一片混濁！一個社會，假若不以知識分子的
> 智慧為砝碼，予以鎮壓，動盪是必然的；價值觀念的倒
> 置也是必然的。如今念書人投身工商界的不是沒有，他
> 們取之於社會，用之於社會，為「均富」的遠景，做了
> 最好的努力，但是這些態度積極的念書人畢竟太少了！
> 大家為什麼不起來呢？為社會真正繁榮而努力的人越
> 多，也就可以消除些愚昧的闊人以金錢作惡的罪愆！國

---

149 莊華興：〈帝國─殖民時期在東北亞與東南亞之間的文藝流動：以戴隱
　　郎為例〉，收於張曉威、張錦忠編：《華語語系與南洋書寫 台灣與星馬
　　華文文學及文化論集》，頁 152。
150 劉麗：《大衛・哈維的思想原像──空間批判與地理學想像》，頁 50。

家與社會才早些邁向安和樂利的坦途！[151]

　　大力批判逐利為先的不當，期許知識分子利他共生，致力於社會國家的繁榮前景。而寫於南大時期富有現實主義色彩的小說《太陽下》，人物的惡中之惡，一山還有一山高，年輕氣盛熱血沸騰的洪濤，面對冷靜型罪犯左範之，只能虛與委蛇，女友李杏也任由他勒索，自此種下禍根。面對天外飛來一筆意外財富，左範之大飽口福後，自在唱道：孤王酒醉桃花宮，韓素梅生來好貌容……。描寫《斬黃袍》帝王趙匡胤恣意酣酒沉醉春風，轉而緊接著左範之來到一座凶宅，入獄前即已安置在化糞池，掏出一把視為金磚的手槍，企圖繼續劫財，發跡致富。運用手槍與金錢兩大物質因素構築寫實情節，小說人物沉淪在現代經濟升騰之際，情節也隨之驟轉直下。

（二）愛與新生的力量

　　孟瑤小說《太陽下》中刻意將第二代一對璧人周延與湘湘的約會地點設在動物園，既看猴子的靈巧，雙手萬能，也暗喻人想成功必須倚賴雙手打拚。柙中一對老虎恩愛互動，昭示「愛，宇宙雖大，除了愛，也無別物」[152]。愛可以發揮無限可能，愛的力量也使人知所努力，孟瑤對於小說中的年輕一代寄予無限厚望：「愛情可以鼓勵一個人努力進取，掙得來飯吃，掙得來衣穿。」[153]荒地變花園，廢畝變良田，雖然身在動物園和遊樂園，總想到人的一生不知要經過多少折磨，越磨越晶瑩、

---

151 孟瑤：《一心大廈》，頁 103-104。
152 孟瑤：《太陽下》，頁 178。
153 孟瑤：《太陽下》，頁 188。

越堅硬一類人生哲思。年輕的周延本是混沌未開的傻小子，被
女友父親羞辱後一夕蛻變，將幸福寄予未來，展現堅毅不屈、
不輕易讓步的勇者形象，也能體會母親的半生辛勞，悔恨自己
過去視若無睹，知悉思源感恩是向前邁步的動力。藉由上述物
質考述，南大女作家群體的情境、位置、他性、差異、政治身
分等均在自由主義的傘下保護著社會正義，在排他性和平等性
之間進行協調，[154]給予讀者心生希望的未來。孟瑤小說《畸零
人》出現的碧潭、川端橋（中正橋）等依舊是台灣地景，筆下
大陸地理空間只用於人物過去的場景交代，多半並未移異到南
洋。也有不少作品以隱喻性的空間感置入小說結構，作用只是
單純的背景，像是《退潮的海灘》：

> 宇宙間只有唯一一件可以被肯定的事：昨日太陽從
> 西方落下去；今天，祂一定會從東方昇起。……祂為我
> 們多變的人生，加上了永恆的註解：人生有不變的，也
> 有可以信賴的。這是真理。太陽像一朵紅焰，把一片平
> 靜的海灘都燃燒起來，火光璀璨。浪潮追戀祂的色彩，
> 輕拍海岸，難道祂也泣訴著什麼？我多麼有野心想追溯
> 這宇宙的奧秘！但能麼？我相信祂有一隻手，照顧著
> 我，也支配著我。眼前的這一幅畫面真美。那金黃緋紅
> 的顏色，炫目動心，我應該趁這時踩上那輕軟溫柔的細
> 沙上，撿拾些貝介，浪濤會捲拾些什麼，也應該留下些
> 什麼，退潮的海灘，應不只是一片寥落。[155]

---

154 劉麗：《大衛・哈維的思想原像——空間批判與地理學想像》，頁 98。
155 孟瑤：《退潮的海灘》，頁 5-6。

　　在自然的隱喻結構中交織人生固然悲苦，依舊奮進的意志，以海灘捻黏新加坡、檳榔嶼、香港等地，語意學上綜整人海茫茫與星海浮沉，雖則指涉有別、地域不同，人性墮落沉淪肇致的狼狼不堪，女作家的柔婉筆觸毋須薛西弗斯永劫回歸推動巨石的咬牙勞苦，相同的是必須把握天的意旨。一旦機會到來，絕不空手而回的積極想望，是南洋景觀帶給孟瑤的文化感受轉譯而生的精神意志；對比短篇小說集《遲暮》收錄的〈歸來〉，孟瑤筆下對台北地景空間的物質思考是：

> 　　戀情不因金錢的物質條件有任何改變這就叫做緣分，戡亂之都的台北市如此繁華，如此擁擠，霓虹燈把它裝綴為一個不夜城，但是，就在這燈紅酒綠的交錯下，往日的富商今日陷於泥沼，往日的窮漢，今日走上坦途，窮了又富了，跌倒的又爬起來。[156]

　　在循環論中持平看待現狀，孟瑤並不過分樂觀或者悲觀，不斷強調務須做好一切萬全準備。家庭倫理方面，子息傳衍是一條心靈上最不能觸動的哀弦，輕輕拂動便能發出幽幽悲吟，[157]認定唯有下一代，才有再造新生的希望。

　　集通俗言情小說家與學者於一身的孟瑤，《卻情記》是南洋讀者認識她的首部曲，小說以第一人稱描寫一名年過四十喪偶婦人黛青，渴求愛情的潤澤，視之如生命，情人阿林因愛赴美結婚，她轉向態度隨便、年輕放肆，但能解人寂寞的湯英奇，這段感情以豐厚的物質生活條件支撐：「非常時期的台灣，我的

156　孟瑤：〈歸來〉，收於《遲暮》，頁 165。
157　孟瑤：〈拾荒人〉，收於《遲暮》，頁 246。

生活一直維持著一種相當的水準，找有寬敞的房屋，訓練有素
的傭人，隨時取用的酒菜和飲料。」[158]英奇同時有多名交往對
象，面對不能專情的伴侶，她感到：「遠處響著雷聲，在為這一
對狂歡的兒女伴奏，海島的氣候突變得快，轉瞬間暴風雨就來
了，我受到它的侵害。」[159]愛情的風暴一如海島詭譎多變的氣
候，於是回憶舊情人阿林總像母親一般呵護，協助她從感情軟
弱變得硬朗。孟瑤筆下女性角色的溫柔照拂幫助男性抵禦風
雨、療癒創傷，男性也使女性倍覺有力量，相互產生影響，這
當中不無政治力的影射，「這時，台灣海峽的風浪險惡，許多有
辦法的人都有美國之行。」[160]丈夫過世前的老友，赴美之際前
來邀約同行，黛青無法離開的理由是愛情：

> 　　我對於自己的性格發生了深深的懷疑，我原以為我
> 是一個十分羞怯的人，所以對於「安全」的追求十分敏
> 感，但是，能支配我的生活的，似不是我所知的性格或
> 意志，而是那不可知的命運，它常使我於不知不覺中面
> 對一個我從來不敢面對的現實。我毅然拒絕這樣一位老
> 人的保護，能不說是冥冥之中的一種安排嗎？[161]

　　能夠療救女性情愛創傷的地點是草山（陽明山），山居宜於
長期休養，有一夜雨露的櫻花，有滿晨朝陽的照拂，有一片群

158　孟瑤：《卻情記》（高雄：大業書店，1962 年），頁 11。
159　孟瑤：《卻情記》，頁 11。
160　孟瑤：《卻情記》，頁 47。
161　孟瑤：《卻情記》，頁 49。

山的寧靜，地景近似於重慶嘉陵江的幽谷。[162]第二位闖進草山
空間的是英奇，孟瑤的筆饒有深意的說明這一段感情：

> 當英奇再度來時，決定陪我去草山，我又毫不猶豫
> 地答應了他，這一方面證明我不是一個當機立斷、有足
> 夠堅強抵抗寂寞的人；一方面也證明任何一個人要戒除
> 一種「惡嗜」必得經過一番艱苦的努力，從不斷的失敗
> 中去贏取勝利。我不只一次地原諒英奇，所持的理由是
> 惡劣的環境染壞了這一個青年的純潔。取得西方物質享
> 受的皮毛，用來洗褪了東方的倫理道德，這是一股時代
> 的惡浪，他只是被捲進去了而已。代替痛恨的，應該是
> 悲憫。[163]

南洋之行也正值孟瑤創作力旺盛，她描寫許多年及不惑的
主角們，為求生存顯現過人的毅力，例如〈小妻子〉：

> 我知道我不如別人口中所說的壞，也不似秀文口中
> 所說的好，我做了四十幾年的人，環境不會允許我自由
> 地發展意志——無論是善的一面或惡的一面。為了生存，
> 我必須適應，在這一場生之搏鬥中，我這條變形蟲，曾
> 伸出過我醜惡的觸角傷害及別的生命，卻也曾用過自己
> 的智慧向周遭塗抹過一些美麗的彩色。[164]

---

162 孟瑤：《郤情記》，頁 33-34。
163 孟瑤：《郤情記》，頁 62。
164 孟瑤：〈小妻子〉，收於《遲暮》，頁 325。

抒情筆調中卜之一種昂揚不屈的意志，恰與熱帶豔陽下積極奮發的努力人群相映照。而這份意志，與南大時期創作的《孿生的故事》不謀而合，[165]寫的是上海到重慶的抗日時期故事，聊避風雨的屋舍，再接再厲的精神，即使橫移至南洋華族子弟的胼手胝足毫無違和之感，於是構思靈感呈現作孟瑤從大陸到台灣，從台灣到新加坡的流動視野，以故事繫連多重時空，振奮上進的民族精神一以貫之，獲取愛與新生的力量。

（三）閱讀與心靈世界

南大時期地方感的闢建，不只在詩意的地理景觀空間，還有文人的心靈世界，而這片心靈世界必須仰賴物質的協助，例如閱讀書籍，欣賞戲曲、電影等藝文活動，也由此蠡測文人的精神狀態。勤讀勤寫聊以排遣異域寂寞，日記大量記載垂暮之年的蘇雪林燈下謄寫書信、閱讀書籍，身在東南亞閱讀〈魯迅論陳源及錢杏邨〉，，當地正湧動擁魯思潮，使一向立場批魯的她意外居於擁魯與反魯的交會點。透過閱讀《南洋商報》、《海星報》等報刊，蘇雪林參與了南洋的在地感建構，《南洋商報》上李辰冬、巴壺天、王德昭、葛連祥、錢歌川以及遠在英倫的凌叔華的文章她都仔細拜讀，[166]藉由書報閱讀進入在地化生活，邁向現代性視野。

期刊閱讀則是蘇雪林北連台灣文壇，南與馬華一代讀者形成交融視野的方式，日記則曾記載王遇春太太帶南洋中學二女生來訪，贈與《醒獅》兩冊。[167]《蕉風》、《學源》、《恆光》等

165　孟瑤：《孿生的故事》（台灣：皇冠出版社，1967 年），頁 103。
166　成功大學中國文學系編：《蘇雪林作品集日記卷：第四集》，頁 307。
167　成功大學中國文學系編：《蘇雪林作品集日記卷：第四集》，頁 296。

期刊蘇雪林經常翻閱，何錡章寄來的《作家》，以及《中國一周》、《文星》、《暢流》、《讀者文摘》都是她經常閱讀的刊物，另託大姊從台灣寄來期刊《暢流》、《公教報》、《皇冠》等，即使身在異地，也能定期接獲鄉音，喜悅捧讀。蘇雪林對於《蕉風》質量深具期待，評定6月號張秀亞〈白夜〉詩意洋溢，且有深邃的哲學思想，9月號〈懷念沈從文教授〉則銳眼發現早在台灣刊物發表過，於是譏評為炒冷飯。有讚許、有事實揭露，誠為公允。從大陸到台灣，從台灣到南大，中間一度去港，蘇雪林連起多地的文學視野，想以空間阻絕多次遺用同一文章，難逃其法眼。

精神暢旺之際，醉心閱讀的蘇雪林得到文史專家許雲樵（1905-1981）贈送《馬來亞叢談》、《馬來亞地理》與《南洋文獻錄長編》三書饒有興趣，復又再讀《馬來散記》、《天竺散記》和鄺國祥《檳城散記》，閱讀東南亞史、華人史等專著，貼近此時此刻的地理空間感，不但有助於了解當地的風土人情和民族語言，對於東南亞歷史文獻和文學領域也開啟了她的交融視野；[168]閱讀是蘇雪林融入東南亞當地文化的主要方式，雖目力衰頹，仍常至圖書館借書，或透過與文友相互贈書使書籍滿架。惜其年邁體衰，備課、閱讀認真生活，已再無餘力記錄更為深刻的體悟。相較之下「孟瑤三史」撰作於南大時期，研究有成，蘇雪林讀《中國戲劇史》稱讚：「資料蒐羅果然豐富，教書二年，而能得此真是不易」，[169]不無艷羨。兩位作家兼教授備課精實，蘇雪林也不遑多讓，時時在日記中記載編纂講義之事，只未能如孟瑤再進一步彙編成書。

---

168 宋燕鵬：《馬來西亞華人史：威權、社群和信仰》，頁213-216。

169 成功大學中國文學系編：《蘇雪林作品集日記卷：第四集》，頁464。

　　為了開設《史記》，蘇雪林進行許多備課閱讀，然因學生無人選修，開課不成。讀趙翼《二十二史箚記》興味盎然，深有所獲，由知之、好之、沉浸在樂之的境地。觀之不足，再到商務印書館加購台灣所無的《陔下叢談》擴散式閱讀，旁及其他史傳領域。讀《梁任公文集》、《先秦政治思想史》，認為是現代智識分子不可不讀的書。除了理論類的書籍，敘事為主的文本，像是《胡先生征四（西）寇》、《水滸後傳》、《大宋宣和遺事》、《西遊記》、《水滸傳》等傳統章回小說，或者史傳類《薛仁貴征遼事略》、《東周列國志》、《虞初新志》及陳登原《金聖嘆傳》，即使並非蘇雪林的學術研究範疇，她也樂讀在其中。

　　早年在武漢大學開設新文藝課程，蘇雪林為了備課蒐集資料、撰寫講義集結出版《中國二、三十年代作家作品》，是書市長銷書籍。較與研究專長領域相關的閱讀是余雪曼《離騷正義》、文懷沙《屈原九章今釋》、朱光潛《文學論》等書，她批評姚際恆《經學通論》多酸腐之論，胡樸安《詩經學》稍可理解。南大時期蘇雪林重讀《論語》，獲得純粹的閱讀樂趣，只可惜學生對於她開設的《論語》並不捧場。異地重讀，對於文人心靈與內在的激盪都有不同的再發現空間，氣候風土、心思所感移易等因素，都是可能的觸發機轉。

　　專注備課之餘，蘇雪林厭煩《三寶太監下西洋》文筆煩瑣，令人倦怠，只草草翻閱兩三回。消閒類的讀本常使蘇雪林欲罷不能，像是朱子家四冊《汪政權的開場與收場》，瓊瑤《六個夢》、《窗外》、《煙雨濛濛》、《幸運草》、《菟絲花》、《幾度夕陽紅》、《潮聲》等小說愛不能釋，評價瓊瑤短篇不及長篇。在台灣時瓊瑤成名作《窗外》廣播劇一聽便瞌睡，移時異地，至南洋空間則從 1 月 13 日陸續閱讀，欲罷不能，深感引人入勝，1 月 22

日與瓊瑤面會，晤談一點鐘光景，起心撰寫〈瓊瑤論〉，於 7 月 30 動筆開工，及至一半書寫停頓，因批評一代天才實是難於操筆，最後只寄出鼓勵：永遠莫放下你這枝筆，瓊瑤！[170]作〈獅城寄瓊瑤女士二律〉詩以贈之：

> 絕付才華陳鳳凰，寶刀出治已如霜，白詩搜訪來胡賈，
> 左賦傳鈔遍洛陽，自古文章有真價，豈因群吠損毫芒，
> 客窗快讀三千牘，貯待新編再舉觴，喜摩老眼看英才，
> 海外相逢亦快哉，賢母今朝常接席，雲鴻他日盼重來，
> 華年卓就人爭羨，慧業前生世共猜，寰宇文壇無我份，
> 盼君彩筆一爭回。[171]

舊體詩是蘇雪林筆下一幀優美的人文風景，有意識的選擇創作體類，短句贈以深情，跳脫新舊文學體式的二元對立。觀看文人的精神世界與意識形態。不妨將現代中國詩歌裡的古典形式作為能夠施展混雜性與標誌多樣化的空間，使被壓抑的多元化現代性可以得到施展，在舊體詩老形式與現代詩新形式同時並置的時空裡，同時並存與交錯、交叉，本身便構築出中國現代性的特色，[172]在民國性的呈現上，更有了跨域、流動、新與舊的再造，古典與現代交融的諸多可能。

閱讀五四時期作家像是《郁達夫別傳》與李金髮《浮生總記》，也讀域外的阿拉伯文學《天方夜譚》，蘇雪林甚至以比較文學的眼光批判與林紓所譯版本高下，甚覺文筆遒鍊殊勝，聯

---

170 成功大學中國文學系編：《蘇雪林作品集日記卷：第四集》，頁 399。
171 成功大學中國文學系編：《蘇雪林作品集日記卷：第四集》，頁 402。
172 田曉菲：《神遊》，頁 269。

想希臘神話和中國筆記有〈海陸締婚記〉相近題材故事。閱讀與書寫對於蘇雪林來說相為表裡，一旦新作有成，蘇雪林便主動寄給黃崖發表在《眉林》。讀《呂碧城集》、又讀朱昌雲寄來的《曉珠詞選》，應陳光平之邀寫就〈女詞人呂碧城與我〉發表在 1964 年新加坡《恆光月刊》，談兩人的因緣：先有鄉先輩之誼，卻囿於其姊呂惠如校長太老師的威稜與作品中流露目無餘子的冷傲，錯失通信機緣，萬分懊喪。[173]正因蘇雪林勤於筆耕，東南亞的讀者可以第一手親炙五四作家，在文學史產生歷時性的延伸，在地方感的表徵上則有共時性的連結。

移居海外的南大女作家們，呈現「出逃者」形象，[174]初時對自己闖入陌生異域的此時此地懷持著過客的心態，並沒有唐君毅「花果飄零，靈根自植」的感受發酵升溫，[175]更多的是在流動中拒絕流動。來到南大的觸發因素，使蘇雪林重看《西遊記》〈觀音院〉一章感觸萬千，因而稍稍動筆寫了三、四百字，到後來一發不可收拾，鋪衍成〈觀音禪院〉這篇八千多字小說，發表在《蕉風》月刊 1965 年 2 月號。她自言這是一則寓言小說，關於創作過程，日記清楚記載：

> 余寫文章素有習慣，一謄清文思自然清楚分出條理，今日（11 月 17 日）寫唐玄奘與老院，談取經宗旨，利用任公文，係全文最難寫處，但難關居然通過。隔一天續謄〈觀音禪院〉，此文起草時，文思甚蹇澀，一則余

173　成功大學中國文學系編：《蘇雪林作品集日記卷：第四集》，頁 263。

174　黃萬華：〈「出逃」：身分焦慮中的精神求索〉，《在「旅行中」「拒絕旅行」：華人新生代和新華僑華人作家的比較研究》（北京：中國社會科學出版社，2008 年），頁 20-21。在此挪借以解釋南大女作家的離開與遷移。

175　唐君毅：《唐君毅全集》（台北：學生書局，1990 年），頁 71-74。

已有數年不寫小說，二則來星洲前後心亂如麻，至今未
能平定故也。但自昨日開始謄寫以來，不但思想有了頭
緒，而且文思亦潮湧。傍晚寫完，全文共八千餘字，尚
須仔細推敲一番，然後寄出。[176]

　　寫作〈觀音禪院〉的理由出於晚年運氣極壞，遭文棍慘毒
打擊，只好遠來星洲。雖然以故事包裝加以轉喻，孟瑤和友人
郭昌鶴看過之後建議蘇雪林「不可發表」，[177]她不聽勸阻執意發
表，打包回台時還因遺落此篇，念茲在茲，後來成為《蘇雪林
全集》的遺珠之憾。一方面可以看出這一椿文壇轇葛使她心煩
意亂愁悶無緒，雖已年邁體衰，仍挺直腰桿不為所懼，正如她
一貫秉持的寫作姿態：「我絕不為追逐時代潮流，迎合世人口
味，而歪曲了我創作的良心，我有我的主見，我有我的驕傲。」
[178] 對於台灣文壇的關切無時或忘，蘇雪林的批評和詩作寄回台
灣的《中華日報》發表，與文壇仍關係密切。她也觀看香港出
版現象的觀察報告，認為性質有類台灣的《傳記文學》[179]；讀
水建彤以詩歌體裁所著《香妃》，蘇雪林評為：「書中人物皆無
血無肉，有似虛無縹緲之精靈，殊引不起讀者的興趣。文藝與
學術不能相容，水氏妄想創學術體小說，誕矣」。[180]多地流動的
身世遭遇與多角度觀察視野的閱讀體悟，在用功勤學的蘇雪林
身上舉舉可見。

　　除了閱讀之外，蘇雪林也經常欣賞戲曲、觀看電影，在南

---

176 成功大學中國文學系編：《蘇雪林作品集日記卷：第四集》，頁 287。
177 成功大學中國文學系編：《蘇雪林作品集日記卷：第四集》，頁 300。
178 蘇雪林：〈我的教書生活〉，《擲缽庵消夏記：蘇雪林散文選集》，頁 250。
179 成功大學中國文學系編：《蘇雪林作品集日記卷：第四集》，頁 421。
180 成功大學中國文學系編：《蘇雪林作品集日記卷：第四集》，頁 414。

大中文系八周年紀念會觀賞越劇《西廂記》，覺得色調差強人
意，主角張生、紅娘勉強接受，但形貌過醜的女主角鶯鶯則孰
不可忍。南大中文系辦理屈原紀念晚會，演出郭榮作品詩劇兩
幕，恰是研究所長與關懷著力，因此蘇雪林特意記於日記。學
校以外，蘇雪林臨訪許多不同的戲院，她到麗士看大製作的《秦
始皇》，覺得諷刺共產政權的寓意深刻，嘆惋觀眾寥寥，人心可
觀。[181]看嚴俊、李麗華《萬古流芳》、《風流的女畫家》、《金手
指》；認為邵氏《西遊記》竄改古書不足為法；雖比過去所有西
遊片較佳，觀後敗興而返。《雲海玉弓緣》甚覺滿意，異國風情
的印度文藝片《富貴浮雲》也各有殊勝。其他觀影地點和劇名
紀錄尚有：去國賓看《音樂之聲》；去新娛樂看《金鷹》、《雙珠
鳳》；到金華看雜耍《春燕展翅》；瓊瑤原著《六個夢》其一所
改編的《婉君表妹》；麗都看《賣花女》。到維多利亞堂看《清
宮怨》服裝亮麗布景堂皇，肯定演員賣力演出，可惜聲音低、
聽不見台詞；看樂蒂、趙雷飾演的電影《金玉奴》認為尚可觀
之。到奧迪安看《皇帝出京城》、安徽劇團以安慶口音演出的《牛
郎織女》，盛讚是來到獅城所見第一佳片，二度觀之也不厭倦。
赴好來塢看《天仙配》，蘇雪林分析該片與邵氏李翰祥之作大同
小異。看鳳凰出品的《畫皮》，欣賞小生朱虹扮相漂亮。

　　觀之不足，蘇雪林常常一日趕兩場，到繁華世界看無甚可
觀的《擋馬》、尚可的《借年》，再至大華看改編自《聊齋誌異·
王孫》的山東呂劇《花為媒》；先到首都看林黛的電影《寶蓮燈》，
欣賞影后儀容，再到國泰看《華爾滋之王》，後與孟瑤都覺國泰
費用太貴，看完《捉妖記》決定不再去。在奧迪安看長春出品

---

181 成功大學中國文學系編：《蘇雪林作品集日記卷：第四集》，頁 313。

《五朵金花》，又到國泰看黑白老片《變形怪醫》；看邵氏《七七敢死隊》，又到平民戲院觀看《椰林雙俠》；也有同一戲院連看兩場，例如《古堡遊魂》和《飛天獸》。蘇雪林注重扮相，偶爾也追風靡一時的明星。有時是孟瑤相約，兩人赴青天看李麗華、關山、凌波飾演的《紅伶淚》敷衍秋海棠故事，雖演技精湛，但情節改變欠缺感人力量。觀劇在蘇雪林南大後期是非常重要的休閒活動，密度之高，興味之濃，對於演員形象美感特別注重，劇情的新奇與合理的結構也是她所著意之處。

此外，蘇雪林也經常聽廣播劇，聞《梁紅玉》大讚南洋地方居然有此文化水準，亦可見中華民族之優秀，常常無法自拔聽至近午夜時分。而演講對蘇雪林來說是意興闌珊的事，「在台灣十餘年所有演講均能推卻，來星洲反而有這許多麻煩。」[182]連寫演講稿也提不起勁，覺得僅只是炒陳飯無話可說，甚至魚香肉臭，十分可厭。雖然陳言再三表達出席意願低落，仍是勤勉準備，也就在演講稿撰畢裝冊時，南大送來意外之禮——續聘一年的聘書，蘇雪林即刻簽名應聘。通過社會／空間實踐，蘇雪林所建造的地方感是簡單的購物、觀劇賞影，在跨國移動的異地生活並未改變原有的生活習慣，但在地理感知上拓展出更為廣遠的實踐，教學寫作的日常生活以外，不斷迎面而來的知識生產、消費、信件往來的訊息交流與文人交遊產生的知識重構，都一再強化蘇雪林在南大的生存能力與藝術審美。

四、國體與病體的模擬聲腔

---

182 成功大學中國文學系編：《蘇雪林作品集日記卷：第四集》，頁 291。

　　南大學潮動盪不已，蘇雪林筆下展現知識分子的入世關懷，日記中運用國體與病體的模擬聲腔，將真實生活變形為文字，虛實交疊，幻與真掩映，並以宗教信仰寄託精神上的不安。孟瑤筆下小說人物則以弱化婚姻繫絆與崇尚教育力量的關懷之心，寬慰、安頓己身，與作者意緒產生互文現象。

（一）知識分子的入世關懷

　　五四的新文化氣息，藉由遷台女作家蘇雪林與孟瑤漂移到台灣，再隨她們赴南大授課，成為灑落在東南亞的文學種子。這期間的兩個重大歷史時間，分別是 1949 年與 1965 年。目睹統御者親臨現場，蘇雪林第一次見到李光耀的印象是：「赴文學院大禮堂聽本邦總理李光耀先生講演，見文學院懸燈結彩如過新年。李能操華語，但為南洋官話，余不能盡解，以耳欠靈故也。」[183]似懂非懂的南方官腔語言，蘇雪林並未留下深刻的印象。她對於教學十分專注，文學院院長的派任影響能否續留南大與開課權益問題，因此也審慎記在 4 月 21 日日記中院長改為饒餘威一事。[184]8 月 9 日孟瑤告訴蘇雪林新加坡已與大馬脫離關係宣布獨立，驚訝之餘，蘇雪林返家急聽廣播確認，次日在家仔細端詳報紙：

　　　　自第五版直看了第十四版，將有關新加坡獨立的問題都仔細看過，關於李光耀準備與各國建立邦交一事，獨不提台灣，看來不好，若新洲與中共建交，則我等自

183　成功大學中國文學系編：《蘇雪林作品集日記卷：第四集》，頁 283。

184　根據王如明：〈陳六使與南洋大學〉，《陳六使百年誕紀念文集》（新加坡：南大事業有限公司，1997 年）。1956 年饒餘威已聘進南大，俾使能於 3 月 15 宣告順利開學。

台來者，非回台不可。不然台灣吊銷我等執照，想回亦
不可矣。想不到余真爾命薄，才來此邦不滿一載便發生
此事。[185]

　　教職若不保，則無法維持穩定的經濟來源接濟家人、安身
立命，這是蘇雪林十分關切的事。一讀完報，她到陳致平家裡
打探消息，[186]自台灣南下的文人群體皆擔憂新加坡與中共建
交，蘇雪林更憂慮去留出處的問題：

　　　　因東都言不許新加坡與印尼建交及恢復貿易關係，
則與中國共產黨政權亦將不建交，不建交則余等可留
矣。對新加坡則壞，以新州之繁榮，在與印尼通商上，
若不准則繁榮莫能恢復，且印尼侵襲亦可慮，東都既將
新州逐出大馬體系以外，尚處處干涉，其可惡甚於惡姑，
蓋惡姑惟應在家，可以肆虐，既迫之大歸，則為別家人，
權力有所不及，若仍時時干涉，則人家亦不答應，東都
所為必有使新州忍無可忍之日，則非倒入共產中國不
可，是則可憂也。」[187]（8月14日）

　　　　陳信修對馬華演講，謂星馬分裂責任應由李光耀
責。陳雖華裔，血液中已無半毫華族氣質，其言不足責，
惟自己說的話、做的事不認帳，反推到對方頭上，乃巫

185　成功大學中國文學系編：《蘇雪林作品集日記卷：第四集》，頁405。
186　陳致平與蘇雪林多年深交，載於〈向老友蘇雪林教授致敬〉，收於成功
　　大學中國文學系編：《慶祝蘇雪林教授九秩晉五華誕學術研討會論文暨
　　詩文集》，頁489。
187　成功大學中國文學系編：《蘇雪林作品集日記卷：第四集》，頁407。

統及馬來統治者慣技，陳氏亦勤襲之，殆已同化於馬來矣。」[188]（8 月 16 日）

總商會組織貿易考察團下月赴中國訪問，李光耀忽對美國數年前情報人員活動，及行賄事加以揭露，又說廿四小時可命英國基地軍隊撤退，其意當為何，難以捉摸，看來當是投向共方懷抱之先兆，看來余在此不能久矣。[189]（9 月 2 日）

半個月內，時局瞬息萬變，同一時間發生星馬分裂、新加坡將與中共建交這些影響星洲政治國體的事件，致令蘇雪林胃部發炎大作其噁，病不能起，汗出如濯，渾身發冷，兩腳無力，一日疲乏更甚一日，不堪其苦。這時使她雪上加霜的還有聽聞在台大姊心臟阻滯，大栓管閉塞，因此屢生年底歸返台灣之思：

心甚憂慮，數日來鬱鬱不樂，已浩然有歸志。新州固然不錯，然年老之人，久客非宜，此處待遇固比台優，然像我孤家寡人一個，賺錢為誰用？不如早見機而去此也。[190]（8 月 20 日）

中共陳兵錫金邊境，移文印度，責其侵略乃為巴勒斯坦撐腰，並公然指責蘇聯。[191]（9 月 18 日）

---

188 成功大學中國文學系編：《蘇雪林作品集日記卷：第四集》，頁 408。
189 成功大學中國文學系編：《蘇雪林作品集日記卷：第四集》，頁 416-417。
190 成功大學中國文學系編：《蘇雪林作品集日記卷：第四集》，頁 411。「余心甚為不樂，浩然已有歸志。」（12 月 13 日）亦有此思，頁 467。
191 成功大學中國文學系編：《蘇雪林作品集日記卷：第四集》，頁 425。

　　　　印尼局勢曖昧不明，如停止印尼對馬來西亞之對
　　抗，余固欲蘇卡諾之死亡或被黜，但印尼政權若落入親
　　共派將領之手則東南亞更將多事。[192]（10 月 2 日）

　　　　想不到余來南洋僅一載，而遭遇大事者二：其一為
　　新加坡獨立，其二為印尼內戰。[193]（10 月 4 日）

　　連續遭逢國體危殆、病體摧折與親友罹病之憂多重打擊，
到 8 月底蘇雪林面鏡自鑑已是精神不振，皺紋滿面，雙眼浮腫
之人。不單政治方面的感時憂國，蘇雪林也遭逢南大課程改訂
的重大校務變革，9 月 12 日報載大篇幅相關新聞，9 月 13 日南
洋商報社論有關南大議論，蘇雪林仔細摘入日記：

　　　　新課程實施後，南大程度將提高，可與世界任何大
　　學媲美，但南大亦將失其中文大學特色，變而與新大、
　　馬大相等。[194]

　　此時蘇雪林歸心似箭，希望不獲續聘，並得到一筆返台旅
費，與南大變革互文的是她作畫蹇滯，本向陳致平夫人借畫臨
摹，卻大有崔顥題詩在上頭之憾，自知此生對於作畫已無希望。
　　蘇雪林自言平生思想有四：一是反共信念的早定，二是民
族文化的愛護，三是尚武精神的發揚，四是倫理道德擁護的頑

---

192 成功大學中國文學系編：《蘇雪林作品集日記卷：第四集》，頁 430-431。
193 成功大學中國文學系編：《蘇雪林作品集日記卷：第四集》，頁 431。
194 成功大學中國文學系編：《蘇雪林作品集日記卷：第四集》，頁 422。

固。[195]這些信念構成了她堅毅無畏的人格氣象，走過半生多災
多難的家國滄桑，晚年安於順隨新加坡當地思想界情勢的變化
遷移，在報章雜誌的評論中，在久居南洋的陳致平建議下，一
如昔年，她選擇自己應走的道路。當她來到新加坡，入境隨俗
與南洋生活共仰息，一則維持舊慣，二則需學新習。例如沖涼：

> 余連日學習沖涼，已稍習慣，惟南洋華人之沖涼係
> 用冷水從頭頂沖下，余髮長，不能如此，恐驟不能乾。
> 僅能從頭頸部沖潑，誰知內熱蘊結於頭部，今日開始感
> 覺頭痛，豈全身熱氣為冷水所逼，凝結於腦耶，或今日
> 下雨，空氣不流通故耶？[196]

　　蘇雪林的病體肇因於致力學習南洋風俗，豈料身體條件無
法適配，欲強反虛，欲以冷涼身體克服南洋褥熱竟導致發燒出
熱鬱結於頭部，腦部為百器之祖、靈宮之要，也不確定究竟是
沖涼行為所致，還是連綿陰雨滯澀空氣招來的病根，正如同意
欲克服南洋風尚，然身體不聽使喚，病體蹇滯怠緩，也可能是
水土不服，同一個身體移時易地變成不能控制的自我，失去腦
力思考，無法順隨習慣。難以融入當地的因素，尚有對前途的
憂慮：

> 余殊鬱鬱，一則為了自己無學位及卒業文憑，恐南
> 大教職十二月後不能蟬聯；二則建業想退出金山公司，
> 渠戀家心之重，世無其論，身體太壞，又有多年之喘疾，

195　蘇雪林：《風雨雞鳴》，頁 1。
196　成功大學中國文學系編：《蘇雪林作品集日記卷：第四集》，頁 262。

經不得拖，故余昨寫信，勸他一回日本即作引退計，惟
引退事小，以後彼一家生活問題如何解決？其兄問題又
如何解決？故余思之心煩也。[197]

　　蘇雪林對待親人重情重義，為稻粱謀的教職，所得並非僅
圖一己溫飽，還承擔家人所需。她天性簡樸，內心翻騰攪湧著
的，無非是族人安居樂業，不必為經濟生活擔憂發愁。因不擅
家事，盤算再三以二十元代價聘請女傭，可以專心教書與寫作，
自覺生活「舒服多矣」。對於所得支配錙銖衡量。又因年邁，蘇
雪林凡事多了一份顧慮：

　　　　感覺人老之人遠適異土，非其所宜，思早日返台，
但本期來此一年，一年期滿尚可告無罪於各方面，數月
即回，人辛苦不必說，科學研究費告吹，豈非得不償
失？[198]

　　對於被砍的科學研究費憂心忡忡，接濟親友之餘，薪資捉
襟見肘可想而知。後來南大打算辦補校，是能夠增加收入的機
會，但蘇雪林拒絕，其原因或恐也是年邁體衰，不堪負荷。白
髮茁壯如春草，在新加坡五個月染髮四次，甚至眼力不佳懷疑
是因染髮水流入眼睛，只好專程到美容院請人代勞。

　　為了療治病體，加強保健身體，蘇雪林輒往衛生所注射，
藉以獲得安全感，因為在台灣十餘年來恆常如此，也常常去磨
牙。忽有一次腳背隆起紅腫一塊，撫之不痛，但腫甚高，致使

---

197 成功大學中國文學系編：《蘇雪林作品集日記卷：第四集》，頁 266。
198 成功大學中國文學系編：《蘇雪林作品集日記卷：第四集》，頁 270。

行走不便，原來以為的腫毒，後來恍然大悟是針入較深，藥液行至該處凝結所導致，她之後才考慮放棄注射。使蘇雪林身體欠安的因素尚有菸癮宿習。自言近來因紅鴿牌香菸僅五角五分一包，於是大抽特抽，一日四、五支，進至七、八支，以至牙齦及眼睛皆發炎，又須戒矣。因鼻病蘇雪林施以針灸，用強電療鼻，本來尚可感知清新草木香，再次療治，失卻草木香而能嗅得雜氣味，「以理論此為常理，而彼為變態也」[199]惋惜失去了嗅聞草香木息的能力。蘇珊·桑塔格（Susan Sontag，1933-2004）《疾病的隱喻》曾以疾病的心理詮釋解釋對人無法控制的經驗和事件，在蘇雪林南大的日常中，物質／心理、精神／生理、疾病癥候／身體與國體息息相關。[200]服安眠藥治療失眠也常見於日記，並苦於排便閉塞、右臂麻木不靈：

　　意者余此臂將在死前化為無用乎？[201]

　　連日在電力不足之燈下看書，目力大疲，僅餘一目矣！尚欲盲之始罷耶！[202]

　　每逢身體欠安，蘇雪林總是以孤身作客為悔，感慨南洋任事終非久留之計。冰箱卸冰乃例行日常，她聯想心中的空洞寂寞，不可言喻；唯有安慰自己老年人腦力尚可多用，體力必須

199　成功大學中國文學系編：《蘇雪林作品集日記卷：第四集》，頁 270。
200　蘇珊·桑塔格（Susan Sontag）著，刁曉華譯：《疾病的隱喻》（台北：大田出版社，2000 年），頁 71。
201　成功大學中國文學系編：《蘇雪林作品集日記卷：第四集》，頁 292。
202　成功大學中國文學系編：《蘇雪林作品集日記卷：第四集》，頁 293。

珍惜，自持老健，多做不貽悔恨的事，慎惜餘年！[203]如此殷殷告誡，蘇雪林並以素來習慣的畫藝之事思考：

> 藝術之事，不可以匆忙為之；亦不可以餘力為之，必須全心全意從事於此。所謂主敬，余晚年始悟，不止於道，於作人治事即小小藝事亦非敬字不可。[204]

這不僅是蘇雪林習畫事藝的體悟，亦當用於理解其對宗教的虔誠，對紅塵紛繁萬端的敬謙。這份敬謙與真切，使她能以積極心態面對短暫的南大經歷，雖然過埠暫居的心情未改，透過作家本身精神與從事當地宗教活動交融下的視野，或許可看出作為自由擁護者的入世意義。

比如蘇雪林憐惜在中國多年的義大利籍巴昌明神父，大陸淪陷後頗受共產黨之苦，蘇雪林南大時期他供職裕廊律十八石天主堂本堂，本意欲邀蘇雪林前往望彌撒。在法國即已受洗為虔誠教徒，她曾到訪風光明媚的羅馬遊觀上國之光，在露天劇場由人道主義關懷思索羅馬奴隸慘苦的命運，痛斥以蘇俄為首的共產主義國家進行集中營迫害百姓，轉而欽佩基督教友憑藉區區一具寒陋馬槽征服廣大強盛的羅馬帝國。「今天我們又遇著『愛』與『恨』尖銳對立的時代，我們應該走什麼道路，緬懷先烈高風，應該知所抉擇吧！」[205]不論宗教或觀光，蘇雪林破除二元對立，堅守自由之路。

孟瑤則將政治觀點編織在小說情節中，借人物之口警示：

---

203 成功大學中國文學系編：《蘇雪林作品集日記卷：第四集》，頁 329。
204 成功大學中國文學系編：《蘇雪林作品集日記卷：第四集》，頁 469。
205 蘇雪林：《蘇雪林自選集》，頁 55。

「共產黨已經趁機坐大，聽我預言吧！十年以後，我們不能再
以癬疥之疾視之了。如今他們已以咄咄之勢逼來。」[206]透過一
對孿生姊妹的際遇，用孟瑤熟稔的戲曲背景寫戲班子在大時代
裡浮沉的離合悲歡，記載國民政府還都南京「和平、反共、救
國」，國歌聲裡「三民主義」似鬼魅飄盪，現實比夢境更遙遠，
恍如陰間。[207]穿插著共軍如何步步蠶食鯨吞神州大地，反共小
說之流不僅盛行在 1960 年代的台灣，也隨同女作家群體的南洋
之行流動到新加坡，對照當時馬華局勢的風雲詭譎，小說比史
傳更利於記載真實的政治面貌，只是隱而不言。

（二）宗教信仰與精神寄託

　　南大時期，4 月 11 日是耶穌入耶路撒冷日，又稱棕櫚節，
蘇雪林持棕葉一片繞行數匝後，入堂瞻禮一小時許。不僅虔誠
於天主，她也到文學院聽金星法師講演〈因何大乘佛教行於中
國？〉，並摘記內容講述儒家五常八德甚多，肯定中國據此文化
基礎，使大乘佛教容易推行，可惜論儒家教義失之淺薄，涉及
佛教的部分也僅寥寥數語。[208]之後又聽道續法師講佛法，[209]身
為天主教徒，蘇雪林不排斥其他宗教，且這份對於宗教的、精
神上的興趣正與其文學愛好不謀而合：「我所愛讀的文字都是偏
於想像恢宏，詞采瑰麗的那一類，若帶有荒唐悠邈的神話成分，
則更與我口味相合。」[210]因此許雲樵贈《空中教發展史略》愛
不能捨。空中教是江西尋鄔縣廖帝聘所創立，使對宗教饒富興

206　孟瑤：《孿生的故事》，頁 216。
207　孟瑤：《孿生的故事》，頁 144
208　成功大學中國文學系編：《蘇雪林作品集日記卷：第四集》，380。
209　成功大學中國文學系編：《蘇雪林作品集日記卷：第四集》，429。
210　蘇雪林：《蘇雪林自選集》，頁 83。

趣、持續探索的蘇雪林捧讀再三；閱讀南大印籍教授閔納道博士《愛的火焰》敘述印度天主教修女之事，「乃知天主教果不愧名為公教，無論傳至何地，均能將信友鑄成同一類型，同一思想」。[211]病體療癒與國事重重憂患，她的精神支拄便是屈賦與神話研究，以及宗教興趣帶來的力量。

曾經，蘇雪林為屈原《天問》文理錯亂所苦，讀《山海經》、《淮南子》、《呂氏春秋》及漢代各種緯書來註解《天問》，發現屈原作品裡有許多外來哲學、宗教、神話的成分，屈賦受到兩河流域、希臘、印度文化的影響。蘇雪林在南大撰作《從屈賦看中國文化來源》，坐擁書城使她獲得自信：「我的思想頓趨活躍，如久處黑暗者之驟睹光明，知道外面有一個華嚴世界在等著我，又如尋寶者之覓得窖藏路線的秘圖，只須照圖上所指示的一路掘去，一定可以掘到那個寶藏。」[212]即使悼念好友袁昌英，溯及兩人對寫作的熱切渴盼，也說到自己研究屈賦中的域外文化分子與自外來的九歌之神，尚不可得，「一顆心真像擱在沸油鼎裡，日夜煎熬」[213]其短篇神話小說《天馬集》以希臘神話為題材寓反共抗俄之意，對於蘇雪林來說，南大之行課程上的開創，使其得以悠然自得張馳想像的羽翼，在《楚辭》、屈賦研究上提出更為大膽的假設與想像，這不啻可以視為在行旅逸軌與書寫觀照中的錯位；身體移動之外，更包括遭遇異國的、陌生的、奇特的以及未知的現象時所發生智識與情感上的位移和脫節。[214]神遊在其研究的客體之中，因逍遙逸興而富有創造

---

211 成功大學中國文學系編：《蘇雪林作品集日記卷：第四集》，頁 439。
212 蘇雪林：《蘇雪林自選集》，頁 91。
213 蘇雪林：《蘇雪林自選集》，頁 160。
214 田曉菲：《神遊》，頁 3。

力。

　　蘇雪林以詩意的譬喻，應用柏格森「活人的神魂與靈學研究」寫小說〈迴光〉探討空間與時間之神秘，題目的意義在於：「其一，指記憶之重現，——係在人類生命向前注意力最鬆弛的一剎那，即俗所稱迴光返照的程序之後，臨斷氣的那一剎那。其二，係以重現之記憶比為頹陽反光所蒸成的一天霞綺。」[215]60年代馬華社會成為應和西方現代主義思潮的精神土壤，產生疏離母體文化的失落感、反叛都市文化的迷惘感以及不滿社會失序的危機感。[216]對比同一時空的台灣，謝冰瑩在阿里山所見思，也是感到都市充滿罪惡，虛榮、奢華的毒菌，帶到寧靜樸素的鄉村將使人不安於室，不滿意現實，[217]游離於都市的虛空之外，與進入現代化情境的東南亞狀態一致。蘇雪林一向對家戀棧，南洋日記所載泰半於家中閱讀或縫紉；她在台灣不常烹飪，到異地卻勇於大顯身手。12 月 17 日《南洋商報》刊載〈改制後徵聘教授及給薪辦法〉說明教授必須有學位，年齡六十五者必須退休，蘇雪林確定在南大已無續聘希望，對新加坡也無戀棧，一心想走，打掃家裡便淪於和尚撞鐘日行其功的隨意敷衍。

　　神話與宗教帶給蘇雪林原始材料，作為理解南大所在的新加坡這座逐漸城市化的世界一種必要詩學，一種文明的章程，一種生活信仰的軌跡，憑藉著她過人的想像力、勇氣，甚至是一種近乎革命性顛覆以往舒適圈生活的熱情，在遷移中為自己的人生增添革命性的變動，[218]使其晚境另有一番成就，跨入馬

---

215 蘇雪林：《蘇雪林自選集》，頁 210。

216 黃萬華：《新馬百年華文小說史》，頁 165。

217 謝冰瑩：《冰瑩遊記》（台北：勝利出版公司，1955 年），頁 107。

218 戴維・哈維（David Harvey）著，胡大平譯：《正義、自然和差異地理學》

華文學的視域，搭建民國文學的橋樑。

　　同樣勇於求變的孟瑤在《太陽下》吐露：「人生本該有一定的秩序，春耕、夏耘、秋收、冬藏。在我，已應是秋收的時候，卻依然忙於耕耘，我似乎並沒有荒廢我寶貴的歲月，但是我應有的收穫被劫掠了，如今，我不得不以半百之年再重頭開始。」[219]因婚姻失意出走南洋，主角黃英的言辭正是孟瑤心聲的述說。小說尾聲，她以人物核心價值觀作結：

> 　　人生靠耕耘而收穫，靠收穫而生存凡一切圖謀以劫掠而生存的，都要以生存來做賭注，而結果，常常會輸得精光！……日正當中。太陽高踞天空，俯視著塵寰，看到這些，祂用一塊烏雲遮住了眼睛，悲愴地自語著：「太陽下，沒有什麼新鮮的事發生。但是，可憐的人！」[220]

　　這篇首刊於 1964 年 9 月至 1965 年 7 月《蕉風》的長篇小說《太陽下》，[221]以寫實主義的筆法，參與馬華現代主義航線的起手式。南大教書的課堂餘暇，蘇雪林與孟瑤在黃崖安排下赴北馬檳城和怡保參加「北馬文藝青年野餐會」，禮聘參加文藝專題講座；1965 年 5 月 15 至 22 日兩人也到馬六甲主持藝文講座，隨著《蕉風》的文學之風吹拂馬華地區熱衷創作的青年俊秀，推廣現代文學功不可沒。[222]1960 年代黃崖在全馬走動，積極成

　　（上海：上海人民出版社，2010 年），頁 501。

219　孟瑤：《太陽下》，頁 40。

220　孟瑤：《太陽下》，頁 260。

221　郭馨蔚：《台灣、馬華現代主義思潮的交流：以《蕉風》為研究對象（1955-1977）》，頁 116。

222　郭馨蔚：《台灣、馬華現代主義思潮的交流：以《蕉風》為研究對象

立文社、出版者作,在文風低靡之時鼓舞了無數青年,也帶動
南大女作家群體加入這一幫南行作者企圖在海外重建中華傳統
文化的理想,[223]樹立戰後民國／馬華文學遺址。不論故事元素
或精神原鄉意識的連結,孟瑤小說可看出「人的文學」、平民化
的特質:

> 你知道許仙跟白蛇精的故事,許仙真沒良心,要是
> 他真跟白娘娘好,會嫌惡她是一條蛇?要是我,就不會。
> 所以,不管你怎麼樣,我對你的這份情意,不會改。可
> 以我的心裡暗自有一個打算,你從小失了管教,讓你今
> 天變成一個野人似的。可是這麼一大堆人大夥兒生活在
> 一起,大家總得守住一個法,守住一個理,假若都由著
> 性兒鬧,那不是天下大亂麼?所以我想你多少能聽點我
> 的。我死心塌地向著你,不會給你當上,這是一定的。
> 人家又說,一個心愛的女人給她男人的影響,會比什麼
> 力量都大。所以我常想,你媽死得早,是你的命苦;可
> 是有了我,也不算你沒福氣。[224]

　　小說《太陽下》的女性皆受制於男性,素芬生養的兒子不
成材,愧對丈夫,因此甘願受百般欺凌,甚至任由金屋藏嬌。

　　（1955-1977）》,頁 118。謝冰瑩也記載參加星馬《學生周報》的生活營,
　　12 月 25 日講「創作的準備」。同行的尚有黃潤岳、陳植庭、彭海成、
　　彭子敦等人。謝冰瑩此時接受姚拓的邀稿,創作中篇小說《愛與恨》,
　　這是來到南洋兩年多忙於教學事務首度再次提筆,寫中學生的戀愛問題。
　　謝冰瑩:《馬來亞遊記》,頁 73、76。
223 莊華興:〈戰後馬華（民國）文學遺址:文學史再勘查〉,《台灣東南亞
　　學刊》11 卷 1 期,（2016 年 4 月）,頁 21。
224 孟瑤:《太陽下》,頁 123。

李杏恰與其名悖反，恆受情感牽制行為絲毫不理性，一見青梅竹馬洪濤，思考力便蕩然無存，只想以過溢的母性關懷修復他殘損的人生，而黃英則是受挾制於丈夫左範之。彷彿君父的城邦，[225]在孟瑤小說代之以女性角色統御，包容、修復，完成所有關係的滿足。[226]一反由男性擔綱守護家庭的角色，恰似中心的消解亡佚，鬆動霸權，妻子妥協與怯懦助長生活轉趨劣勢，在無父無君的時空裡，人種、心理、性別的正常性不復存在，地理、社會、政治等建構現實的因素薄弱而貧乏，母性的力量由周邊化的言說挺向中心，構成新的主體性，使現實大為轉變，[227]孟瑤小說關懷處於弱勢的女性，使之發揮力量。

　　小說人物的一生並非始終消沉、無所盼望，上一代在大陸時期也曾有過綺麗輝煌的青春盛景，王謝堂前的燕子因衰敗零落另覓棲止：

　　　　兩家都富有，一個在大學一個在藝專，昏天黑地地胡混日子，多少無憂的歲月被輕易地浪擲掉。幸福的生活像漂浮在大海上的薄葦，幾番風雨便沉落得無影無蹤，等到在緊張中想攀附一點什麼的時候，才驚懼地發

---

225 君父的指稱，見黃遵憲與日人筆談：「近者士風日趨於浮薄，米利堅（美國）自由之說，一倡而百和，則竟可以視君父如敝屣。所賴諸公時以忠義之說維持世教耳。」吳振清、徐勇、王家祥編：《黃遵憲集》（天津：天津人民出版社，2003 年），頁 737。這一說或可溯源至黃宗羲〈原君〉將統治者比之如父，擬之如天，近作可見楊澤詩作《彷彿在君父的城邦》。

226 君父之邦的偷渡，文本意識下可能隱喻或轉喻文化、血緣上的中國，見陳允元：〈棄、背叛與回家之路：李永平《雨雪霏霏》中的雙鄉追認〉，收於鍾怡雯、陳大為編：《犀鳥卷宗：砂拉越華文文學研究論集》（桃園：元智大學中文系，2016 年），頁 329。

227 藤田梨那：《中國現當代文學中的跨文化書寫》，頁 209。

現竟一無所恃。直到幾乎完全山窮水盡，才想到開源節
流，而他卻至死不悟，還是終日飲酒取樂遊手好閒。沽
酒拔釵的事情做窮了，他才又一再地起不勞而獲的邪
念。終於為了在女兒身上發財，竟殺死了一個無辜的青
年而入獄。[228]

　　這樣的描寫形成雙重視野，一是「台灣─大陸」的軸線，
一是「台灣─東南亞」的軸線，這是作者孟瑤的移動軌跡，在
小說中則表現出無地方性，男性是獨自莫憑欄的亡國之君，妻
子早已醒悟，胼手胝足在台努力，原應挑起重擔的丈夫猶自沉
湎於笙歌宴舞，絲毫未察時空情景早已迥然不同，異地的生活
模式處之以相同的生命情調便注定是一齣悲劇。人生必須靠耕
耘而收穫，靠收穫而生存，好的家庭教養與好學向上之心就能
使人生開花結果。身為人母，黃谷音執念單純，將希望寄託在
五四以來「少年中國說」的新生之中，湘湘和周延使他們的母
親勇於為子女一生的幸福拿命拚搏，突破婚姻中的逆來順受，
敢於衝決網羅為孩子架出一片自由天地。丁翔鶴也持上一代的
價值觀，其發跡變泰過程是：

　　　　一個連容身之處都沒有的窮小子，布店樓梯下面那
　　一點地方是他的窩處，深宵，店務忙完，師傅們都睡了，
　　他才敢點起一支蠟燭唸書，讀報。他天生特別愛報上的
　　經濟新聞，漸漸地，他懂得了一點經營之道，人家省吃
　　儉用，他不吃不用，積了點錢也偷偷地做一點買進賣出

228　孟瑤：《太陽下》，頁 69-70。

的生意。上天照應他，每次都那麼順手，慢慢地，他竟發了財。[229]

相對於丁翔鶴的苦幹實幹，妄想徒勞而獲的左範之滿腦子只想搶銀行發大財，並為自己一片「偉大志向」備感驕傲，小說透過第三人稱視角寫出他與一般人的對比：

> 街上往來著忙碌的人們，有到處都生意的計程車，有攔在路邊賣獎券逐點蠅頭微利的可憐蟲，有騎著單車緊張地在人海裡游來游去的小市民，這都是用最艱辛的方法來求生存的人群。[230]

這樣的描述，對照謝冰瑩所觀察的馬來亞華僑，特別是女性，或可推敲背後深意：

> 每次當我看見我們的華僑男女同胞在修築馬路、橋樑，或者站在高高的兩三層的樓房上，伸著雙手接著從下面拋給她的磚瓦時，我看呆了！我真有點不相信自己的眼睛，為什麼我從來沒有看見一個馬來女人、印度女人或者英國女人，參加這種辛苦勞力的工作呢？為什麼只有中國的女人能吃這種苦呢？望著，望著，我的眼睛濕潤了，我的心在狂跳，我的熱血在沸騰，我激動得幾乎要流下眼淚來。偉大的中華兒女呵，你們才是真正的無名英雄，你們在海外流血流汗，修築了無數條馬路、

---

229 孟瑤：《太陽下》，頁 96。
230 孟瑤：《太陽下》，頁 102。

鐵道；挖掘了無數的錫礦；種植了無數的膠園、建築了無數的高樓大廈，精巧美麗的小洋房；你們把荒地開闢成良田，使沙漠變成了綠洲。為了籌款辦南大，你們踏了一天的三輪車，寧可自己餓著肚皮，也要獻出來興學，你們的精神是多麼令人敬佩啊！[231]

大聲呼告多所肯定，點出物價昂貴謀生不易之時，海外華僑克勤克儉的生活，既熱心教育更心向祖國，相信教育使子女迎向充滿希望的未來，維護華文於不墜。南大女作家群體見證東南亞拓墾史實，以鑿鑿之筆記斑斑血痕，異地移居之中恆常不變的是一股精神與傲氣，時局變遷，憑靠流動中不斷新生再造的適應力與應變力，[232]以重視教育的向上提振護佑子女。

（三）婚戀弱化與教育至上

孟瑤小說弱化男性在家庭裡的功能與角色，左範之對於眾人忙於營生嗤之以鼻，將女兒湘湘視為財產，人倫悖常，失去作為一家之主應有的格調與責任，使妻子像是一頭蒙著眼睛推磨的驢，能動一天便推一天。飽暖貪杯一醉入睡，漫長的一生中以此換來難得的綏靖，消弭家中無日無之的勃谿，方有餘力以零落羽翼懷護稚子。男性之所以如此軟弱，家國離散、人生飄零之感是其主因，昔日觥籌交錯，今日屍骸枕藉，過大的反差對比，唯有《紅樓夢》點染憶昔：「陋室空堂，當年笏滿床；

---

231 謝冰瑩：《馬來亞遊記》，頁 122。

232 許文榮：〈當正統中文遇到異言中文：謝冰瑩與鍾梅音的個案〉，《興大中文學報》第 38 期（2015 年 12 月），頁 201-213。相較之下，謝冰瑩與鍾梅音更勇於探險，探觸的地理空間相對於蘇雪林和孟瑤，也更為遼闊，應是工作、家庭的處境不同，時間運用自然殊異。

衰草枯腸，曾為歌舞場；蛛絲兒結滿雕樑，綠紗今又糊在蓬窗上；說什麼脂正濃、粉正香，如何兩鬢又成霜？昨日黃土隴頭堆白骨，今宵紅銷帳裡臥鴛鴦。」[233]除了以空間凸顯今昔對比與物質上的昔盛今衰，更有失敗者因得不到位置惶惑不安的焦慮，呈現亂世安身的百般艱辛。

　　孟瑤在《太陽下》顯現的婚戀觀是一旦婚姻不幸，禍延子孫，以己身婚前耽於夢境識人不明為例，教育女兒需慎擇志趣相投的伴侶，藉由跟馨香討論婚姻與戀愛，黃谷音順帶說起一套亂世中的價值法則，積極的人生觀必須相信種瓜得瓜，種豆得豆，猶如萬花筒一般的人生千變萬化不離其宗，用心耕耘，焉有不豐收之理。周延的母親雖弱，仍有護子雄心，湘湘母親自不消說，勇於為兒女挺身而出。李杏與洪濤這一對冤家將戀人關係經應得像是母子一般，李杏疼惜洪濤自幼喪母而誤入歧途，一心靜待迷途羔羊知返，日後以其聰明才智與身強體健設法過日。過渡時期，甫出獄的洪濤，謀生之道僅是依憑李杏成為丁翔鵬的外遇對象，靠女人搬錢養活自己。以不受恐懼、相依一生為盼的李杏，為實現美夢願意吞忍百苦。而丁翔鶴鄙視妻孥，只因看輕妻子未受教育，埋怨她教出不成材的兒子，卻忽略身為父親的責任與擔當。無從彌補的生命空虛來自於知識的匱乏，造成教養失能，這對於培養東南亞地區高教人才的南大來說，無疑是一劑強心針，女性知識分子能扭轉命運的頹勢，開創自我人生，小說之隱喻由此可見。

　　孟瑤真實人生與小說強烈互文，雖自言道：「五十一年以後幾年，我去了南洋，因為課業繁重，又適應新環境，創作較少。」

---

233 孟瑤：《紅燈，停！》，頁74。

²³⁴也於此四年之中累積五本小說以及奠定其學術成就的「三史」
——《中國戲曲史》、《中國小說史》和《中國文學史》，既為完
成心願自我交代，也因一份責任感念茲在茲。²³⁵蘇雪林與孟瑤
的文學創作與學術研究成果在兩個領域截然劃分，南大時期雖
未開設新文藝課程，回到台灣之後作為教師、學者，於文壇與
杏壇雙棲，是形象鮮明的知識分子，²³⁶兩個領域相輔相成。以
南大女作家群體的經驗觀之，離散的環境或經驗，似乎有助於
刺激人的創造力和創新性，²³⁷南大地處偏遠，圖書館設備環境
新穎良好，對孟瑤三史講義編寫不無幫助，²³⁸蘇雪林也常在日
記提及赴圖書館借書。論者多數肯定異域的環境下文人著作用
功之深，閱讀之勤，著作有成；唯有新馬史學家方修曾毫不留
情批評孟瑤《中國戲劇史》東抄西襲，拼湊成書，並非純粹來
自周貽白的著作，馮沅君《古劇說彙》也是她剽竊搬抄的對象，
越深究下去越暴露她的底細，說孟瑤對於「抄襲與改寫」周貽
白的《中國戲劇史》的指謫表示不大服氣，但又不敢堅持說她

234　孟瑤：〈孟瑤自傳〉、吉廣輿：〈味吾味處尋吾樂：孟瑤作品導言〉，收於
　　吉廣輿編：《孟瑤讀本》（台北：幼獅文化事業公司，1994 年）頁 7、17。
　　由孟瑤自傳可知，她對於南洋時期創作的幾部小說十分偏愛，包括：《太
　　陽下》、《畸零人》、《剪夢記》、《孿生的故事》。
235　孟瑤：《中國小說史・第一冊》（台北：傳記文學出版社，1977 年），頁
　　3。孟瑤自言，以魯迅《中國小說史略》再加入所能採擷的新資料，企
　　盼能予我國舊小說以正確的評價，著力最多之處在於講唱文學。
236　羅秀美：〈小說家之外的孟瑤——從「女性散文」與「孟瑤三史」論其
　　文學史地位〉，《興大人文學報》50 期（2013 年 3 月），頁 197-240。
237　李有成：《離散》（台北：允晨文化公司，2013 年），頁 34。
238　《中國戲劇史》、《中國文學史》是孟瑤在南大再三修訂、增補而成，見
　　鐘麗慧：《織錦的手 : 女作家素描》（台北：九歌出版社，1987 年），頁
　　67。費臻懿：〈訪揚宗珍老師〉，《中興文苑》第 16 期（1986 年 6 月），
　　網址 http://ir.lib.nchu.edu.tw/11455/88069?=
　　20，擷取日期 2019 年 7 月 3 日。

沒有抄襲，且終於不得不辭去南大的教席者，原因就在這裡。[239]
方修以現實主義的凌厲姿態從事文學批評，排他意識強，戲劇
並非其專業領域，引用「兩三年前有些刊物」的說法人云亦云，
顯然不夠公正客觀。

　　孟瑤小說人物透露應於成長期陪伴與調教子女的悔恨之
思，推論是二戰後東南亞地區進入工商業高速發展的時期，家
長忙於事業疏於管教子女造成的社會問題由此揭露。扭曲的意
志使得翔鶴的兒子只把父親視為提款機，而左範之則是讓人子
周延受到嚴重屈辱：

　　　　他病了。可憐年輕的孩子被那老狐的肥尾輕輕一掃
　　就負了重傷。他從左家跑出，眼前一片渾沌，捧著滿懷
　　屈辱，他連回家的勇氣都沒有。回到宿舍，蒙住頭，他
　　無聲地啜泣了。他惶亂極了，不知自己的傷何在何處？
　　他受到他心愛女子父親那般汙衊是很出意外，也分外傷
　　心的。他不知道對湘湘是應該從此鬆手還是固執不放？
　　鬆手，留下的這一片空虛是怎麼辦？不放。用什麼力量
　　堅守所獲？他發現自己竟然什麼都沒有！多可驚的貧
　　乏！從心靈貧乏到發顛！他傷心得睡不著。接著便病
　　了。[240]

　　周延的病體出於戀愛受挫的阻撓，不能珠聯璧合的違拗致
使意志動搖，無法確知是否應勇往直前定然無悔，或者知難而

239 方修：〈一九六八年的馬華文藝界〉，《新加坡共和國華文文學選集（史
　　料篇）》（台北：時報文化出版公司，1982 年），頁 309。
240 　孟瑤：《太陽下》，頁 100。

退明哲保身，囿於自嘆能力不足的匱乏感，無法接受自己不堪
一擊的稚嫩，因而在精神上病倒。這份柔弱難以自持的情感，
最後在兩位母親同病相憐的和解中收束，小說肌理辯證不肯耕
耘只問收穫，抑或著力耕耘不問收穫，兩造之間大相逕庭的價
值觀，意外驅近兩位母親的距離，幫助下一代懂得愛惜，產生
積極耕耘人生的共同意志，深覺兩個年輕人是彼此生命中的知
音，最後兩位母親的談話形塑出難以言喻的幸福感受。

　　除了母性的呵愛作為最大的精神力量，掛攤替人算命的吳
半仙論斷洪濤天庭飽滿，地角方圓，劍眉星目，大耳隆準，不
敢說有九五之尊的面相，在往日，定是不乏割地封侯的運途。「在
往日」是一個重要的時空轉折，目的是接著提醒洪濤印堂發黯，
怕最近衰事上身。勸他鷦鷯巢林，不過一枝；偃鼠飲河，不過
滿腹；一人溫飽安分，即是自在。吳半仙就相論相，勸洪濤借
人一張床即可為家，何苦選在半夜做生意，等候著送上門的買
賣。第二度相逢，再以長輩姿態勸慰洪濤：「有那麼好的一房家
眷，一切都得為家裡人多想想，一個女人總喜歡對男人癡心妄
想，可是男人卻常常對不起自己的女人。或者是懦弱、沒本事，
不能為老婆孩子掙一份舒服日子；或是剛強，讓家裡的人成天
提心吊膽……」[241] 為人論斷命運吉凶禍福的吳半仙是夜半躡足
靜巷偶遇鬼火般的燈，洪濤全然不信看相算命，吳半仙不放棄，
再說：

　　　　什麼命運八字全跟著人的脾氣走。懦弱的人，在一
　　個大難來時，便落得路邊擺攤，剛強的人，在一個大難

241　孟瑤：《太陽下》，頁 205。

來時，便落得在街上狼狽。這些神氣，全會長在臉上。[242]

　　洪濤這才折服於性格決定命運的言論，他自覺一生就是個闖禍的，也深知要學會一個忍字訣才能躲過劫難，為自己帶來好運。孟瑤的小說呈現一種人性觀照的通透，有時以宗教法門的解釋，有時直接道破：「對人性充滿誘惑的東西，人們永遠會對它發生最濃厚的興趣，甚至於隔絕都不能產生效力。」[243]物質慾望的貪求是如此，情感或政治權力的追求也符應這個理則。

　　《卻情記》故事閃回到重慶時期一對主角相識初始，柳黛青以歷史癖好與年老持穩的宇老開啟話題，從昆明到上海，從大一青澀好奇到大四眷戀難捨，柳黛青追求婚戀自主，在愛情與孝思之間選擇了愛情，步入婚姻。土共作亂，上海局勢大難已至，宇老也在此時辭世。一句「該走了」讓時空跳回孀居時結交的男友英奇身上，在一場老少戀情節的電影散場後幡然悔悟，不再欺騙黛青。女性在暮年眷懷人生如夢，無法在情感上輕鬆，幾至沉滅不起，因而卻情，[244]最後於宇老摯友老陳的居所，在一切未定中望向遠山升起的太陽，感覺事件末尾也是新勢之首，一種新的期待隱然起伏著，朝向可預期的未來。《畸零人》也持希望的姿態肯定情的作用，隨之而來的是危險：

> 愛情是一堆火，它靠生命來做柴薪。只要是經過一次縱情的燃燒，生命的真髓也必隨之而化為灰燼！[245]

242　孟瑤：《太陽下》，頁 200。
243　孟瑤：《卻情記》，頁 91。
244　孟瑤：《卻情記》，頁 148。
245　孟瑤：《畸零人》（台北：皇冠出版社，1966 年），頁 18。

　　情節的流轉像日常的轆轤一樣自然，十歲來台的孤女卜晶瑩始終以閃回技巧懷想著初戀情人新民。對於初戀，孟瑤點染深刻：

　　　　只有這一種感情，是在生命的白紙上慢慢地著色，它的光芒，它的線條，它的色彩，全部都明晰地凸顯著，永遠是一生中最出色的一幅畫面。除卻巫山不是雲，信然。[246]

　　對於物質的淡然，對於精神的崇高追求，孟瑤以陋室久安的情思寬慰自己。一如新民對晶瑩說：

　　　　人生沒有絕對，什麼東西靠我們自己怎麼想，愉快的心情容易使我們想到優美，於是雖居破屋，也覺身在皇宮，反之亦然。……我們的物質條件可謂貧乏已極；但是在精神上，我們無一處不富有。他愛飛，我也嚮往一切飄逸之情。我們的精神，常常有越爬越高的感覺，但我們卻聯想到鳥，比翼而飛。[247]

　　除了這一份值得追憶的精神世界，台北逼仄的巷弄，可憫的陋巷、寥落人家永遠洶洶鬧鬧。對於情與慾的分析，愛情至上主義的卜晶瑩表面上是時代新女性，卻有從一而終的感情潔癖，她的軟弱必須由鄰居老太太來寬慰：

246　孟瑤：《畸零人》，頁 108。
247　孟瑤：《畸零人》，頁 122。

　　情是昇華的，慾是墮落的。情最高度的發揮是忘我，
慾最無忌的伸張是毀人。假若舉世的人都能為情而獻
身，人間將是燦爛而莊嚴的；假若舉世的人都要為慾而
恣肆，人間將是污濁而血腥的。不幸這世界為慾所苦的
人多，所以才這般紛紛擾擾。[248]

　　具有智慧的長者以走過人世的情懷看淡情到濃時的風雨，
惟有年輕的小康依然一往情深的執著：

　　愛情的本身是一團仁慈……我是一個愛情至上論
者，我以為人生只要全心全意戀愛過，他就算對人生盡
了崇高的責任。因為他至少在對方的心上播撒了最珍貴
的種子。全心全意地去灌溉，忘身捨命地去護持，只要
它能生長，它就是人生最美麗的部分。[249]

　　戀愛與作詩等同，這是暗用王國維赤子之心的理論，年齡
越少閱世越淺性情越真，愛得越醇摯。南洋飄零，孟瑤將情的
至性與頭陀的修行之理等同視之：

　　無貪無求，更無罣礙，任髮長及肩也不想去整理，
一根禪杖挑起一枚蒲團，像一片落葉似的，隨風把他送
到什麼地方。頭陀不三宿空桑，為的是怕對任何環境產

248　孟瑤：《畸零人》，頁 296。
249　孟瑤：《畸零人》，頁 319。

生無端的流連。[250]

　　孟瑤的作品並不像蘇雪林強調宗教信仰，透過小說人物的
內在世界，善惡分明的角色設置，強調情的昂揚，弱化婚戀的
羈絆，以教育翻轉下一代的命運。不難推知她秉持的是一股過
人毅力，以屹立不搖的精神專注於經營長篇小說。孟瑤不但創
作多產，在教學與學術上也留下三史著作的旅痕，為其南大之
行鏤刻可貴印記。

五、知識資本跨國流動締構的記域美質

　　教書、遊觀之餘，蘇雪林深恐人性善忘，有意將人生旅跡
銘刻於「記域」，[251]不但大量書寫日記、臨摹畫作，她在國家圖
書館欣賞葉逢儀的國畫和油畫，覺得「皆有創新特色，遠勝余
以往所見之一般畫展，南洋雖距中國文化中心遼遠，然人才往
往更特出。」[252]不斷自言：「怕老怕死皆是無用，不過想做之事
尚未著手，將來恐仍然是一個賚志而沒，斯則我之大憂也。」[253]
蘇雪林遠赴異域奮勉教學創作不輟，勤於書寫信件魚雁往返作
為情感繫連，台灣文壇成為想斷開，卻難以割捨的羈絆，更加
入南洋的人脈網絡，以閱讀報刊大展視野，以廣聞戲劇電影娛
樂身心，在縫紉綴補中簡樸安身，更重要的是能以報酬接濟大
陸親友，完成了安身立命的想望與期待。蘇雪林與孟瑤的作品

250　孟瑤：〈拾荒人〉，收於《遲暮》，頁 135。
251　蘇雪林：〈胡適之先生給我兩項最深的印象〉，《擲缽庵消夏記：蘇雪林
　　　散文選集》，頁 295。
252　成功大學中國文學系編：《蘇雪林作品集日記卷：第五集》，頁 16。
253　成功大學中國文學系編：《蘇雪林作品集日記卷：第四集》，頁 11。

因其個性展現不同的美質,在日記、小說各有成就,與作家的內在精神互為表裡,各自以其成就證明了東南亞流動的經歷帶來活絡與深思,於兩地文壇俱為美事。

南大女作家群所建構出來的精神世界是既橫移,且縱向接軌自五四自由精神的洗禮,以知識資本作為跨國流動的憑藉,以傳承文化作為越界的使命和動力,以學術再造作為流寓異地的重生,轉而將此動能帶回台灣文壇與學術場域創造屬於她們自己另一番局面的繁花盛景。順此尚可循跡追蹤謝冰瑩唯一於馬來西亞創作的中篇小說〈愛與恨〉,曾發表在台鐵半月刊《暢流》連載 3 期。由大陸到台灣再轉往東南亞,追蹤躡跡女作家群體在東南亞文學的流動,既是書寫上恆毅精神的溯源,也是現實主義和自由主義在歷史轉折關鍵時間點,催化成現代主義的前行視野。蘇雪林對於南大學潮的觀察紀錄,孟瑤穩定傳統文化江山,帶來新文藝的展翼新局;再加上若以教學成效與教育結果而論,南大不乏優秀的畢業生,例如黃孟文筆名孟毅,繼承現實主義為人生的創作主張,具有「為人生而藝術」的文學使命感,又擅於捕捉當代文藝的發展趨勢,向西方文學吸取各種新的創作手法不斷創新,在現實主義和現代主義之間架起了橋樑。[254]多方考掘,則可得知南大女作家群或顯或隱的影響,不可磨滅。

君父的消亡與幻滅使得蘇雪林和孟瑤筆下的女性格外堅毅自持,婚姻不順遂的孟瑤在東南亞的小說泯滅了時間感與空間性,以社會寫實題材描述上一代為子嗣的幸福未來而拚搏,喪屍遊魂般的另一半從未負起營生持家之責,認命和隱忍使平靜

---

254 莊鐘慶編:《東南亞華文新文學史》,頁 363。

和樂短暫閃現,來自於一次屈辱的經驗使得青少年一夕長成,也帶動母親產生更大的勇氣不再受制婚姻裡的男尊女卑,命運使得人不由自主,選擇的勇氣卻帶給他們幸福可期的前途。「時代沒有虧待你,你對不起這個時代」[255]溫柔的警語更勝人生勵志金言。南大的短暫之行,女作家群體積極把握觀視人生的機會,在南洋異域空間盡其在我恪盡教職本分之餘,善用餘閒創作傳世不朽之作,積極融入當地與文人交游,為培育文學種子盡一份心力,這是民國文學不能忽略的一頁璀璨。

255　孟瑤:《退潮的海灘》,頁 61。

第六章　菲華文學與台灣文壇的涵容互攝

　　戰後的菲華文學由於報紙復刊或創刊，而使文壇能夠快速復甦。50 年代初、中期，隨著一批文藝著作出版和社團的創辦，使菲華文學迸發燦爛的榮景。借鑑馬華現代主義文學傳播的生發衍流，不可忽視作家創作、文學社團和文學受眾之間，媒介、策略和方式交融運用所帶來的影響力，[1]而菲律賓作家以敏銳的創作感知展開連續性、群體性的書寫行動，一波波推動菲華文學的形成與演變。經過二戰後五、六年的重建，菲律賓社會在和平中逐漸建設興起，經濟繁榮帶動華校與華人社團的蓬勃發展。在這一段黃金時期，全菲共有百餘間華校，二千餘位教職員，學生總數約有六萬餘名，為菲華文藝提供了渥壤。

　　在僑務委員會的協助下，以文學交流進行務實的民間外交，透過社團，知識分子自覺地積極推動菲華文學的交流發展。1949 以後台菲交流十分頻繁，尤以「暑假文教研習會寫作班」居功厥偉，先後擔任青年文藝講習班的講師，以及先後赴菲主持學術講座的作家群體將文學思潮帶往當地，現代詩方面促成了「自由詩社」，兒童文學方面則有「菲華兒童文學研究會」，

1　謝川成：《馬華現代主義文學的傳播（1959～1989）》（台北：秀威資訊科技出版公司，2020 年），頁 12。

寫作班則有「菲華青年文藝社」，可知台灣文學對當地影響深遠。成長時期的菲華文藝創作以新詩表現最為傑出，量的呈現則以散文最是可觀。經歸納，在八十年代菲華詩壇具有影響力的重要作家，幾乎都是出自講習班，學員雲鶴（藍廷駿），陳默（陳奉輝）藍菱（陳婉芬）、莊垂明、月曲了（蔡景龍）、和權、林婷婷等作家嶄露頭角之後，成立「菲律賓華僑文藝工作者聯合會」，不但辦理文藝講習會、創作比賽，更出版《文聯》季刊，將作品集結出書，自成文學生產體系。繼而辦理跨國的「第二屆亞洲華文作家會議」，顯見菲律賓華文作家已是成熟獨立、具備整合能力，具有豐沛創作動能的實體。菲華文學與台灣文壇的涵容互攝，使八十年代菲律賓文壇呈現一派欣欣向榮，文藝氣息豐饒。

圖 6-1　菲華文藝講習班作家群流動軌跡圖（吳國禎繪製）

一、菲華文藝概覽

菲律賓與台灣文壇密切共伴，其中，僑務委員會扮演重要推手，在壓抑華校與華教的艱困處境中，仍能促成交流新生的力量。因而戒嚴沉寂之後，快速蓬勃發展出菲華文學之春。

（一）華校與華教艱困中求生

新馬以外，菲律賓文學是東南亞文學討論中不可或缺的存在，[1]光緒 14 年（西元 1888 年）閩人楊維洪創辦《華報》是目前所知菲華文學交流史最早可考的紀錄。至辛亥革命，菲律賓出現六家華文報紙，其中不乏革命帶來的影響，像是同盟會的機關報《天理報》等。[2]而菲華文藝運動的起點，受到五四餘韻所及，南渡作家王雁影編有《海風》（1934 年），但英（林健民）則編輯《天馬》，《天馬》質量優於《海風》，兩本刊物約略維持兩年，為菲華文藝奠定良好基礎。[3]菲華文藝以報刊、雜誌為主要發表園地與傳播媒介，帶動閱讀人口，培養社會文藝氣息。然而隨著二次大戰的硝煙彈雨，文學活動也隨之岑寂。

菲律賓獨立後，政府規定他加祿語和英語為官方語言，1949

---

1 馬森：《世界華文新文學史（下編）：分流後的再生　第二度西潮與現代／後現代主義‧海外華文文學》（台北：印刻文學出版社，2015 年），頁 1451。

2 李瑞騰：〈寫在「菲律賓華文文學特輯」之前〉，《文訊》第 24 期（1986 年 6 月），頁 58-59。

3 屠申虹編：《中國文藝年鑑一九六七》（台北：平原出版社，1967 年），頁 401；尹雪曼等：《中華民國文藝史》（台北：正中書局，1975 年），頁 874。這兩本只存活兩年的刊物，有力推動菲華文藝寫作，讓有心撰稿的作家擁有發表園地。大陸方面也推斷這是起點，見王丹紅：〈東南亞華文新文學研究系列課題（1987-2015）‧廈門——反法西斯文學等〉，收於莊鐘慶、鄭楚主編：《東南亞反法西斯華文文學書卷》第 3 卷‧解讀編（廣州：世界圖書公司，2015 年），頁 245。

以後菲律賓文學朝向雙語化發展。[4]1955 年起，菲律賓以共產黨滲透為由關閉華校，實為排華運動之一環，然鑒於 1947 年中華民國與菲律賓簽訂友好條約，約定於兩地境內可互設僑校，[5]經統計，1970 年華校約有 154 家，學生 6.8 萬人，華校課程由台灣當局決定，採行華語、中國傳統文化、公民、地理、歷史與文學之教學，[6]並不重視菲律賓語言和文化的教學；因此 1973 年 4 月 16 日馬可仕（1917-1989）頒布第 176 號總統命令，指示教育部執行《一九七三年憲法》，收回外僑學校的所有權、行政管理和課程，全面實行「菲律賓化」之規定。至此，所有的課程被迫取消，華語成為選修的外語之一，致使華校學生中文能力急遽低落。[7]所幸中華民國駐菲大使持續關注華僑教育，以注音符號推展華教，促進華僑社會的團結和華文教育的進步，使身居海外的廣大華僑能溝通交流，和睦相處，積極增進華人族群的凝聚力和對中華文化的認同感。[8]二戰之後因民族主義高漲，僑教窒礙難行，以文藝替代僑教促進對於傳統文化的認識，

4　梁立基、李謀編：《世界四大文化與東南亞文學》（廣州：世界圖書公司，2017 年），頁 346。

5　郁漢良：《華僑教育發展史・上冊》（台北：國立編譯館，2001 年），頁 415。

6　郁漢良：《華僑教育發展史・上冊》，頁 440。菲律賓華校小學採用香港集成公司菲律賓版小學課本，中學使用台灣正中書局或世界書局出版的課本。1955 年 5 月菲律賓設置華僑師範專科學校，培養初級中學師資，高中或高中同等學力修習二年得為之，小學師資則需就讀華僑師範科，初中畢業曾於小學服務二年之教員，施以二年訓練之後視同師範學校畢業資格，校址設在馬尼拉中正中學內，頁 452。

7　周南京：《菲律賓與菲華社會》（香港：香港社會科學出版社，2007 年），頁 221-222。

8　姜興山：《戰後菲律賓華文教育研究：1945-1976》（廣州：暨南大學出版社，2013 年），頁 107。

恰是合宜的時機，[9]因此文學交流有其時代的偶然與必然，講習班師資赴菲的文藝傳播成就不可抹滅。

　　當越來越多華人子女進入當地英文中學和高等院校時，菲國當地家長（有些是省市高級官員），卻讓子女進入華校就讀；語言方面，他加祿語中出現不少向閩南語借詞的華語，不論風俗習慣、日常飲食、服裝衣著等菲華相互適應與融合的狀況愈見增強，隨其殖民色彩將中國、菲律賓、西班牙和美國等文化矯揉混合，減低差異性。而都市化與現代化的進程，使功利主義和物質享受取代文化傳統和價值觀，[10]加速異化。所幸 1954 年成立的商總挹注經費辦理教師講習班、青年講習班，對內安定華人社會，消弭抵抗菲化的情緒；對外促進中菲友誼，對於展開國民外交貢獻良多。[11]這些儒商在異地艱困求生，[12]一有餘裕，便以從商所得挹注文藝活動、結交文友，在文人圈的擴散影響下，也使社會風氣改善，得到文化陶冶之功。

　　當菲華文藝逐步健全發展之後，開始有作家從事菲華文學史研究，其中，以王禮溥的說法最為仔細。[13]他將菲華文藝分為五個時期：

9　穆中南：〈與菲華文藝界結下善緣〉，《文訊》第 24 期（1986 年 6 月），頁 94。此為穆中南側記亞華文藝大會林婷婷的發言。

10　周南京：《菲律賓與菲華社會》，頁 236。

11　高祖儒：《華商拓殖菲島史略》（菲律賓：泛亞出版社，1969 年），頁 95-97。

12　「艱困」一詞，是李瑞騰考察菲華詩作歸結華人處境所得。見李瑞騰：〈我在菲華文學領域的探索〉，《文訊》第 142 期（1997 年 8 月），頁 9。

13　王禮溥：《菲華文藝六十年》（馬尼拉：菲華藝文聯合會，1989 年），頁 16-193。王禮溥也是知名畫家，曾於台北多次舉行畫展，與陳明勳、朱一雄、洪救國、蔡惠超都是活躍藝壇的旅菲華僑畫家，見張放：《域外采風錄》（台北：絲路出版社，1996 年），頁 90。

醞釀時期 1928 年～1950 年

播種時期 1951 年～1964 年

萌芽時期 1965 年～1972 年

冬眠時期 1973 年～1980 年

成長時期 1981 年～迄今

　　醞釀時期的菲華文學，深受魯迅、巴金、艾青、徐志摩、朱自清、許地山、馮至、卞之琳、臧克家等大陸三十年代作家的影響；到了播種與萌芽時期，則深受來自台灣的王藍、余光中、覃子豪、紀弦、蓉子、彭歌、穆中南、尹雪曼、司馬中原等作家影響。菲華文學擁有來自台灣與來自大陸的雙軌雙源，加以作家們的政治立場迥異，使成長時期的菲華文藝創作者左傾或靠右態勢鮮明，各擁其眾；[14]國府遷台，右袒與左傾的作家各自結合為立場迥異的集團，以針鋒相對的「冷戰」文字，使文壇瀰漫低沉的氣息。[15]然而這些政治立場不同的團體，小心翼翼並未越過雷池，因此各有其發展空間。

　　二戰後隨著菲律賓民族獨立，脫離殖民導致社會陷入動盪，加入當地國籍使華文作家逐漸認同本土意識，認同轉向使作家創作時表現地方文藝色彩，同時也廣泛學習西方文學，像是現代派等表現手法。菲華文學的本地色彩與本地意識，若從不同語種、不同種族、不同文化與文學背景的角度進行觀察分析，固然有五四新文學的基因，但已在發展過程中呈現出越來

---

14 陳鴻瑜編：《中華民國之僑務政策》（台北：中華民國海外華人研究學會，2000 年），頁 48-49。文中分析冷戰時期東南亞華人因當地社會急速變遷，加以共產勢力滲透，使華人捲入兩種不同方向的漩渦中。

15 屠申虹編：《中國文藝年鑑一九六七》，頁 405。

越大的差異,[16]然而目前所見史料最被忽略的是台灣一批作家南行帶來的影響。同樣認同中華民族,即使是在菲律賓長成的作家,依然受中國傳統文化陶冶,很容易相互同化、融合、一體化,[17]於今以全球化的觀點看待這一場跨文化交流,在華人社團與文化、商業網絡建構意義,促進跨國界的接觸與推動,隨著時間與歷史演進,以包容、交融建立持久和諧關係的態度,匯聚成動態的文化流動區,在當時實具有推進由移民群體帶來不同地理、文化圈之間交流的深刻意涵。[18]是以跨國流動脫離了離散的悲苦意識,在逐步現代化的社會情境中成為一種勇於向異地開拓的新鮮感,也產生交流所得激盪創作和作品卓然紛披的成就感,走出離散,迎向流動的新生與再造。

　　1949 年以後菲律賓追隨美國,在獨立後宣布堅決反共的立場,[19]保持與中華民國的外交關係,與五大僑團往來密切,商總、文總(國民黨文化協會總會)、反總(菲律賓反共抗俄總會)、宗聯(菲華各宗親會聯合會)以及校總(華僑學校聯合會)這

---

16 李志:〈論略二十世紀華文新文學發展與傳播的濫觴與起點——文學傳播學視角的東南亞華文文學〉,《第五屆台灣、東南亞文化文學國際學術研討會論文集》(宜蘭:佛光大學文學系、世界華文文學研究中心,2008年),頁 54。

17 樂黛雲:〈尋求跨文化對話的話語〉,收於樂黛雲、李比雄主編:《跨文化對話》創刊號(北京:商務印書館,1998 年 9 月),頁 3。

18 許福吉:〈跨文化流動與東南亞華文文學文化母題的變奏〉,邱貴芬、柳書琴編:《東亞現代中文文學國際學報》第 3 期台灣號(台北:行政院文化建設委員會,2007 年),頁 68。

19 邢光祖:〈追憶在菲二十年的文藝活動(上)〉,《文訊》第 24 期(1986年 6 月),頁 130。文中詳載 1949 年 8 月 16 日全菲僑胞組成 60 人「菲律賓華僑台灣考察團」包機來台,開海外僑胞宣示擁護政府效忠領袖的先河。該文因文長分三期登載,〈追憶在菲二十年的文藝活動(中)〉,《文訊》第 25 期(1986 年 7 月),頁 310-324、〈追憶在菲二十年的文藝活動(下)〉,《文訊》第 26 期(1986 年 8 月),頁 271-286。

五大社團在菲影響力甚鉅，[20]當中有不少社員都是文學愛好者，因而能以其社會領導地位推動菲華文藝的發展。再加上僑務委員會努力奔走，以及菲律賓文壇領袖，如蘇子、亞薇、杜若、施穎洲等，能寫能演，能詩能文，[21]雙方相輔相成提振菲島文藝氣氛，與台灣文壇密切往來，為冷戰情境中荒寂的文學寫作帶來極大鼓舞。

（二）戒嚴沉寂與台菲交流的新生

1972 年中秋節菲律賓總統馬可仕突然宣布進入緊急戒嚴，華文日報不再出版副刊，進入冬眠時期的菲華文壇倚賴台灣文壇提供發表場域，也期待台灣文壇佳作拂臨千島之國，透過文人與作品的流動，激發作家的創作意志。施穎洲分析：

> 由於他們（講習班師資群）的影響，岷尼拉市（馬尼拉）幾家中文書店的架子上，王藍、墨人、彭歌、覃子豪、紀弦、羅門、蓉子等的作品，取代了魯迅、巴金、艾青等。菲華第二代作家，更與台北文壇氣息相通，互有往來。現在菲華讀者最歡迎的是瓊瑤、司馬中原、余光中等的作品。《皇冠》雜誌在這兒已扎了根，到處都可看到。近年來，《聯合報》早上在台北出版，晚上便可在岷尼拉看到，擁有不少訂戶；「聯副」很受重視。[22]

---

20 高信：《中華民國之華僑與僑務》（台北：正中書局，1989 年），頁 15-16。1949 以後從葉公超起，歷任僑務委員會依據憲法規定，下設各業務處，掌理僑民社團之健全、權益之保護、僑民教育與文化之推廣、僑民經濟之發展與輔導等，以團結全球僑胞、支援反共復國為目標。

21 程國強：《僑務淺談》（台北：華欣文化事業中心，1983 年），頁 76-77。

22 施穎洲：〈菲華文藝活動回顧：嚴冬的夢〉，《聯合報》8 版（1981 年 8 月 9 日）。

　　施穎洲的譯詩不斷現身《皇冠》、《文壇》等刊物，出身講習班的作家藍菱（陳婉芬）、莊垂明、林泉等詩人的作品在台北「聯合副刊」、《笠》詩刊中登載，也曾有菲華作家的作品入選前衛、爾雅兩家出版社的年度詩選。[23]作家林婷婷的經驗是在菲律賓想要以華文寫作頗不容易，發表華文的報刊極其有限，作品發表後領不到稿酬是常見的事，為了母語依然堅持以華文寫作；當地文學發表場域受限，作家轉而把作品寄到台灣和大陸發表，也千方百計讓後代接受華文教育。[24]可知菲華作家繫戀家園，追尋文學母土，保留中華文化傳統的台灣成為投射認同的場域，懷抱文化中國的使命感，形構文學的想像共同體；而台灣文學的勃興，也使菲華作家心生嚮往，冀盼學習、追隨，以能夠在台灣發表作品為榮。

　　菲華作家經商和從事教育工作者佔大多數，像是林健民、王國棟、林泥水、明澈、陳扶助、柯清淡、陳曉冰等都是亦商亦文的「儒商」作家；而林勵志、李惠秀、秋笛、林婷婷、黃梅、心簡等則從事文教工作。[25]不少商人也致力於台灣與菲華

<hr>

23　王禮溥：《菲華文藝六十年》（馬尼拉：菲華藝文聯合會，1989 年），頁 7-8。

24　孫建江〈亞華作家速寫〉，《亞洲華文作家》第 44 期（1995 年 3 月），頁 74；莊杰森：〈菲華文學何去何從？——菲律賓華文教育對菲華文學的影響〉，《另一種感動》（台北：秀威資訊科技公司，2012 年），頁 53。該文發表於第 12 屆亞洲華文作家印尼峇里年會，可知晚近依舊是菲華文壇共所關切的問題。

25　王丹紅：〈東南亞華文新文學研究系列課題（1987-2015）‧廈門——反法西斯文學等〉，《東南亞反法西斯華文文學書卷》第 3 卷‧解讀編，頁 265。李惠秀原籍廣東台山，筆名枚稔，1956 年與芥子結縭，共同推動中華文化的傳播。曾任菲律賓中正學院中國語言研習中心主任兼講師，菲律賓《環球日報》「文藝沙龍」副刊主編，現任菲華文藝協會、晨光文藝社、

文學的互動，資助報刊書籍出版，推動文化交流活動。經濟促成了文化發展，而文化充實了經濟生活所伴隨而來的心靈空虛，增強了對於故園的嚮往，對於文化中國的期盼，在精神上建構一個心靈歸屬。

1975 年中菲建交，中華民國在菲華社會的勢力透過「太平洋經濟文化中心」展現影響力，[26]以馬尼拉「自由大廈」為其象徵機構。[27]民間交流透過文藝發酵，文學創作方面，基於菲律賓華人政治認同與文化認同的殊異性，生活經驗的特殊性等社會獨特的文化形態，使文學發展猶如熱帶的星群，隨移動地區擴大蓬勃發展。隨著《公理報》、《華僑商報》、《新聞日報》相繼復刊，菲律賓陸續創立了六家華文報紙，並設有文藝副刊。《聯合》、《世界》、《商報》、《時報》、《環球》五大報共開闢 30 個副刊供 18 個文學社團借版，不過發行量最大的不及萬份，當時可謂舉步維艱；[28]但至少能夠使作家擁有發表園地，也才有機會揀擇其中佳作集結出版，展開由報刊而書籍的傳播力道，有助於文學多地域、跨文化流動。

亞華作協菲分會理事、菲律賓隴西李氏宗親會華文教師聯誼會創會會長等職。作品以散文為主，多為論及教育、語文、文藝、文化、音樂等，亦涉及社會生活、環保等篇章，實踐「以藝術欣賞滋潤心靈，以文藝創作提升精神，以從事教育充實生活」的教學理念。見莊杰森：《另一種感動》，頁 40、44。

26 陳劍秋：《菲律賓華僑概況》（台北：正中書局，1988 年），頁 35。為能以非正式外交關係促進兩地互動，中華民國在馬尼拉設「太平洋經濟文化中心」，菲律賓在台北設有「亞洲交易中心」，辦理有關雙方經濟、文化以及觀光旅遊事務，做為橋樑。

27 周南京：《菲律賓與菲華社會》，頁 250。暑期寫作班一度搬到自由大廈台灣大專校友會的冷氣辦公室裡上課，見吳昊：〈才華煥華的詩人——談謝馨的詩作〉，收於謝馨：《來中望所去 去中覓所來——謝馨詩作賞析》（台北：秀威資訊科技公司，2010 年），頁 61。

28 梁立基、李謀編：《世界四大文化與東南亞文學》，頁 123。

　　台菲互動交流頻繁，台灣的文藝書籍報刊雜誌成為菲律賓
文藝青年的精神糧食，如上文施穎洲的分析所示：瓊瑤、司馬
中原的小說，《聯合文學》、《皇冠雜誌》、《聯合報》、《中央日報》
等皆是最佳讀物。六十年代的菲華文藝極為興盛，喜愛文藝的
年輕人比比皆是，大部分作者都是土生土長的華裔，許多 1949
以後離開大陸的學者教師來菲執教，優秀的師資加上台灣文藝
書籍出版流播的影響，對於菲華文學的發展功不可沒。關懷教
育是華人文化的共同特色，在當地排華處境的為難之中，透顯
華族團結的意義價值與必要性，激發他們對於台灣自由文藝的
嚮往；即使於今觀之，當時台灣主流的「反共」文學是一種單
一化的、趨同的文學批評標準，與「自由」並不能輕易產生聯
想；然而台灣文壇受五四餘韻所及，比東南亞地區更快受到西
方文學的啟蒙，激盪出的文藝思潮發展速度快，且相較於其他
地區的華文文學更為完備、豐富，成為值得借鑒的圭臬。

　　1987 年和權（陳和權）、莊垂明、月曲了（蔡景龍）的詩
被選入張默《小詩選讀》，在菲律賓作家眼中，這便是登上中國
詩壇的表徵。張香華編選《玫瑰與坦克》收錄 33 位詩人，共計
90 首詩，[29]是當時最完整的菲華新詩選集，也是菲華新詩作品
首次於台北以專書形式問世，內容反映菲華詩人的生活經驗，
自我的心路歷程，為紀念 1986 年 2 月菲律賓人民和平革命的勝
利，故題名《玫瑰與坦克》。[30]同時，張香華也加入 1985 年菲
律賓成立的「千島詩社」，[31]進一步與當地詩人交流。陳和權等

---

29 張香華編：《玫瑰與坦克》（台北：林白出版有限公司，1986 年）。

30 林婷婷：〈橫跨兩種文化〉，《亞洲華文作家雜誌》第 15 期（1987 年 12
　　月），頁 86。

31 葉來城：〈情人節誕生的詩社及詩人們〉，《亞洲華文作家雜誌》第 15 期，
　　頁 100。

詩人成立「萬象詩社」，向菲律賓聯合日報借位出版《萬象詩刊》創刊號，形式為全版，每月一期，除積極拓展發表園地，和權也評詩，其〈試論洛夫的〈車上讀杜甫〉〉論述長約一萬字，將洛夫詩作引介到菲律賓，並客觀評論之，[32]使創世紀詩社的影響力南行展揚。向報紙借版面擴充文藝發表園地一向是菲華文壇的慣用作法，透過報刊傳媒的流播，更多嶄新的創作，優秀技巧和新穎題材很快在文人圈引起話題，相觀而善，這也是菲華文學在困境中得以發展，在砥礪下得以快速進步的方法之一。

　　1990 年初，辛墾文藝社有鑑於華文教育日漸式微，在聯合日報上發起「紙上座談會──為菲華華文教育把脈」徵文，共獲得十多萬字的投稿，足見菲華僑社、文教及各界人士對於華文教育的關切。[33]而台灣方面也適時給予資源和經費挹注，像是台北僑聯文教基金會徵文獎項，散文得獎的有林婷婷、董君君，詩歌方面有和權、謝馨、月曲了（蔡景龍）、白凌，另有作得梁實秋文學獎等，[34]都為艱困中求生的菲華文學注入活水，給予作家極大的肯定。菲華文藝在台菲兩地流動、相互提攜之下，始有長足的進步和成長。

---

32 施穎洲：〈菲華新詩來龍去脈〉「亞華文訊」，《亞洲華文作家雜誌》第 15 期，頁 85。台灣出版的菲華詩人作品有像是和權：《橘子的話》（台北：林白出版有限公司，1986 年）；月曲了：《月曲了詩選》（台北：林白出版有限公司，1986 年）等。

33 葉來城：〈八十年代菲華文壇縱橫談〉，《亞洲華文作家》第 34 期（1992 年 9 月），頁 4-7。

34 楊哲明、楊宗翰：〈從陌生到熟悉「菲律賓與台灣的文學連結座談會」紀實〉，《文訊》284 期（2009 年 6 月），頁 97-98。

二、「文聯」帶動菲華文藝復興

　　「菲律賓華僑文藝工作者聯合會」（以下簡稱「文聯」）是戰後菲華社會最活躍的藝文團體，成立於 1950 年菲華文藝人士第一次大集會。在《大中華日報》「長城」副刊座談會上，施穎洲提議組織「文聯」，在杜若（柯叔寶）、芥子（許浩然）、吳明（陳明勳）、亞薇（蔡景福）等附議號召下宣告成立。「長城」是《大華日報》的副刊，1948 年《大華日報》負責人柯俊智收購《中正日報》，合併為《大中華日報》，施穎洲留任總編輯，由上海聘請邢光祖為總主筆，「文聯」許多人也先後進了《大中華日報》工作，[35]此文學園地便與「文聯」密不可分。菲律賓光復後，「長城」副刊由芥子（許浩然）和杜若（柯叔寶）共同主編，兩人並組織文藝團體「默社」，編印了菲華第一本文藝作品選集《鈎夢集》，在上海出版，由臧克家作序。芥子與杜若和中國國民黨淵源甚深，在日人占領菲律賓時，曾合作編印中國國民黨抗日義軍地下刊物《大漢魂》，在文聯時期使左傾文藝潮流無法動搖菲華文壇；再加上施穎洲，三人是「文聯」成立時選出的常務理事，此後「文聯」領導菲華文藝運動二十多年，幾乎網羅了當時所有菲華作家，為文壇帶來深遠影響。

（一）「文聯」講習會

　　逐漸擴充之後，「文聯」成員以「長城」、「文華」（《大中華日報》綜合副刊）、「晨光」（《公理報》副刊）、《新聞》副刊（高梅主編）等作者為多。「文聯」的成立為菲華文壇注入一劑強心

---

35 施穎洲：〈柯俊智先生與菲華文學〉，《菲華文學（一）》（菲律賓：柯俊智文教基金會，1988 年），頁 319。

針，使菲華文壇活躍起來。主要是因為「文聯」成立之後，辦理許多藝文活動，其中最為成功、影響力最大的便是文藝講習班，菲華重要作家大多出身於此。1953 年、1954 年、1960 年「文聯」青年文藝講習班共舉辦 3 次，講師都是菲律賓作者和學者，像是莊克昌、朱一雄、王公達、柯叔寶、邢光祖、亞薇、林幽（林語堂胞弟）、林驪、王福民、施穎洲、陳明勳、尹靜軒、葉曼、蔡繼崑等。這些作家成名於大陸抗戰時期，也多以寫實主義風格為主。邢光祖與宋淇（林以亮）、吳興華（梁文星）曾同列《西洋月刊》台柱，任職中央社，擅長文學理論，邢光祖南行，將宋淇、吳興華其人其作帶進了菲華文學視野。

　　1961 年 3 月 19 日「文聯」授權由柯叔寶、蔡景福邀請台灣作家赴菲講學，柯叔寶趁返台向僑務委員會申請補助。[36]在駐菲大使館的協助下，接洽台灣重要的作家與藝文界人士擔任講師，茲列表如下：

表 6-1　民國文人應聘赴菲主持文藝講習班一覽表

分　期	時間	講　師	備　註
播種時期 **1951 年** **～1964 年**	1961	第一屆菲華暑期青年文藝講習班[37] 王藍（主講小說散文）、余光中（主講新詩）、王	台灣文藝界首次受邀出國。（菲律賓暑期是四、五、六月）。

---

36 林勵志：〈悲愴與懷念：敬悼菲華文藝功臣柯叔寶之逝〉，《亞洲華文作家》第 19 期（1988 年 12 月），頁 30；編輯部：〈王生善一行　明赴菲訪問〉，《聯合報》6 版（1961 年 4 月 14 日）。

37 陳劍秋：《菲律賓華僑概況》，頁 42。資料稱為「華僑青年暑期文藝講習班」，凸顯提高菲華文化水準的僑務工作目標。冷戰框架下致力於海外文化事業的扶植，承繼文化優良傳統，中華民國的僑務綱領以鼓勵僑胞運用自身團結的力量，從事救國與自救的工作，適應僑情，發展僑教。張希哲等：《五十年來的華僑與僑務》（台北：華僑協會總會，1963 年），頁 192-193。

		生善（主講戲劇）	
	1962	第二屆菲華暑期青年文藝講習班 覃子豪（新詩）、王藍（小說）、王怡之（中國文學）、李雄、崔小萍（戲劇）	規模逐漸擴大，增加教育、新聞、舞蹈、美術、手工藝、童軍、音樂等班別。
	1963	謝冰瑩、紀弦、黎東方、李辰冬	改名「菲華文教研習會」，1964 年因僑區火災停辦。
萌芽時期 1965 年 ～1972 年	1965	王洪鈞（新聞、社論寫作）、蓉子（新詩）	
	1966	墨人、彭歌	
	1967	顏廷階	
	1968	穆中南	
	1969	尹雪曼	中華文化復興運動推行委員會菲律賓分會成立，承辦研習會業務。
	1970	易君左	由菲華文化復興分會主辦，5 月在商總大廈開班：共有寫作班、文史班、美勞班、舞蹈班等五班。
	1971	第十屆文教研習會 鍾雷	
	1972	吳敬模	菲律賓宣布戒嚴。
冬眠時期 1973 年 ～1980 年	1974	司馬中原	1972 年菲政府戒嚴，所有文藝副刊停刊，教育轉向菲化。
	1975	陳祖文	1976-1981 年文藝寫作班取消。
成長時期 1981～	1982	丹扉	1979 年 1 月 1 日，政府首度開放國人出國觀光。
	1983	穆中南	
	1984	嚴友梅	
	1985	張放	
	1986	王璞	1987 年改為學生寫作班，此後性質與教學內容與先前斷然改易。

資料來源：封德屏：〈菲華暑期文教研習會〉、[38]王禮溥：《菲華文藝六十年》，[39]筆者自行整理

　　受文藝講習班啟蒙的菲華作家為數不少，卓然有成的像是林泥水。在《亞洲華文作家》雜誌「林泥水紀念專輯」中，論者肯定他在六十年代文藝講習班期間的小說創作即已展露深厚的社會意識，八十年代菲華文藝復興時期更是氣勢磅礴，小說、新詩、散文、文學評論樣樣傑出，被譽為菲華文壇的多面手，[40]而其源頭可溯及台灣作家南行帶來的影響。另一位作家張燦昭提及五十年代中期，充滿時代的徬徨苦悶，中學時期他捧讀《魯迅全集》、巴金的《家》、《春》、《秋》、徐訏《風蕭蕭》、茅盾《子夜》等，承衍來自大陸的文學傳統，然而「故園東望路漫漫，山河阻隔，有家歸不得。同是身為逾期居留遊客，每逢國會開幕，成為政治的皮球，精神上痛苦不堪言，課餘及假日常聯袂走進市區青年會圖書館，埋首窮經，渾然忘我，渡過無情的歲月。」[41]中肯回憶當時的時代背景。年輕學子心靈感受到的苦悶，在「菲華青年文藝營」得到相當大的抒發。即使是當時才十五歲的詩人和權，也以其早慧善感的詩心，接受台灣現代詩的洗禮。詩人向明側記覃子豪赴菲講學的授課歷程：

　　　　全部授課時間為五週，分日班和夜班，每天授課。

38 封德屏：〈菲華暑期文教研習會〉《文訊》第 24 期（1986 年 6 月），頁139-145。
39 王禮溥：《菲華文藝六十年》（馬尼拉：菲華藝文聯合會，1989 年）。
40 符兆祥：〈林泥水紀念專輯「前言」〉，《亞洲華文作家》雜誌第 33 期（1992年 6 月），頁 98。
41 張燦昭：〈在淚眼中懷念泥水〉，《亞洲華文作家》雜誌第 33 期（1992 年6 月），頁 117。

準備了六萬字的講義，完全以現代詩的觀點來詮釋詩的
藝術，詩的發展和種種表現技巧。第五週的課程是習作
解剖，即將一位學員創作的詩公布在黑板上，然後要全
班同學大家提出看法，利用集體批評的方法來解剖一首
詩的得失之處何在，不僅考驗作者對自己作品瞭解的程
度，也可看出其他人的欣賞與批評能力。然後由覃老師
作最後的講評。[42]

　　覃子豪以擔任中華文藝函授學校詩歌班主任的紮實講義作
為基礎，[43]運用互評的方式讓混齡、混合不同程度的學員能快
速透過觀摩截長補短。[44]因而這門課被當時四十餘位參與的學
員認為受益最多，評為最有心得的一堂課，使他們對現代詩創
作的認知產生更深刻的理解，也能應用詩學的實用價值。

（二）民國作家南下耕耘

　　文藝講習班播種時期的講師群包括王藍、余光中、王生善、
覃子豪、王怡之、李雄、崔小萍、謝冰瑩、紀弦、黎東方、李
辰冬等。余光中是第一屆講師，1961 年赴菲時，其詩作處於全
速發展的現代時期，尋求廣義的現代主義，而詩中的時空背景

---

42 向明：〈聆聽《隱約的鳥聲》——讀和權的詩〉，《人間福報》人間副刊（2010
　　年 9 月 20 日）。

43 覃子豪：《覃子豪全集 II》（台北：覃子豪全集出版委員會，1968 年），頁
　　64。覃子豪擔任「中華文藝」、「文壇」、「軍中文藝」等數個函授學校的
　　現代詩教職與班主任職務達十年之久，因此到菲律賓傳授現代詩，編寫
　　講義、批改示範，參與了台灣現代詩的推廣與培育工作，桃李遍布海內
　　外，是現代詩的播種者。見覃子豪著，劉正偉編：《覃子豪集》（台南：
　　國立台灣文學館，2008 年），頁 127。

44 覃子豪：〈我在馬尼拉如何講授現代詩〉，《覃子豪全集 II》，頁 640-644。

仍是中國的；1962 年自菲歸返後，其詩作進入新古典時期，堅持回到中國，在蓮的意象裡，尋獲神、人、物三位一體的東方氣質，意境呈現空靈與透明，形式去繁瑣而存簡潔，句法更發展成為二元基調的變調，連鎖進行，因句生句，因韻呼韻，這種形式似乎很容易學，一時從者甚眾。[45]另一位講師王藍，1949以後隨國府來台，除任職國代，並持續擔任《掃蕩報》記者。[46]1950 年王藍參加陳紀瀅發起成立的「中國文藝協會」，大量發表「反共文學」作品，[47]醉心文藝之餘，應穆中南之邀共同創辦文壇雜誌社，擔任《文壇》雜誌前五期（1952 年 6 月～1953年 2 月）社長，配合當時的政策提出「戰鬥文藝」口號，[48]1958年王藍在自己一手籌辦的紅藍出版社出版《藍與黑》，被譽為台灣四大抗戰小說之一。除了寫作，王藍認為文化藝術工作與反共密不可分，因此不但自己重拾畫筆，1961 年赴菲時帶去許多台灣當代畫家畫作，在駐菲律賓大使館大禮堂內辦理「中華民國水彩畫家作品聯展」，獲得相當的迴響。[49]兩位講師肩負著「發

---

45 余光中：〈六千個日子〉，《望鄉的牧神》（台北：九歌出版社，2008 年），頁 110。這是余光中借用創世紀詩社《中國現代詩選》對自己詩作時期的分期與分析。而陳芳明：〈左手掌紋，壯麗敞開〉分析 1961 年余光中完成史詩型鉅作《天狼星》時，正是他涉入散文現代化的階段，對於現代化的內容與思考，已有清楚的判斷。余光中著，陳芳明編：《余光中跨世紀散文》（台北：九歌出版社，2008 年），頁 24。

46 張秀亞：〈迴旋曲──《藍與黑》的外在與內在的世界〉，收於財團法人臺灣文學發展基金會編：《張秀亞全集　第 9 卷》（台南：國家台灣文學館，2005 年），頁 360-377。

47 陳紀瀅：《文藝運動二十五年》（台北：重光文藝出版社，1977 年），頁 64。

48 應鳳凰：〈文壇社與穆中南〉，《文訊》第 19 期（1985 年 8 月），頁 268-291。

49 編輯部：〈我國水彩畫，在菲島展出〉，《聯合報》7 版（1961 年 6 月 10日）。日銷百萬份的英文報《Manila Times》以彩色版刊出王藍的照片、訪問記和水彩畫，然論者認為這是以「愛國」為名強迫推銷台灣藝術家

揚我國文化，推進海外文運」，[50]為菲華文壇帶入了民國文化與
文學的視野，符合抒發遊子客懷的菲華文學走向，[51]也因此容
易使菲華文學讀者產生共鳴。

　　萌芽時期的講師群包括王洪鈞、蓉子、墨人、彭歌、顏廷
階、穆中南、尹雪曼、易君左、鍾雷、吳敬模等。1966 年墨人
赴菲主講新詩和《紅樓夢》的寫作技巧，返台後集結成書意外
大受歡迎，連出九版且銷路穩定。[52]穆中南，筆名穆穆，曾兼
任淡江文理學院中文系教授七年、兼任輔仁大學教授五年。
[53]1952 年 6 月，穆中南與王藍合辦《文壇》，以辦一個「純文學」
雜誌為目標。[54]1961 至 1971 十年是《文壇》的興盛期；除雜誌
外，穆中南出版「戰鬥文藝叢書」和「本省籍作家作品選集」，
並創辦「文壇函授學校」（1958 - 1965）推展文藝。[55]1968 年赴

　　的作品，顯示了當時的陋習。蔡惠玉：《「抗日」與「反共」──王藍小
　　說中的戰爭書寫》（台北：台灣師範大學歷史學系碩論，2016 年），頁
　　60-61。

50 編輯部：〈王藍等在菲　受僑胞歡迎〉，《聯合報》2 版（1961 年 6 月 1 日）。
　　王藍和王生善 5 月 31 日寫信回台描述菲華文藝講習班狀況，講習班分日
　　夜兩班，日班結業者 127 人，夜班結業者 104 人。結訓典禮後由王生善
　　替學員們排練，公演一齣話劇《父母親大人》。

51 另一主軸是與以異鄉人的賓位看主位菲律賓社會。見公孫嬿：〈對菲華文
　　學的印象〉，《文訊》第 24 期（1986 年 6 月），頁 88。

52 封德屏編：《文學好因緣》（台北：文訊雜誌社，2008 年），頁 95。

53 許俊雅：《續修台北縣志・卷九・藝文志第三篇・文學》（新北：新北市
　　政府，2008 年），頁 161。

54 陳秀美：〈五○年代的穆中南與文壇〉，《空大人文學報》第 11 期（2002
　　年 12 月），頁 39-61。

55 封德屏：〈永不休止的文學生命力──從《文壇》穆中南的故事說起〉，《全
　　國新書資訊月刊》（2007 年 9 月），頁 67-75；封德屏：〈穆中南與《文壇》
　　雜誌〉，收於徐照華編：《台灣文學傳播全國學術研討會論文集》（台中：
　　中興大學台文所，2006 年），頁 374-401。穆中南推展台灣當代小說文類，
　　積極倡導文藝政策，用戰鬥文藝來救國持續出版達 27 年之久，不但是作

菲講學時穆中南不但是辦理刊物經驗豐富的能手，也以大學教授的身分前往，與王藍共同把台灣「文協」之風吹往菲島。返台後，穆中南主編《文藝橋》一書出版，[56]則將菲華風帶進台灣，成功扮演兩地橋樑。穆中南的兩地文學傳播不但對台灣文壇有其特殊貢獻，兩度赴菲講學所形成的凝聚力，使菲華作家形構對台灣文學的嚮往，產生對於自由文化的渴望。

　　作家兩地流動不但豐沛自我創作動能，所參與的文藝社團和所信仰的文學思潮，一切有形無形的旅跡俱使兩地文學場域發生極大的生態變化，若其於學界或政壇有所連結，則影響範圍又更大。像是王洪鈞回憶自己與菲華文壇淵源深遠，1948 年在南京《中央日報》期間，即經常為《大中華日報》撰寄通訊資料，因此能與菲華社會聲氣相通，1967 年因擔任教育部文化局長而時時留心海外文藝與文化活動，1965 年 6 月擔任政大新聞系主任期間，應菲華反共總會邀請赴馬尼拉擔任暑期文藝座談會講師，主講新聞及社論寫作，[57]則菲華文壇所能知悉的台灣學界消息、社會動態、文化趨勢，也跟著擴大視野。隨著菲律賓與台灣文壇的密切互動，菲華的「文聯」與台灣的「文協」同樣宗奉 1953 年頒布的〈民生主義育樂兩篇補述〉，提倡具有中華民族風格的文學作品，在東南亞多元社會與多語言的情境下，既與台灣這個華人文學重要活動場域互通聲息，維繫樸實真摯民族風格的一致性，又因地利之便吸收各種不同文化的優點充實己身，截長補短。當時社會影響文學的因素以商業發展

家、編者、文學媒體負責人，也是文學教育家，且據研究，教育的區域廣及菲律賓。

56　穆中南：《文藝橋》（台北：文壇月刊社，1969 年）；李瑞騰：〈東南亞華文文學在台灣〉，《文訊》第 79 期（1992 年 5 月），頁 37-38。

57　王洪鈞：〈民族文藝的方向〉，《劇與藝》8 卷 2 期（1972 年 7 月），頁 80。

帶來的物質文化與資本主義色彩瀰漫為甚，更有走向人性泯滅等而下之的情況；而另一方面逃避現實的虛無主義也正成形，稍加不慎，便使初入文學堂奧的青年陷入空虛與迷惘。

台灣 1965 年 4 月由軍中文藝作家發起國軍新文藝運動，繼而 1967 年中國國民黨第九屆五中全會制定「當前文藝政策」。1968 年 5 月中國國民黨舉行文藝會談，提倡民族的、純正的、戰鬥的文藝，實現中華文化的精神，王洪鈞在文末總結「菲華文藝的路線就是三民主義的路線」，[58]這些論述都把政治力對於文學的影響傳播到菲律賓地區。由於菲律賓華人以「反共」為政治意識核心，1949 以後國民黨政府的影響力隨著「自由中國」來到台灣而將對「祖國」的崇拜隨之轉移，透過國民黨在菲華社會的積極領導，兩國文學風格有很多相似特徵。菲律賓獨立成為新的民族國家，致使華人邊緣化，華僑無法納入「菲律賓國家認同」的範圍，華文文學也無法成為「菲律賓國家文學」。此時，台灣文學的介入和影響力便由此而生。[59]綜上，台菲兩地的密切互動除了文學上的交流頻繁，更有政治上的因緣聚合，且政治力帶動的文學擴散效應不容小覷。

蓉子 1964 年與羅門曾編纂大型詩刊《藍星一九六四》，1965年赴菲講學，此年《蓉子詩抄》出版，自此跨越女性詩人的圍限，征服了自我心靈的界域，鍛造出更具有社會性和時代感的詩篇，也把 1950 年代所高揭獨立不倚又慷慨清新的女性形象，令人感奮的女性自覺帶進菲華文壇，[60]是菲華文藝女性主義視

58　王洪鈞：〈民族文藝的方向〉，頁 84。

59　趙萌釩：《戰後在台菲華小說》（台北：台灣大學台文所碩論，2015 年），頁 106。

60　〈蓉子小傳〉，洪淑苓編：《台灣現當代作家研究資料彙編 74 蓉子》（台

野的啟蒙。彭歌 1966 年赴菲講學，1966 年代後期他的「三三草」、「雙月樓雜記」專欄分別於《聯合報》、《台灣新生報》開闢，[61]創作源源不絕，可見兩地互動為作家帶來豐沛的創作能量。易君左 1965 年赴菲講學，開辦詩詞研究班，騷人墨客崇仰盛名而與之以詩酬和，菲華文壇著名的舊體詩人鄭鴻善便是其中之一。在易君左的影響下，菲律賓成立「菲華詩學研究社」，他以詩祝賀：

> 　　詩風浩蕩下岷城，精銳如屯百萬兵。海外白蓮新社起，城中綠野畫堂榮。
> 　　一時瑜亮均排列，次代歐蘇更產生。今日高歌尤勝昔，相期大漢振天聲。[62]

　　易君左盛讚菲華詩壇的菁英，肯定他們結社詠詩，正如東晉高僧慧遠在廬山的虎溪東林寺與慧永、慧持以及名儒劉遺民等人共結白蓮社，也如歐陽脩、蘇軾等名家，預期將發揮無遠弗屆的影響力，白蓮和綠野都是清新自然的一派色彩，除了視覺之美，也雙關詩社和詩作的發展榮景，詩人們的吟詩唱和將能振興傳統文化，猶如大漢天聲傳衍不輟。鄭鴻善歷任菲華商聯總會、菲華反共總會常務理事，以其商界、政界影響力推動詩社發展，先後編選《菲島華僑詩選》和《菲華詩選全集》，選取與菲華事物相關的內容題材入詩，書寫符合當地文化風格的

　　南：國立台灣文學館，2015 年），頁 39-40；蓉子著，吳達芸編：《蓉子集》（台南：國立台灣文學館，2008 年），頁 118。

61　〈彭歌小傳〉，張素貞編：《台灣現當代作家研究資料彙編 71 彭歌》（台南：國立台灣文學館，2015 年），頁 43-44。

62　鄭鴻善：《菲華詩選全集》（台北：正中書局，1978 年），頁 1。

作品。不論懷古、記遊、風土、景物、旅況、感舊、宴集、風懷、送別、傷悼等，記載投荒事蹟，引發歷史興懷，都能使人感同身受，引起共鳴，具有菲華文學的本地色彩。

「文聯」配合僑團舉辦的講習班，帶來台灣現代詩的影響，其中影響最深的包括現代詩社、藍星詩社及創世紀詩社現代派的詩風，為菲華詩壇培育人才、影響年輕人投身於現代詩，追隨、模仿台灣詩作，也開始依循著西方象徵派及超現實派的詩觀，勇於多方面嘗試，[63]以台灣詩學為啟動點，走向更廣闊的創作視域。藍星詩社主力軍余光中和覃子豪將中國古典文學傳統帶入菲律賓的文學視野，余光中祖籍福建，與菲華文學創作的閩南文化元素相當合拍，[64]再加上文學與國家命運的關懷、社會變革與文人境遇唇齒相依，在現實主義的風格中不乏個人色彩，隨政治制度、經濟體制、意識形態、文人心理和所處社會的異質文化影響，既能適度反映時代生活，也展現文人鮮明的個性，因此影響菲華文壇，在當地接受度頗高。自菲返台之後，「文協」發起人之一王藍分別在中廣「文藝櫥窗」節目暢談訪菲觀感、介紹菲律賓文藝活動情形，在第 14 期《文壇》上撰

---

63 林婷婷：〈橫跨兩種文化〉，頁 89。藍星詩社出版的詩刊對於東南亞年輕人啟發甚大，王潤華也憶及高中時期因到台灣留學的學長帶回《藍星詩刊》，使呆愣住的他備感既驚奇又新鮮，就此將台灣的現代文學奉為圭臬、精神糧食，打定主意高中畢業來台留學，因獲得僑委會優秀僑生獎學金而來到政大西語系就讀。見楊錦郁：〈永遠的橡膠樹──王潤華先生訪問記〉，《亞洲華文作家雜誌》第 18 期（1988 年 9 月），頁 78。

64 王丹紅：〈東南亞華文新文學研究系列課題（1987-2015）‧廈門──反法西斯文學等〉，《東南亞反法西斯華文文學書卷》第 3 卷‧解讀編，頁 264。菲律賓華人以泉州籍和晉江籍為多，因此菲華文學創作充滿濃厚的閩南文化氣息。

稿〈「菲律賓華僑文藝人物特寫」〉，[65]讓台灣文壇了解菲律賓的文學活動。台菲交流不只是單方面輸出，在跨國越界尚未蔚然成風時，赴菲作家帶回的視野也豐富了台灣文壇，完成雙方聞見的互惠互動。

　　講習會的辦理可說是延續中國文藝協會（以下簡稱「文協」）推廣藝文活動的模式，[66]1950 年 5 月 4 日成立的「文協」，隔年 8 月積極辦理「暑期青年文藝研習會」以培育人才，[67]1951 年底，這股文藝之風吹進了菲島，「文聯」致電台灣的中華文藝獎金委員會（簡稱「文獎會」），希望能有更多台灣出版的文藝書刊在菲律賓出版，提供當地華人閱讀，也希望文獎會代為徵求文藝稿作，擬定獎勵辦法。[68]與「文獎會」成員重疊極高的

---

65 編輯部:〈演講 論語講座 明續舉行〉,《聯合報》3 版(1961 年 7 月 1 日),「7 月 1 日上午 8 時 10 分至 8 時 40 分,在教育廣台『文藝櫥窗』節目中,播講訪菲觀感。當晚 8 時半至 9 時,王藍在中國廣播公司徐謙主持的『文藝世界』節目中,介紹菲律賓華僑文藝活動情形。」;編輯部:〈出版〉,《聯合報》3 版 (1961 年 8 月 2 日)。

66 尹雪曼:《尹雪曼的文學世界之五:文藝二三事》(台北:楷達文化出版社,2006 年),頁 158。「文協」成立之初舉辦各種文藝研究班,不僅主持人是一時之選,參加的學員日後也頗有成就,像是李辰冬、王夢鷗主持寫作研究班、黃君璧主持美術研究班、覃子豪主持詩歌研究班,王鼎鈞、蔡文甫等人都是從寫作班崛起的。文協「五兄弟」穆中南、鍾雷、王藍、許希哲四位 (再加上魏溪文) 都曾擔任菲華文藝講習班師資。

67 文化部台灣大百科全書,詞條「中國文藝協會」,網址:http://nrch.culture.tw/twpedia.aspx?id=4590,擷取日期 2019 年 11 月 8 日;中國文藝協會是國府遷台後最早成立的文藝團體,最初由張道藩、陳紀瀅領導多年,見尹雪曼:《尹雪曼的文學世界之五:文藝二三事》,頁 153;尹雪曼:《尹雪曼的文學世界之一:回頭迢遞便數驛》(台北:楷達文化出版社,2003 年),頁 188。詳載發起人與過程。

68 編輯部:〈藝文走廊:赤宮外史準備公演 海外缺乏文化食糧〉,《聯合報》3 版 (1951 年 11 月 21 日)。文獎會對此表示同意,與「文聯」商洽辦法草案,一俟決定,即可先行試辦。

「文協」也與「文聯」密切往來，1952 年「文聯」成立週年時，「文協」、「文獎會」和當時擔任中央改造委員的張道藩，均致電表達祝賀之意，以「該聯合會為我國在菲之最大文藝團體」、「多年來對海外反共抗俄之文藝活動，頗有成績」加以報導，將「文聯」視為台灣藝文團體的分支。當時菲國華僑學校教師、作家、畫家、新聞從業員、音樂家等各界社會人士加入「文聯」會員高達二百多人，[69]基於立場一致，「文聯」納於當時台灣反共文藝的論述中，[70]延伸為海外自由精神的堡壘。

至於冬眠及成長時期的講師群，多半具有報刊、傳播工作的背景，例如丹扉，本名鄭錦先（1926-），福建仙游人，南京金陵女子大學畢業，來台後擔任記者、編審、中學教師、《仕女》雜誌總編輯。她勤於在報刊雜誌撰寫專欄文字，像是《皇冠》「反舌集」，《台灣日報》「婦人之見」，《台灣時報》「管窺篇」，曾獲台灣文藝協會散文創作獎。迥異於同期女作家以軟性筆調寫家庭親情或情愛小品為題材，因此被鐘麗慧譽為「女作家寫

---

69 編輯部：〈文協電菲華僑文藝聯會祝賀〉，《聯合報》2 版（1951 年 12 月 25 日）。張道藩的賀電內容是：「菲律賓華僑文藝工作者聯合會公鑒：諸先生領導菲地僑胞文藝運動，發揚三民主義革命精神，道藩不勝欽佩。茲值貴會成立週年紀念大會，特肅電致敬，并希時惠教益，共策反共抗俄文藝之發展，曷勝企荷。」

70 最為明顯的例子是 1952 年「文聯」理事會議發表了「反暴宣言」，聲援「文協」的主張：「最近自由中國文藝協會在發動一支援大陸被迫害文人運動，我們認為義之所在，對此更願呼出我們衷心的響應。這裡，我們除了將糾合一百餘位文藝同工與無數海外文藝愛好者繼續為「反暴文學」而努力外，更願表達我們對於大陸陷區被迫害的文藝界人士的關注，與對逃出鐵幕流亡在港九的文化人的慰候。」見編輯部：〈號召海內外同胞搶救大陸文化人──旅菲華僑文藝界人士 發表宣言揭露匪陰謀〉，《聯合報》2 版（1952 年 8 月 25 日）。

雜文的第一高手」。[71]尹雪曼，原名尹光榮（1918-），1934 年 6
月短篇小說〈二憨子〉登於《大公報》，從此走上文學之路，曾
就讀西北大學。畢業後來台任職新生報（南版），六十年代赴美
留學，就讀密蘇里大學新聞學院，曾以《海外夢迴錄》一書榮
獲 1965 年教育部學術文藝獎。[72]而張放（1932-2013）以《黎剎
小說的民族主義意識》獲菲律賓亞典耀大學文學碩士，任職中
央廣播電台編撰、行政院文建會研究委員、菲律賓三寶顏中學
校長、《文藝》月刊總編輯、《臺灣新生報》駐菲新聞特派員及
中國文藝協會祕書長、理事等，他鼓勵菲華作家走出王彬街，
走進菲華社會，才能寫出具有菲國特色的文學作品。[73]他們都
以媒體實務工作經驗、豐富的創作感思與菲華文壇進行交流，
彼此留下深刻回憶。

　　由於互動經驗良好，作家不排斥多次到訪交流，像是司馬
中原講習會之後再度赴菲，應亞洲華文作家協會菲分會（簡稱
「菲華文協」）邀請主持三場講座，前次講學得意門生作家董君
君因以庖廚知識為題材，受到司馬中原肯定；黃梅（黃珍玲）
接待時特邀請司馬中原露一手廚藝，並以文誌之，[74]師生關係
良好。東南亞華文女作家依舊與中華民族傳統擁有深刻的情感
連結，也逐漸發展居留地本土文化的深耕，這都是自然而然的
情況。作品流露濃厚的南方色彩，但並不存在聚散離合的悲涼，

---

71 鐘麗慧：〈【作家第一本書】17 丹扉／反舌集〉，《人間福報》「人間副刊」
　（2012 年 4 月 3 日）；丹扉：《叮噹集》（台北：九歌出版社，1979 年），
　書籍封底作者介紹。
72 尹雪曼：《尹雪曼自選集》（台北：黎明文化事業公司，1982 年），頁 5-6。。
73 張放：《寒流過境》（高雄：春暉出版社，2009 年），221-224。詳載張放
　文藝創作年表。
74 黃梅：〈吃司馬中原的豆腐〉，收入林婷婷、劉慧琴編：《東南亞華文女作
　家選集》（台北：台灣商務印書館，2012 年），頁 146。

這是菲華文學跨文化、跨疆域的特徵，[75]與其他地區離散書寫的風格迥異。隨著與域外頻繁交流，跨國越界成為常態，作品流播在此時此地刊行，使菲華作家見到台灣文人便像是見到心儀的偶像，對其創作瞭若指掌，也因此更盛情以待。

（三）「文聯」的成就與貢獻

文聯的重要刊物是《文聯季刊》，[76]《文聯季刊》曾企劃集體創作《菲律賓的一日》，自來稿選錄 70 人作品印製二千冊，於一周內售罄，寫下當地銷售紀錄。這份刊物也在台販售，讓台灣讀者有機會認識菲律賓底層百姓的生活樣貌，[77]增進理解。播種期的菲華文學大多數優秀作品都在《文聯季刊》發表，作家也集中心力籌辦刊物，希望拿出最好的作品，[78]促進發表的質與量。此外，文聯推動話劇公演、文藝晚會、文藝播送、詩歌朗誦、散文欣賞、作家旅遊、短篇小說獎金賽、話劇劇作獎金賽等相關藝文活動，大力推動菲華文學與文藝發展。「文聯」組織動員力量強大，集結菲華文壇重要作家，眾志成城，由施穎洲擔任主編，規劃出版《文聯季刊》。其重要性在於：

> 一、產生菲華文學重要的代表性作品，即使與台灣
> 香港第一流作品相較也毫不遜色；八十年代以前所出版

75　〈跋 群雁歸來〉，林婷婷、劉慧琴編：《東南亞華文女作家選集》，頁 420。

76　何聖芬：〈評介「文聯季刊」〉，《文訊》第 24 期（1986 年 6 月），頁 147-159。

77　編輯部：〈藝文走廊：花草展覽昨晚閉幕 天文同好欣賞唱片〉，《聯合報》2 版（1952 年 1 月 26 日）。報導說明菲華僑文藝工作者集體創作之「菲律賓的一日」內容包括小說、散文、詩、報告文學等，為菲律賓各種職業華僑生活寫照，尤對下層社會眾生相有深刻之描述。

78　施穎洲：〈菲華文藝播種時期的回憶錄〉，《文訊》第 24 期（1986 年 6 月），頁 113。

的各種文學選集，幾乎都是「文聯」作家的作品。

　　二、使早已擱筆的作家重燃創作之志，更鼓勵許多後進致力寫作，[79]也使菲華文藝活動，掀起了一片綺麗壯觀的浪花。[80]

　　1951 年「文聯」主辦菲華第一屆「短篇小說創作獎金賽」，由但英（林健民）獨力捐獻所有獎金，獲得第二名的是當時擔任華僑高中國文教師的葉曼，獲獎作品〈初戀〉。[81]葉曼本名劉世綸，長年吃素，精研佛學，曾在輔大講授印度哲學史和隋唐思想，短期擔任《婦女雜誌》總編輯。[82]她隨丈夫田寶岱的外交工作先後到訪美國、日本、菲律賓等國，跨國流動經驗豐富。兩度駐菲時間長達十年，五十年代在菲律賓開始以葉曼為筆名創作，撰寫專欄，先後為菲律賓《大中華日報》和《新聞日報》撰稿，約有四年之久，也為台灣《大華晚報》、《聯合報》撰稿，葉曼的傑出作品多作於旅菲時期，以短篇小說創作尤佳，鍾梅音謂其文字「氣象萬千，暢論國家大事時，尤其豪邁有丈夫氣概。」[83]菲律賓為葉曼的創作注入養分，葉曼的多重角色、身分，及其明達睿智的書寫也使當地女性受到啟發。女性寫作在

---

79 屠申虹編：《中國文藝年鑑一九六七》，頁 405。

80 尹雪曼等：《中華民國文藝史》，頁 878。

81 尹雪曼等：《中華民國文藝史》，頁 877；陳一匡：〈淺談菲華的小說創作〉，《亞洲華文作家》第 34 期（1992 年 9 月），頁 23。

82 鍾梅音：〈葉曼介紹〉，收於葉曼：《葉曼隨筆》（台北：文星書店，1964年），頁 4。根據作者自序，創作期間約有十年之久，陸續發表在台北和馬尼拉報刊，並一部分曾於中國廣播公司節目獻聲過。晚期葉曼經常在台灣、香港、大陸、美國巡迴弘法，是佛教界德高望重的人物，並當選1984 年世界佛教友誼會副會長，葉曼：《葉曼拈花》（台北：圓神出版社，1992 年），書籍封底作者介紹。

83 施穎洲等撰：《菲華小說選》（台北：中華文藝月刊社，1977 年），頁 5。

菲華文壇不多見，但都令人感到可敬，像是董君君身為家庭主
婦卻勤學尊師，令講習班的作家司馬中原留下深刻印象，寫作
的愛好為菲華文壇的女性作家帶來新鮮旺盛的生命力。

三、「文聯」作家群

　　首屆「文聯」講習會吸引三百多人參加，施穎洲盤點菲華
文壇李惠秀、林泥水、張燦昭、施約翰、莊文成、莊垂明、月
曲了（蔡景龍）、藍菱（陳婉芬）、陳默（陳奉輝）、白凌（葉來
城）、王國棟、雲鶴（藍廷駿）、南山鶴（陳戰雄）、陳和權、林
婷婷、黃珍玲、吳天霽、珮瓊（戴珮卿），以及枚稔（李惠秀）、
白澈（姚貽邦）、沙如、陳映雪、林泉（劉德星）等，李瑞騰再
補充雲山海、王文選、林弗莎（林麗蓉）等，也都是文聯文藝
講習會培育出來的文藝青年。[84]參加的學員合計在三千餘人以
上，不但為僑社奠定良好的藝文風氣，更栽培不少菲華文壇新
秀，[85]人數與水準逐年提高，堪稱菲華文壇一項最有意義，也
最有成就的舉措。[86]其影響力不僅在講習會辦理當下，更在於
播撒了文學種子，促成作家的培育和文藝社團的成立，後續效
應影響甚遠。

（一）自由詩社

　　「文聯」帶動了菲華文壇的蓬勃發展，六十年代之初，二

---

84 李瑞騰：〈菲華散文的文化屬性——以選集為考察對象〉，《文訊》284 期
　　（2009 年 6 月），頁 58。
85 屠申虹編：《中國文藝年鑑一九六七》，頁 410。
86 尹雪曼等：《中華民國文藝史》，頁 887；施穎洲：〈柯俊智先生與菲華文
　　學〉，《菲華文學（一）》，頁 319-320。

十多位少年組成菲華第一個由青年作者組成的文藝團體——自由詩社。社員包括莊垂明、月曲了、雲鶴、藍菱、南山鶴、艾鴻（蔡偉民）、吳天霽、浪村（陳德琛）、夏牧（陳鴻山）、嵩山鶴、黃碧蘭、王錦華（月曲了夫人）、南根（李勝利）等，其中多人勤於筆耕，活躍於文壇，成為十多年後菲華詩壇中堅分子，他們大多參加過余光中、覃子豪主持的講習班，其中四人並參加中國詩人聯誼會。[87]1961 年 3 月自由詩社出版《一九六一‧自由詩社選集》收入社員作品，1962 年雲鶴（藍廷駿）主編《詩潮（第一年選）》出版，使「文聯」培養出來這一批二十歲左右的青年產生「菲華詩」的創作意識，而能與「祖國」、「其他地區華文詩壇」分庭抗禮，形成自我獨特的地方特色，[88]在此基礎上，他們成為八〇年代詩壇中堅分子，在創作中透顯對於「華」文化的描繪與「中國性」的省思，[89]這是透過講習會，在台灣詩人奠定的基礎之下逐漸開花結果，瓜熟蒂落。

　　李瑞騰認為詩人覃子豪 1962 年赴菲講學，台灣現代詩運動因而在當地生根，菲律賓六〇年代「自由詩社」活躍，[90]其成立，台灣詩人功不可沒。講習會講師之一覃子豪以「詩的藝術」、「詩的發展」、「詩選」、「詩的創作方法」、「習作解剖」五個主題帶給菲華詩壇「縱的繼承」的親切感，依循著中國傳統文化

---

87 施穎洲：〈菲華新詩來龍去脈〉，頁 78-79。
88 李瑞騰：〈菲華新詩的一些考察〉，《香港文學》第 80 期（1991 年 8 月），頁 35。
89 洪淑苓：〈菲華詩歌中的「華」與多元文化——以雲鶴、和權、謝馨詩作為例〉，《中國現代文學》第 35 期（2019 年 6 月），頁 109。
90 李瑞騰：〈菲律賓華文文學〉，《聯合報》8 版「聯合副刊」，1986 年 6 月 1 日。

的哺育；也提及法國浪漫派和象徵派的欣賞及其技巧研究，[91]更逐漸展現轉往現代主義的詩學美感，[92]承自中國，也移植西方，詩學美典具有雙重視野。自由詩社成員多為土生土長接受雙語教育的菲華青年，其詩刊與 1961 年出版的自由詩社詩集展現了他們身為華菲第二代詩人的成就。[93]台灣與菲律賓文壇互動緊密，甚至可以說是同步發展。例如 1960 年 5 月，冬雲、耕人、寒松、夏牧、藍雲及南根等發起「耕園文藝社」，台灣作家王平陵、覃子豪、王藍、余光中、羅蘭、王生善等都經常為該社提供稿件。[94]1982 年，丹扉赴菲講學，當時任職立委的蔡慶祝策動寫作班的成員組成「菲華青年文藝社」；1984 年，兒童文學專家嚴友梅赴菲講學，促成了「菲華兒童文學研究會」的誕生。[95]台菲交流不但擴大文學的視野，使菲華文學創作多樣化，關注不同文類，也讓社團趨於專業化。依據社員年齡組成興趣相投的團體，更容易產生對話與激盪，促進文學交流。

　　由文藝講習班培育而成的作家，最受矚目的是雲鶴。雲鶴（本名藍廷駿，1942－）是菲華社會第一個文藝副刊「新潮」主編藍天民之子，也是自由詩社最勤謹的詩人。17 歲出版首部詩集《憂鬱的五線譜》由覃子豪為之作序，20 歲主編《新潮詩選》，陸續出版《秋天裡的春天》、《盜虹的人》、《藍塵》等詩集。

91 陳義芝編：《台灣現當代作家研究資料彙編 8 覃子豪》（台南：台灣文學館，2011 年），頁 191。覃子豪的講義被台師大楊昌年教授編入《新詩品賞》（後增訂為《新詩賞析》）作為教材。

92 陳賢茂、吳奕錡、陳劍暉、趙順宏：《海外華文文學史初編》（福建：鷺江出版社，1993 年），頁 471、498。

93 林婷婷：〈橫跨兩種文化〉，頁 89。

94 尹雪曼等：《中華民國文藝史》，頁 883。

95 李瑞騰：〈菲律賓華文文學〉，《聯合報》8 版「聯合副刊」，1986 年 6 月 1 日。

由北京友誼公司出版的《野生植物》，其中一首〈野生植物〉以象徵手法表現詩人身分認同的危機意識：

> 有葉
> 卻沒有莖
> 有莖
> 卻沒有根
> 有根
> 卻沒有泥土
>
> 那是一種野生植物
> 名字叫
> 華僑[96]

〈野生植物〉這首詩被奧運會選為開幕式朗誦之作，並曾獲得印度詩歌節大獎殊榮。[97]透過植物的根、莖，詩人以傳統比、興手法寄託華人浪跡天涯、寄人籬下的無所依托。[98]

藍菱（本名陳婉芬，1946-）是自由詩社最年輕的詩人，14歲即出版詩集《第十四的星光》，成為菲華文壇備受讚譽的詩人，是最早投入台灣詩壇的菲華詩人，由台北藍星詩社出版《露路》詩集，創世紀詩社出版《對答的枝椏》。藍菱畢業於遠東大學英文系，赴美攻讀愛荷華大學文藝碩士學位，其詩作被譯成

---

96 張香華：《玫瑰與坦克》，頁 174。
97 梁立基、李謀編：《世界四大文化與東南亞文學》，頁 118。
98 朱文彬：《東南亞華文詩歌及其中國性研究》（杭州：浙江大學出版社，2017 年），頁 196。

多國文字，收入多種選集，曾三次被選入年度詩選。〈米〉一首
同時被選入台北爾雅出版社和前衛出版社，最後一節寫道：

> 我難以相信，這滿袋子哀矜的風雨
> 竟是我未能忘懷的過往
> 鬱念比異邦的風霜侵人
> 日子更寂寞；寂寞中我設想著
> 你在一些煮熟了的菜餚
> 和甜美的水果當中坐下，催我用筷
> 可是這熱滾滾的一碗啊
> 你叫我如何，如何
> 一手捧起
> 這瑩澈的鄉愁[99]

　　藍菱和莊垂明的詩作都常見於「聯合副刊」，1977 年 5 月
20 日聯副登載藍菱的〈雨書〉，後再被收入《聯副三十年文學
大系》詩卷。「聯副」向來不登載長詩，卻曾把莊垂明的長詩〈晚
霞千丈〉以大字標題刊載於全版頂天處。莊垂明的詩作三度入
選年度詩選，其中〈瞭望台上〉獲選為 1984 年四千多首中的十
首代表作之一，描述一位由台灣駕機逃到大陸的飛行員眼中的
邊界：

> 指向前面
> 嚮導說：

99 施穎洲：〈菲華新詩來龍去脈〉，頁 80-81。

「那就是邊界
不可擅越。」

站在落馬洲的瞭望台上
我偷問蒼鷹
凜風、鳴蟲
甚麼叫作邊界，他們都說：
「不懂。」[100]

　　當時台海兩岸分離，有明顯的政治邊界不可踰越，唯有自
在翱翔的鷹、遼闊無際的風，和隨聲遠播無以止禁的蟲鳴，能
夠跨越邊界，不受拘束，莊垂明期許有朝一日邊界不再，能自
由飛渡。

　　1965 年林泉獲得台灣葡萄園詩獎，1973 年榮獲菲華中正文
化獎金創作獎，其詩作有《窗內的建築》、[101]《心靈的陽光》、《樹
的信仰》，和舊體詩詞《梧桐詩餘》等，他善於吸取古今中外文
學精華，出之以深厚功力，詩句字詞凝鍊，結構嚴密。其代表
作是〈王彬北橋〉，首節如下：

瀟灑雨中
像撐一棵意志
在雨裡生長
我撐著傘
佇立在王彬北橋悵望

100　施穎洲：〈菲華新詩來龍去脈〉，頁 80-81。
101　林泉：《窗內的建築》（台北：笠詩社，1967 年）。

> 時光在前
> 陰影在後
> 面對南牆
> 不知該向南或向北走
> 向南或向北路上
> 遍是先祖斑斑的足印[102]

　　詩中充滿濃厚的鄉思之情，與馬尼拉華人區商業中心重要地景標誌王彬街巧妙結合，[103]馬尼拉唯一的中文書店——新疆書店坐落在這條唐人街上，作家杜鷺鷥回憶初到菲律賓這個異域，欲與中文相會必須到訪這個聖地，熱門的港台文學書籍，像是金庸、古龍、瓊瑤、三毛、席慕蓉的作品，《皇冠雜誌》和《明報周刊》等刊物都價格不菲。當她看到《菲華文壇》創刊號因而知道有王國棟、小華和當時活躍在華文寫作圈的文學愛好者，作品中透露出異地他鄉的心情，杜鷺鷥調整心態，懷持著感恩、歸屬的心情，聆聽周遭的聲音，激勵自己提筆寫作，開始向報社副刊投稿，[104]寫作使作家群體同好為伴，以文學介入當地，落實文化生根。新一代菲華作家適應異地時大多保持彈性，能屈能伸，不再固著於原鄉的懷戀，轉而關注菲華社會的現實面，重視是否能書寫出菲華文藝的獨特性。在東南亞各

---

102 施穎洲：〈菲華新詩來龍去脈〉，頁 80-81。
103 張放在華僑聚居的王彬街看到中文的招牌宛如置身台北一樣親切，華僑王彬反抗西班牙的統治所以得到菲律賓人的尊敬，為之樹立銅像。見張放：《域外采風錄》，頁 80。張放眼中的菲國華僑刻苦、節儉、有創業能力，但也有些保守、固執（頁 91）。
104 杜鷺鷥：〈一枝草，一點露〉，收入林婷婷、劉慧琴編：《東南亞華文女作家選集》，頁 119。

地轉往民族國家發展的進程中，華族的認同思維增添了交融的文化視野，他們的獨特性與在地關懷不同於當地土生土長的民族，而是在血緣的思考中多了一份來自優美文化傳統的使命與關切，使菲華文人群體具有凝聚力，更願意投身於創作。

（二）政治協力文藝發展

透過文學與文藝思潮的流動，來自中華民國文化意識的輸出，使得菲律賓華人認同中華民國的國家理念。當時華人團體必須向中華民國內政部及僑委會登記，華人持有中華民國護照，受中華民國政府管轄；而菲律賓受華文教育的作家，由於國家、文化、種族等意識的洗禮，雖然生活在菲律賓也期待心生認同，然而不具國籍、無法參政，轉而將政治認同投向中華民國的政權，願意參與中華民國的政治活動，許多菲華文藝界人士回台擔任政府要職即為明證。[105]菲華文學與台灣兩地跨國文學的研究，同時必須注意社會場域的運作，無論是文學場域或權力場域，透過講習會、講座等各種形式，讓各個場域之間建立務實的聯繫，握有政治權力的人試圖將他們的觀點加在藝術家身上，特別是透過文學刊物；作家則以請求者、說項者，有時甚至真的以壓力團體的姿態從事活動，藉此努力，間接對國家所分配各種不同的物質或象徵獎勵取得控制。[106]在政黨的政治力支持下，菲華文壇取得資源的挹注，以此推動藝文發展，促進文學的勃興。

---

105 許玉馨：《從戰後菲華文學看菲華社會》（南投：暨南國際大學歷史學研究所碩論，1999 年），頁 28-29。

106 皮耶・布赫迪厄（Pierre Bourdieu）著，石武耕、李沅洳、陳羚芝譯：《藝術的法則：文學場域的生成與結構》（台北：典藏藝術家庭出版社，2016 年），頁 72、100。

其中像是杜若（柯叔寶，1920-1988）及芥子（原名許榮均，字浩然，1919-1987）都是中國國民黨幹部，芥子從事黨務工作四十多年，最後一個職務是菲華文經總會辦公廳主任，也從事社會工作、新聞工作，曾任《大漢魂》、《大華日報》、《公理報》、《大中華日報》、《聯合日報》等編輯、主筆。[107]而杜若擔任中國國民黨駐菲總支部書記長、國民黨中央委員、菲華反共抗俄總會（簡稱「反總」）秘書長，曾任中央委員及僑務委員會副委員長，是菲華作家重要發表園地《大華日報》「長城」副刊的編輯。[108]「反總」由全菲主要僑團組成，各地設有分會，規模龐大，設有常務委員 29 人。1966 年杜若籌創在「反總」下設「菲華文藝廳」，包括文藝、音樂、美術、戲劇等工作委員會，支持鼓勵並輔導菲華會辦理各項藝文活動，九組中有一組是「文學組」，負責印行菲華文藝年選、舉辦徵文比賽、召開座談會，出版定期刊物，也協助暑期文藝研習會，[109]以縝密的組織企畫推動菲華文藝。

另一個例子是施穎洲（1919-），他任職《中正日報》總編輯，闢設「文藝工場」，將首年作品集結為《文藝年選》，致力於詩作翻譯，《世界名詩選譯》、《現代名詩選譯》、《古典名詩選譯》等有計畫選譯世界詩的總選集，由台北皇冠出版社出版，後又出版《莎翁聲韻》，與台灣關係密切。詩社方面，1993 年 8 月「緝熙雅集」由一群愛好文藝的青少年組成，台灣詩人鴻鴻

107　施穎洲：〈芥子先生行述〉，《亞洲華文作家雜誌》「菲華詩人芥子先生專輯」第 15 期，頁 115-116。

108　施穎洲：〈四十年間——「華菲短篇小說選及散文選」代序〉，收入施穎洲等撰：《菲華小說選》，頁 3。

109　屠申虹編：《中國文藝年鑑一九六七》，頁 412。

也是其中一員。[110]隨著台菲文壇密切交流,菲國青年來台就學再歸返,自此與台灣詩人建立緊密連結,也是交流的方式之一。

　　艱困中菲華文壇積極與報刊合作,尋求發表園地,像是耕園、辛墾、文協、青藝、晨光、千島、藝文聯會等七個文藝團體都與報社合作耕耘文藝場域。[111]王國棟逝世後遺孀小華(陳瓊華,1940-)承繼遺願成立、主持「王國棟文藝基金會」,並擔任耕園文藝社負責人,主編每週出刊一次的《耕園文藝》,替許多菲華作家出書,創造園地提攜新進作家,[112]不遺餘力。小華為菲律賓土生土長的華裔作家,繼承亡夫詩人王國棟印刷事業的同時,接棒「耕園文藝社」社務,後來又陸續擔任亞洲華文作家文藝基金會董事長,亞華作協菲分會、耕園文藝社常務理事,菲律賓《聯合日報》「耕園」副刊主編。她著有《小華文選》、《走進別人的故事裡》,先後榮獲中國文藝協會第 33 屆海外文藝工作獎,台灣省文藝作家協會中興文藝獎及世界華文作家協會文徐貢獻獎,[113]得到許多海內外獎項肯定。1954 年總支部書記長莊銘淵任職期滿,與《大中華日報》總經理莊金朝接辦《公理報》。當時在《公理報》副刊「晨光」發表的作者有 108 人,比「文聯」早一年成立「晨光之友」,但組織並不嚴密,這些有志於創作的文友,後來大多加入「文聯」,也就難以區分

---

110 莊維民:《島國情濃》(台北:秀威資訊科技公司,2010 年),頁 121。

111 莊維民:《島國情濃》,頁 108。

112 黃安瓊:〈喜結慈濟緣〉,收入小華:《慈濟情緣──走進別人故事裡》(台北:秀威資訊科技公司,2010 年),頁 19。

113 朱文斌、曾心編:《新世紀東南亞華文文學精選》(杭州:浙江工商大學出版社,2017 年),頁 260。收入小華〈一夜之間〉、〈我的端午情節〉兩篇,展現對於傳統文化傳承的斷層、華族自身意識淡漠的憂心。

彼此，[114]可知菲華作家積極參與文壇活動，並不會因為組織不同而有派系之分。

　　除了台灣以講習會輸出，1962 年「菲華文藝訪問團」應邀來台訪問兩週，建立更密切的兩地交流。菲華文史作者王禮溥回憶，若非杜若（柯叔寶）大力支持、穿針引線，勢必難以成行；五十、六十年代之所以能領導菲華文藝活動，一方面柯叔寶有《大中華日報》作為根據地，二則因擔任中國國民黨駐菲總支部書記長和菲華反共總會秘書長，這兩個僑團在「菲華五大僑團」名列第二、三，自然使文藝工作推展順利。[115]柯叔寶與台灣淵源深厚，抗戰勝利神州淪陷時，他參加旅菲華僑勞軍致敬團來台，開海外僑胞勞軍之先河；1968 年當選中央委員，1974 年調任僑委會副委員長，1981 年遴選為菲律賓地區僑選立法委員，1984 年奉派為福建省政府委員，[116]政治上的資歷對柯叔寶推動文藝工作助益甚大。

　　1968 年 10 月「反總」主席楊啟泰聘請亞薇（蔡景福）擔任秘書長，共事四年。[117]亞薇與台灣關係密切，其生平重要的獎項與工作，包括中國文藝協會第三屆文藝獎章（1962 年）、華僑救國聯合總會「文藝創作」獎金（1964 年）、[118]菲前總統

---

114 施穎洲：〈柯俊智先生與菲華文學〉，《菲華文學（一）》，頁 320。

115 王禮溥：〈悼叔寶〉，《亞洲華文作家》第 19 期（1988 年 12 月），頁 39。

116 蔡慶祝：〈柯叔寶傳略〉，《亞洲華文作家》第 19 期（1988 年 12 月），頁 5。

117 亞薇：〈日據菲律賓隨筆（四題）〉，《亞洲華文作家雜誌》「菲華新詩專輯」第 15 期，頁 151。

118 唐虞、陸耀華等編：《光輝的軌跡：僑務委員會六十周年會慶實錄》（台北：僑務委員會，1992 年），頁 23。台灣與菲律賓兩地文壇活動幾能同步，文人參與的社團和獲取的獎助扮演重要推手，像是成立於 1952 年的華僑救國聯合總會主要任務是擴大各地僑團聯繫，研究僑情、獎助華

馬可仕「菲華傑出詩人」獎章（1969 年）、曾任教菲華中正學院及南島納卯中華中學校長（1974 年）、菲華反共總會秘書長、台北世華銀行董事會秘書，樹石僑團的理事、顧問要職，擔任中華文化復興運動推行委員會菲分會秘書長。[119]亞薇曾參與「暑期文教講習班」工作，每年邀請台灣作家赴菲講學。兩地間流動，活躍領域橫跨政界、商界、教育界，範圍廣闊。在台北十餘年，亞薇所完成的小品、新詩、散文、小說，以及有關菲律賓的報導，計有數十萬言，是有生以來創作最豐富的時期。1972 年亞薇第一次參加僑選增額立法委員，第二次是 1980 年，第三次是 1983 年，1986 年參加僑選增額監察委員。[120]四次參選，屢敗屢戰，仍不放棄。由芥子和亞薇的例子可知菲華文壇的重要領袖與台灣政壇息息相關，菲華的文藝生態與政治力量相輔相成，帶動兩地文藝興盛，並且幾乎同步發展。

正如本尼迪克特・安德森（Benedict Anderson，1936-2015）所言，同樣身為中華民族，菲華與台灣文壇形構想像的共同體，相互連結的意象活在每一位成員的心中，[121]謝馨寫於 1971 清明節的〈華僑義山〉，正表現這個主題：

僑文教、設立華僑服務社、推展反共救國運動等，首屆代表大會 1957 年 10 月 21 日於台北中山堂召開。

119 許希哲：〈亞薇先生行誼〉《亞洲華文作家雜誌》「菲華詩人亞薇先生專輯」第 15 期，頁 143；伯古：〈去似朝雲無覓處〉，《亞洲華文作家雜誌》「菲華詩人亞薇先生專輯」第 15 期，頁 162。

120 王禮溥：〈文星殞落悼亞薇〉，《亞洲華文作家雜誌》「菲華詩人亞薇先生專輯」第 15 期，頁 166-167。

121 班納迪克・安德森（Benedict Richard O'Gorman Anderson）著，吳叡人譯：《想像的共同體：民族主義的起源與散布》（台北：時報文化出版公司，2010 年），頁 41。

在海外　再沒有比這塊土地更能接近中國
在異域　再沒有比這座墓園更能象徵天堂
在這裡　華裔子孫得以保留他們血緣的根
在今日　炎黃世冑得以維繫他們親族的根

這是一座城
一座比諸葛亮的空城
更空的城
這是一座山
一座比喜馬拉雅山
還冷的山
城裡住著流落他鄉的遊魂
山上住著終老不得歸鄉的幽靈
他們曾經過著白手起家，胼手胝足的日子
他們曾經嘗遍飄洋過海，歷盡風浪的辛酸
他們曾經忍受千辛萬苦，創業維艱的苦難
現在總算有了一座
自己的城
如今終於造就一座
自己的山

清明時節
烈日炎炎
在他們的城裡
錫箔冥紙飛揚著
聖周期間

哀思綿綿

在他們山上

香燭煙火燃燒著

華裔子孫的汗如淚下⋯⋯

炎黃世冑的淚如汗下⋯⋯[122]

　　墓園鮮明表現現代民族主義文化，公開的紀念物，儀式性的敬意，沒有名字的致意雖然空洞，也表徵了一種現代性——幽靈般的民族想像，[123]即因此，在特定節日的懷想中，思及先祖的篳路藍縷，艱辛拓殖，汗與淚便交織難分了。生於上海，十歲移居台灣，婚後定居菲律賓，流動是謝馨生命中順應自然的移動，面對新的國度、環境與生活方式，心理上並未有太大的衝擊，適應時的箇中滋味，也視為成長所必經，反而因語言轉換帶來新的視野和靈感，豐富詩作內容，[124]謝馨的正向思維使懷鄉意識多了一份超然客觀。也是在移動中不斷思索身分屬性和主體性的陳鵬翔，當他考察張錯詩歌時，提出世界主義華人的三種新身分特質：其一是精神依歸的多元性；其二是不同生活的融合性；其三是因應前兩者概念而生的立場，即個己位置將隨著新身分在不同場合與不同觀眾面前改變。[125]越是晚近的全球化時代，移動已是生活常態，對於作家而言，生活情境的

---

122 謝馨：《來中望所去　去中覓所來——謝馨詩作賞析》，頁 64-67。

123 班納迪克‧安德森（Benedict Richard O'Gorman Anderson）著，吳叡人譯：《想像的共同體：民族主義的起源與散布》，頁 47。所不同的是，西方並不強調民族別，而此處特別標榜炎黃子孫的共同性。

124 王偉明：〈經眼江山費追尋——與謝馨對談〉，收入謝馨：《來中望所去　去中覓所來——謝馨詩作賞析》，頁 231。

125 陳鵬翔：《文化／文學的理論與實踐》（台北：秀威資訊科技公司，2018年），頁 149。

轉換不再是離散的滄桑，或漂泊的無奈，倒有一種隨遇而安的自在感受，能以正面態度看待。

　　兩地之間文學場域的流動，民國文人是播種者，而影響力甚大的資深作家兼僑團領袖，也是不可或缺的異花授粉者。聲氣互通的雙向交流使菲華文壇與台灣文壇形神相通，創造了血緣相同但風格迥異的文學風貌，海外華文文學的殊異性產生特殊情調與異國風味，回頭來也豐富了民國文學的內涵。經統計，「文協」及台灣省作家協會頒贈的海外文藝工作獎，十分之七為菲華作家所得，包括施穎洲、莊良有、莎士、林婷婷、本予（林忠民）、[126]王禮溥、莊無我等。林忠民在余光中筆下是菲華文化的中堅、工商界的儒商、體育場上的籃球選手、文壇上詩文兼善的作家，海外不遺餘力華文文運的推手，數十年來以「亞洲華文作家文藝基金會」董事長身分率團在海峽兩岸向文壇前輩作家致敬。直至 1990 年，菲華文壇與台灣仍然保持密切互動，以厚禮隆情邀請作家赴菲講學，像是余光中、瘂弦、顏元叔、羅門、蓉子、司馬中原、洛夫、白萩等人都主持過文學講座。[127]菲華文學在民國文人的啟引之中，走向屬於自己的坦途，建構自我的文學屬性，也開展出值得仿效的路徑。

四、千島風土與故國想望

　　冷戰時期在濃重的反共防線圍堵下，來到菲島交流的作家

126　余光中：〈文心凋龍〉，《粉絲與知音》（台北：九歌出版社，2015 年），頁 278。

127　施穎洲：〈看看人家怎麼做：菲華之春〉，《聯合報》29 版「聯合副刊」（1990 年 4 月 24 日）。

積極傳播中華民國的自由氛圍與文學果實，使菲華人民心境上有所依託，不再流離。而菲裔在台作家也積極著書立說，建立不朽大業，呈現兩地之間流離產生的動能，帶來創作榮景。

（一）故園漫漫，不再流離

海外華文文學在世界華文文學史的書寫中逐漸受到重視，馬森認為新馬和菲律賓是海外華文文學的重鎮，書寫中國文學不容缺此一角。[128]他以華文文學概括所有以中文寫成的作品，以華文作家概括所有以中文寫作的作家，即使他們多數久已成長為海外移民，或逕入外籍。而書中所考察的作家，其創作時間是仍在持續的民國時期，1949 之後其文學視野隨流動倍增其影響力，移動區域的特殊風土激盪作家的創作意志，以寬容平等的視野與當地文學、文化形構一種交融寬闊的思考，呈現在其作品中，具有跨國流動的獨特性。

1949 年以後，來自福建的菲律賓華人歸鄉路斷，懷鄉的意念和血統的認同與合作，遂成為菲華文學的共同母題，[129]「重

---

128 馬森：《世界華文新文學史——中國現代文學的兩度西潮（上編）：西潮東漸　第一度西潮與寫實主義》（台北：印刻文學出版社，2015 年），頁 37-38。

129 鄭清文評語，認為這是華僑的兩大精神支柱。見亞藍：〈風雨牛車坊〉，《亞洲華文作家雜誌》第 18 期（1988 年 9 月），頁 186。此文是耕園文藝社舉辦「短篇小說創作」首獎作品，時間設定在太平洋戰爭爆發日軍侵略菲律賓之際，主角攜著妻兒逃難，在窄巷牛棚中飼養一頭名為勇敢的小黑牛，符合「反映菲華僑民生活，發抒菲華僑民心聲，且具建設性的僑民文學」徵文宗旨。亞藍本名黃碧蘭，擅長將親身經歷與生活考驗灌注在作品之中，富於時代的苦難意識，表現個人獨特的風格，獲得台菲兩地最高榮譽的獎章，〈風雨牛車坊〉被收入《世界中文小說選》，見若艾：〈悼念文章：華菲文壇女強人〉，《亞洲華文作家》第 31 期（1991 年 12 月），頁 65；莊良有：〈泣亞藍〉，《亞洲華文作家》第 31 期（1991 年 12 月），頁 77。

返故鄉」成為時代集體願望，現實面則於國府所在的台灣重建
文化上的認同。[130]正如同李瑞騰教授所觀察：

> 人的價值——個人，不論他是自願，還是被迫離開
> 故土，到了另一個地方，工作，或者生活，他都必須勇
> 敢而堅定的生存下去。也許曾經顛沛遷徙，但時間不會
> 停了下來，日久啊，他鄉就是故鄉！……弄清楚主客觀
> 條件，找到自己的立足點，用可能的方式去自我展現，
> 人的價值正在於此。所以，我認為「不再流離」應該是
> 一種心境，實踐面應該怎樣，關乎每個人的才情、學養、
> 經驗，適應社會的能力等，都有所不同，難以一言蔽
> 之。[131]

對於評論家而言，東南亞文學是一種「南方的誘惑」，其中
菲律賓不但擁有獨特的地方色彩，在葉曼的觀察中，菲律賓最
出色的人種是混血兒，若被問起：「你是個密斯提薩？」（即混
血女之意，混血男是密斯提索）被問者往往眉開眼笑，[132]並未
像其他地區大多對混血人種帶有歧視眼光。台灣對於傳統文化
的維護，使菲華作家有了注目的焦點，亞薇眼中的陽明山是「華
岡的春風夏雨，孕育傳統優美的中華文化。極目彼方是『文革』
後的大陸祖國，正等待我們重新把文化的種子播撒。」[133]在菲

---

130 李瑞騰：〈菲華散文的文化屬性——以選集為考察對象〉，《文訊》284
　　期，頁 58

131 李瑞騰：〈不再流離：劉以鬯、姚拓等之例〉，《流離與歸屬：二戰後港
　　台文學與其他》（台北：台灣大學出版中心，2015 年），頁 11-12。

132 葉曼：《葉曼隨筆》，頁 147。

133 亞薇：〈寶島之戀〉，《劇與藝》8 卷 2 期（1972 年 7 月），頁 150。

律賓生長，接受華文教育，亞薇在菲律賓十多年生活磨練下，仍心戀故土；故國堪回首，不僅回望山川田園，也嚮往人物風情、道義和正氣。[134]故國是父母之邦，因此有人親土親的眷戀，同樣離土的余光中，筆下的菲國風情是：

> 美麗的千島國浸在溫暖的太平洋裡，這裡是永恆的夏季。菲律賓半裸在八十度的陽光中。……空氣鬆軟而有情。我們把台北的冷峻呼出去，吸進馬尼拉的溫暖。馬尼拉的夜是開敞而不寐的。何況這是耶誕的前夕。已經是子夜了，霓虹仍流動著，支撐著半壁天的繁華。東方最大的天主教國家，今夕，更是他們宗教活動的高潮。所有菲律賓人都在西班牙遺風的大教堂裡。異教徒的我在教堂外，在異國的夜的空氣中。……今夕何夕，我該是一個快樂的異教徒，我在許多可愛的朋友之中。亞薇和亞佩瓦來了，一雄，穎洲，桂生，以及姚參事，虞參事等都來了。緊握著的掌中有熱烈的友情。一年而有兩個夏天，一九六二年是富於陽光的。[135]

---

134 林濤：〈談亞薇《故國的召喚》〉，《劇與藝》8 卷 2 期（1972 年 7 月），頁 177。亞薇《故國的召喚》中〈過城郊〉一詩寫道：
> 在椰島的夢裡我常憧憬登高望鯉城，
> 鯉城卻在渺慢十年歲月中變了原形，
> 高大深厚的城牆和基石拆毀成平地，
> 古代偉大的象徵啊！在文明裡消泯。
>
> 迎著隆冬的冽風，我獨自踏著黃昏，
> 黃昏隱現熟悉的石徑，阡陌和野墳。
> 落霞映紅了枯枝和滿眼深綠的麥浪，
> 歸鳥飛繞著家鄉，吐著炊煙的遠村。

135 余光中：〈重遊馬尼拉〉，《左手的謬思》（台北：九歌出版社，2015 年），

　　他記載應駐菲大使館之邀進行為期三週的授課，其交流範圍僅限於華僑社會，接觸的多是文人群體和官員。相較之下，他參加中華民國筆會代表團出席「亞洲作家會議」則接觸面較寬，交際量亦較大，印象繽紛交疊，有如未來主義的畫面。在尚未開放出國的年代，因推展文化踏上異域，這經驗對於詩人來說極其新鮮。第二次赴菲是參加羅家倫所率作家團到馬尼拉出席第一次亞洲作家會議，同團尚有陳紀瀅、李曼瑰、鍾鼎文、馮放民等，在馬尼拉五、六天，由「文聯」負責接待，並舉行非正式座談會。[136]余光中以富於陽光的、熱情奔放的人情印記寫下這一段菲島之行，小標題名為「冬天裡的夏天」，殆由所致。繁華的商業社會氣息，則透過旅店與夜色的工筆描繪，紀錄耶誕日的馬尼拉：

> 　　穿過霓虹燈之海，駛入色彩，駛出色彩，一雄的汽車在馬尼拉旅店的門前停下。這是馬尼拉最豪華的旅店，有兩百多個房間，湖綠色的燈綴成的大吊鐘自六樓頂龐然下懸，對街露天畫廊的燈火正輝煌。節日的車潮潺潺流瀉著，遠方的馬尼拉海灣反而幽靜而安息了。桂生請王藍、鍾鼎文、馮放民和我去今夕不打烊的餐廳中宵夜。座位很擠。年輕人的笑聲把夜裝飾得蠻生動的。[137]

　　碧瑤的地景，如詩如畫，使余光中聯想梵谷和高更的畫作，

頁 168。
136　亞薇：《亞薇自選集》（台北：黎明文化事業公司，1983 年），頁 102。
137　余光中：《左手的謬思》，頁 169。

殖民色彩的建築，疊合而今依舊尚未平息的、蠢蠢欲動的巡防，使詩人感到：

> 一九六二年最後的兩天，雲羅在南中國海的上空無所用心的遊弋，許多黃得傷眼的西班牙式大教堂浸在中古的夢幻裡。正是耶誕季節的星期日的清晨，悠閒地，鐘聲自許多教堂的鐘樓上飛出來，像鴿群一樣地飛著。小蓬、巨輪、高軸的馬車在公路邊施施然蹓躂；車後的竹編敞窗中，可以窺見呂宋女孩秀麗的背影，或是大小六七口的棕色之家。車夫斜頂著草帽，敞開的胸前繫著紅得欲焚的領巾，嘴唇雖是厚厚的，坐姿卻是瘦瘦的，馬鞭兒斜斜地懸著。這種畫面，該是梵谷和高更的心愛題材。[138]

小康之家溫厚的生活圖景，平息了後殖民的硝煙氣息，不論過去西班牙官兵駐守、中國海盜掠襲或日本皇軍統治，當年該有多麼紅麗的血自拉布拉布的刃鋒上滴下，溶入多火山的土壤之中。詩人透過歷史的懷想，追憶殖民時期的血淚斑斑。進入碧瑤山區，他聽見「永恆的迴聲鏗然如磬」，遠離都市塵囂，所感受到的是：

> 在幾乎沒有濕度的原始的美好空氣中，溫而不燠的爽脆的太陽落在我們的肌膚上。近八十度的響晴天，踏在乾淨的石地上，我們頓覺身輕如燕，如雲，如一切不

---

138 余光中：《左手的謬思》，頁 180-181。

> 負責任的可浮、可揚的東西。菲律賓在腳下。初秋把我
> 們舉得高高的，置我們於亮黃的菊花叢和清香的柏樹之
> 間。碧瑤的街道寬闊、整潔而明豔。[139]

　　以詩化散文歌頌菲島的秋季，城市的整潔帶給詩人美好的
印象。而覃子豪對碧瑤的評價是「絕俗」，如畫的風景有一種境
界，更欣賞居民恬靜溫和的心。[140]菲律賓與台灣的交流，除了
文學，更多的是商業。根據菲華商聯總會團長鄭龍溪的回憶，
第一次來台的團員們留下工商業進步、社會安定、經濟繁榮的
印象，使他心生嚮往。[141]不僅是文學的榮景，台灣經濟的蓬勃
發展也使菲國商界刮目相看，當時在戒嚴下雖然政治不自由，
經濟上卻繁榮復甦，是鄰近東南亞國家借鑑的對象。早在 1985
年余光中已經注意到移工文學這一類題材的獨特性，基於曾有
過香港經驗，看待菲律賓人的跨國移動，他更具有平等寬容的
國際視野：

> 　　菲律賓的大小七千個島嶼，羅佈於西太平洋的熱帶
> 海上，氣候溫暖，農產豐盛，人口也不算多，本來得天
> 獨厚。靠在芒果樹下彈吉他唱情歌的菲律賓人，本來是
> 快樂的。這種族十分灑脫，頗能及時行樂，少有杞憂。
> 由於人工便宜，當地華僑家庭幾乎都雇了菲籍司機，每
> 天工資不過六十披索，只合一百三、四十台幣。……這

---

139 余光中：《左手的謬思》，頁 181

140 覃子豪：《覃子豪全集 III》（台北：覃子豪全集出版委員會，1974 年），
　　頁 336-341。

141 鄭龍溪：〈菲華商聯總會回國工業考察團報告書〉，《劇與藝》8 卷 2 期
　　（1972 年 7 月），頁 142。

些菲傭經年客居他鄉，辛苦與寂寞可以想見，所以每到
週末，就聚集在公園或碼頭，操其西班牙化的 tagalog
土語，暢敘鄉情。我相信每一個菲傭的經歷都足以提鍊
一個短篇小說，希望小說家不要錯過。[142]

　　余光中詳細記載與菲華文壇互動的人情溫暖，時而有感於
「隔海的惘惘回念之中，豐收如一樹纍纍的芒果，明豔如滿牆
燦燦的九重葛。」[143]除了人性與人情的觀視，一般作家最先容
易注視到的還是優美的地景。1963 年 5 月紀弦前往菲律賓馬尼
拉擔任「菲華文教研習會」文藝寫作組新詩講座，之後完成〈旅
菲詩草〉一輯四首；8 月在《現代詩》第 43 期發表詩作〈菲華
詩壇散步〉。[144]此時紀弦是文壇領袖，1950-1960 年代引領風騷，
扮演「點火者」、「狂徒」與「文化漢奸」的角色，前行研究認
為紀弦在台港跨區域文學傳播影響甚大，[145]不應忽略加入東南
亞流動的考察。對於菲島印象，他在太平洋上空「俯瞰巴士海
峽，覺得十分悅目：她綠得像翡翠，而又藍得像寶石。至於呂
宋島，則是一張剝開了的雪茄菸葉，以其大片的古銅色，和台
灣西部的滿眼青綠，成了個強烈的對比。」[146]講習新詩之餘的

---

142 余光中：〈菲律賓之行〉，《聯合報》8 版「聯合副刊」（1985 年 5 月 12
　　日）。

143 余光中：〈芒果與九重葛〉，《憑一張地圖》（台北：九歌出版社，1988
　　年），頁 72。

144 須文蔚編選：《台灣現當代作家研究資料彙編 09 紀弦（一九一三～）》
　　（台南：國立台灣文學館，2011 年），頁 64。

145 須文蔚：〈點火者・狂徒・叛徒？戰後紀弦研究評述〉，須文蔚編選：《台
　　灣現當代作家研究資料彙編 09 紀弦（一九一三～）》，頁 95。

146 紀弦：《紀弦回憶錄【第二部】在頂點與高潮》（台北：聯合文學出版社，
　　2001 年），頁 164。

菲島遊歷,詩人對碧瑤這座公園都市印象深刻,「大片的風景固然是圖畫般的悅目,而割取其任何一小塊也是很好看的。」[147]比之陽明山則會同時得罪兩者,辜負各自獨有的美感,頗有幾分相似於廬山牯嶺,或像香港,登山公路層疊盤曲之壯,又使詩人想起雲貴高原西南公路,層層與所遊之地比對。對於菲島美景的嚮往,紀弦認為只有祖國景色優美的河山堪稱比擬,令詩人心馳神醉。他對於菲島風物愛不能捨的是芒果,果肉甚多而纖維極少,是島國人民款待賓客的上乘果品,也常收到學生饋贈以示尊師重道,路上有揮汗小販積極兜售,也有店裡冰櫥至鮮的頂級芒果,價格親民而使詩人無法忌口一連大啖五、六個。紀弦最為擔憂的是菲國治安,馬尼拉到小碧瑤南行美景盡收眼底,但匪徒持槍攔截汽車時有所聞,馬尼拉交通狀況也使詩人戒慎恐懼,不敢外出。之所以「鋌而走險」甘冒南行之危,紀弦坦言是為了豐厚的酬報,用以支應《飲者詩抄》的出版費用,詩人在回憶錄豪情萬丈的再次宣示:「我這個人,天生就是為詩而活著的。詩是我的一切!」[148]為了攢積他所經營的現代詩刊所需,詩人勇於南行,拓增文學視野。

　　1969 年 8 月,紀弦以副團長身分和團長鍾鼎文率團前往菲律賓馬尼拉出席第一屆「世界詩人大會」,被選為中國傑出詩人,由馬可仕總統頒贈金牌。[149]詩人當眾朗誦〈夢中大陸〉:

如一被狂人用小刀割破了的名畫。

---

147 紀弦:《紀弦回憶錄【第二部】在頂點與高潮》,頁 170。
148 紀弦:《紀弦回憶錄【第二部】在頂點與高潮》,頁 172。
149 須文蔚編選:《台灣現當代作家研究資料彙編 09 紀弦(一九一三~》,頁 66。

大陸啊，你像一艘豪華船，

沉沒於布爾希維克紅笑的海。

如一被達達派敲著舊洋鐵罐子掩蓋了的名曲。

大陸啊，你像一個天真爛漫的孩子，

迷失在史達林及其走狗們的魔掌之永夜。

噢噢，多少個日子了，

竟是沒有一點兒消息啊！

名畫，名曲，到如今，

只有在那夢中淌著眼淚靜靜地欣賞。[150]

紀弦朗誦此詩必會重複最後一行：

在那夢中淌著眼淚靜靜地欣賞，

　　淌著眼淚靜靜地欣賞，

　　　　靜靜地欣賞，

　　　　　　欣賞……

　　重複的目的，是加強悲壯感與正義感，紀弦當時崇尚自由主義，反對橫暴宰制的政權，起伏的胸臆掬捧一把同情之淚，悲憫不幸的子民。此次再訪，紀弦感受到菲律賓在建設方面的進步，尤其是「黎剎公園」，在大公園之中尚有依據各國民族風格設計的「中國公園」、「日本公園」、「美國公園」等，從台北

---

150 紀弦：《紀弦回憶錄【第二部】在頂點與高潮》，頁 239-240。

運去「中國公園」的垂柳，詩人巧讚其妙。無獨有偶，覃子豪
也作詩歌頌黎剎廣場，頌讚光、海與夢幻三位一體，思索菲島
子民的昨日、今日與明日，[151]更具滄海桑田之感。紀弦喜愛馬
尼拉杜威大道（即馬尼拉灣大道），可惜再度到訪，椰林受颱風
肆虐，已不若往昔濃密，顧盼生姿，所幸馬尼拉灣金紅色落日
的奇大與動人，依舊舉世無雙。其他像是建築物富於色彩的藝
術性，菲島子民愛好音樂、美術和文學，紀弦轉而感慨起台灣
教育制度下，被聯考折磨的青年們無暇接觸藝術，更無緣接受
情操教育，[152]殊為可惜。身為高中教師，自然長期關懷教育議
題，以兩地比較的視野多所著墨。

　　張放遊歷馬尼拉市區，看到西班牙風味建築，思及歷史的
巨輪無情輾壓，過去的歲月像流水也似一去不復返，關切菲律
賓貧富差距的問題，在新興商業馬卡迪住著一擲千金的富豪，
能乘坐遊艇到外海度假，同一條靠馬尼拉灣的羅哈斯大道上，
卻有不少衣著襤褸的男女輕歌漫步，不論貧賤富貴之別，均能
同賞落日景致。一般人認為生活在熱帶的人民多半懶散懈怠，
張放以欣賞菲律賓人民獨特的風格加以駁斥，認為即使生活於
高度物質文明的社會，依舊需要一種瀟灑自在的生活方式，[153]對
於當地人的節奏加以肯定。隨之更為引起他關切的是一座聖地
牙哥古堡，在西班牙殖民統治時期監禁過許多英勇不屈的菲律
賓子民，甚至流傳他們如何逃出地道，不被河水淹沒的神話，
其中不無值得崇敬的反抗精神，使人對於歷史興發感懷。

151　覃子豪：〈黎剎廣場〉，覃子豪：《覃子豪全集 I》（台北：覃子豪全集出
　　版委員會，1965 年），頁 445-446。另有〈菲律賓詩抄〉的組詩描摹菲
　　島景致與感懷，頁 418-425。
152　紀弦：《紀弦回憶錄【第二部】在頂點與高潮》，頁 234-235。
153　張放：《域外采風錄》，頁 81。

另一位南行作家公孫嬿（1923-），本名查顯琳，另有筆名余皖人，安徽懷寧人。1939 年進入北平輔仁大學就讀社會經濟系社會組，開始從事創作。1949 來台後入陸軍參謀指揮大學受訓，1961 年任台灣駐菲律賓大使館武官，公餘入馬尼拉阿連諾大學研究院進修，獲文學碩士學位。公孫嬿被歸為為台灣早期軍中作家，五十年代創作以小說為主，任青溪新文藝學會理事長，曾編《海內外青年女作家選集》18 冊，1983 年由黎明文化事業公司出版。[154]奉派駐菲，體察當地文學與社會互動，公孫嬿提出對菲華文學發展趨勢的看法是：

> 菲華文學有兩個走向：一個是抒發遊子的客懷，另一個是以異鄉人的賓位眼光看著位菲律賓社會。因此不論是文學創作，或是藝術作品，給人的觀感常在這兩個方向盤桓。在我印象中菲華的文學，始終是多采多姿的。一則是思想自由，一則是能明確的感覺到東西文化的激盪。在不平的心情中有一種安適感，在動盪中有一種莫測的畏憚。這些表現在具體的事實上，便是各個不同的藝文社團的形成。所謂道不同不相為謀，志趣相投者可以自由結社，於是意外的又造成了欣欣向榮的文學趨勢。[155]

身在當地因此能有第一手的切身觀察，提出公允分析。公孫嬿對於菲律賓民間生活的印象，一則是警察嚇阻土匪的不成文法——擒拿罪犯，砍頭祭靈做為報仇，透露當地人治重於法

---

154 公孫嬿：《公孫嬿自選集》（台北：黎明文化事業公司，1981 年），頁 1-2。
155 公孫嬿：〈對菲華文學的印象〉，《文訊》第 24 期（1986 年 8 月），頁 88。

治的事實，用來與美國警察重視法律的尊嚴加以對比；[156]二則是他曾騎馬遇險，在碧瑤鄉村俱樂部打高爾夫球時想嘗試騎馬，未料馬發狂如飛往山頂奔馳，時而立起嘶吼，使得他氣喘如牛。[157]除了身為武官在職務上的見聞體悟，公孫嬿也能執起柔婉之筆，寫出以金門戰地前線為背景的「火線抒情」文藝創作，與當時「戰鬥文藝」思潮高昂的士氣，力圖共赴國難，其實遠承自大陸時期何其芳之風。[158]此外，公孫嬿曾編有一套《海內外女作家青年選集》，在六十到七十年代向三十歲以下女作者廣發徵稿函件，蒐羅中篇小說以成書，全套 18 冊，讓六十多位青年女作家「劃出一道文藝史的鴻溝，擴展為洶湧的洪流。」[159]在編輯上有其獨到眼光。

　　透過編選者的眼光，選集使讀者快速瞭解特定對象及區域的文學成就，跨地流動的作家則常被忽略，像是邱楠以筆名言曦在《中央日報》發表專欄，對亞薇影響甚大，行文言簡意賅，詞藻斐然，被視為以文章報國的楷模，他發起菲律賓《新聞天地》出版航空版，陳國全、邢光祖、陳明勳和亞薇都是該刊負責人。[160]從原居地遷移到他國或異域的移民、海外的華裔作家和僑居他國的華人，若以華文寫作，則發表與出版仍需仰賴中國大陸、台灣、香港的報章、雜誌和出版機構，回國充電或與

156 公孫嬿：〈美國警察〉，《公孫嬿自選集》，頁 86。
157 公孫嬿：〈馬車之戀〉，《公孫嬿自選集》，頁 53。
158 公孫嬿：《春雨寒舍花・題記》，頁 297、300、302。當時公孫嬿就讀天津南開中學，何其芳甫自北京大學畢業擔任南開國文教員，以《畫夢錄》獲得天津《大公報》文藝獎塑造純文藝散文的典型，使年輕的公孫嬿深深著迷，也捧讀麗尼《鷹之歌》。
159 公孫嬿編：〈總序〉，《海內外青年女作家選集》（台北：黎明文化事業公司，1983 年），頁 10。
160 亞薇：《亞薇自選集》，頁 102。

國內保持密切聯繫都極為必要。海外具有良好的寫作環境，更能發揮才藝的自由空間，成就斐然，表現卓越，像是金庸之於香港，哈金之於美國，高行健之於法國，馬森甚至認為海外作家的作品與國內作家的作品已經近乎平分秋色，不論海外的或移民的華文文學，都是華文文學中不可忽視的重要一角。[161]一直到 2010 年，東南亞地區以馬來西亞的華文文學最受矚目，其他地區卻幾乎因缺乏出版的管道而銷聲匿跡，[162]互動交流反而不若六十年代頻繁。

（二）菲裔在台作家的積極開創

1960 年代活躍台灣文壇一批菲律賓華裔在台作家，像是蘇子（本名蘇德西）、亞薇（本名蔡景福）、[163]許希哲等，是兩地流動視野中容易被忽略的作家們。亞薇、蘇子和許希哲因中菲建交而來到台灣，[164]成為在台菲華作家，應列入台灣作家譜系，趙萌釩定義三人寫作風格屬於現實主義小說，運用英文和菲律

---

161 馬森：《世界華文新文學史（下編）：分流後的再生　第二度西潮與現代／後現代主義・海外華文文學》，頁 1456。

162 楊宗翰：〈在台灣閱讀菲華，讓菲華看見台灣——出版《菲律賓・華文風》書系的歷史意義〉，收入謝馨：《來中望所去 去中覓所來——謝馨詩作賞析》，頁 5。

163 亞薇在菲曾任萊西安大學教授，來台任世華銀行董事會秘書，業餘寫作，散見《聯合報》、《中央日報》等，1987 年於台灣逝世，遺體運回菲律賓安葬，由菲各界社團在機場迎靈，場面隆重哀戚。

164 許希哲早年在菲熱衷華團活動，1959 年 11 月來台定居，曾任中國文藝協會理事、僑聯出版社總編輯、馬尼拉國際通訊社駐臺特派員。與蘇子等在台北創辦《劇與藝》雜誌，主編《作品》、《野風》雜誌；也曾任職《作品》、《野風》主編，及中國文藝協會理事、僑聯出版社總編輯，因曾任菲律賓數個社團秘書長，促進台菲交流貢獻卓著。國立台灣文學館「2007 台灣作家作品目錄系統」，網址 http://www3.nmtl.gov.tw/Writer2/writer_detail.php? id=1445，擷取日期 2020 年 1 月 11 日。

賓術語，展現語言去畛域化的特點，透露出菲國政策對華人的
不友善，激發華人以保存自身文化作為集體價值的使命感。[165]若
將使用華語寫作的地區視為一個整體，各地作家作品廣泛傳
播、創作、交流，期刊的傳播旅行逐漸加強文學一體化的過程，
[166]然而這只是使用相同語言的結果，並非透過文學本質體會不
同地區文學所具有該地的風土獨特性、創作殊異性與文藝美
質，考察域外流動現象，應注意同中有異，異中求同的辯證性，
不可簡易歸因單一化、一體化，泯滅了地區的獨特性與跨國流
動性的特質。

　　像是蘇子與一群話劇演出熱衷者組成「馬尼拉劇藝社」，商
業經營有成之餘，在爾虞我詐的現實裡找尋自我的存在。[167]蘇
子獨資創辦的《劇與藝》登記於菲律賓馬尼拉市，在台北印行，
由亞薇擔任菲律賓代理人兼總編輯，許希哲為台北辦事處主任
兼執行編輯，刊物受到菲華社會和台灣文藝界的重視。[168]之後
再成立「菲律賓劇藝出版社」，出版小說和劇本。亞薇來台發展，
創作勤勉成果豐碩，不論質量均有可觀；許希哲赴台後創作更
勤，出版的小說、散文集約有二十部，在台北成立照明出版社，
其作品集幾乎都是在台出版。這一群菲律賓華裔在台作家成為

---

165 趙萌釩：《戰後在台菲華小說》，頁 107-108。
166 周寧：〈走向一體化的世界華文文學〉，收入楊松年編：《離心的辯證：
　　世華小說評析》（台北：唐山出版社，2004 年），頁 307。周寧認為中國
　　與台港澳、東南亞、歐美與澳洲的華文文學雙向影響，起初是世界文學
　　與世界華文文學通過台港澳進入內地，形成一次具有文藝復興規模的文
　　學運動，使中國作家十年之內迅速世界化，形成中華文化圈新的世界中
　　心，這是一種整體主義必然的理論視野。
167 王廣滇：〈訪醉心劇藝的蘇子〉，《劇與藝》8 卷 2 期（1972 年 7 月），頁
　　238。
168 尹雪曼等：《中華民國文藝史》，頁 881；應鳳凰：〈評介《劇與藝》〉，《文
　　訊》第 24 期（1986 年 6 月），頁 153-160。

中國台灣地區與菲律賓華文文壇的橋樑，促進兩地文學的交流互動，貢獻卓著。[169]在跨國流動的視野中，不同地區的文藝奧援、社會生態都造就出具有當時時空背景特色的文學創作，以流動視野觀之，更能見其開闊性。

　　世界華文文學是構成多元文化的一種前衛文化，李瑞騰指出詮釋這種複雜紛繁、跨國越界、多元文化的文學，需要注意地緣、血緣與業緣。[170]從傳播與接受的觀點來說，文學並非單一國度或者地區的現象，尤其作家的旅跡不斷跨國越界，從未出國的作家透過作品的傳播，其影響力無遠弗屆，如探討中國時期的郁達夫，也必須考索郁達夫南洋時期的成就，才稱得上是完整的郁達夫研究；魯迅並未到過新加坡、馬來西亞或者泰國，但魯迅確實深刻影響當地的創作與社會思潮。[171]因此，當1964年當菲華文學逐漸沉寂之時，辛墾文藝社青年作家的小說發表於台北的《劇與藝》，[172]使社友和青年文友深受鼓舞，菲台之間的密切互動，確實讓這些作家更有創作動能，菲律賓本土的報刊與台灣發表場域同步，促進了菲華文學新生的力量。1968年台灣《文壇》月刊社社長穆中南赴菲講學六週，蒐集菲律賓各地文友的作品，編成《文藝橋》，首度將菲華作家作品系統化予以介紹，典藏於台灣公私立圖書館及大學圖書館，供菲華文

---

169 李瑞騰：〈《中外文學交流史（中國──東南亞卷）》讀後〉，收於樂黛雲、李比雄編：《跨文化對話》（第37輯）（北京：商務印書館，2017年9月），頁207。

170 李瑞騰：〈南方的誘惑──我在東南亞華文文學領域的探索〉，「世界華文文學發展的方向與大學教育的革新」座談講義（2015年3月23日），網址：https://sili.ndhu.edu.tw，擷取日期2019年10月3日。

171 楊松年：〈一體與多元中心：回應周寧的〈走向一體化的世界華文文學〉〉，《離心的辯證：世華小說評析》，頁310。

172 陳一匡：〈淺談菲華的小說創作〉，《亞洲華文作家》第34期（1992年9月），頁23。

學研究者參考。[173]文學傳播的發展,加速各地的文學的流動與理解,增進彼此文學活動與影響,[174]對於文學的發展來說是健康的源頭活水。

華文作家在不同國家和地區流動遷徙頻繁,不同時期的創作和影響,因其遷徙和居停國家不同,而為不同國家或地區的華文文學所擁有、論述。語言、文化、讀者和作家的同一性,潛在地構成世界華文關係緊密的無形網絡,對於散居的華文文學進行考察自然必須具有全球性的視野,以「離散的聚合」觀點來看待,「離散」或曰「散居」是華文文學特定的生存形態;而「聚合」或「整合」是對這種「離散」狀態的整體把握,二者的辯證是正確處理局部和整體的方法,唯有深入局部,才能在研究視野上建構總體;只有擁有整體的視野,才能高屋建瓴準確把握局部,這是劉登翰所提出關於華文文學的雙重視域。[175]文學不必然走向世界一體的大同,但必須關注文學流動的美學特質,以及隨著民國作家群體影響力所帶動的文學發展與思潮脈絡。

五、南國驚艷盛綻片片異彩

菲華文藝在民國作家群體南行的行動與視野中,透過講習會的形式培養文壇生力軍,突破華校與華教在排華風氣與重視英語教學快速萎縮的窘境,成為一種可貴的社會教育形式,一

---

173 尹雪曼等:《中華民國文藝史》,頁 885。
174 簡文志:〈開放的世界華文文學──收編與逆寫〉,《離心的辯證:世華小說評析》,頁 323。
175 劉登翰:《華文文學的大同世界》(台北:人間出版社,2012 年),頁 69。

股充沛的外交軟實力，隨後殖民、報刊解禁與出版復甦帶動菲華文藝復興。講習會學有所成的作家，組成「文聯」，出版詩刊，並籌組社團建立更廣大的文人圈，透過向報紙副刊借版，不收稿費的熱情寫作，默默耕耘多年，形塑菲華文藝的獨特性。

由於冷戰的時空背景，菲國文人將對「祖國」的懷戀投向台灣，視台灣為自由之地，積極吸收台灣的文藝思潮，再吐納為具有菲地華人色彩的獨特藝文美質。也因兩地交流互動頻繁，政治影響藝文發展，許多菲華文學領袖身居台灣黨政要職，或商界領袖，在他們的大力奔走下，固然戒嚴使菲華文壇進入冬眠，但先前累積的豐沛能量，使政治影響力鬆綁之後的菲華文壇快速復甦，隨著各類選集出刊，台菲兩地文學發表場域的融通無礙，展現蓬勃的朝氣，兩地作家的交融視域也帶來豐富的創作材料，強化創作動能。

隨著自大陸移居來菲一代的消亡，年輕一代已不再懷想祖國，但文學交流的影響力為作家帶來沛然莫之能禦的創作能量，依舊使文人跨國移動成為常態，在態度和心情上遠較過去自在自適，更加勇敢追求文學沃壤，也成為一種全球化視野下的獨到菲華文藝特性。

第七章　不再流離的民國文學

　　1949 以後大量文人與知識分子南下，促成當地文學繁盛，亦為華文教育提供充分師資，帶動文學刊物的籌辦、華文教科書的編纂、文學社團的成立，出版機構的蓬勃、新聞報業的興盛等，使民國文學靈根南移，最後文學與文化融入當地視野，置於全球化的討論中別有其在地特色。民國文學在東南亞流動產生的同構與異相，豐富南向文學的書寫，考察文人移動身世，拓展了文學史書寫的可能結構與研究向度，藉此整理出民國性的特點與流動譜系，探知作家移動所帶來的龐大影響力與豐美的文學之花。

一、民國文學流動的同構與異相

　　「民國」作為問題與方法，經本書依序梳理后希鎧、林語堂、徐訏、蘇雪林、孟瑤與菲華文人、「文聯」作家群和菲裔在台作家等文學案例，透過其流動找尋大陸、東南亞與台灣，旁及香港、澳門等多地連結、多角思考、多元呈現的文學史脈絡，以期在各種以華文創作書寫與知識生產的國度中稍加整合，揚棄政治與屬地意識，歸結兩點具體指向：

　　1.借助民國文學往東南亞流動軌跡的考察，豐富南向文學流動史的書寫：

　　「1949」作為航向民國慢船的時間分水嶺，文人往東南亞的遷移南渡，近年來在文學史重寫的話語權爭奪中各擁其主，眾聲喧嘩。「南渡」的現象成為文學討論中的「難度」，莫衷一是的討論，家國離散與身分認同的頡頏，本土性還是獨特性張揚的浮沉，作為方法的民國可謂已進入民國性 2.0 的討論時空。流動是一個具有方向、中性的語詞，不帶任何預設立場。客觀回到民國的歷史情境與文化，探求其與東南亞地區乃至於港澳文學涵攝、交融的視野，以史料與作品證成文學觀念多地之間確實互相影響，因抗日戰事、1949 年以後的流離移居，或往東南亞辦學，推動高教，這一批文人參與推動東南亞現代化轉型，成為外來關鍵因素；以知識生產為作用的動力機轉，在報紙副刊與大學校園等傳播媒介和空間展現其影響力，運用「民國性」的觀察視角，恰可打破傳統文學史書寫屬人或屬地主義的僵化固滯，重新鑒照這一批文人在特定時期的文學成就。

2.藉由文人流動身世的考察，探討文學史書寫的可能結構與研究向度：

　　過去知人論世的觀照面向，或以體類殊分進行創作考察，忽略了作家移地創作的多重因素，在時空與地點、家變與世變等因素交織下，對焦其流動方向或者移居地的微觀研究向度帶來新的發現。梁啟超 1900 年以〈少年中國論〉將人之年齡、品格與國體興衰進行聯想，青春如花好艷紅，正當盛年，稍後民國成立，革故鼎新，似可看作一則家國寓言。藉由文人南行，生命與創作俱有所成，其結果不宜以成敗而論，而是在交流的動態歷程中當下即是，發揮過此時此地的影響力，過程本身即是意義。

　　本書所研究流動到東南亞的作家大多正值熟年茂成，春秋

鼎盛，甚至步入垂邁年老之境，是人生風華致臻圓熟，生命智慧上乘之時，他們或從事高教人才的培育，或從事報刊編輯的文化事業，也推動當地的新文藝創作，促進文壇的新氣象開展。例如徐訏的哲學背景與后希鎧記者的探奇視野，致使他們往東南亞流動時受到異地觀視與人文交流的刺激，而對哲理式小說和人物心理剖析特為著重，以象徵主義手法呈現政治局勢封閉、侷促帶來的時代苦悶。蘇雪林和孟瑤關懷南大學潮和教育，不但自身創作豐富，頗有學術積累，更造就一批人才，興育傳統文化有功。菲華作家群體將祖國投射轉向當時被視為自由基地的台灣，挾緊密的政治力連結，讓余光中、覃子豪等作家群體，在尚未開放國人出國的封閉年代，即踏上復興傳統文化的征途，赴菲講學。由於當地華校、華團、華教環境艱困，這一類講習班由培植青年有成，成為終身教育的成功典範，且從文學拓及戲劇、音樂、美術、舞蹈各類豐沛藝文資源，為菲島注入生命力。兩地之間的緊密互動，使文學創作與文藝思潮幾乎同時發展，其具體成效與影響力或恐超越官方組織，帶來外交軟實力的拓境與再造。

　　而在創作中，離散的同情共感，使筆下小說人物總不乏作家自我身影在時代的重層鏡像折射中，既有自戀型納西瑟斯的水中映照，藉以吸引讀者的書寫；亦有客觀睇視社會發展的深刻觀照，高聲倡籲人性的共同關懷，這些創作在東南亞容受台港現代主義之先，引入了現實或寫實的書寫取徑。傳播過程中值得留意的是東南亞自有其華族與當地族群特有的文化觀念與思維屬性，例如魯迅和左翼，興學之志和自由之思，若不慎注意，可能在一腔熱血的過程中，遭遇像是林語堂辦學受挫的阻撓，成為東南亞高教一頁矯揉政治、歷史、社會與族群觀照的

痛史。

　　南洋大學為本書研究作家群體在地理空間的共同交會，林語堂作為史前史中的校長，功敗垂成，此後使南大在校務運作方面更為謹慎，開啟委員會治校的先例。由歷史的後設發展來看，政治潮浪中身不由己的文人群體，單純秉持知識分子勇於任事之思，貢獻一己之力報效民族、國家，藉由交遊圈相互引薦先後來到南大中文系任教，作育菁莪，使文化傳統得以承繼、開展，同時不忘經國大業不朽盛事，矢志創作不輟，誠懇以求，不枉今生。民國作家群體在南洋時期創作以長篇小說為大宗，旁及舊體詩、新詩、雜文、日記等多種體類，記載其東南亞流動，以豐富創作奠定個人的文學成就，也為流動的文學史織就一頁風景。

　　異於以往屬人或屬地的文學史分析取向，藉由「民國文學」的討論視角作為「大文學」的認識取徑，可以看出時代環境影響作家旅痕的交錯軌跡，使其精神史與生命書寫在文學史上締構出高度意義與價值。民國文人群體，盛名於五四、拓宇於港台，受命赴東南亞開創高教視野，再造文學培育的文化工程，面對全球化和本土化的張弛捭闔，民國性依舊在持續的狀態中進行文學的認同與建構，這些難題並不構成當代文化塑造的困境，而可能帶來多元和開放進程的另一契機。

　　舉例來說，1955 至 1975 年《世界日報》先後邀請瓊瑤、華嚴、郭良蕙、徐鍾珮、陳紀瀅、王藍、鍾梅音等作家訪問泰國曼谷，引介郭良蕙的《心鎖》、《蛻變》，瓊瑤的《窗外》等。[1]1987 年台灣詩人林煥彰主編《世界日報》文藝副刊「湄

1　饒迪華：〈泰華文學的過去、現在與未來〉，犁青主編：《泰華文學》，頁 76。

南河」期間策畫訪談資深泰華名家，保存珍貴文學史料。2005
年開闢「名家新作展系列‧泰華卷」專版，每週 7 期以全版刊
登台灣、泰國、印尼作家創作，高瞻遠視的作法，值得觀察後
續效應。2006 年 7 月 1 日，林煥彰加入「小詩磨坊」，其餘 7
位是菲籍詩人，有嶺南人、曾心、博夫、今石、苦覺、楊玲、
藍焰（原名陳少東）等，這個跨越海洋重重阻隔的詩社，禮聘
台灣詩人落蒂擔任顧問，發表場域除了副刊，並闢建網站，以
創新形式的圖文吸引更多讀者。[2]諸如此類的交流史尚在累積之
中，關注後續影響態勢與議題發酵，將不斷增補、充實南向文
學交流史，隨民國的時空情境永遠還在發生之中，一直不斷有
源源不絕的新材料注入。

二、民國性與流動譜系

　　「民國性」是民國文學展示動態的、發展的和未完成的路
徑，其動能來自於開放性和建構性，在民國文學地域建構、話
語實踐與圖像美學等各種的象徵認同型態之中，循著歷史化與
語境化生產解釋共同體。60 年代以降，冷戰時空框架使流亡的
民國意外開啟了一個有一定包容性的文學公開領域，[3]透過跨國
的存異求同，以寬容、和諧、自由解構來自二戰中義界出的「東
南亞」，在血緣／地緣／邊緣中再現與認同傳統文化。1947 年
底馬共作家金枝芒（周容）於《戰友報》發表〈談馬華文藝〉，
與南來文人胡愈之產生關於「馬華文學獨特性」的一場論戰，

---

2 莊鐘慶編：《東南亞華文新文學史》（北京：人民文學出版社，2007 年），
　頁 47、49。
3 黃錦樹：〈跋〉，《雨》（台北：寶瓶文化事業公司，2016 年），頁 259。

隨著金枝芒《抗英戰爭小說選》、賀巾《巨浪》、《流亡》等歷史書寫問世，[4]當可與具有跨國流動背景的后希鎧《馬來妹》對讀，以文證史，以史補文，在史的真實與小說的虛構之間，從文學的奧義理解現實主義傳統的此時此地如何轉向到現代主義的大開大闔，再參差對照史料，則可知悉思潮的湧動與文學的代興。

隨著作家在不同國家、地區間頻繁遷移與居停，帶來身分的不確定性，也造成對於自我主體與流動地區他者之間廣泛的影響論，由一到多的輻射、互補，消解中心與邊緣的二元對立，文學的存在型態與運動軌跡隨著 1949 以後的巨大世變形構離散漂泊，成為混雜異質與認同再現的動力場域，其槓桿力矩有不可輕忽的文化傳承，有抗敵救國的激昂鮮血，有維護自由意志的昂然使命，提醒我們變局中的越界與實踐，已然在東南亞版圖浮現流動曲線，在文學史的曖昧書寫中，不可輕忽這些越界與想像。

東南亞本身就是多元文化與多元價值觀相互較量和碰撞的場域，融合／排斥，磁吸／拒斥，在現代性進程中湧入的世界潮流，與移民群體之間形構夷民文化、民族文化、傳統文化與現代文化交織的紛繁圖景。身分的多重、邊緣的姿態、烏托邦／異托邦／惡托邦的夢土尋跡、文化的皈依與再造、婚戀觀與民族融合，血緣族脈的傳承和拓延，呈現多樣態的繁盛繽紛。「流亡文學」、「離散文學」、「南來文學」等文學史框架不易說明這些文學遺產於地理空間脈絡中的輪廓，更必須辨識清楚社群如

---

4 潘婉明：〈馬來亞共產黨史的生產問題〉，《人間思想》夏季號第 1 期（2012年 8 月），頁 155-169；潘婉明：〈文學與歷史的相互滲透——「馬共書寫」的類型、文本與評論〉，收於徐秀慧等編：《從近現代到後冷戰：亞洲的政治記憶與歷史書寫》（台北：里仁書局，2011 年），頁 439-476。

何組織與移易，在全球化語境中考索其文學型態，以跨文化視角介入尋找新的解釋與對話方式勢在必行。[5]豐富的文化闡釋與文學詰辯將會產生更大的文學動能，生生不息。空間的人文感與地方感，精神的信仰與力量的超昇，追蹤后希鎧、林語堂、徐訏、南大女作家群、菲華文學、「文聯」作家群以及菲裔在台作家等蹤跡，所顯現的延異，恰是文人流離用心著力之處，傷感洞明世局之所，既是文學與生命的離散，更是文化與象徵的軌跡。[6]這些富於時代的、多元的、變化的、平民的民國性思考，鑄成流動美學，倡議文化互化、相互涵容的廣泛理解，不論是被動的流離苦難，或主動的文化交流，都有其平等寬容的視野。

　　東南亞的地理空間因地利之近，成為另闢疆土的傳播中繼站，由於出版的連動因素，港、澳也加入成為海天一隅。不論后希鎧、林語堂的積極興學、徐訏1949以後政權移易的出走求生，或者蘇雪林因筆戰事端、孟瑤因婚姻觸礁遠走南大，避地他鄉；菲華講習班作家、「文聯」作家群與菲裔在台作家兩地密切互動往來，都是在有隔的地理空間從事更具傳播力量的知識生產，透過多地連結的報刊共構，既免去人事糾結紛擾，更因居停他鄉異縣心生膽識自我袒露，因而使各體類文學創作生產豐饒，藉以管窺民國文人群體精神生活的多樣圖景。

5　莊偉杰：〈海外華文文學創作與闡釋的詩學對話〉，收入黃萬華編：《多元文化語境中的華文文學：第十二屆世界華文文學國際學術研討會論文集》（濟南：山東文藝出版社，2004年），頁125。

6　高嘉謙：〈時間與詩的流亡：乙未時期漢文學的離散現代性〉，收於王德威、季進編：《文學行旅與世界想像》（南京：江蘇教育出版社，2007年），頁12-13。

三、研究取徑的多面向開展

　　本書因研究案例的定錨限縮，在戲劇方面的研究討論付之闕如，留待方家進行更為深入的考掘，像是劇作家李星可曾在《行動周刊》上發表〈緬甸的戲劇藝術〉、〈暹羅的戲劇〉、〈印尼的戲曲〉、〈越南的戲劇藝術〉等一系列文章，[7]透過其人其作可進一步研究東南亞的戲劇藝術。此外，李星可及鍾文芩、劉以鬯、楊際光等應聘到星馬籌辦報紙，在當地發揮媒體影響力，這段歷史也值得再追溯、整理。台菲戲劇交流曾於 1964 年 4 月至 1972 年 1 月共同發行 16 期《劇與藝》，是至今菲華文藝交流與歷史最完整的刊物，保存 1960 年代台灣舞台劇藝術發展概貌，半數期別單一冊即超過 500 頁，此外也發行「劇藝叢書」保存李曼瑰、姜龍昭等劇作，[8]整體來看敘多於論，有保存文學史料之功，但其中留存的劇目與演出，尚待從文學社會學、全球化流動視野梳理這一批藝文交流的特色與成就。而在創作主體意識的探析方面，若能結合東南亞當地的宗教意識，從事更深刻的社會學及人類學探究，將對於作家群體與當地相互交融、相互涵攝的多元流動，產生更深刻的體悟。例如許地山《命命鳥》泰華文人基於佛教文化與主動關注社會底層的需求加以譯介，[9]跨文化流動的考察，多地之間讀者的接受和反應，都是值得再行探討的議題。

　　地理空間的再拓境更是探求流動之必要，越南方面，60 年

7　莊鐘慶編：《東南亞華文新文學史》，頁 219。

8　莊鐘慶編：《東南亞華文新文學史》，頁 531。

9　莊鐘慶編：《東南亞華文新文學史》，頁 11。

代初期，台灣《文壇》、《笠》、《葡萄園》、《幼獅文藝》和《創世紀》流入文壇，1966 年文星叢書在西貢唐人街的堤岸傘陀街的傘陀書局大量推出，還有《六十年代詩選》、《中國現代詩選》等一系列詩刊的衝擊，使越南詩人在極短時間內揚棄五四以來白話新詩的表達方式，轉而模仿台灣現代詩的手法而有所蛻變，洛夫赴越任職軍事顧問，吳望堯赴越經營「天龍硯粉廠」，使越南詩人的創作有所突破。[10]印尼方面，1965 年瓊瑤小說和港台武俠小說被大量翻譯成印尼文，深受當地華族和土族歡迎。[11]早期中國南下作家多集中在馬來半島與新加坡，晚近則注意到砂拉越華文文學譜系，有李瑞騰對黃乃裳的考掘，也有由鄭子瑜、洪鐘等開疆闢土後，由在地出生的趙子謙、魏萌、吳岸等年輕作家接續壯大砂華文壇創作隊伍的新發現。這些豐富的流動，很難抽離當地文學視野的研究範疇之外，卻可能在華語語系文學究竟應包括在外，還是統整涵攝在內爭論不休。藉由民國文學研究視角，枝枒獨立，將不受西方文壇生態及權力架構所影響，[12]也隨著全球化移動力無遠弗屆深入各個角落，多地之間的文學脈流將會更緊密，使網絡密密層布。

　　流動視野下的書寫是值得開發的取徑，台灣文學曾因歷史或時代因素產生過關於南洋的書寫，如龍瑛宗〈死於南方〉，陳千武筆下〈戰地新兵〉的帝汶，〈獵女犯〉的爪哇群島，陳映真

10 陳國正：〈青黃相接春風吹——談越華詩壇三十年〉，《亞洲華文作家》第 47 期（1997 年 2 月），頁 5。

11 林婷婷：〈獅城彩虹——記第二屆華文文學大同世界國際會議〉，《亞洲華文作家》第 20 期（1989 年 3 月），頁 184-185。報導新加坡大學政治系廖建裕〈譯成印尼文及馬來文的華文文學初探〉，證實透過翻譯，華文文學對於印尼文學產生極大的影響。

12 鍾怡雯、陳大為編：《犀鳥卷宗：砂拉越華文文學研究論集》（桃園：元智大學中文系，2016 年），頁 119。

〈鄉村的教師〉、黃春明〈廿庚伯的黃昏〉、舞鶴〈微細的一線香〉等，[13]這些台灣的熱帶想像、熱帶創傷或者憂鬱經驗，都可以追溯出一系列文學譜系，進而探討台灣作家筆下的東南亞印記。

研究取向如再延拓，南洋教科書一度曾收編蘇雪林〈禿的梧桐〉、郁達夫〈遲桂花〉和林語堂〈動人的北平〉，若進一步考察新馬華文教科書中出現本書提及的作家、作品，與台灣、大陸、甚至與香港比對，可以看出由教育深耕文學灑種的影響力道。南洋大學既是物理空間，更是師生行住坐臥於其中，特殊情感寄寓之所在，[14]人文空間地理學的研究，結合民國文學對大學面貌與發展的持續關注，探討師生的文學結社及創作活動，隨著校園空間外延的自然與人文景觀，其中的生活及生存經驗，轉化為筆下文字或記憶、或想像、或追憶、或緬懷，也可能是不愉快的經驗而轉為烏托邦之思。這些經驗透過史傳或小說的虛構，建造出充滿個人情感重量，比真實更真實的世界，鐫刻著作者們的離索感懷。

南大畢業生其中一項要務即是東南亞中華文化之傳承使命，在本書討論的作家實踐經驗，可以看出這些文學所呈現的民國性，不同於西方基於理性所建構的表象體系，以權力宰制他者與殖民地，對於第三世界採取侵伐與壓迫；也異於東亞日本急切的超英趕美完成近代超克的使命，大東亞共榮圈不過是帝國主義的幌子，其源流應是西方現代性影響了日本，而日本

---

13 黃錦樹：〈石頭與女鬼──論《大河盡頭》中的死亡與象徵交換〉；高嘉謙：〈性、啟蒙與歷史債務：李永平《大河盡頭》的創傷和敘事〉，收於鍾怡雯、陳大為編：《犀鳥卷宗：砂拉越華文文學研究論集》，頁 282-285。
14 榮耀明編：《城市變遷與文化記憶》（上海：復旦大學出版社，2018 年），頁 171。

的焦慮擴及中國，引逗權力的慾望宰制中國。[15]面對全球化、跨域研究的一波浪潮，針對蘇雪林的畫作、徐訏的歌詞譜寫樂章的跨界研究尚待深究，匯集這些畫作、歌詞等文體間越界的豐富展現，或上文述及教科書選文深化基礎文學教育的影響力觀察，則在本書親屬、倫理道德、儀式風俗、個人國家與鄉里關係、國族、典章制度、性別權力與文化符碼、時代掙扎等社群文化，與飲食、服飾、交通工具、名勝古蹟、休閒娛樂、科技演進、生存環境發展，物質樣貌的呈現方式等物質文化，以及藝術、信仰、宗教思想、觀念、時間之感等精神文化領域的基礎之上，更可以得知這些南向流動作家書寫面貌的多元豐富，透過多地交流帶來不可小覷的影響力。

　　本書以民國文學的區域流動史觀，梳理文學的跨國界、跨文類、跨時期現象，揚棄一元論的地理中心視角，以多元主義多方建構、考論文學遷徙現象。1949 以後的巨大世變形構離散漂泊、混雜異質、認同再現的動力場域，其槓桿力矩有著位處邊緣，卻不可輕忽的文化傳承使命，以空間的人文感與地方感，精神的信仰與力量的超昇，追蹤文學顯現的延異，探詢文學與生命的離散，訪求文化與象徵的軌跡，本書所提出的論點突破了中心／邊緣二元對立的單一思考。民國性是民國文學展示動態的、發展的和未完成的路徑，其動能來自於開放性和建構性。在民國文學地域建構、話語實踐與圖像美學等各種的象徵認同型態之中，循著歷史化與語境化生產解釋期間的共相與殊相，[16]

---

15 沈清松編：《中華現代性的探索：檢討與展望》（台北：政大出版社，2013年），頁 XI。

16 班納迪克・安德森（Benedict Richard O'Gorman Anderson）著，吳叡人譯：《想像的共同體：民族主義的起源與散布》（台北：時報文化出版公司，2010 年），頁 260。

透過跨國的存異求同，以寬容、和諧、自由解構再建構來自二戰中義界出的「東南亞」文學與文化特質，在血緣／地緣／邊緣中理解了再現與認同的終極奧義。

參 考 文 獻
（以作者姓氏筆劃為序）

一、作家文本（以章節為序）

后希鎧：《馬來妹》，台北：紅藍出版社，1960 年。

后希鎧：《奔流》，台北：光復出版社，1961 年。

后希鎧：《葉落空門》，台北：清華書局，1964 年。

后希鎧：《楊柳青》，台北：台灣省新聞處，1967 年。

后希鎧：《混血女郎》，台北：驚聲文物供應公司，1972 年。

后希鎧：《離心的花蕊》，台北：眾成出版社，1976 年。

林語堂：《行素集》，1934 年。

林語堂：《吾國吾民》，1935 年。

林語堂：《生活的藝術》（The Importance of Living），Reynal & Hitchcoca, Inc.,（A John Day Book），1937 年。

林語堂：《遠景》（Looking Beyond），Prentice Hall，1955 年。

林語堂：《武則天傳》（Lady Wu），World Publishing Company，1957 年。

林語堂：《匿名》（The Secret Name），Farrar, Straus and Cudahy，1958 年。

林語堂：《逃向自由城》（The Flight of Innocents），G. P. Putnam's

Sons，1964 年。

林語堂著：《賴柏英》（Juniper Loa），World Publishing Company，
1963 年。

林語堂：《林語堂精摘》，台北：遠景出版社，1977 年。

林語堂：《八十自敘》，台北：遠景出版社，1980 年。

林語堂著，陳自強譯：《愛與諷刺》，台北：金蘭出版社，1984
年。

林語堂：《林語堂全集・第 1 卷》，長春：東北師範大學出版社，
1994 年。

林語堂：《林語堂自傳》，南京：江蘇文藝出版莊：河北教育，
1995 年。

徐　訏：《風蕭蕭》，成都：東方書店，1944 年。

徐　訏：《彼岸》，香港：大公書局，1953 年。

徐　訏：《原野的呼聲》，台北：黎明文化事業公司，1977 年。

徐　訏：《懷璧集》，台北：大林出版社，1980 年。

徐　訏：《風蕭蕭》，台北：正中書局，2003 年。

徐　訏：《徐訏文集》，上海：上海三聯書店，2008 年。

徐　訏：《現代中國文學的課題：徐訏文集》，台北：釀出版社，
2016 年。

徐　訏：《街邊文學：三邊文學之三》，台北：釀出版社，2020
年。

孟　瑤：《卻情記》，高雄：大業書店，1962。

孟　瑤：《遲暮》，台北：文化圖書公司，1963 年。

孟　瑤：《太陽下》，台北：皇冠出版社，1966 年。

孟　瑤：《畸零人》，台北：皇冠出版社，1966 年。

孟　瑤：《退潮的海灘》，台北：皇冠出版社，1967 年。

孟　瑤：《紅燈，停！》，台北：皇冠出版社，1968 年。

孟　瑤：《孿生的故事》，台灣：皇冠出版社，1967 年。

孟　瑤：《中國小說史・第一冊》，台北：傳記文學出版社，1977 年。

孟　瑤：《滿城風絮》，台北：純文學出版社，1980 年。

孟　瑤：《一心大廈》，台北：九歌出版社，1986 年。

成功大學中國文學系編：《蘇雪林作品集日記卷：第四集》，台南：成功大學出版中心，1999 年。

謝冰瑩：《冰瑩遊記》，台北：勝利出版公司，1955 年。

謝冰瑩：《馬來亞遊記》，台北：海潮音月刊社，1961 年。

謝冰瑩等編：《新譯四書讀本》第 24，台北：三民書局，2006 年。

蘇雪林：《風雨雞鳴》，台北：源成文化圖書供應社，1977 年。

蘇雪林：《蘇雪林自選集》，台北：黎明文化事業公司，1977 年

蘇雪林：《燈前詩草》，台北：正中書局，1982 年。

蘇雪林：《邂齋隨筆》，台北：中央日報出版社，1989 年。

蘇雪林：《浮生九四：蘇雪林回憶錄》，台北：三民書局，1991 年。

蘇雪林：《擲缽庵消夏記：蘇雪林散文選集》，台北：印刻出版社，2010 年。

小　華：《慈濟情緣──走進別人故事裡》，台北：秀威資訊科技公司，2010 年。

尹雪曼：《尹雪曼自選集》，台北：黎明文化事業公司，1982 年。

丹　扉：《叮噹集》，台北：九歌出版社，1979 年。

公孫嬿：《公孫嬿自選集》，台北：黎明文化事業公司，1981 年。

公孫嬿：《春雨寒舍花》，台北：黎明文化事業公司，1983 年。

公孫嬿主編：《海內外青年女作家選集》，台北：黎明文化事業
　　公司，1983 年。

尹雪曼等：《中華民國文藝史》，台北：正中書局，1975 年。

尹雪曼：《尹雪曼的文學世界之一：回頭迢遞便數驛》，台北：
　　楷達文化出版社，2003 年。

尹雪曼：《尹雪曼的文學世界之五：文藝二三事》，台北：楷達
　　文化出版社，2006 年。

余光中：《憑一張地圖》，台北：九歌出版社，1988 年

余光中：《望鄉的牧神》，台北：九歌出版社，2008 年。

余光中著，陳芳明編：《余光中跨世紀散文》，台北：九歌出版
　　社，2008 年。

余光中：《青青邊愁》，台北：九歌出版社，2010 年。

余光中：《左手的繆思》，台北：九歌出版社，2015 年。

余光中：《粉絲與知音》，台北：九歌出版社，2015 年。

張　放：《域外采風錄》，台北：絲路出版社，1996 年。

張香華編：《玫瑰與坦克》，台北：林白出版社，1986 年。

莊杰森：《另一種感動》，台北：秀威資訊科技公司，2012 年。

莊維民：《島國情濃》，台北：秀威資訊科技公司，2010 年。

覃子豪：《覃子豪全集 I》，台北：覃子豪全集出版委員會，1965
　　年。

覃子豪：《覃子豪全集 II》，台北：覃子豪全集出版委員會，1968
　　年。

覃子豪：《覃子豪全集 III》，台北：覃子豪全集出版委員會，1968
　　年。

覃子豪著，劉正偉編：《覃子豪集》，台南：台灣文學館，2008
　　年。

葉　曼：《葉曼隨筆》，台北：文星書店，1964 年。

葉　曼：《葉曼拈花》，台北：圓神出版社，1992 年。

鄭鴻善：《菲華詩選全集》，台北：正中書局，1978 年。

二、專　著

丁威仁：《戰後台灣現代詩的演變與特質（1949-2010）》，台北：
　　　新銳文創出版公司，2012 年。

史書美：《反離散：華語語系研究論》，台北：聯經出版公司，
　　　2017 年。

月曲了：《月曲了詩選》，台北：林白出版社，1986 年。

王兆勝：《生活的藝術家：林語堂》，台北：文史哲出版社，
　　　2002 年。

王兆勝：《林語堂：兩腳踏中西文化》，北京：文津出版社，
　　　2005 年。

王兆勝：《林語堂的文化選擇》，台北：秀威資訊科技公司，
　　　2006 年。

王列耀等：《20 世紀 90 年代馬來西亞華文報紙副刊與「新生代
　　　文學」》，北京：中國社會科學出版社，2015 年。

王如明編：《陳六使百年誕紀念文集》，新加坡：南大事業有限
　　　公司，1997 年。

王如明編：《南洋大學文獻南洋大學創辦六十周年紀念 1955 年
　　　-2015 年》，新加坡：新加坡南洋大學畢業生委員會出版，
　　　八方文化創作室發行，2015 年。

王志弘：《文化地理學》，台北：巨流圖書公司，2003 年。

王政毅：《邊緣地帶發展論：世界體系與東南亞的發展》，上海：

　　上海人民出版社，2018 年。

王鼎鈞：《關山奪路》，台北：爾雅出版社，2005 年。

王景山編《臺港澳暨海外華文作家辭典》，北京：人民文學出版
　　社，1992 年。

王劍叢：《香港文學史》，南昌：百花洲文藝出版社，1995 年。

王德威：《後遺民寫作》，台北：麥田出版社，2007 年。

王德威、季進主編：《文學行旅與世界想像》，南京：江蘇教育
　　出版社，2007 年。

王德威：《華夷風起：華語語系文學三論》，高雄：中山大學文
　　學院，2015 年。

王德威、胡金倫、高嘉謙編：《華夷風：華語語系文學讀本》，
　　台北：聯經出版公司，2016 年。

王德威：《懸崖邊的樹》，南京：譯林出版社，2019 年。

王潤華：《南洋鄉土集》，台北：時報文化出版公司，1981 年。

王潤華：《越界跨國文學解讀》，台北：萬卷樓圖書公司，2004
　　年。

王潤華：《越界跨國》，廣州：廣東人民出版社，2017 年。

王潤華、潘國駒編：《魯迅在東南亞》，新加坡：八方文化創作
　　室，2017 年。

王禮溥：《菲華文藝六十年》，馬尼拉：菲華藝文聯合會，1989
　　年。

王寶慶、駱明編：《南來作家資料研究》，新加坡：新加坡國家
　　圖書館管理局、新加坡文藝協會，2003 年

古鴻廷：《教育與認同：馬來西亞華文中學教育之研究，
　　（1945-2000）》，廈門：廈門大學出版社，2003 年。

台北華僑協會總會編：《華僑名人傳》，台北：黎明文化事業公

司，1987 年。

司馬長風：《中國新文學史》，香港：昭明出版社，1978 年。

司馬璐：《中共歷史的見證：司馬璐回憶錄》，香港：明鏡出版
社，2004 年。

正中書局編：《回顧林語堂：林語堂先生百年紀念文集》，台北：
正中書局，1994 年。

田曉菲：《神遊》，北京：生活・讀書・新知三聯書店，2015 年。

吉廣輿：《孟瑤讀本》，台北：幼獅出版公司，1994 年。

朱文彬：《東南亞華文詩歌及其中國性研究》，杭州：浙江大學
出版社，2017 年。

朱文斌、曾心編：《新世紀東南亞華文文學精選》，杭州：浙江
工商大學出版社，2017 年。

朱嘉雯：《追尋，漂泊的靈魂：女作家的離散文學》，台北：秀
威資訊科技公司，2009 年。

朱　熹：《語類》卷 16・冊 2，北京：中華書局，1994 年。

衣若芬：《Emily 的抽屜》，南京：南京大學出版社，2014 年。

衣若芬：《感官東亞》，台北：二魚出版社，2014 年。

衣若芬：《南洋風華：藝文・廣告・跨界新加坡》，新加坡：八
方文化創作室，2016 年

吉廣輿編：《台灣現當代作家研究資料彙編 92 孟瑤》，台南：國
立台灣文學館，2017 年。

余英時：《現代學人與學術》，桂林：廣西師範大學出版社，2014
年。

利亮時：《陳六使與南洋大學》，新加坡：南洋理工大學中華語
言文化中心，2012 年。

吳姍姍：《蘇雪林研究論集》，台北：台灣學生書局，2012 年。

吳振清、徐勇、王家祥編：《黃遵憲集》，天津：天津人民出版社，2003。

吳義勤、王素霞：《我心彷徨：徐訏傳》，上海：上海三聯出版社，2008 年。

呂赫若：《呂赫若日記（昭和 17-19 年）手稿本》，台北：印刻出版社，2004 年。

呂　澂：《中國佛學源流略講》，北京：中華書局，1979 年。

宋秀葵：《地方・空間與生存：段義孚生態文化思想研究》，北京：中國社會科學出版社，2012 年。

宋曉萍：《女性書寫和慾望的場域》，北京：北京大學出版社，2011 年。

宋燕鵬：《馬來西亞華人史：威權、社群和信仰》，上海：上海交通大學出版社，2015 年。

岑丞丕、洪俊彥：《林語堂生平小傳》，台北：東吳大學、華藝學術出版社，2014 年。

李元瑾編：《南大學人》，新加坡：南洋理工大學中華語言文化中心，2001 年。

李元瑾編：《南大圖像：歷史河流中的省視》，新加坡：八方文化創作室，2007 年。

李元瑾編：《跨越疆界與文化調適》，新加坡：南洋理工大學中華語言文化中心，2008 年。

李玉平：《互文性：文學理論研究的新視野》，北京：商務印書館，2014 年。

李有成、張錦忠主編：《離散與家國想像：文學與文化研究集稿》，台北：允晨文化公司，2010 年。

李有成、馮品佳編：《管見之外：影像文化與文學研究：周英雄

教授七秩壽慶論文集》，台北：書林出版公司，2010 年。

李有成：《離散》，台北：允晨文化公司，2013 年。

李宗高等編：《講講南大的故事——雲南園緬懷》，新加坡：南洋大學基督教團契出版，2009 年。

李　怡、羅維斯、李俊杰編：《民國文學討論集》，北京：中國社會科學出版社，2014 年。

李　怡：《作為方法的「民國」》，山東：山東文藝出版社，2015 年。

李恩涵：《東南亞華人史》，台北：五南圖書公司，2003 年。

李瑞騰編：《新加坡共和國華文文學選集・詩歌》，台北：時報文化出版公司，1982 年。

李瑞騰編：《新加坡共和國華文文學選集・散文》，台北：時報文化出版公司，1982 年。

李瑞騰編：《新加坡共和國華文文學選集・雜文》，台北：時報文化出版公司，1982 年。

李瑞騰編：《新加坡共和國華文文學選集・文學史料》，台北：時報文化出版公司，1982 年。

李瑞騰：《老殘夢與愛：《老殘遊記》的意象研究》，台北：九歌出版社，2001 年。

李瑞騰、閻純德編：《女兵謝冰瑩》，北京：人民文學出版社，2002 年。

李詮林：《台港澳暨海外華文、華人文學散論》，北京：社會科學文獻出版社，2012 年。

李澤厚：《中國現代思想史論》，北京：新華出版社，1987 年。

李選樓：《戰前南來作家小說評論》，新加坡：新華文化事業公司，2008 年。

李懷宇：《各在天一涯：二十位港台海外知識人談話錄》，北京：中華書局，2016 年。

杜國清：《台灣文學與世華文學》，台北：台灣大學出版中心，2015 年。

汪民安編：《身體的文化政治學》，開封：河南大學出版社，2004 年。

汪民安：《空間的政治》，南京：江蘇人民出版社，2007 年。

沈清松編：《中華現代性的探索：檢討與展望》，台北：政大出版社，2013 年。

沈　謙：《林語堂與蕭伯納》，台北：九歌出版社，1999 年。

亞　薇：《亞薇自選集》，台北：黎明文化事業公司，1983 年。

周兆呈：《語言、政治與國家化》，新加坡：南洋理工大學中華語言文化中心，2012 年。

周南京：《菲律賓與菲華社會》，香港：香港社會科學出版社，2007 年。

周質平：《自由的火種：胡適與林語堂》，台北：允晨文化公司，2018 年。

周　憲：《文化間的理論旅行：比較文學和跨文化研究論集》，南京：譯林出版社，2017 年。

和　權：《橘子的話》，台北：林白出版社，1986 年。

孟　悅、戴錦華：《浮出歷史地表：中國現代女性文學研究》，台北：時報文化出版公司，1993 年。

林太乙：《林語堂傳》，台北：聯經出版公司，1990 年。

林水檺、駱靜山編：《馬來西亞華人史》，吉隆坡：馬來西亞留台總會，1984 年。

林明昌主編：《閒情悠悠：林語堂的心靈世界》，台北：林語堂

故居出版，遠景出版社發行，2005 年。

林建國：《馬華文學批評大系：林建國》，桃園：元智大學中文系，2019 年。

林　泉：《窗內的建築》，台北：笠詩社，1967 年。

林淇漾：《書寫與拼圖——台灣文學傳播現象》，台北：麥田出版社，2001 年。

林婷婷、劉慧琴編：《東南亞華文女作家選集》，台北：台灣商務印書館，2012 年。

林婷婷、劉慧琴編：《漂鳥——加拿大華文女作家選集》，台北：台灣商務印書館出版，2009 年。

林毓生：《思想與人物》，台北：聯經出版公司，1985 年。

林毓生：《再造公與義的社會與理性空間》，台北：時報文化出版公司，2003 年。

林萬菁：《中國作家在新加坡及其影響（1927-1948）》，新加坡：萬里書局，1978 年。

邵玉銘、張寶琴、瘂弦編：《四十年來中國文學》，台北：聯合文學出版社，1997 年。

金　進：《馬華文學論稿》，上海：復旦大學出版社，2013 年。

封德屏編：《文學好因緣》，台北：文訊雜誌社，2008 年。

南洋大學校史編輯委員會編：《南洋大學史論集》，馬來西亞：馬來亞南洋大學校友會，2004 年。

南大站編委會：《南大回憶》，馬來西亞：文運企業，2011 年。

姚夢桐：《郁達夫旅新生活與作品研究》，新加坡：新加坡出版社，1987 年。

姜興山：《戰後菲律賓華文教育研究：1945-1976》，廣州：暨南大學出版社，2013 年。

施建偉：《林語堂：走向世界的幽默大師》，台北：武陵出版社，
　　1994 年。

施建偉：《林語堂傳》，北京：北京十月文藝出版社，1999 年。

施穎洲等撰：《菲華小說選》，台北：中華文藝月刊社，1977 年。

施穎洲：〈柯俊智先生與菲華文學〉，《菲華文學（一）》，菲律賓：
　　柯俊智文教基金會，1988 年。

柄谷行人：《日本近代文學的起源》，台北：麥田出版社，2017
　　年。

柏　楊編：《新加坡共和國華文文學選集》，台北：時報文化出
　　版公司，1982 年。

財團法人臺灣文學發展基金會編：《張秀亞全集　第 9 卷》，台
　　南：國家台灣文學館，2005 年。

陳紀瀅：《文藝運動二十五年》，台北：重光文藝出版社，1977
　　年。

陳大為：《思考的圓周率：馬華文學的板塊與空間書寫》，雪蘭
　　莪：大將出版社，2006 年

陳義芝編：《台灣現當代作家研究資料彙編 8 覃子豪》，台南：
　　台灣文學館，2011 年。

柏　楊編：《新加坡共和國華文文學選集‧小說》，台北：時報
　　文化出版公司，1982 年。

柯思仁、宋耕編：《超越疆界：全球化‧現代性‧本土文化》，
　　新加坡：南洋理工大學中華語言文化中心，2007 年。

洪俊彥：《近鄉情悅：幽默大師林語堂的台灣歲月》，台北：蔚
　　藍文化出版，2015 年。

洪淑苓編：《台灣現當代作家研究資料彙編 74 蓉子》，台南：台
　　灣文學館，2015 年

紀　弦：《紀弦回憶錄【第二部】在頂點與高潮》，台北：聯合文學出版社，2001 年。

胡希東：《文學觀念的歷史轉型與現代文學史書寫模式的變遷》，北京：中國社會科學出版社，2016 年。

胡秋原著，李敏生編：《中華心：胡秋原政治・文藝・哲學文選》，北京：社會科學文獻出版社，1995 年。

郁達夫等：《中國新文學大系導論集》，上海：上海書店，1982 年。

郁漢良：《華僑教育發展史・上冊》，台北：國立編譯館，2001 年。

唐君毅：《唐君毅全集》，台北：學生書局，1990 年。

夏志清：《中國現代小說史》，台北：傳記文學出版社，1979 年。

夏　菁：《中國現代作家的南洋書寫研究》，武漢：華中師範大學出版社，2015 年。

夏　菁：《慾望與思考之旅：中國現代作家的南洋與英美遊記研究》，台北：文史哲出版社，2010 年。

夏鑄九、王志弘：《空間的文化形式與社會理論讀本》，台北：明文出版社，1994 年。

徐　訏著，廖文傑、王璞編，梁秉鈞主編：《念人憶事：徐訏佚文選》，香港：嶺南大學人文學科研究中心，2003 年。

徐秀慧等編：《從近現代到後冷戰：亞洲的政治記憶與歷史書寫》，台北：里仁書局，2011 年。

桑　農：《五四百年評說》，香港：香港城市大學出版社，2019 年。

馬來西亞留台校友聯合總會主編：《馬華文學與現代性》，台北：新銳文創出版公司，2012 年。

馬　森：《世界華文新文學史—中國現代文學的兩度西潮（上
　　編）：西潮東漸　第一度西潮與寫實主義》，台北：印刻文
　　學出版社，2015 年。

馬　森：《世界華文新文學史（下編）：分流後的再生　第二度
　　西潮與現代／後現代主義·海外華文文學》，台北：印刻文
　　學出版社，2015 年。

高小康：《狂歡世紀——娛樂文化與現代生活方式》，鄭州：河
　　南人民出版社，1998 年。

高友工：《中國美典與文學研究論文集》，台北：台灣大學出版
　　中心，2004 年。

高友工：《美典：中國文學研究論集》，北京：生活·讀書·新
　　知三聯書店，2008 年。

高祖儒：《華商拓殖菲島史略》，菲律賓：泛亞出版社，1969 年。

高　信：《中華民國之華僑與僑務》，台北：正中書局，1989 年。

高嘉謙、鄭毓瑜主編：《從摩羅到諾貝爾：文學·經典·現代意
　　識》，台北：麥田出版社，2015 年。

高嘉謙：《遺民、疆界與現代性：漢詩的南方離散與抒情，
　　1895-1945）》，台北：聯經出版公司，2016 年。

梅　子、易明善編：《劉以鬯研究專集》，成都：四川大學出版
　　社，1987 年。

屠申虹編：《中國文藝年鑑一九六七》，台北：平原出版社，1967
　　年。

崔貴強：《新馬華人國家認同的轉向（1945-1959）》，新加坡：
　　南洋學會，1990 年。

崔貴強：《新加坡華文報刊與報人》，新加坡：海天文化出版社，
　　1993 年。

崔貴強:《新加坡華人:從開埠到建國》,新加坡:新加坡宗鄉館聯合總會、教育出版私營有限公司,1994 年。

張希哲等:《五十年來的華僑與僑務》,台北:華僑協會總會,1963 年。

張松建:《現代詩的再出發 —— 中國四十年代現代主義詩潮新探》,北京:北京大學出版社,2009 年。

張松建:《文心的異同:新馬華文文學與中國現代文學論集》,北京:中國社會科學出版社,2013 年。

張素貞編:《台灣現當代作家研究資料彙編 71 彭歌》,台南:台灣文學館,2015 年。

張夢陽:《魯迅對中國人的思維批判》,北京:東方出版社,2011 年。

張漱菡編:《海燕集》,新竹:海洋出版社,1953 年。

張誦聖:《文學場域的變遷》,台北:聯合文學出版社,2001 年。

張曉威、張錦忠主編:《華語語系與南洋書寫 台灣與星馬華文文學及文化論集》,台北:漢學研究中心,2018 年。

張錦忠:《南洋論述——馬華文學與文化屬性》,台北:麥田出版社,2003 年

張錦忠:《重寫台灣文學史》,台北:麥田出版社,2007 年。

張錦忠:《馬華文學》,高雄:中山大學文學院出版,2009 年。

張錦忠編:《離散、本土與馬華文學論述》,高雄:中山大學人文研究中心、離散 / 現代性研究室,2019 年。

張瓊惠、梁一萍:《移動之民:海外華人研究的新視野》,台北:台灣師範大學出版中心,2016 年。

張曦娜:《答客問》,新加坡:富豪仕大眾傳播機構,1994 年。

曹惠民編:《台港澳文學教程新編》,上海:復旦大學出版社,

2017 年。

梁立基、李謀編：《世界四大文化與東南亞文學》，廣州：世界
　　圖書公司，2017 年。

梁慶標編：《傳記家的報復：新近西方傳記研究譯文集》，桂林：
　　廣西師範大學出版社，2015 年。

淑女山：《怡和軒九十周年紀念特刊》，新加坡：大水牛出版社，
　　1985 年。

犁青主編：《泰華文學》，香港：匯信出版社，1991 年。

盛　　寧：《新歷史主義》，台北：揚智文化出版公司，1995 年。

莊鐘慶等：《東南亞華文文學與中國現代文學》，廈門：廈門大
　　學出版社，1991 年。

莊鐘慶主編：《東南亞華文新文學史》，北京：人民文學出版社，
　　2007 年。

莊鐘慶、鄭　楚編：《東南亞反法西斯華文文學書卷》第 3 卷‧
　　解讀編，廣州：世界圖書公司，2015 年。

許文榮：《馬華文學類型研究》，台北：里仁書局，2014 年。

許文榮：《第三個文化空間　馬來西亞華人文學》，馬來西亞：
　　馬來亞大學中協出版，2014 年。

許俊雅：《續修台北縣志‧卷九‧藝文志第三篇‧文學》，新北：
　　新北市政府，2008 年。

許俊雅：《低眉集：台灣文學、翻譯、遊記與書評》，台北：新
　　銳文創出版公司，2012 年，

許紀霖、宋　宏：《現代中國思想的核心觀念》，上海：上海人
　　民出版社，2011 年。

許紀霖、陳達凱編：《中國現代化史‧第一卷（1800-1949）》，
　　上海：學林出版社，2006 年。

許紀霖：《大時代中的知識人》，北京：中華書局，2007 年。

許雲樵、蔡史君：《新馬華人抗日史料（1937-1945）》，新加坡：文史出版社，1984 年。

許雲樵：《南洋史》，新加坡：星洲世界書局，1961 年。

許維賢：《華語電影在後馬來西亞：土腔風格、華夷風與作者論》，台北：聯經出版公司，2018 年。

郭惠芬《中國南來作者與新馬華文文學》，廈門：廈門大學出版社，1999 年。

郭惠芬：《中外文學交流史，中國 —— 東南亞卷）》，濟南：山東教育出版社，2015 年。

閆海田：《徐訏新論》，南京：南京大學中國現當代文學所博論，2013 年。

陳芳明：《台灣新文學史》，台北：聯經出版公司，2011 年。

陳乃欣等：《徐訏二三事》，台北：爾雅出版社，1980 年。

陳炳良編：《香港文學探賞》，香港：三聯書店，1991 年。

陳美華：《馬來西亞與印尼的宗教認同：伊斯蘭、佛教與華人信仰》，台北：中央研究院人社中心亞太區域研究專題中心，2009 年。

陳劍秋：《菲律賓華僑概況》，台北：正中書局，1988 年。

陳國相：《復辦南洋大學論文集》，馬來西亞：策略資訊研究中心，2010 年。

陳國球：《感傷的旅程：在香港讀文學》，台北：台灣學生書局，2003 年。

陳康芬：《詩語言的美學革命：台灣五〇、六〇年代新詩論戰與現代軌跡》，台北：萬卷樓圖書公司，2018 年。

陳智德：《根著我城：戰後至 2000 年代的香港文學》，台北：聯

經出版公司，2019 年。

陳　湧：《一個閒暇無事的下午：我看林語堂》，新北：雅書堂
　　文化，2003 年。

陳嘉庚國際學會學術小組編：《南大精神》，新加坡：八方文化
　　創作室，2003 年。

陳緒石：《海洋文化精神視角下的徐訏研究》，北京：海洋出版
　　社，2017 年。

陳賢茂、吳奕錡、陳劍暉、趙順宏：《海外華文文學史初編》，
　　福建：鷺江出版社，1993 年。

陳鵬翔：《文化／文學的理論與實踐》，台北：秀威資訊科技公
　　司，2018 年。

陳鴻瑜編：《中華民國之僑務政策》，台北：中華民國海外華人
　　研究學會，2000 年。

寒山碧編：《徐訏作品評論集》，香港：香港文學研究出版社，
　　2009 年。

彭小妍：《唯情與理性的辯證：五四的反啟蒙》，台北：聯經出
　　版公司，2019 年。

游俊豪：《移民軌跡和離散論述：新馬華人族群的重層脈絡》，
　　上海：上海三聯書店，2014 年。

游勝冠、熊秉真編：《流離與歸屬：二戰後港臺文學與其他》，
　　台北：台灣大學出版中心，2015 年。

程國強：《僑務淺談》，台北：華欣文化事業中心，1983 年。

程石泉：《論墨人及其作品》，台北：文史哲出版社，2012 年。

童元方：《風雨弦歌：黃麗松回憶錄》，香港：香港大學出版社，
　　2000 年。

須文蔚：《台灣文學傳播論》，台北：二魚文化出版社，2009 年。

須文蔚編選：《台灣現當代作家研究資料彙編 09 紀弦（一九一三~)》，台南：台灣文學館，2011 年。

馮友蘭：《新事論・論抗建》，出版地不詳：出版者不詳，1939年。

黃孟文、徐迺翔主編：《新加坡華文文學史初稿》，新加坡：新加坡大學中文系、八方文化創作室，2002 年。

黃枝連：《東南亞華族社會發展論 —— 探索走向二十一世紀的中國和東南亞的關係》，上海：上海社會科學院，1992 年。

黃萬華：《在「旅行」中「拒絕旅行」》，北京：中國社會科學出版社，2008 年。

黃萬華：《新馬百年華文小說史》，濟南：山東文藝出版社，1999年。

黃萬華：《文化轉換中的世界華文文學》，北京：中國社會科學出版社，1999 年。

黃萬華：《中國和海外：20 世紀漢語文學史論》，天津：百花文藝出版社，2006 年。

黃萬華：《在「旅行中」「拒絕旅行」：華人新生代和新華僑華人作家的比較研究》，北京：中國社會科學出版社，2008 年。

黃萬華：《越界與整合：黃萬華選集》，廣州：花城出版社，2014年。

黃榮才：《超然之美：林語堂的心靈境界》，北京：中國華僑出版社，2017 年。

黃賢強：《跨域史學：近代中國與南洋華人研究的新視野》，台北：龍圖騰文化有限公司，2015 年。

黃賢強：《跨域史學：近代中國與南洋華人研究的新視野》，台北：龍圖騰文化有限公司，2015 年。

黃錦樹：《馬華文學與中國性》，台北：麥田出版社，2012 年。

黃錦樹：《南洋人民共和國備忘錄》，台北：聯經出版公司，2013 年。

黃錦樹：《猶見扶餘》，台北：麥田出版社，2014 年。

黃錦樹：《注釋南方——馬華文學短論集》，馬來西亞：有人出版社，2015 年。

黃錦樹：《雨》，台北：寶瓶文化事業公司，2016 年。

黃顯康：《香港文學的發展與評價》，香港：秋海棠文化企業公司，1996 年。

黃英哲：《「去日本化」「再中國化」：戰後臺灣文化重建（1945-1947）》，台北：麥田出版社，2017 年。

楊匡漢、莊偉杰：《海外華文文學知識譜系的詩學考辨》，北京：中國社會科學出版社，2012 年。

楊宗翰：《異語：現代詩與文學史論》，台北：秀威資訊科技公司，2017 年。

楊松年：《戰前新馬文學本地意識的形成與發展》，新加坡：新加坡大學中文系，2001 年。

楊松年編：《離心的辯證：世華小說評析》，台北：唐山出版社，2004 年。

楊儒賓：《1949 禮讚》，台北：聯經出版公司，2015 年。

萬平近：《林語堂評傳》，上海：遠東出版社，2008 年。

萬平近：《林語堂傳》，福州：海峽文藝出版社，1998 年。

雷　潨編：《南大春秋》，馬來西亞：風下工作室，2008 年。

廖文杰編：《無題的問句——徐訏先生新詩、歌劇補遺》，九龍：夜窗出版社，1993 年。

廖明活：《中國佛教思想述要》，台北：台灣商務印書館，2006

年。

榮耀明主編：《城市變遷與文化記憶》，上海：復旦大學出版社，
　　2018 年。

熊賢關：《性別與疆界》，新加坡：南洋理工大學中華語言文化
　　中心，2006 年。

蓉　子著，吳達芸編：《蓉子集》，台南：台灣文學館，2008 年。

趙一凡、張中載、李德恩主編：《西方文論關鍵詞》，北京：外
　　語教學與研究出版社，2006 年。

趙山奎：《傳記視野與文學解讀》，北京：北京大學出版社，2012
　　年。

趙遐秋、馬相武編：《海外華文文學綜論》，太原：山西教育出
　　版社，1995 年。

劉心皇：《現代中國文學史話》，台北：正中書局，1971 年。

劉以鬯編：《香港作家傳略》，香港：市政局公共圖書館，1996
　　年。

劉石吉、孫小玉、王儀君、楊雅惠、劉文強編：《遷徙與記憶》，
　　高雄：中山大學人文研究中心出版，2013 年。

劉奕華：《詩性林語堂及其跨文化傳播》，北京：社會科學文獻
　　出版社，2017 年。

劉登翰：《華文文學的大同世界》，台北：人間出版社，2012 年。

劉碧娟：《新華當代文學中的現代主義》，新加坡：八方文化創
　　作室，2018 年。

劉　麗：《大衛‧哈維的思想原像——空間批判與地理學想像》，
　　北京：人民出版社，2018 年。

樊洛平：《當代台灣女性小說史論》，台北：台灣商務，2006 年。

歐陽婷：《跨文化語境下美國華人流散文學研究》，長沙：中南

大學出版社，2019 年。

潘亞暾、汪義生：《香港文學概觀》，廈門：鷺江出版社，1993
年。

潘亞暾、汪義生：《海外華文文學名家》，廣州：暨南大學出版
社，1994 年。

潘翎主，崔貴強譯：《海外華人百科全書》，香港：三聯書店香
港分店，1998 年。

蔡元唯：《愛國作家林語堂——林語堂政治態度轉變之研究，
1895-1945）》，台北：元華文創股份有限公司，2018 年。

鄭良樹：《馬來西亞華文教育發展簡史》，北京：外語教學與研
究出版社，2007 年。

鄭尊仁：《台灣當代傳記文學研究》，台北：秀威資訊科技公司，
2006 年。

鄭毓瑜：《引譬連類：文學研究的關鍵詞》，台北：聯經出版公
司，2012 年。

鄭奮興、傅文義、傅文成：《大南大之旅》，新加坡：創意圈工
作室，2001 年。

鄭奮興：《鄭奮興講南大故事》，新加坡：南洋理工大學中華語
言文化中心，2011 年。

魯　迅：《魯迅全集》第 4 卷，北京：人民文學出版社，1993
年。

盧瑋鑾：《香港文縱》，香港：華漢文化事業公司，1987 年。

穆中南：《文藝橋》，台北：文壇月刊社，1969 年。

賴慈芸：《譯難忘：遇見美好的老譯本》，台北：聯經出版公司，
2019 年。

錢理群、溫儒敏、吳福輝：《中國現代文學三十年》，北京：北

京大學出版社，2015 年。

錢理群：《中國知識分子的世紀故事：現代文學研究論集》，台
　　北：人間出版社，2009 年。

龍應台：《大江大海一九四九》，台北：天下雜誌出版社，2009
　　年。

龍協濤：《讀者反應理論》，台北：揚智文化事業股份有限公司，
　　1997 年。

應鳳凰：《人性的悲劇──徐訏的腳印》，台北：爾雅出版社，
　　1982 年。

應鳳凰：《文學風華：戰後初期 13 著名女作家》，台北：秀威資
　　訊科技公司，2007 年。

薛莉清：《晚清民初南洋華人社群的文化建構：一種文化空間的
　　發現》，北京：生活‧讀書‧新知三聯書店，2015 年。

謝　馨：《來中望所去　去中覓所來──謝馨詩作賞析》，台北：
　　秀威資訊科技公司，2010 年。

鍾志邦：《從南大到北大‧上冊：講不完的故事》，新加坡：玲
　　子傳媒私人有限公司，2017 年。

鍾怡雯、陳大為編：《犀鳥卷宗：砂拉越華文文學研究論集》，
　　桃園：元智大學中文系，2016 年。

鍾怡雯：《馬華文學史與浪漫傳統》，台北：萬卷樓圖書公司，
　　2009 年。

鍾怡雯：《經典的誤讀與定位》，台北：萬卷樓圖書公司，2009
　　年。

顏清煌：《海外華人的傳統與現代化》，新加坡：南洋理工大學
　　中華語言文化中心，2010 年。

羅秀美：《從秋瑾到蔡珠兒──近現代知識女性的文學表現》，

台北：台灣學生書局，2010 年。

藤田梨那：《中國現當代文學中的跨文化書寫》，北京：中央編
　　譯出版社，2013 年。

譚君強：《敘事學導論：從經典敘事學到後經典敘事學》，北京：
　　高等教育出版社，2014 年。

鐘麗慧：《織錦的手：女作家素描》，台北：九歌出版社，1987
　　年。

饒芃子：《中國文學在東南亞》，廣州：暨南大學出版社，1999
　　年。

龔鵬程等編：《二十一世紀台灣・東南亞的文化與文學》，宜蘭：
　　佛光人文社會學院，2002 年。

龔顯宗、王儀君、楊雅惠編：《移居、國家與族群》，高雄：中
　　山大學人文社會科學研究中心，2010 年。

三、譯　著

古斯塔夫・勒龐（Gustave Le Bon）著，劉芳譯：《群體心理研
　　究》，上海：上海社會科學院出版社，2018 年。

弗里德里希・威廉・尼采（Friedrich Wilhelm Nietzsche）著，
　　錢春綺譯：《查拉圖斯特拉如是說》，新北：遠足文化事
　　業，2015 年。

弗里德里希・席勒（Johann Christoph Friedrich von Schiller）著，
　　謝宛真譯：《美育書簡》，台北：商周出版社，2018 年。

皮耶・布赫迪厄（Pierre Bourdieu）著，石武耕、李沅洳、陳羚
　　芝譯：《藝術的法則：文學場域的生成與結構》，台北：典
　　藏藝術家庭出版社，2016 年。

石澤良昭著，林佩欣譯：《亦近亦遠的東南亞：夾在中印之間，非線性發展的多文明世界》，台北：八旗文化出版社，2018年。

多明尼克‧薩赫森邁爾（Dominic Sachsenmaier）、任斯‧理德爾（Jens Riedel）、S.N.艾森斯塔德（Shmuel N. Eisenstadt）著，郭少棠、王為理譯：《多元現代性的反思：歐洲、中國及其他的闡釋》，北京：商務印書館，2009年。

托馬斯‧摩爾（Thomas More）著，戴鎦齡譯：《烏托邦》，台北：志文出版社，2009年。

米歇爾‧傅柯（Michel Foucault）著，劉北成等譯：《規訓與懲罰——監獄的誕生》，台北：桂冠出版社，1992年。

西格蒙德‧佛洛伊德（Sigmund Freud）著，孫明之譯：《夢的解析》，台北：遠足文化公司，2015年。

和辻哲郎著，陳力衛譯：《風土》，北京：商務印書館，2006年。

岩崎育夫著，廖怡錚譯：《從東南亞到東協：存異求同的五百年東亞史》，台北：商周出版社，2018年。

帕特里克‧格里（Patrick J.Geary）著，羅新譯：《歷史、記憶與書寫》，北京：北京大學出版社，2018年。

彼得‧艾迪（Peter Adey）著，徐苔玲、王志弘譯：《移動》，台北：群學出版公司，2013年。

拉里‧A‧薩默瓦（Samovar, Larry A.）、理查德‧E‧波特（Porter, Richard E.）著，閔惠泉、王緯、徐培喜譯：《跨文化傳播》，北京：中國人民大學出版社，2006年。

阿君‧阿帕度萊（Arjun Appadurai）著，鄭義愷譯：《消失的現代性——全球化的文化向度》，台北：群學出版公司，2009年。

韋伯（Max Weber）著，錢永祥譯：《學術與政治——韋伯選集
　　（一）》，台北：允晨文化公司，1985 年。

哈特穆特・羅薩（Hartmut Rosa）著，鄭作彧譯：《新異化的誕
　　生：社會加速批判理論大綱》，上海：上海人民出版社，
　　2018 年。

哈羅德・布魯姆（Harold Bloom）著，徐文博譯：《影響的焦慮：
　　一種詩歌理論》，南京：江蘇教育出版社，2006 年。

柄谷行人著，薛羽譯：《民族與美學》，西安：西北大學出版社，
　　2016 年。

班納迪克・安德森（Benedict Richard O'Gorman Anderson）著，
　　吳叡人譯：《想像的共同體：民族主義的起源與散布》，台
　　北：時報文化出版公司，2010 年。

勒內・韋勒克（René Wellek）、奧斯汀・沃倫，Austin Warren）
　　著，劉象愚譯：《文學理論》，北京：三聯書店，1984 年。

理查德・喬伊斯（Richard Joyce）著，劉鵬博、黃素珍譯：《道
　　德的演化》，南京：譯林出版社，2017 年。

章戈浩編，倪偉等譯：《可見的思想》，濟南：山東文藝出版社，
　　2008 年。

凱瑟琳・海勒（N.Katherine Hayles）著，劉宇清譯：《我們何以
　　成為後人類：文學、信息科學和控制論中的虛擬身體》，北
　　京：北京大學出版社，2017 年。

溫迪・J・達比（Wendy J.Darby）著，張箭飛、趙紅英譯：《風
　　景與認同：英國民族與階級地理》，南京：譯林出版社，
　　2011 年。

溫澤勒（Robert L. Winzeler）著，徐雨村譯：《今日的東南亞族
　　裔群體：一個複雜區域的民族誌、民族學與變遷》，台北：

行政院原住民委員會出版，2018 年。

瑪莉・路易斯・普特拉（Mary.Louise Pratt）著，方杰、方宸譯：《帝國之眼：旅行書寫與文化互化》，南京：譯林出版社，2017 年。

瑪莎・納思邦（Martha C. Nussbaum） 著，高忠義譯：《憤怒與寬恕：重思正義與法律背後的情感價值》，台北：商周出版社，2017 年。

戴維・哈維（David Harvey）著，胡大平譯：《正義、自然和差異地理學》，上海：上海人民出版社，2010 年。

邁克爾・L・弗雷澤（Michael L.Frazer）著，胡靖譯：《同情的啟蒙：18 世紀與當代的正義和道德情感》，南京：譯林出版社，2016 年。

蘇珊・桑塔格（Susan Sontag）著，刁曉華譯：《疾病的隱喻》，台北：大田出版社，2000 年。

四、專書論文

王德威：〈序朱崇科《本土性的糾葛》〉，朱崇科：《本土性的糾葛——邊緣放逐・「南洋」虛構・本土迷思》，台北：唐山出版社，2004 年。

王　藍：〈讀馬來妹〉，后希鎧：《馬來妹》，新北：紅藍出版社，1960 年。

余英時：〈五四精神是一股真實的歷史動力〉，思想編委會編：《思想》第 37 期「五四」一百週年，台北：聯經出版公司，2019 年 4 月。

呂天行：〈私淑心儀五十年——壽雪林先生九五華誕〉，成功大

學中國文學系編:《慶祝蘇雪林教授九秩晉五華誕學術研討
會論文暨詩文集》,台北:文史哲出版社,1995 年。

李瑞騰:〈《中外文學交流史(中國——東南亞卷)》讀後〉,樂
黛雲、李比雄編:《跨文化對話》第 37 輯,北京:商務印
書館,2017 年。

周煌華:〈華與文的宏觀敘事〉,林明昌編:《視野的互涉——世
界華文文學論文集》,台北:唐山出版社,2007 年。

林伯雅:〈懷伯訏兄〉,徐訏紀念文集籌委會編:《徐訏紀念文
集》,九龍:香港浸會學院中國語文學會,1981 年。

林語堂:〈五四以來的文學〉,胡祖文編:《大陸的文壇與文人》,
香港:正文出版社,1964 年。

林語堂:〈林語堂自傳〉,尹雪曼等編:《林語堂》,台北:華欣
文化事業中心,1979 年。

胡賢林:〈華文文學與華人文學之辨——關於華文文學研究轉向
華人文學的反思〉,朱文斌編:《世界華文文學》第三輯,
合肥:安徽大學出版社,2006 年。

胡鵬林:〈現代性的歧異〉,沈清松編:《中華現代性的探索:檢
討與展望》,台北:政大出版社,2013 年。

張錦忠:〈繼續離散,還是流動:跨國、跨語與馬華(華馬)文
學〉,馬來西亞留台校友聯合總會編:《馬華文學與現代
性》,台北:新銳文創出版公司,2012 年。

莊華興:〈語言、文體、精神基調:思考馬華文學〉,思想編委
會編:《思想》第 28 期「大馬華人與族群政治」,台北:聯
經出版公司,2015 年。

陳福康:〈應該「退休」的學科名稱〉,《民國文學與文化研究》
第一輯,台北:秀威資訊科技公司,2015 年。

寒山碧：〈徐訏作品評論集・序〉，收於寒山碧編：《徐訏作品評論集》，九龍：香港文學研究出版社，2009 年。

黃月銀：〈政大學人與民國【圓桌座談】紀錄〉，《民國文學與文化研究集刊》第 4 期，2018 年。

楊儒賓：〈1949：民國文學、歷史、思想的交會與分流〉，《民國文學與文化研究》第三輯，2016 年。

趙稀方：〈「友聯」與《中國學生週報》〉，《民國文學與文化研究集刊》第 3 期，2018 年。

樂黛雲：〈尋求跨文化對話的話語〉，樂黛雲、李比雄編：《跨文化對話》創刊號，北京：商務印書館，1998 年。

鄭煒明：〈五四至七十年代中期澳門新文學概述〉，《2019 台港地區澳門文學評論選》，澳門：澳門特別行政區政府文化局，2019 年。

魏月萍：〈我不在家國——馬華文學公民身分建構的可能〉，思想編委會編：《思想》第 26 期「香港：本土與左右」，台北：聯經出版公司，2014 年。

五、期刊論文

丁紀為：〈風蕭蕭兮淡水寒——中華民國文藝界追悼徐訏先生大會紀實〉，《新文藝》第 297 期，1981 年 12 月。

公孫嬿：〈對菲華文學的印象〉，《文訊》第 24 期，1986 年 6 月。

方孝謙：〈敘事身分與互信機制的分析：研究台籍與馬華女性的離散家族〉，《文化越界》1 卷 9 期，2013 年 3 月。

王洪鈞：〈民族文藝的方向〉，《劇與藝》8 卷 2 期，1972 年 7 月。

王集叢：〈懷念徐訏〉，《幼獅文藝》第 53 卷第 2 期，1981 年 2
　　月。

王鈺婷：〈「摩登女郎」的展演空間：談《海燕集》（1953）中女
　　作家現身與新女性塑造〉，《台灣文學研究學報》12 期，
　　2011 年 4 月。

王廣滇：〈訪醉心劇藝的蘇子〉，《劇與藝》8 卷 2 期，1972 年 7
　　月。

王禮溥：〈文星殞落悼亞薇〉，《亞洲華文作家雜誌》「菲華詩人
　　亞薇先生專輯」第 15 期，1987 年 12 月。

王禮溥〈悼叔寶〉，《亞洲華文作家》第 19 期，1988 年 12 月。

王麗敏：〈中國和西方對東南亞稱謂略考〉，《東南亞縱橫》2014
　　年 1 期。

何　平：〈跨文化研究的理論和方法〉，《史學理論研究》2014
　　年第 4 期。

白依璇：〈離散民國性的文學史範本：論夏志清《中國現代小說
　　史》〉，《漢學研究通訊》第 34 卷第 4 期，2015 年 11 月。

后希鎧：〈「天下為公」是什麼意義？〉，《幼獅文藝》19 卷 4 期，
　　1963 年 10 月。

后希鎧：〈「悲劇」的意義怎樣？為什麼小說是以「悲劇」收場〉，
　　《幼獅文藝》19 卷 3 期，1963 年 9 月。

后希鎧：〈入緬甸記〉，《傳記文學》第 2 卷第 1 期，1963 年
　　1 月。

后希鎧：〈小說怎樣描寫人物？必定要寫得栩栩如生〉，《幼獅文
　　藝》第 101 期，1963 年 3 月。

后希鎧：〈什麼叫做「文明戲」？怎樣看出「電影拍攝不認
　　真」？〉，《幼獅文藝》19 卷 2 期，1963 年 8 月。

后希鎧:〈什麼是新寫實主義?〉,《幼獅文藝》19 卷 4 期,1963 年 10 月。

后希鎧:〈父歸〉,《幼獅文藝》19 卷 1 期,1963 年 7 月。

后希鎧:〈唐繼堯與蔡鍔,下〉——紀念「雲南起義」七十周年並試探唐蔡「爭功」公案〉,《傳記文學》第 48 卷第 1 期,1986 年 1 月。

后希鎧:〈從孔門四科十哲說到中文系的改進〉,《孔孟月刊》第 2 卷第 11 期,1964 年 7 月。

后希鎧:〈蔣總統與邊疆政策〉,《憲政思潮》32 期,1975 年 10 月。

后希鎧:〈憶陳錦濤先生〉,《傳記文學》32 卷 2 期,1978 年 2 月。

朱立立:〈台灣旅美文群的認同問題探析〉,《華文文學》總 37 期,2006 年 2 月。

朱嘉雯:〈瞭望文學的走向　專訪李瑞騰教授〉,《文訊》382 期,2017 年 8 月。

朱耀偉:〈誰的「中國性?」〉,《香港社會科學學報》第 19 期,2001 年春/夏季。

江江明:〈五〇年代台灣女性小說史觀念之詮釋策略再思考〉,《世新大學人文社會學報》第 10 期,2009 年 7 月。

伯　古:〈去似朝雲無覓處〉,《亞洲華文作家雜誌》「菲華詩人亞薇先生專輯」第 15 期,1987 年 12 月。

何聖芬:〈評介「文聯季刊」〉,《文訊》第 24 期,1986 年 6 月。

宋美璍:〈自我主體、階級認同與國族建構——論迪福、菲爾定和包士威爾的旅行書〉,《中外文學》16 卷第 4 期,總 304 期,1997 年 9 月。

李　怡：〈民國文學：命運共同體的文學表述〉,《中國現代文學》
　　第 26 期,2014 年 12 月。

李金生：〈「一個南洋」各自界說：「南洋」概念的歷史演變〉,《亞
　　洲文化》第 30 期,2006 年 6 月。

李瑞騰：〈寫在「菲律賓華文文學特輯」之前〉,《文訊》第 24
　　期,1986 年 6 月。

李瑞騰：〈菲華新詩的一些考察〉,《香港文學》第 80 期,1991
　　年 8 月。

李瑞騰：〈東南亞華文文學在台灣〉,《文訊》第 79 期,1992 年
　　5 月。

李瑞騰：〈我在菲華文學領域的探索〉,《文訊》第 142 期,1997
　　年 8 月。

李瑞騰：〈菲華散文的文化屬性──以選集為考察對象〉,《文訊》
　　284 期,2009 年 6 月。

沈海燕：〈宣言力量的弱化──文化產業視閾下劉以鬯〈酒徒〉
　　的連載與結集單行比較〉,《彰化師大文學院學報》第 16
　　期,2017 年 9 月。

沈清松：〈書評：麥可・哈特、涅格利《全球統治》〉,《哲學與
　　文化月刊》總 361,2004 年 6 月。

邢光祖：〈追憶在菲二十年的文藝活動（上）〉,《文訊》第 24
　　期,1986 年 6 月。

邢光祖：〈追憶在菲二十年的文藝活動（中）〉,《文訊》第 25
　　期,1986 年 7 月。

邢光祖：〈追憶在菲二十年的文藝活動（下）〉,《文訊》第 26
　　期,1986 年 8 月。

亞　薇：〈寶島之戀〉,《劇與藝》8 卷 2 期,1972 年 7 月。

亞　薇:〈日據菲律賓隨筆（四題）〉,《亞洲華文作家雜誌》「菲華新詩專輯」第 15 期,1987 年 12 月。

亞　藍:〈風雨牛車坊〉,《亞洲華文作家雜誌》第 18 期,1988 年 9 月。

周煌華:〈「世界華文文學」語詞的商榷:以台灣為觀察場域兼論一個學術詮釋社群的形成〉,《華人文化研究》2 卷 2 期,2014 年 12 月。

蘇偉貞:〈地方感與無地方性:南洋大學時期的蘇雪林　兼論其佚文〈觀音禪院〉〉,《成大中文學報》第 48 期,2015 年 3 月。

林婷婷:〈橫跨兩種文化〉,《亞洲華文作家雜誌》第 15 期,1987 年 12 月。

林婷婷:〈獅城彩虹——記第二屆華文文學大同世界國際會議〉,《亞洲華文作家》第 20 期,1989 年 3 月。

林勵志:〈悲愴與懷念:敬悼菲華文藝功臣柯叔寶之逝〉,《亞洲華文作家》第 19 期,1988 年 12 月。

林　濤:〈談亞薇《故國的召喚》〉,《劇與藝》8 卷 2 期,1972 年 7 月。

邱貴芬、柳書琴主編:《東亞現代中文文學國際學報》第 3 期台灣號,台北:行政院文化建設委員會,2007 年。

金　進:〈馬華文學的發生與發展（1919-1965）——以南來作家的身分認同與轉變為討論對象〉,《東華漢學》第 18 期,2013 年 12 月。

金　進:〈冷戰、南來文人與現代中國文學——以新加坡南洋大學中文系任教師資為討論對象〉,《文學評論》2015 年第 2 期。

姜　飛：〈左右同源：新文學史上的新寫實主義〉，《四川大學學報，哲學社會科學版)》，2012 年第 1 期。

封德屏：〈菲華暑期文教研習會〉《文訊》第 24 期，1986 年 6月。

封德屏：〈永不休止的文學生命力——從《文壇》穆中南的故事說起〉，《全國新書資訊月刊》，2007 年 9 月。

施建偉：〈海外華文文學文化傳統的多重性〉，《亞洲華文作家》第 42 期，1994 年 9 月。

施穎洲：〈菲華文藝播種時期的回憶錄〉，《文訊》第 24 期，1986年 6 月。

施穎洲：〈芥子先生行述〉，《亞洲華文作家雜誌》「菲華詩人芥子先生專輯」第 15 期，1987 年 12 月。

施穎洲：〈菲華新詩來龍去脈〉「亞華文訊」，《亞洲華文作家雜誌》第 15 期，1987 年 12 月。

柯　南：〈林語堂與南大〉，《知識天地》3 期，1976 年 6 月。

洪淑苓：〈菲華詩歌中的「華」與多元文化——以雲鶴、和權、謝馨詩作為例〉，《中國現代文學》第 35 期，2019 年 6 月。

若　艾：〈悼念文章：華菲文壇女強人〉，《亞洲華文作家》第31 期，1991 年 12 月。

孫良好：〈林語堂筆下的美國形象：以《唐人街》和《奇島》為中心〉，《中國現代文學研究叢刊》2005 年第 4 期。

孫建江〈亞華作家速寫〉，《亞洲華文作家》第 44 期，1995 年 3月

徐　訏：〈南國的風光〉，《天風》第 8 期，1950 年 11 月。

徐　訏：〈記取〉，《天風》第 10 期，1952 年 11 月。

徐　訏：〈某先生暨夫人七秩雙慶〉，《香港筆薈・徐訏特輯》第

13 期，1999 年 9 月。

徐　訏：〈從文藝的表達與傳達談起——謹獻給台灣文藝作家與詩人們〉，《文星》11 卷 1 期，1962 年 11 月。

徐　訏：〈論藝文創作中之個人與民族的特性〉，《文星》10 卷 5 期，1962 年 9 月。

徐學清：〈瘂弦與世界華文文學〉，《中國現代文學》第 29 期，2016 年 6 月。

徐觀漢：〈瑣談徐訏〉，《傳記文學》38 卷 2 期，1981 年 2 月。

張毓如：〈辨異與認同：20 世紀中期台灣女作家的旅行文學〉，《台灣學誌》第 13 期，2016 年 4 月。

張燦昭：〈在淚眼中懷念泥水〉，《亞洲華文作家》雜誌第 33 期，1992 年 6 月。

符兆祥：〈林泥水紀念專輯「前言」〉，《亞洲華文作家》雜誌第 33 期，1992 年 6 月。

莊良有：〈泣亞藍〉，《亞洲華文作家》第 31 期，1991 年 12 月。

莊華興：〈戰後馬華，民國文學遺址：文學史再勘查〉，《台灣東南亞學刊》11 卷 1 期，2016 年 4 月。

許文榮、孫彥莊：〈文學的跨國界與會通：蘇雪林、謝冰瑩及鍾梅音的南洋經歷與書寫〉，《中國比較文學》總 98 期，2015 年第 1 期。

許文榮：〈當正統中文遇到異言中文：謝冰瑩與鍾梅音的個案〉，《興大中文學報》第 38 期，2015 年 12 月。

許希哲：〈亞薇先生行誼〉，《亞洲華文作家雜誌》「菲華詩人亞薇先生專輯」第 15 期，1987 年 12 月。

郭嗣汾：〈文壇巨星的殞落——敬悼徐訏先生〉，《中華文藝》20 卷 4 期，1980 年 12 月。

野　火：〈徐訏和她的女兒〉，《亞洲華文作家》第 29 期，1991
　　年 6 月。

閏海田：〈徐訏小說的影視改編研究〉，《電影藝術》第 5 期，2013
　　年 9 月

陳一匡：〈淺談菲華的小說創作〉，《亞洲華文作家》第 34 期，
　　1992 年 9 月。

陳宛蓉：〈城市文化對談：九十年六月至七月〉「藝文史記・文
　　學記事　作家后希鎧病逝」，《文訊》190 期，2001 年 8 月。

陳秀美：〈五〇年代的穆中南與文壇〉，《空大人文學報》第 11
　　期，2002 年 12 月。

陳建忠：〈美新處（USIS）與台灣文學史重寫──以美援文藝
　　體制下的台港雜誌出版為考察中心〉，《國文學報》第 52
　　期，2012 年 12 月。

陳紀瀅：〈徐訏先生的生平〉，《中華文藝》第 20 期第 4 卷，1980
　　年 12 月。

陳國正：〈青黃相接春風吹──談越華詩壇三十年〉，《亞洲華文
　　作家》第 47 期，1997 年 2 月。

陳旋波：〈從林語堂到潘婷婷：中心與邊緣的敘事〉，《亞洲華文
　　作家》第 47 期，1997 年 2 月。

陳漱渝：〈折戟獅城──林語堂與南洋大學〉，《新文學史料》2008
　　年第 4 期。

陳漱渝：〈關於林語堂與「南洋大學事件」的有關信函〉，《湖南
　　人文科技學院學報》2008 年第 5 期，2008 年 10 月。

陳瑤玲：〈全球化下的「移動性」觀察〉，《台灣出版與閱讀》，
　　2018 年 9 月。

陳緒石：〈「徐訏評說林語堂」的獨特價值〉，《寧波大學學報，

人文科學版）》第 26 卷第 6 期，2013 年 11 月。

喻蓉蓉：〈幽默大師林語堂〉，《傳記文學》80 卷 3 期，2002 年 3 月。

游俊豪：〈馬華文學的族群性：研究領域的建構與誤區〉，《外國文學研究》，2010 年第 2 期。

游俊豪：〈淵源、場域、系統：新華文學史的結構性寫作〉，《台北大學中文學報》第 13 期，2013 年 3 月。

馮　芳：〈20 世紀上半葉徐訏研究述評〉，《中國現代文學研究叢刊》2014 年第 2 期。

黃月銀：〈左傾還是右轉——葉榮鐘第三文學論〉，《華文文學與文化》第五・六期，2018 年 1 月。

黃月銀：〈論略王集叢文學史觀中的「民國性」〉，《東吳中文線上學術論文》第 47 期，2019 年 9 月。

黃居正：〈國籍與公民身分———一個跨領域的探索〉，《台灣國際法季刊》1 卷 4 期　，2004 年 10 月。

黃怡菁：〈文學史的書寫形態與權力政治：以《中華民國文藝史》為觀察對象〉，《台灣學誌》創刊號，2010 年 4 月。

傳記文學出版社編輯委員會：〈民國人物小傳〉，《傳記文學》第 38 卷第 5 期，1981 年 5 月。

楊松年：〈郭惠芬《中外文學交流史，中國 —— 東南亞卷）》讀後〉，《華人文化研究》第 6 卷第 1 期，2018 年 6 月。

楊哲明、楊宗翰：〈從陌生到熟悉——「菲律賓與台灣的文學連結座談會」紀實〉，《文訊》284 期，2009 年 6 月。

楊錦郁：〈永遠的橡膠樹——王潤華先生訪問記〉，《亞洲華文作家雜誌》第 18 期，1988 年 9 月。

葉來城：〈八十年代菲華文壇縱橫談〉，《亞洲華文作家》第 34

期，1992 年 9 月。

詹閔旭：〈多地共構的華語語系文學：以馬華文學的台灣境遇為例〉，《台灣文學學報》30 期，2017 年 6 月。

劉正忠：〈摩躍，志怪，民俗：魯迅詩學的非理性觀域〉，《清華學報》39 卷 3 期，2009 年 9 月。

劉其偉：〈徐訏與我〉，《新文藝》第 297 期，1980 年 12 月。

劉　穎：〈中國語境下流傳學研究的展及模式〉，《樂山師範學院學報》第 24 卷第 3 期，2009 年 3 月。

樓肇明：〈台灣散文四十年發展的輪廓──《台灣八十年代散文選》〉，《臺港與海外華文文學評論和研究》，1991 年 2 期，1991 年 12 月。

潘婉明：〈馬來亞共產黨史的生產問題〉，《人間思想》夏季號第 1 期，2012 年 8 月。

蔡慶祝：〈柯叔寶傳略〉，《亞洲華文作家》第 19 期，1988 年 12 月。

鄭煒明：〈五四至七十年代中期澳門新文學概述〉，《香港文學》180 期，1999 年 12 月。

鄭龍溪：〈菲華商聯總會回國工業考察團報告書〉，《劇與藝》8 卷 2 期，1972 年 7 月。

穆中南：〈與菲華文藝界結下善緣〉，《文訊》第 24 期，1986 年 6 月。

應鳳凰：〈文壇社與穆中南〉，《文訊》第 19 期，1985 年 8 月。

應鳳凰：〈評介《劇與藝》〉，《文訊》第 24 期，1986 年 6 月。

薛茂松：〈六十年代文藝作家名錄〉，《文訊》第 14 期，1984 年 10 月。

謝力哲：〈「現代」的文學與「民國」的四川──對沙汀 1930

年代小說的歷史化解讀〉,《西華師範大學學報（哲學社會科學版）》,2017 年第 6 期。

謝冰瑩:《馬來亞遊記》,台北：海潮音月刊社,1961 年。

鍾怡雯:〈從吳進到杜運燮：一個跨國文學史的案例〉,《國文學報》第 51 期,2012 年 6 月。

鍾怡雯:〈從理論到實踐——論馬華文學的地誌書寫〉,《成大中文學報》第 29 期,2010 年 7 月。

鍾怡雯:〈斑駁的時代光影——論蕭遙天與馬華文學史〉,《中國現代文學》第 31 期,2017 年 6 月。

鍾　玲:〈三朵花送徐訏〉,《香港筆薈‧徐訏特輯》第 13 期,1999 年 9 月。

鍾淑敏:〈日治時期的南方調查事業〉,《台灣學通訊》第 98 期,2017 年 3 月。

韓　偉:〈「民國性」民國文學研究的應有內涵〉,《西北師大學報（社會科學版）》第 51 卷第 2 期,2014 年 3 月。

韓　偉:〈民國文學：一種新的研究範式在崛起〉,《甘肅社會科學》2014 年第 4 期。

羅秀美:〈小說家之外的孟瑤——從「女性散文」與「孟瑤三史」論其文學史地位〉,《興大人文學報》50 期,2013 年 3 月。

蘇雪林,〈新詩壇象徵派創始者李金髮〉,《自由青年》第 22 卷第 1 期,1959 年 7 月。

蘇雪林,〈為象徵詩體的爭論敬答覃子豪先生〉《自由青年》第 22 卷第 4 期,1959 年 8 月。

蘇雪林:〈致本刊編者的信〉,《自由青年》第 22 卷第 6 期,1959 年 9 月。

六、會議論文

王潤華等著：《文學百年饗宴——21 世紀世界華文文學高峰會議論文集》，台北：新地文化藝術有限公司，2011 年。

余英時等著：《「五四」八十周年紀念論文集 五四新論——既非文藝復興，亦非啟蒙運動》，台北：聯經出版公司，1999 年。

吳耀宗編：《當代文學與人文生態：2003 年東南亞華文文學國際學術研討會論文集》，台北：萬卷樓圖書公司，2003 年。

李 志等著：《第五屆台灣、東南亞文化文學國際學術研討會論文集》，宜蘭：佛光大學文學系、世界華文文學研究中心，2008 年。

林語堂故居編：《跨越與前進——從林語堂研究看文化的相融／相涵國際學術研討會論文集》，台北：秀威資訊科技公司，2007 年。

周聿峨等編：《東南亞地區研究學術研討會論文集》，廈門：廈門大學出版社，2011 年。

洪淑苓、黃美娥編：《第一屆文化流動與知識傳播國際學術研討會論文集》，台北：秀威資訊科技公司，2017 年。

徐照華編：《台灣文學傳播全國學術研討會論文集》，台中：中興大學台文所，2006 年。

陳建忠編：《跨國的殖民記憶與冷戰經驗：台灣文學的比較文學研究國際學術研討會論文集》，新竹：清華大學台文所，2011 年。

游勝冠編：《媒介現代：冷戰中的台港文藝國際學術研討會論文

集》，台北：里仁書局，2016 年。

黃萬華編：《多元文化語境中的華文文學 第十三屆世界華文文學國際學術研討會論文集》，濟南：山東文藝出版社，2004年。

黃維樑等編：《活潑紛繁的香港文學——1999 年香港文學國際研討會論文集，（下冊）》，香港：中文大學出版社、新亞書院出版，2000 年。

楊松年：〈從文學傳播層面看新馬華文文學的中國性、台灣性〉，《第四屆台灣、東南亞文化文學的傳播與接受國際學術研討會論文集》，宜蘭：佛光大學文學系，2007 年。

七、學位論文

王　喆：《依違於兩岸文學史的作家：錢歌川及其散文研究》，台北：台灣大學台文所碩論，2015 年。

於淑雯：《徐訏及其長篇小說研究》，台北：東吳大學中文所碩論，2014 年。

林昭賢：《魯迅雜文創作研究》，嘉義：南華大學文學研究所碩論，2004 年。

林游銘：《《楊仁山全集》反向格義佛學思想之研究》，宜蘭：佛光大學生命與宗教所碩論，2011 年。

洪俊彥：《近鄉與近情——論林語堂在台灣的啟蒙之道》，桃園：中央大學中文所碩論，2010 年。

馬　峰：《馬來西亞、新加坡、印尼華文女作家小說比較研究》，馬來西亞：拉曼大學中華研究院中文系哲學博論，2016 年。

胡愛莉：《華文禁令解除後印華文學的發展：以印華作協為例》，

中壢：中央大學中文所碩論，2012 年。

孫小惠：《華文高等教育與中華文化傳承：南洋大學中文系研究，（1956-1980）》，馬來西亞：拉曼大學中華研究院碩論，2015 年。

張瑞玲：《離散與記憶：姚拓小說研究》，桃園：中央大學中文所碩論，2016 年。

許王馨：《從戰後菲華文學看菲華社會》，南投：暨南國際大學歷史學研究所碩論，1999 年。

郭馨蔚：《台灣、馬華現代主義思潮的交流：以《蕉風》為研究對象，（1955-1977）》，台南：成功大學台文所碩論，2016 年。

陳秀鈴：《中國現代作家筆下的「東南亞」書寫》，南京：南京師範大學碩論，2012 年。

陳昱蓉：《遷台女作家域外遊記研究，（1949-1979）》，桃園：中央大學中文所碩論，2013 年。

詹閔旭：《認同與恥辱：華語語系脈絡下的當代台灣文學生產》，台南：成功大學中文所博論，2013 年。

趙萌釩：《戰後在台菲華小說》，台北：台灣大學台文所碩論，2015 年。

吳兆剛：《五十年代《中國學生周報》文藝版研究》，香港：嶺南大學哲學所碩論，2007 年。

劉立娟：《東南亞華文文學流脈的跨文化研究》，長春：吉林大學文學院博論，2010 年。

魯嘉恩：《香港文學的上海因緣（1930-1960）》，香港：嶺南大學哲學所碩論，2005 年。

蔡惠玉：《「抗日」與「反共」——王藍小說中的戰爭書寫》，台

北：台灣師範大學歷史學系碩論，2016 年。

謝斐穎：《台灣六〇年代宣導政策長篇小說研究——以省政文藝叢書為主要探討對象》，屏東：屏東教育大學中文所碩論，2009 年。

八、報刊史料

中央社：〈共匪怎樣毀了南洋大學〉，《中央日報》4 版「綜合新聞」，1955 年 5 月 12-14 日。

中央社：〈林語堂談南洋大學設立宗旨〉，《中央日報》2 版「國際新聞」，1954 年 8 月 13 日。

中央社：〈徐訏在星島　被通知離境〉，《聯合報》4 版，1961 年 6 月 22 日。

王德威：〈一九四九與歷史修辭：跨越，逾越，穿越〉，《聯合報》D3 版「聯合副刊」，2017 年 1 月 3 日。

田　原：〈念三友〉，《聯合報》8 版，1981 年 3 月 27 日。

伊　冬：〈徐訏古稀之年的心境〉，《民生報》8 版副刊「軼事天地」，1984 年 4 月 30 日。

后希鎧：〈摸索二十年〉，《徵信新聞報》第 8 版，1963 年 5 月 19 日。

向　明：〈聆聽《隱約的鳥聲》——讀和權的詩〉，《人間福報》，「副刊」2010 年 9 月 20 日。

羊令野：〈敬悼徐訏先生〉，《聯合報》8 版「聯合副刊」，1980 年 10 月 27 日。

余光中：〈菲律賓之行〉，《聯合報》8 版「聯合副刊」，1985 年 5 月 12 日。

李瑞騰：〈菲律賓華文文學〉，《聯合報》8 版「聯合副刊」，1986 年 6 月 1 日。

李瑞騰：〈南方的誘惑〉，《聯合報》37 版「聯合副刊」，1998 年 9 月 20 日。

施穎洲：〈看看人家怎麼做：菲華之春〉，《聯合報》29 版「聯 合副刊」，1990 年 4 月 24 日。

施穎洲：〈菲華文藝活動回顧：嚴冬的夢〉，《聯合報》8 版「聯 合副刊」，1981 年 8 月 9 日。

徐　訏：〈我的馬克斯主義時代〉，《傳記文學》28 卷 3 期，1976 年 3 月。

徐　訏：〈園內〉，《聯合報》8 版「聯合副刊」，1980 年 10 月 8-10 日。

徐　訏：〈新年偶感〉，《聯合報》8 版「聯合副刊」，1980 年 2 月 20 日。

徐　訏：〈蒼蒼的原野〉，《聯合報》8 版「聯合副刊」，1980 年 10 月 8 日。

秦賢次：〈江湖行盡風蕭蕭──謹以此文敬悼徐訏先生〉，《聯合 報》8 版「聯合副刊」，1980 年 10 月 8 日。

陳中雄：〈全才作家徐訏返抵國門〉，《民生報》5 版「文化新聞」， 1978 年 7 月 9 日。

彭　歌：〈重見徐訏〉，《聯合報》12 版「聯合副刊」，1971 年 5 月 30 日。

黃傲雲：〈無題的問句──徐訏最後期詩作的補遺〉，《聯合報》 34 版「聯合副刊」，1994 年 4 月 3 日。

董　橋：〈滿抽屜的寂寞〉，《聯合報》8 版「聯合副刊」，1985 年 8 月 25 日。

編輯部：〈藝文走廊：赤宮外史準備公演　海外缺乏文化食糧〉，《聯合報》3 版，1951 年 11 月 21 日。

編輯部：〈文協電菲華僑　文藝聯會祝賀〉，《聯合報》2 版，1951 年 12 月 25 日。

編輯部：〈藝文走廊：花草展覽昨晚閉幕　天文同好欣賞唱片〉，《聯合報》2 版，1952 年 1 月 26 日。

編輯部：〈號召海內外同胞　搶救大陸文化人——旅菲華僑文藝界人士發表宣言揭露匪陰謀〉，《聯合報》2 版，1952 年 8 月 25 日。

聯合報香港航訊：〈從萬千讀者中慘跌下來　徐訏入英國籍〉，《聯合報》6 版，1958 年 7 月 13 日。

編輯部：〈王生善一行　明赴菲訪問〉，《聯合報》6 版，1961 年 4 月 14 日。

編輯部：〈王藍等在菲　受僑胞歡迎〉，《聯合報》2 版，1961 年 6 月 1 日。

編輯部：〈我國水彩畫，在菲島展出〉，《聯合報》7 版，1961 年 6 月 10 日。

編輯部：〈演講　論語講座　明續舉行〉，《聯合報》3 版，1961 年 7 月 1 日。

編輯部：〈出版〉，《聯合報》3 版，1961 年 8 月 2 日。

編輯訊：〈后希鎧赴英參加會議〉，《中國時報》第 7 版，1978 年 7 月 2 日。

鐸　音：〈香港文化人走了以後〉，《聯合報》5 版「藝文天地」，1953 年 12 月 1 日。

九、網路資料及其他

文化部台灣大百科全書,詞條「中國文藝協會」,網址 http://nrch. culture.tw/twpedia.aspx?id=4590,擷取日期 2019 年 11 月 8 日。

台灣文學期刊目錄資料庫,《亞洲文學》第 14 期專題報導「作家訪問橫貫公路拾錦」。網址 http://dhtlj.nmtl.gov.tw/open cms/journal/Journal097/index.html,擷取日期 2019 年 1 月 27 日。

衣若芬:〈故居故事〉,新加坡《聯合早報》「上善若水」專欄,2019 年 5 月 18 日)。網址:http://ilofen.blogspot.com/2019/,擷取日期 2019 年 6 月 30 日。

李瑞騰:〈南方的誘惑──我在東南亞華文文學領域的探索〉,「世界華文文學發展的方向與大學教育的革新」座談講義,2015 年 3 月 23 日),網址:https://sili.ndhu.edu.tw,擷取日期 2019 年 10 月 3 日。

李瑞騰:「〈帝國崩解、離散華人與家國想像:以《馬來妹》為例〉讀後」,「媒介現代:冷戰中的台港文藝」國際學術研討會,2013 年 5 月 24 日,莊華興論文講評文字。資料形式為簡報,由李瑞騰教授提供,特此誌謝。

秦賢次:〈天風期刊提要〉,「台灣文學期刊目錄資料庫」網址 http://dhtlj.nmtl.gov.tw/opencms/journal/Journal072/,擷取日期:2019 年 8 月 5 日。

國立台灣文學館「2007 台灣作家作品目錄系統‧許希哲」,網址 http://www3.nmtl.gov.tw/Writer2/writer_detail.php?id= 1445,擷取日期 2020 年 1 月 11 日。

費臻懿:〈訪揚宗珍老師〉,《中興文苑》第 16 期,1986 年 6 月,網　　　　　　　　　　　　　　　　　　　　　址

http://ir.lib.nchu.edu.tw/handle/11455/88069?offset=20，擷取
日期 2019 年 7 月 3 日。

新加坡《南洋商報》第 5 版，1961 年 6 月 21 日，網址 https:
//eps.ntu.edu.sg/client/zh_CN/NanyangUniversityBib/，擷取
日期：2019 年 8 月 4 日。

詹宇霈：〈世界華文文學研究視野之一隅——《亞洲華文作家雜
誌》、世新「世界華文文學資料典藏中心」、佛光「世界華
文文學研究網站」〉，刊載於：http://www.fgu.edu.tw/~wclrc/
drafts/Taiwan/zhan-yu-pei/zhan-yu-pei_01.htm，擷取日期
2019 年 11 月 8 日。

榮民文化網，網址 http://lov.vac.gov.tw/culture/Content.aspx?i=
48&c=1，擷取日期 2019 年 1 月 27 日。

應鳳凰：五〇年代文藝雜誌資料庫，台灣文學風華——五〇年
代女作家系列網站，網址 http://tlm50.twl.ncku.edu.tw/Wwm
y2.html，擷取日期 2019 年 6 月 29 日。

蘇雪林：《蟬之曲・序》，出版資料不詳，取自民國近代華文書
籍資料庫，2019 年 6 月 24 查詢，頁 228。

附　　錄

1949 以後民國文人在東南亞的
流動與文學年表初編

【說明】

一、本表格載記民國文人 1949 以後赴東南亞流動的地點與創作
　　發表，及其與台灣的交流行止。資料偏少的徐訏以台為主，
　　港為輔，進行流動考察。各作家年、月、日的體例不一，
　　所查考資料中有詳細日期的則予以保留，僅有月分，或者
　　如后希鎧之珍稀資料僅記錄年分，仍錄之。

二、資料來源

　　（一）書　籍（出版先後為序）

　1.屠申虹編：《中國文藝年鑑一九六七》（台北：平原出版
　　社，1967 年）。

　2.尹雪曼等：《中華民國文藝史》（台北：正中書局，1976
　　年）。

　3.陳乃欣等：《徐訏二三事》（台北：爾雅出版社，1980 年），
　　頁 269-273。

4.徐訏紀念文集籌委會：《徐訏紀念文集》（九龍：香港浸會學院中國語文學會，1981 年），頁 345-356。

5.應鳳凰編：《光復後台灣地區文壇大事紀要》（台北：行政院文化建設委員會，1985 年）。

6.廖文杰編：《無題的問句——徐訏先生新詩、歌劇補遺》（九龍：夜窗出版社，1993 年），頁 198-234。

7.文訊雜誌社編：《光復後台灣地區文壇大事紀要（增訂本）》（台北：行政院文化建設委員會，1995 年）。

8.成功大學中國文學系編：《蘇雪林作品集日記卷》第四、五集（台南：成功大學，1999 年）。

9.陳信元主編：《台灣文壇大事紀要（民國 81-84 年）》（台北：行政院文化建設委員會，1999 年）。

10.鄭樹森、黃繼持、盧瑋鑾編：《香港新文學年表 1950-1969》，香港：天地圖書出版，2000 年。

11.林初乾等編：《台灣文化事典》（台北：台灣師範大學人文教育研究中心，2004 年）。

12.李明峻：《東南亞大事紀 1900-2004》（台北：中研院人文社會科學研究中心、亞太區域研究專題中心出版，2006 年）。

13.劉正偉編：《覃子豪集》（台南：台灣文學館，2008 年）。

14.吳達芸編：《蓉子集》（台南：台灣文學館，2008 年）。

15.吳義勤、王素霞：《我心徬徨：徐訏傳》（上海：上海三聯書店，2008 年）。

16.寒山碧編著：《徐訏作品評論集》（香港：香港文學研究出版社、香港文學評論出版社，2009 年）。

17.梁立基、李謀主編：《世界四大文化與東南亞文學》（廣

州：世界圖書公司，2017 年）。

18.陳映勳編：《彩圖易讀版台灣史年表》（台北：漢宇國際文化公司，2018 年）。

（二）期　刊

1.《文訊》24 期（1986 年 6 月）「菲律賓華文文學特輯」，頁 57-216。

2.《文訊》38 期（1988 年 10 月）「東南亞華文文學特輯」，頁 105-117。

3.《文訊》284 期（2009 年 6 月）「椰子樹下的低語：『菲華文學』風雲路」特輯，頁 50-99。

4.《亞洲華文作家》第 15-47 期（1987 年 12 月-1997 年 2 月）。

（三）網　站

1.五〇年代文藝雜誌資料庫，台灣文學風華——五〇年代女作家系列網站，網址 http://tlm50.twl.ncku.edu.tw/wwmy2. Html

2.林語堂故居〈生平著作年表〉http://www.linyutang.org.tw/big5/years.asp、秦賢次、吳興文：〈當代作家研究資料彙編·林語堂卷〉之一，頁 72，http://www.linyutang.org.tw/big5/pimage/20130818104150093.pdf

3.成功大學文學院蘇雪林文化資產研究室：〈蘇雪林生平年表〉，網址 http://suxuelin.liberal.ncku.edu.tw/

4.聯合報數位資料庫，網址 http://udndata.com.autorpa.lib.
nccu.edu.tw/

（四）其　他

李瑞騰教授〈后希鎧簡表〉及簡報資料，特申謝忱。

西元	台灣與東南亞大事記	文人事蹟／流動行程／出版事項
1949	2 月，陳禎錄成立「馬來西亞華人公會」。 7 月，蔣介石訪菲，試圖籌組亞洲國家反共聯盟。 12 月，馬共在森美蘭襲殺英軍和馬來人刑警。緬甸與台灣斷交，為東南亞最早承認中華人民共和國（中國）的國家。	國共戰爭，戰火逼長江，蘇雪林離開武漢大學，避到上海。五月赴香港，任職真理學會，擔任編輯工作。寫〈中國傳統文化與天主古教〉，後更名為〈希伯來文化對我國之影響〉，留港至 1950 年赴法國巴黎大學進修為止。 孟瑤隨國民政府來台。先執教於省立民雄高級中學，後旋即應聘台灣省立台中師範學校。正式開始寫作生涯，首篇文章〈弱者，你的名字是女人〉投稿於《中央日報》〈婦女週刊〉，以父親取的別號「孟瑤」為筆名。之後於《中央日報》陸續發表《給女孩子的信》，共 20 篇。
1950	韓戰爆發，美國第七艦隊協防台灣，蔣中正復行視事。 4 月，殖民政府實行「畢利斯計畫」強制將散居郊外華人遷居「新村」打擊馬共勢力。 菲律賓實施外僑登記法，完全禁止華人移民入境。	大陸淪陷，后希鎧隻身逃往緬甸；曾在緬甸仰光崇德學校執教，創立華僑職業學校擔任校長，在緬五年經常為仰光《自由日報》與《中國論壇》撰寫評論文字及文藝稿件，著有《共產主義與共產中國》發行東南亞。 5 月 7 日，大中華日報「長城」副刊主編柯叔寶邀集文藝工作者假中國國民黨駐菲總支部舉行夏季交誼會，決定成立「菲律賓華僑文藝工作者聯合會」（簡稱「文聯」）。 10 月 29 日，菲作家舉行秋季交誼會，推舉施穎洲、陳明勳、林忠民、王觀如、黃明德五人為籌備委員。1951 年元月正式成立。
1952	4 月 9 日，台灣公布實施行憲後第一部「出版法」。 7 月 25 日，香港《中國學生周報》創刊。	10 月 10 日，蘇雪林自法國返台，任教臺北師範學院（今台灣師範大學），後應來成功大學之聘，定居臺南。 徐訏應新加坡劉益之邀請，赴獅城籌辦《益世報》，不久便返港，未及 1952 年 6 月 7 日創刊，並未參與編輯工作。 5 月 15 日，徐訏主編之《幽默》半月刊在港創刊。 菲律賓作家但英（林健民）捐獻辦理文

西元	台灣與東南亞大事記	文人事蹟／流動行程／出版事項
		聯第一次短篇小說創作獎金賽，
1953	菲、馬、泰等國開始到台灣投資。 1 月 1 日，《幼獅月刊》創刊，由中國青年反共救國團出版。 2 月 1 日，《現代詩》季刊創刊，紀弦為發行人。	10 月 30 日，徐訏擔任「香港文化工作者回國觀光團」祕書來台訪問，與國防部總政治部主任蔣經國晚宴，討論香港流亡知識分子之救濟，加強與台灣文化界密切聯繫。 12 月 4 日，新加坡南洋大學執委會代表連瀛洲自費赴紐約敦請林語堂出任校長，以南大設備及師資務須達到世界一流水準為條件方為首肯。
1954	5 月 13 日，新加坡爆發「五一三學生運動」爭取實現民主 11 月，李光耀成立人民行動黨，新馬分家後留在馬來西亞的組織易名為「民主行動黨」。 12 月 2 日，外交部長葉公超與美國國務卿杜勒斯在華盛頓簽訂「中美共同防禦條約」。 菲律賓禁僑，極端民族主義者竭力消滅華人社團、華文報刊和華文教育。	4 月，徐訏送行梁寒操來台，之後隨亞洲電影公司來台宣傳《楊娥》擔任顧問。 5 月，新加坡南洋大學成立，林語堂受聘為校長。 10 月 2 日，林語堂飛抵新加坡。 10 月 4 日，林語堂以新任校長身分出席南大各項會議，會後視察已完工和正在興建中的校舍。 10 月 5 日，林語堂拜會新加坡總督列諾及輔政司官員。 11 月，香港新華公司《盲戀》電影開鏡，原著兼編劇粉墨登場，飾演「徐訏」一角。 11 月 15 日，林語堂召開校務委員會擬定各項預算。
1955	馬共的武力威脅幾乎絕蹤，餘黨仍在泰、馬邊境殘存至 1980 年代後期。 1 月 24 日，美國總統艾森豪向國會提出特別咨文，要求授權於必要時出兵協防台灣、澎湖及有關地區。 2 月 5 日，中華人民共和國機群轟炸大陳列島，在美國第七艦隊協助下，大	后希鎧遷居新加坡，任官立華義中學下午班主任。 2 月，林語堂將辦校概算列表送交陳六使，陳認為數字過大，與林語堂爭辯。 2 月 14 日，南大執委會公布林語堂提交預算，引起林語堂不滿。 2 月 17 日，陳六使在中華總商會報告與林語堂校長的分歧，林語堂由不滿轉為氣惱，與執委會關係公開破裂。 2 月 18 日林語堂在南大辦事處向各界媒體公布書面聲明，願雙方歧見獲得解

西元	台灣與東南亞大事記	文人事蹟／流動行程／出版事項
	陳駐軍撤入金門、馬祖，島民載運來台。 5 月 5 日，香港《大學生活》半月刊創辦。 11 月 10 日。《蕉風》創刊。	決。 2 月 19 日，律師馬紹爾建議林語堂與陳六使雙方協商無結果，林語堂怒去。 3 月，越南西貢法亞雜誌社發行《亞細亞雜誌》中文季刊第 1 卷第 2、3 號合刊附有曉堂〈林語堂先生的幽默哲學〉、〈林語堂對南洋大學的措施〉、〈林語堂對南大糾紛發表聲明〉三文。 3 月底，南大新加坡委員會組成全權代表團處理預算問題。 4 月 1 日林語堂與李俊承商談，表達自動辭職之意，對外保密。 4 月 4 日林語堂發表〈共產黨與孔子〉於《生活》雜誌第 38 集。 4 月 6 日林語堂及全體教職員辭職，由執委會賠償未能履行聘約之損失。 4 月 9 日林語堂辦理移交。 4 月 17 日，林語堂搭機離開新加坡，漫遊歐洲，旅居法國坎城。 5 月 2 日，林語堂〈左派如何破壞我的自由城堡〉（又譯〈自由的城堡被赤軍毀滅了〉）一文，載美國《生活》第 38 期。 5 月 9 日紐約《聯合日報》發表〈林語堂荒謬絕倫〉。 5 月 16 日，林語堂出版《遠景》（又名《奇島》）。
1956	3 月，新加坡舉行文化界響應獨立運動大會。 馬來西亞為解決社會經濟發展和肇建民族國家兩大課題，進行首次五年經濟計畫。	后希鎧擔任馬來西亞吉隆坡《虎報》副刊主編。 1956 年 6 月，易文根據徐訏中篇小說《星期日》改編港片《流水落花春去也》。 1956 年 7 月，黃友棣出版《藝術歌集》第三輯，包括以徐訏詩作〈原野上〉之譜曲。
1957	8 月 31 日，英國殖民地政府分割新加坡，馬來亞	林語堂出版歷史傳記《武則天傳》。 徐訏出版《個人的覺醒與民主自由》。

西元	台灣與東南亞大事記	文人事蹟／流動行程／出版事項
	獨立。憲法規定 10 年後以馬來語為唯一官方語言。	1 月，「聯合國香港協會」講座徐訏主講〈談個人主義與自由主義〉 6 月，「香港新聞文化訪問團」訪台，徐訏擔任團長。
1958	5 月，台灣警備司令部成立。 8 月 23 日，金門八二三炮戰，。 10 月 23 日，美國艾森豪總統與蔣中正簽訂〈中美共同防禦條約〉	林語堂出版《匿名》，從歷史觀點探討蘇俄從極左到極右的國家過程。應前《中央日報》社長馬星野之邀，偕同夫人，首次抵台訪問，停留二週。 謝冰瑩赴馬來西亞太平市華聯中學任教，兩年後歸台。 菲律賓平凡（施青澤）創立辛墾文藝社。
1959	6 月 3 日，新加坡由李光耀主政。 8 月 19 日，馬來西亞獨立後首次大選。	后希鎧長篇小說《馬來妹》連載於吉隆坡《虎報·小說林》長達三個多月（1959 年 10 月 2 日至 1960 年 2 月 18 日）。 菲律賓第一個青年文藝團體自由詩社成立。
1960	馬共游擊隊大部分投降，解除針對共產主義活動的非緊急狀態。 3 月 5 日，《現代文學》創刊。 3 月，台灣通過修正〈動員勘亂臨時條款〉。 4 月，中部橫貫公路通車。 9 月 4 日，《自由中國》社長雷震以知匪不報，涉嫌叛亂罪被判處 10 年有期徒刑。	后希鎧離開馬來西亞，赴香港接妻子及二男二女來台，參加第三屆國民代表大會；1960 年 8 月，《馬來妹》由台北紅藍出版社出版，王藍作序。 徐訏應林語堂先生之邀，赴新加坡南洋大學任中文系教授。 4 月，徐訏赴印度出席亞非西藏問題及反對亞非殖民主義會議，探訪達賴喇嘛。徐訏小說由王月汀改編劇本，李翰祥執導，香港邵氏電影公司出品《後門》。 5 月 20 日，菲律賓耕園文藝社成立，創辦文藝副刊《耕園》。 7 月，徐訏《江湖行》（下一）由香港亞洲出版社出版。 11 月，「中國青年寫作協會」組成橫貫公路作家訪問團，赴台東花蓮訪問，后希鎧為團員。
1961	7 月 31 日，馬來西亞與	后希鎧在台灣報刊陸續發表創作、文藝

西元	台灣與東南亞大事記	文人事蹟／流動行程／出版事項
	泰國菲律賓成立東南亞聯盟。	批評相關的文章，迄 1970 年代後期計有五十餘篇，未結集。 謝冰瑩遊記散文《馬來亞遊記》由台北市力行書局出版。 徐訏《江湖行》（下二）香港上海印書館出版。 1 月，孟瑤中篇小說《卻情記》完稿，連於新加坡《蕉風》雜誌，為新加坡雜誌連載之始。 6 月，移民部通知徐訏應於年底經核准的居留期間屆滿之時，離開新加坡。 7 月，邵氏電影公司高立執導由徐訏小說改編《手鎗》。
1962	6 月，《傳記文學》創刊，劉紹唐為發行人。 10 月 10 日，台灣第一家電視台「台灣電視事業股份有限公司」開播，進入傳播時代。 12 月，印尼蘇卡諾總統主張打倒英國帝國主義。	徐訏離開南洋大學返港。 孟瑤應梁實秋之邀，赴新加坡南洋大學中國文學系任教，講授「新文藝」、「中國小說史」、「中國戲劇史」三門課程，為往後的三史開啟了寫作契機。出版長篇小說《太陽下》，住南大霹靂樓。 3 月 27 日，「菲律賓文藝訪問團」由團長黎第斯瑪夫人率領作家和畫家 12 人來台進行友好訪問，為期兩週，4 月 10 日返菲。 4 月 24 日應菲律賓華僑文藝工作者聯合會、中華民國駐菲大使館、僑務委員會之聘，余光中、覃子豪、王生善赴菲國馬尼拉任「菲律賓華僑青年暑期文藝講習班現代詩講座」，為時五週，於 5 月 30 日結業。 7 月，《孟瑤自選集》編選完成，由幼獅文化公司出版，為短篇小說第一次集結。 徐訏應香港中夏電影公司之約編導《愛慾三題》，來台至北投寫電影劇本。 9 月，孟瑤《卻情記》由大業書店出版，並獲得教育部文學獎得主。 12 月 27 日，「第一屆亞洲作家會議」

西元	台灣與東南亞大事記	文人事蹟／流動行程／出版事項
		在菲律賓馬尼拉舉行，團長羅家倫率領陳紀瀅、李曼瑰，鍾鼎文，邱楠(言曦)、余光中、王藍、馮放民、盧月化等出席，與文聯舉行非正式座談，29 日結束。
1963	5 月 25 日，台大學生發起「學生自覺運動」提倡公德，各校熱烈響應。 7 月，瓊瑤第一部小說《窗外》在《皇冠》雜誌發行。 9 月 16 日，馬來西亞聯合邦成立，改國名為馬來西亞，標誌著二戰後西方殖民主義體系在東南亞退場。	1 月，孟瑤開始撰寫「孟瑤三史」，為學術研究奠基。 3 月，孟瑤《遲暮》編成，蒐集發表於各報刊之短篇小說成輯，由文化圖書館公司出版，為短篇小說第二度結集。 4 月 27 日，徐訏〈於梨華的《夢回清河》序〉在《新生晚報》連載，至 1963 年 4 月 30 日止。 6 月 28 日，徐訏〈談傳記文學的素質〉在《新生晚報》連載，至 1963 年 7 月 1 日。 8 月，徐訏、熊式一在香港創辦清華書院，徐訏擔任中國語文系教授。 10 月，孟瑤小說《孿生的故事》完稿，連載於《中國時報》副刊。本作為孟瑤第一部以梨園為背景之戲劇小說。出版長篇小說《剪夢記》、《紅燈，停！》。覃子豪病逝於台大醫院。
1964	7 月，伊斯蘭教穆罕默德誕辰紀念日發生馬華種族衝突。 9 月，馬來西亞聯邦意圖掌控新加坡政治、經濟權益，新加坡發生第 2 次種族暴動。 9 月 20 日，台大政治系教授彭明敏等人起草〈台灣自救運動宣言〉，流亡海外直到 1992 年撤銷通緝令。 11 月，馬來西亞聯邦宣布增稅，新加坡表示反對。	4 月 1 日，《劇與藝》半年刊創刊。發行人蘇子，總編輯亞薇，執行編輯許希哲。報導菲律賓文學活動及台北舞台劇演出實況，出版 17 期，於 1972 年 7 月停刊。 7 月，孟瑤小說《畸零人》完稿，連載於《聯合報》副刊。 9 月，蘇雪林赴新加坡南洋大學教學，講授《詩經》、《孟子》、《楚辭》等課程，住南大宿舍彭亨樓 1 號，值中秋節，雲南園會後至陳致平家登高賞月。 10 月，蘇雪林與孟瑤去文學院參加南大中文系 8 週年紀念會。孟瑤《中國戲曲史》完稿，連載於《聯合報》副刊，為「孟瑤三史」之一。孟瑤三史中，對

西元	台灣與東南亞大事記	文人事蹟／流動行程／出版事項
		此作品期望最高。 11 月，蘇雪林赴文學院聽李光耀總理講演，參加南大中文系郊遊，到胡文虎、文豹別墅。撰寫〈觀音禪院〉，孟瑤和郭昌鶴閱畢都建議不可發表。 24 日，第一屆亞洲華文作家會議，在泰國曼谷舉行，陳紀瀅、徐鍾珮、嚴停雲代表參加。 12 月，蘇雪林撰〈獅城歲暮感懷四律〉，與孟瑤、王藍赴蘇丹花園遊覽。 12 月 19 日至 26 日參加黃崖文藝講習班，領遊吉隆坡、怡保、三寶洞、太平（湖）、檳城、極樂寺，乘纜車登升旗山，孟瑤與之同行。
1965	成立「亞細安」區域組織，成員國包括新加坡、馬來西亞、印尼、汶萊、菲律賓和泰國 4 月，南大文學院院長由饒餘威出任，會務改期。 6 月 30 日，美國終止對華經濟援助。 8 月 3 日，新加坡自治邦脫離馬來亞聯合邦成為獨立國，華人成為新加坡共和國公民。 9 月，南大倡議課程改制。新加坡加入聯合國。 10 月 3 日，彭明敏獲特赦。 10 月 15 日，新加坡加入大英國協。 10 月，印尼發生軍事政變「930 事件」，引發大屠殺慘案，至少 50 萬人罹難。 12 月 22 日，改國號為新	1 月，蘇雪林至楊厝港海池釣魚。赴陳致平寓拜會瓊瑤。搬至南大柔佛樓 7 號宿舍。 2 月，蘇雪林參加南大圖書館團拜，到霹靂、彭亨、璃玻市樓拜年。撰稿《詩經研究》。 孟瑤《中國小說史》完稿，為三史中的第二部，呈現其研究成果。 3 月，蘇雪林赴國家劇院參加南大畢業典禮，途經義安學院水族館。 5 月，蘇雪林與孟瑤相偕抵達麻坡渡海峽，到馬六甲出遊 2 日，黃崖接往市政府禮堂演講〈論中國舊小說〉，再去培風中學訪黃潤岳，遊青雲亭，孟瑤赴馬六中華僑教師會講〈詩與散文〉，蘇雪林隨行，遊三寶井、三寶寺、三寶亭。 6 月，蘇雪林赴文學院參加教師節酒會、中文系屈原紀念晚會。蓉子應聘赴菲律賓講學。 7 月，蘇雪林撰〈瓊瑤論〉。 8 月，蘇雪林撰〈獅城寄瓊瑤女士〉二律，新加坡脫離大馬獨立，蘇雪林與孟瑤急聽廣播，蘇雪林批判華裔陳修信將

西元	台灣與東南亞大事記	文人事蹟／流動行程／出版事項
	加坡共和國。	星馬分裂卸責李光耀。 9 月蘇雪林到聖古拉女校看表演，赴大世界購中國貨物。中秋節到鄭光漢家作客，席上有《南洋商報》社論編輯馮先生、潘受等人。 10 月蘇雪林關心印尼內戰局勢混亂。 10 月 9 日南大學生要求停課觀禮，照允。 10 月 26 日學生六百餘人集合，向學校提出要求。 10 月 29 日南大學潮將起，校方開除學生 85 人。 10 月 30 日學生 7、8 人來訪要求支持學潮，蘇雪林以作客南大婉拒，晚間武裝軍警拘捕學生。 10 月 31 日南大宿舍遭縱火，學潮擴大。 11 月 1 日學生列隊遊行，以開會為由罷課。 11 月 2 至 4 日學生持續罷課，意欲使校方屈服。 11 月 5 日學生罷課並破壞教室。 11 月 6 日學生在教室歌唱、罷課。 11 月 8 日學生二、三百人聚於南大湖畔與圖書館。 11 月 15 日《蕉風》十週年紀念號出版。 11 月 22 日學生來與蘇雪林談學潮，校方要求點名不到達 6 小時者不得參與大考。 11 月 25 日、11 月 28 日聞軍警將檢查男女學生，學生紛紛逃避入城直到深夜，尚有赤足離校者。 12 月 1 日學生上課達半數，尚有半數堅持不肯屈服，搗亂學生阻撓、騷擾上課。 12 月 6 日學生全員到課，總計罷課六週，蘇雪林主動提補課，學生不欲。 12 月 17 日報載南大改制後教授需有學

西元	台灣與東南亞大事記	文人事蹟／流動行程／出版事項
		位，年滿 65 歲需退休，蘇雪林確認續留無望，遊哥打丁尼瀑布。
1966	3 月 31 日，蔣中正、嚴家淦當選中華民國第三任總統、副總統。 10 月 10 日，《文學季刊創刊》。 12 月，高雄成立出口加工區。	1 月，蘇雪林謁高鴻縉之墓。《徐訏全集》第一冊由正中書局出版。 2 月，蘇雪林自南洋大學返國，仍任教成功大學。 4 月 8 日，華僑救國聯合總會邀請文藝界人士討論「如何展開海外文藝運動」。 6 月，林語堂夫婦返台定居陽明山。 7 月，孟瑤小說《退潮的海灘》完稿，連載於《皇冠》雜誌。 8 月，孟瑤由新加坡返台，應聘至台灣師範大學國文系任教，教授《史記》、《中國文學史》兩門課程。 9 月，徐訏來台與何凡、左舜生等餐敘，談及林語堂居留和孫哲生任職，有益收攬人心和宣傳台灣國際形象。 10 月，《徐訏全集》由正中書局開始出版，共出 18 集，至 1970 年 6 月出齊。
1967	8 月 8 日，新加坡與泰國、馬來西亞、印尼、菲律賓創設東協。 蔣中正設立國家安全會議，專制威權達到巔峰。	后希鎧出任台中中國醫藥學院教授兼訓導主任。 1 月 21 日，林語堂應中菲友誼協會之請，赴菲講學。講稿刊登於台灣《中央日報》、《聯合報》、《青年日報》等各大報。 7 月，羅門〈麥堅利堡〉一詩，獲菲總統馬可仕金牌獎。 10 月，國際桂冠詩人協會於馬尼拉大學頒贈「名譽中國桂冠詩人獎」予詩人鍾鼎文，及「國際詩歌翻譯獎」予詩人施穎洲。 11 月，第二本《中國文藝年鑑》由半原出版社出版，屠申虹任執行編輯。
1968	8 月 17 日，台灣實施九年國教。	2 月，鍾梅音攜女兒赴曼谷。 5 月，鍾梅音出版與女兒合著的《我從白象王國來》。

西元	台灣與東南亞大事記	文人事蹟／流動行程／出版事項
1969		1 月，首屆「菲華中正文化獎金」錄取施穎洲《世界名著選譯》等 5 名。 5 月，鍾梅音移居泰國曼谷。尹雪曼應僑委會之邀赴馬尼拉講學兩個月。 6 月，穆中南主編《文藝橋》，由文壇社出版，收錄菲華作家作品。 8 月 25 至 31 日，鍾鼎文、紀弦、林綠、蓉子、羅門、陳敏華、綠蒂出席在菲律賓馬尼拉召開之第一屆「世界詩人大會」，鍾鼎文獲金桂冠獎，紀弦獲馬可仕總統大綬金牌，陳敏華、綠蒂獲紀念金牌，羅門、蓉子夫婦獲菲總統大綬勳章。
1970	5 月 22 日，國防部公布實行「台灣地區戒嚴時期出版物管制辦法」。	7 月 5 日，台灣電視公司首次將文藝作品帶進電視，第一部「電視小說」播出徐訏原著「風蕭蕭」，白嘉莉、崔苔菁首度參加電視劇演出。
1971	10 月 25 日，中華人民共和國加入聯合國。	5 月，徐訏代表香港地區參與第 17 屆亞洲影展參展影片評審工作。 8 月，鍾梅音移民新加坡。
1972	菲律賓總統馬可仕宣布全國實施軍事戒嚴法（簡稱軍統），所有報刊遭封閉，文藝運動進入冬眠期。	12 月，菲華反共總會於馬尼拉舉行菲華文藝研討會，由文化局長王洪鈞代表出席，會期二天。
1974	12 月，新加坡總理李光耀訪台。	陳紀瀅率「中華民國文藝界東南亞訪問團」出訪菲律賓、新加坡、越南、泰國，在香港會晤徐訏，團員有梁又銘、梁中銘、宋膺、瘂弦、蔡文甫、呼嘯。
1975	南洋大學重組，改採英語教學，與新加坡大學合班上課。 4 月 5 日，蔣中正逝世。 4 月 28 日，蔣經國就任國民黨主席。	5 月，中國廣播公司「中國藝術歌曲之夜」根據牛郎織女鵲橋相會故事改編的中國歌劇「鵲橋的想像」，由徐訏編劇，林聲翕作曲，演出序幕與尾幕。 8 月，徐訏來台參加國際比較文學會議。 9 月，香港筆會成立。

西元	台灣與東南亞大事記	文人事蹟／流動行程／出版事項
1976	李光耀訪問中國。 菲律賓實施全面菲化，華人集體轉籍歸化，華教式微，加速華人融入菲律賓主流社會的決心。	徐訏認作家三毛為第一個乾女兒。
1978	新加坡李光耀宣布南大實施英語教學。	7 月，徐訏認作家玄小佛為第二個乾女兒。
1979	1 月 1 日，中美建交，廢止共同防禦條約。	8 月，徐訏來台參加「中華民國第三屆國際比較文學會議」假台北淡江大學的淡江校址召開，侯健擔任會長。
1981	菲律賓宣布解除軍事戒嚴法。	「亞洲華文作家協會」成立，菲華作家亞薇赴台北參加第一屆會議。
1982	7 月，蔣經國提出對中共「三不政策」。 8 月 17 日，中共與美國簽訂〈八一七公報〉。	菲律賓作家雲鶴（藍廷駿）創立新潮文藝社，是軍統後第一個獲得政府承認、合法的菲華文藝團體。 4 月 13 日，菲律賓「菲華文藝協會」（簡稱文協）成立，施穎洲借用《聯合日報》出版《菲華文藝月刊》，是菲華文藝界第一個有稿費的文藝刊物。 12 月 15 日，菲華文藝協會主持中華女作家訪問團學術講座，為期 5 天。 台灣組織「亞洲華文作家協會」。
1983		1 月 13 日，國際華文文藝營在新加坡文華大酒店揭幕，洛夫、蓉子與吳宏一出席。 3 月 6 日，中華月刊文藝訪問團赴菲交流，是菲華文學成長期學術講座之始，為期 2 天。 7 月 16 日，中國文藝協會訪問團赴菲辦理學術講座與文藝座談會。 11 月 18 日，亞洲華文作家協會組團前往菲律賓、香港訪問。陳紀瀅擔任團長，團員有孫如陵，林適存、華嚴、邱七七、姚宜瑛、劉靜娟、符兆祥等多人。 柏楊編選一套新加坡共和國選集出版。
1984	1 月，江南案。	菲律賓河廣詩社、千島詩社（蔡景龍為

西元	台灣與東南亞大事記	文人事蹟／流動行程／出版事項
	5 月 20 日，蔣經國就任中華民國總統。	創社社長）成立。 菲律賓辛墾文藝社和耕園文藝社聯合出版《菲華文壇》季刊。 《亞洲華文作家》雜誌創刊。
1985	7 月 17 日，立法院制定〈動員戡亂時期檢肅流氓條例〉	林健民發起「菲華藝文聯合會」 1 月，新加坡舉辦第三屆國際華文文藝營，瘂弦、余光中、三毛、鍾玲、劉紹銘、張系國、蕭乾、秦牧、姚雪垠應邀參加。 1 月 12 日，菲華作家蘇子病逝台北，曾創辦《劇與藝》半年刊。 12 月 1 日，菲律賓馬尼拉舉行第二屆亞洲華文作家會議，由太平洋經濟文化中心代表劉宗翰召集菲華文藝協會、辛墾文藝社、耕園文藝社、晨光文藝社、千島詩社、青年文藝社及菲華兒童文學研究會等七大文藝團體共同籌劃。陳紀瀅率林煥彰、符兆祥、穆中南、郭嗣汾、蔡文甫、楊小雲、羅蘭與會，為期 6 天，會中郭嗣汾提出〈自由中國文藝之發展〉報告。
1986	2 月 7 日，菲律賓發生不流血革命推翻馬可仕政權，為期 4 天。	馬來西亞吉隆坡舉行第三屆亞洲華文作家會議，亞華作協菲律賓分會成立。 德國漢學家馬茂漢與美國學者劉紹銘在德國萊聖斯堡舉辦「現代華文文學的大同世界」國際研討會，決議出版《世界中文小說選》（台北：時報文化出版公司，1987 年），各地主編有台灣（王德威）、馬來西亞（姚拓）、新加坡（王潤華）、菲律賓（施穎洲）。
1987	7 月 1 日〈國家安全法〉正式公布。 7 月 14 日，蔣經國宣布台灣地區「解嚴」，落實基本人權。「七七事變」中國對日抗戰五十周年紀念。	第一本菲律賓華文女作家選集《綠帆十二葉》出版。 2 月 1 日，千島詩社、辛墾文藝社、耕園文藝社（王國棟創設）、王國棟文藝基金會、創辦「菲華現代詩研究會」，舉行現代詩研討會、學術講座，先後邀請洛夫（團長）、白萩、向明、張默、

西元	台灣與東南亞大事記	文人事蹟／流動行程／出版事項
	11 月，台灣開放大陸探親，人口突破二千萬。	辛鬱、張香華、蕭蕭、管管、許露麟、連寶猜等詩人赴菲交流，6 日返台。 2 月 28 日，中國文藝協會組成「東南亞文藝訪問團」郭嗣汾（團長）一行 28 人放問馬來西亞、泰國、新加坡、菲律賓及香港等地，3 月 16 日返台 。 7 月，菲華作家亞薇（蔡景福）病逝台北。
1988	1 月 13 日蔣經國逝世。李登輝代理總統。	詩人張香華為菲華詩人編選《玫瑰與坦克》詩選；又編選台灣第一部菲華女作家散文選集《茉莉花串》。 亞洲華文作家協會菲律賓分會成立，共推陳瓊華為創會會長。 4 月 11 日，第三屆亞洲華文作家會議於馬來西亞吉隆坡舉行，以「如何促進亞洲地區文化交流」為主題，陳紀瀅（團長）、吳慕風（吳若）、翟君石（鍾雷）、邱七七、廖輝英、劉長民（小民）、鄭向恆（湘念）、郭嗣汾、蔡文甫、程榕寧（代替林煥彰之缺）、朱沁平及符兆祥與會，會期 5 天。 8 月 15 日，新加坡歌德學院、作家協會合辦第二屆「現代中國文學的大同世界」在新加坡舉行，以東南亞華文文學為主題，李瑞騰、陳鵬翔、丁善雄與會。
1989		6 月 18 日，中國婦女寫作協會於 22 屆會員大會中首度邀請東南亞各地女作家來台參加「亞洲華文女作家藝文交流會」。
1990	3 月，台北野百合學運，宣布終止動員戡亂時期，步入憲政常軌。	5 月，千島詩社邀羅青、蕭蕭赴菲「現代詩演講會」講學與座談。千島詩社組團訪台，與詩人洛夫等會晤。 6 月 24 日，亞洲華文作家會議在泰國曼谷舉行，林煥彰、季季（李瑞月）、蔡文甫、梅新（章益新）等出席副刊編輯座談會，林清玄以「佛學與文學」進行專題演講。

西元	台灣與東南亞大事記	文人事蹟／流動行程／出版事項
1992	1 月，第 2 屆國大代表報到，結束「萬年國代」時期。 實施「兩岸人民關係條例」。 在新加坡舉行「辜汪會談」	5 月 22 日，由中國青年寫作協會策劃主辦的「第一屆東南亞青年作家巡迴文藝講座」展開為期 18 天的活動，第一階段與菲律賓千島詩社及中正學院校友會合辦，於馬尼拉及復金郊區為當地文藝青年舉行華文文學課程，講師有吳潛誠、林水福、鄭明娳、林燿德、羅門、許悔之、王幼嘉七位，辛墾文藝社社長葉來城接待團員。第二階段與馬來西亞《星洲日報》合辦，於吉隆坡、檳城舉辦，講師有司馬中原、林燿德。 10 月，菲律賓馬尼拉成立亞洲華文作家文藝基金會，詩人本予（林忠民）擔任董事長。
1994	12 月 3 日舉行首屆民選省長、院轄市長選舉。	1 月，余光中應菲律賓中正學院之邀赴馬尼拉講學一週，並在菲律賓大學演講。
1996	3 月 30 日首度總統直選，李登輝當選。	菲華作家協會成立，會長吳新鈿。
2004	陳水扁當選中華民國第十一任總統。	華青文藝社成立，陳若莉為創辦人。

後　記

　　雨前，零星鴿子停駐在台灣圖書館建築物的雨遮上，陪伴我走入一天又過的研究進程，日日在研究小間耕耘，這是 2021 年金秋入冬之際，也是我浸淫在本書論題反覆求索的第四年。利用不必教學、處理學生事務的暑假，俯首政大中正圖書館研究室撰稿博論，歷經三個颱風，感受窗外風狂雨驟，與閱讀撰稿的內在思緒交映湧動，領悟深刻且神祕的默會經驗；而台灣圖書館的研究小間，久坐燈前細究深思，一樣是美妙的寫作經驗。

　　不論博論或改寫專書，都以無法勉強的速度，在家人的支持與寬容下完成，內心感到無比踏實、感謝，同時深深虧欠。撰稿期間，家中六位親人先後謝世，都是慈愛有加的長輩，呵護我的童年，或助渡我岌岌可危的人生。拾起片片不捨，深恐光陰不待，更珍惜尚能深思有得的瞬息，已過不惑之年，時過然後學，幸而有微薄積累，感恩命運對我眷顧厚愛。更為幸運的是能夠落腳指南山麓一片風景與優美人情，政大卓絕的學術環境，使論題材料信手捻來，是促成本書莫大動力。以「流動：作為方法的民國性」討論民國文人流動構築的審美譜系，這樣的研究主題和方法，若非扎根政大沃壤，若無指導教授張堂錡老師長期耕耘「民國歷史文化與文學研究中心」，以及台灣圖書館台灣學研究中心豐富典藏，使一切因緣俱足，也恐無法產出。

　　自修習「民國文學專題：觀念與方法」與「民國文學專題：作家與文本」，經堂錡老師引導逐步博觀理論、厚積文本，繼而在圓桌論壇、「一杯清茶說民國」系列學術講座、民國文學學術研討會上欣見各種吸引人的論題在相關學術領域的接軌與開創。加以《民國歷史文化與文學研究中心通訊》和《民國文學與文化研究集刊》編輯事務的綜理，老師有步驟、有次第指導我從一個害怕與人詰辯交鋒的研究生，而今能潛心從事研究，甘坐冷板凳，資質駑鈍如我，只有深深感激。

　　感謝吳國禎先生精心繪製作家流動圖像，及文史哲出版社彭雅雲小姐悉心處理編務為本書增色。論文經口試委員李瑞騰教授、陳芳明教授、陳國球教授、張雙英教授審查、指導，甚為感激。第二章〈后希鎧跨域書寫的認同與再現〉發表於具審查制度的學術刊物《民國文學與文化研究集刊》第 7 期（秀威資訊科技公司，2020 年 6 月），感謝審查委員諸多提點。感謝臺灣東南亞學會頒贈「2020 年東南亞區域研究優秀博士論文獎」第一名、中華民國僑務委員會「109 年僑務研究博士論文獎助」甄選獲獎，又逢「110 年度國立政治大學博碩士學位論文獎」第一年設立，本書有幸通過審查。這個獎不但肯定教授指導學生學位論文有方，更是堂錡老師學術研究有成的豐碑。

　　這些榮譽是屬於民國文學的，我僅是見證者，理解這些札實的學問和深有底蘊的情懷，是怎麼樣從學術生長點到開花見果，並且還正持續茁壯中；自己也親手植栽了一株小苗，冀望深耕不懈，乘願時能相會，一朝滿園繽紛。

　　鴿子咕咕，與我對望，提醒著，是時候回研究室了。

黃月銀 謹誌於永和
2021 年 11 月 10 日